大学赤本シリーズ

399

法政大学

T日程〈統一日程〉・英語外部試験利用入試

教学社

は　し　が　き

おかげさまで，大学入試の「赤本」は，今年で創刊 70 周年を迎えました。

これまで，入試問題や資料をご提供いただいた大学関係者各位，掲載許可をいただいた著作権者の皆様，各科目の解答や対策の執筆にあたられた先生方，そして，赤本を使用してくださったすべての読者の皆様に，厚く御礼を申し上げます。

以下に，創刊初期の「赤本」のはしがきを引用します。これからも引き続き，受験生の目標の達成や，夢の実現を応援してまいります。

本書を活用して，入試本番では持てる力を存分に発揮されることを心より願っています。

編者しるす

＊　＊　＊

学問の塔にあこがれのまなざしをもって，それぞれの志望する大学の門をたたかんとしている受験生諸君！　人間として生まれてきた私たちは，自己の欲するままに，美しく，強く，そして何よりも人間らしく生きることをねがっている。しかし，一朝一夕にして，この純粋なのぞみが達せられることはない。私たちの行く手には，絶えずさまざまな試練がまちかまえている。この試練を克服していくところに，私たちのねがう真に人間的な世界がはじめて開かれてくるのである。

人生最初の最大の試練として，諸君の眼前に大学入試がある。この大学入試は，精神的にも身体的にも，大きな苦痛を感ぜしめるであろう。あるスポーツに熟達するには，たゆみなき，はげしい練習を積み重ねることが必要であるように，私たちは，計画的・持続的な努力を払うことによって，この試練を克服し，次の一歩を踏みだすことができる。厳しい試練を経たのちに，はじめて満足すべき成果を獲得できるのである。

本書は最近の入学試験の問題に，それぞれ解答を付し，さらに問題をふかく分析することによって，その大学独特の傾向や対策をさぐろうとした。本書を一般の参考書とあわせて使用し，まとはずれのない，効果的な受験勉強をされるよう期待したい。

（昭和 35 年版「赤本」はしがきより）

挑む人の、いちばんの味方

1954 年に大学入試の過去問題集を刊行してから 70 年。赤本は大学に入りたいと思う受験生を応援しつづけてきました。これからも，苦しいとき落ち込むときにそばで支える存在でいたいと思います。

そして，勉強をすること，自分で道を決めること，努力が実ること，これらの喜びを読者の皆さんが感じることができるよう，伴走をつづけます。

そもそも赤本とは…

受験生のための大学入試の過去問題集！

70年の歴史を誇る赤本は，500点を超える刊行点数で全都道府県の370大学以上を網羅しており，過去問の代名詞として受験生の必須アイテムとなっています。

なぜ受験に過去問が必要なのか？

大学入試は大学によって問題形式や頻出分野が大きく異なるからです。

赤本の掲載内容

傾向と対策

これまでの出題内容から，問題の「**傾向**」を分析し，来年度の入試に向けて具体的な「**対策**」の方法を紹介しています。

問題編・解答編

- 年度ごとに問題とその解答を掲載しています。
- 「**問題編**」ではその年度の試験概要を確認したうえで，実際に出題された過去問に取り組むことができます。
- 「**解答編**」には高校・予備校の先生方による解答が載っています。

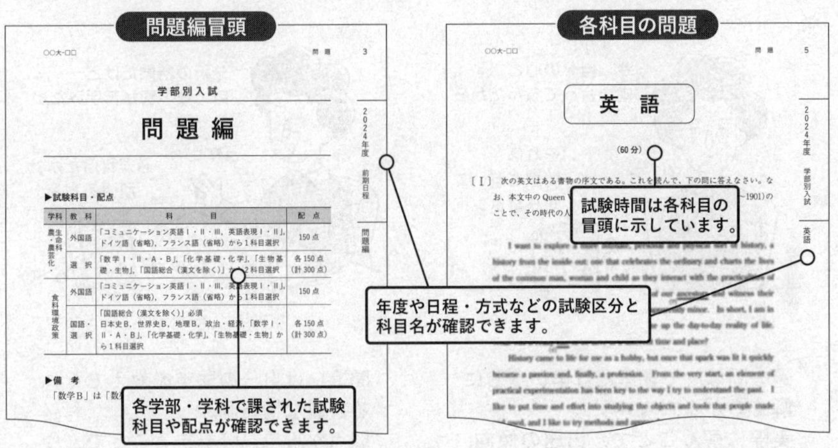

他にも，大学の基本情報や，先輩受験生の合格体験記，在学生からのメッセージなどが載っていることがあります。

掲載内容について

著作権上の理由やその他編集上の都合により問題や解答の一部を割愛している場合があります。なお，指定校推薦入試，社会人入試，編入学試験，帰国生入試などの特別入試，英語以外の外国語科目，商業・工業科目は，原則として掲載しておりません。また試験科目は変更される場合がありますので，あらかじめご了承ください。

受験勉強は

過去問に始まり，

STEP 1 なにはともあれ

まずは解いてみる

しずかに…
今，自分の心と
向き合ってるんだから
ムーン
それは
問題を解いて
からだホン!

過去問は，**できるだけ早いうちに解く**のがオススメ！
実際に解くことで，**出題の傾向，問題のレベル，今の自分の実力**がつかめます。

STEP 2 じっくり具体的に

弱点を分析する

分析の結果だけど
英・数・国が苦手みたい
スリー
必須科目だホン
頑張るホン

間違いは自分の弱点を教えてくれる**貴重な情報源。**
弱点から自己分析することで，**今の自分に足りない力や苦手な分野**が見えてくるはず！

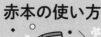

合格者があかす
赤本の使い方

傾向と対策を熟読
(Fさん／国立大合格)

大学の出題傾向を調べるために，赤本に載っている「傾向と対策」を熟読しました。

繰り返し解く
(Tさん／国立大合格)

1周目は問題のレベル確認，2周目は苦手や頻出分野の確認に，3周目は合格点を目指して，と過去問は繰り返し解くことが大切です。

過去問に終わる。

STEP 3

志望校に
あわせて

苦手分野の重点対策

明日からはみんなで頑張るよ！
参考書も！ 問題集も！
よろしくね！
呼んだ？
なにを!?
どこから!?
グッ
グッ

参考書や問題集を活用して，苦手分野の**重点対策**をしていきます。**過去問を指針**に，合格へ向けた具体的な学習計画を立てましょう！

STEP 1▶2▶3

サイクルが大事！

実践を繰り返す

やるのはボクだよ～
STEP 1
解く!!
分析!!
対策!!
STEP 3
STEP 2

STEP 1～3を繰り返し，実力アップにつなげましょう！
出題形式に慣れることや，**時間配分を考えること**も大切です。

目標点を決める

（Yさん／私立大合格）

赤本によっては合格者最低点が載っているので，それを見て目標点を決めるのもよいです。

時間配分を確認

（Kさん／私立大学合格）

赤本は時間配分や解く順番を決めるために使いました。

添削してもらう

（Sさん／私立大学合格）

記述式の問題は先生に添削してもらうことで自分の弱点に気づけると思います。

新課程入試 Q&A

2022年度から新しい学習指導要領（新課程）での授業が始まり，2025年度の入試は，新課程に基づいて行われる最初の入試となります。ここでは，赤本での新課程入試の対策について，よくある疑問にお答えします。

Q1. 赤本は新課程入試の対策に使えますか？

A. もちろん使えます！

旧課程入試の過去問が新課程入試の対策に役に立つのか疑問に思う人もいるかもしれませんが，心配することはありません。旧課程入試の過去問が役立つのには次のような理由があります。

● 学習する内容はそれほど変わらない

新課程は旧課程と比べて科目名を中心とした変更はありますが，学習する内容そのものはそれほど大きく変わっていません。また，多くの大学で，既卒生が不利にならないよう「経過措置」がとられます（Q３参照）。したがって，出題内容が大きく変更されることは少ないとみられます。

● 大学ごとに出題の特徴がある

これまでに課程が変わったときも，各大学の出題の特徴は大きく変わらないことがほとんどでした。入試問題は各大学のアドミッション・ポリシーに沿って出題されており，過去問にはその特徴がよく表れています。過去問を研究してその大学に特有の傾向をつかめば，最適な対策をとることができます。

出題の特徴の例	・英作文問題の出題の有無 ・論述問題の出題（字数制限の有無や長さ） ・計算過程の記述の有無

新課程入試の対策も，赤本で過去問に取り組むところから始めましょう。

Q2. 赤本を使う上での注意点はありますか？

A. 志望大学の入試科目を確認しましょう。

過去問を解く前に，過去の出題科目（問題編冒頭の表）と 2025 年度の募集要項とを比べて，課される内容に変更がないかを確認しましょう。ポイントは以下のとおりです。科目名が変わっていても，実際は旧課程の内容とほとんど同様のものもあります。

英語・国語	科目名は変更されているが，実質的には変更なし。 **▶▶ ただし，リスニングや古文・漢文の有無は要確認。**
地歴	科目名が変更され，「歴史総合」「地理総合」が新設。 **▶▶ 新設科目の有無に注意。ただし，「経過措置」（Q３参照）により内容は大きく変わらないことも多い。**
公民	「現代社会」が廃止され，「公共」が新設。 **▶▶ 「公共」は実質的には「現代社会」と大きく変わらない。**
数学	科目が再編され，「数学 C」が新設。 **▶▶ 「数学」全体としての内容は大きく変わらないが，出題科目と単元の変更に注意。**
理科	科目名も学習内容も大きな変更なし。

数学については，科目名だけでなく，どの単元が含まれているかも確認が必要です。例えば，出題科目が次のように変わったとします。

旧課程	「数学Ⅰ・数学Ⅱ・数学 A・数学 B（数列・ベクトル）」
新課程	「数学Ⅰ・数学Ⅱ・数学 A・**数学 B（数列）・数学 C（ベクトル）**」

この場合，新課程では「数学C」が増えていますが，単元は「ベクトル」のみのため，実質的には旧課程とほぼ同じであり，過去問をそのまま役立てることができます。

Q3. 「経過措置」とは何ですか？

A. 既卒の旧課程履修者への対応です。

多くの大学では，既卒の旧課程履修者が不利にならないように，出題において「経過措置」が実施されます。措置の有無や内容は大学によって異なるので，募集要項や大学のウェブサイトなどで確認しておきましょう。

○旧課程履修者への経過措置の例

- 旧課程履修者にも配慮した出題を行う。
- 新・旧課程の共通の範囲から出題する。
- 新課程と旧課程の共通の内容を出題し，共通範囲のみでの出題が困難な場合は，旧課程の範囲からの問題を用意し，選択解答とする。

例えば，地歴の出題科目が次のように変わったとします。

旧課程	「日本史 B」「世界史 B」から１科目選択
新課程	「**歴史総合**，日本史探究」「**歴史総合**，世界史探究」から１科目選択※ ※旧課程履修者に不利益が生じることのないように配慮する。

「歴史総合」は新課程で新設された科目で，旧課程履修者には見慣れないものですが，上記のような経過措置がとられた場合，新課程入試でも旧課程と同様の学習内容で受験することができます。

新課程の情報は WEB もチェック！
より詳しい解説が赤本ウェブサイトで見られます。
https://akahon.net/shinkatei/

科目名が変更される教科・科目

	旧課程	新課程
国語	国語総合 国語表現 現代文A 現代文B 古典A 古典B	現代の国語 言語文化 論理国語 文学国語 国語表現 古典探究
地歴	日本史A 日本史B 世界史A 世界史B 地理A 地理B	歴史総合 日本史探究 世界史探究 地理総合 地理探究
公民	現代社会 倫理 政治・経済	公共 倫理 政治・経済
数学	数学Ⅰ 数学Ⅱ 数学Ⅲ 数学A 数学B 数学活用	数学Ⅰ 数学Ⅱ 数学Ⅲ 数学A 数学B 数学C
外国語	コミュニケーション英語基礎 コミュニケーション英語Ⅰ コミュニケーション英語Ⅱ コミュニケーション英語Ⅲ 英語表現Ⅰ 英語表現Ⅱ 英語会話	英語コミュニケーションⅠ 英語コミュニケーションⅡ 英語コミュニケーションⅢ 論理・表現Ⅰ 論理・表現Ⅱ 論理・表現Ⅲ
情報	社会と情報 情報の科学	情報Ⅰ 情報Ⅱ

目　次

大学情報

基本情報

沿革

1880（明治 13）　在野の法律家である金丸鉄，伊藤修，薩埵正邦らが東京法学社を東京駿河台に設立
1881（明治 14）　東京法学社の講法局を独立させ，東京法学校となる
1886（明治 19）　仏学会（日仏協会の前身）によって東京仏学校設立
1889（明治 22）　東京法学校と東京仏学校が合併して和仏法律学校と改称
1903（明治 36）　専門学校令により財団法人和仏法律学校法政大学と改称
1920（大正 9）　大学令により財団法人法政大学となる
法学部・経済学部を設置
1922（大正 11）　法学部に文学科・哲学科を新設して法文学部となる
1947（昭和 22）　法文学部が法学部・文学部に改編
1949（昭和 24）　新制大学として発足
1950（昭和 25）　工学部を設置
1951（昭和 26）　私立学校法により学校法人法政大学となる
1952（昭和 27）　社会学部を設置
1959（昭和 34）　経営学部を設置

1999（平成 11）	国際文化学部・人間環境学部を設置
2000（平成 12）	現代福祉学部・情報科学部を設置
2003（平成 15）	キャリアデザイン学部を設置
2007（平成 19）	工学部の 3 学科（建築・都市環境デザイン工・システムデザイン）を改組しデザイン工学部を設置
2008（平成 20）	理工学部（工学部を改組）・生命科学部・GIS を設置
2009（平成 21）	スポーツ健康学部を設置
2016（平成 28）	市ケ谷キャンパスに「富士見ゲート」が完成 「法政大学憲章（自由を生き抜く実践知）」を制定
2019（平成 31）	市ケ谷キャンパスに「大内山校舎」が完成
2020（令和 2）	創立 140 周年 市ケ谷キャンパスに HOSEI ミュージアム開設

校章

法政大学の最初の校章は，「大学」の文字の左右に「法政」の文字を記したものでした。その後，1921（大正 10）年頃には「大」と「学」との間に法政の欧文イニシャル「H」を挿入したものが用いられました。

現在の校章は，1930（昭和 5 ）年に予科の山崎静太郎教授（楽堂と号して能楽の研究家・批評家でもあった）の考案で制定されたものです。大学の二字を亀の子型に図案したもので，長い伝統と永遠の真理を表しています。

学部・学科の構成

大 学

●**法学部** 市ケ谷キャンパス

法律学科

政治学科

国際政治学科

●**文学部**　市ケ谷キャンパス
哲学科
日本文学科［昼夜開講制］
英文学科
史学科
地理学科
心理学科
●**経済学部**　多摩キャンパス
経済学科
国際経済学科
現代ビジネス学科
●**社会学部**　多摩キャンパス
社会政策科学科
社会学科
メディア社会学科
●**経営学部**　市ケ谷キャンパス
経営学科
経営戦略学科
市場経営学科
●**国際文化学部**　市ケ谷キャンパス
国際文化学科
●**人間環境学部**　市ケ谷キャンパス
人間環境学科
●**現代福祉学部**　多摩キャンパス
福祉コミュニティ学科
臨床心理学科
●**キャリアデザイン学部**　市ケ谷キャンパス
キャリアデザイン学科
● **GIS（グローバル教養学部）**　市ケ谷キャンパス
グローバル教養学科
●**スポーツ健康学部**　多摩キャンパス
スポーツ健康学科

●**情報科学部**　小金井キャンパス

コンピュータ科学科

ディジタルメディア学科

●**デザイン工学部**　市ケ谷キャンパス

建築学科

都市環境デザイン工学科

システムデザイン学科

●**理工学部**　小金井キャンパス

機械工学科（機械工学専修，航空操縦学専修）

電気電子工学科

応用情報工学科

経営システム工学科

創生科学科

●**生命科学部**　小金井キャンパス

生命機能学科

環境応用化学科

応用植物科学科

大学院

●**大学院**　人文科学研究科 / 国際文化研究科 / 経済学研究科 / 法学研究科 / 政治学研究科 / 社会学研究科 / 経営学研究科 / 人間社会研究科 / 政策創造研究科 / 公共政策研究科 / キャリアデザイン学研究科 / スポーツ健康学研究科 / 情報科学研究科 / デザイン工学研究科 / 理工学研究科

●**専門職大学院**　法務研究科（法科大学院）/ イノベーション・マネジメント研究科（経営大学院）

大学所在地

市ケ谷キャンパス

多摩キャンパス

小金井キャンパス

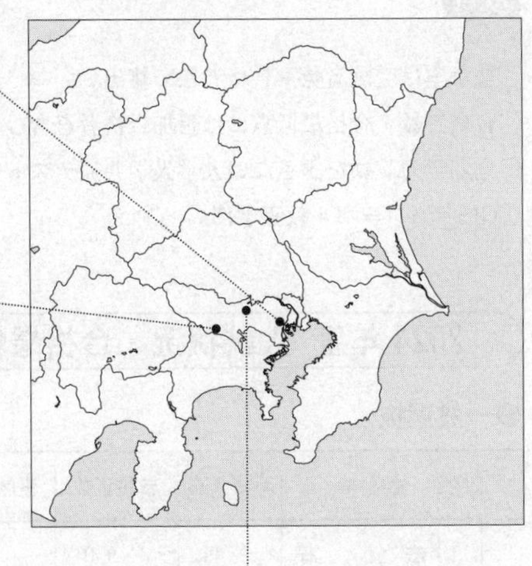

市ケ谷キャンパス　〒102-8160　東京都千代田区富士見 2-17-1
多摩キャンパス　〒194-0298　東京都町田市相原町 4342
小金井キャンパス　〒184-8584　東京都小金井市梶野町 3-7-2

入試データ

入試状況（志願者数・競争率など）

○競争率は受験者数÷合格者数で算出。
○合格者数・合格最低点には追加合格者を含む。
○個別学力試験を課さない大学入学共通テスト利用入試は1カ年分のみ掲載。
○GIS＝グローバル教養学部。

2024年度 入試状況・合格最低点

●一般選抜

学部・学科等			募集人員	志願者数	受験者数	合格者数	競争率	合格最低点/満点
法	T日程	法律	45	970	932	170	5.5	162.2/250
		政治	20	572	552	86	6.4	160.7/250
		国際政治	14	274	259	60	4.3	201.3/300
	英語外部	法律	5	126	120	35	3.4	63.4/100
		政治	5	78	74	22	3.4	60.9/100
		国際政治	5	84	79	17	4.6	65.9/100
	A方式	法律	198	2,981	2,620	573＊	4.6	219.0/350
		政治	54	883	758	145	5.2	225.2/350
		国際政治	57	628	603	186	3.2	227.5/400

（表つづく）

学部・学科等			募集人員	志願者数	受験者数	合格者数	競争率	合格最低点/満点
文	T日程	哲	10	210	199	25	8.0	173.7/250
		日本文	25	241	232	35	6.6	143.4/200
		英文	12	393	382	45	8.5	174.1/250
		史	8	251	241	23	10.5	168.0/250
		地理	10	138	132	27	4.9	157.0/250
		心理	8	310	299	31	9.6	171.2/250
	英語外部	英文	2	100	98	10	9.8	74.1/100
	A方式	哲	40	417	403	112	3.6	182.0/300
		日本文	75	808	767	252	3.0	181.1/300
		英文	63	729	691	198	3.5	200.3/350
		史	54	1,001	957	240	4.0	194.0/300
		地理	44	575	552	137	4.0	195.0/350
		心理	31	561	528	83	6.4	216.1/350
経済	T日程	経済	33	904	851	199	4.3	154.7/250
		国際経済	25	719	693	161	4.3	153.1/250
		現代ビジネス	14	279	272	56	4.9	150.7/250
	英語外部	国際経済	5	159	155	33	4.7	64.7/100
	A方式	経済	227	3,624	3,436	720	4.8	240.9/350
		国際経済	116	1,894	1,781	426	4.2	224.3/350
		現代ビジネス	58	760	712	161	4.4	219.7/350

（表つづく）

学部・学科等			募集人員	志願者数	受験者数	合格者数	競争率	合格最低点/満点
社会	T日程	社会政策科	15	445	423	80	5.3	154.0/250
		社会	20	713	690	133	5.2	159.5/250
		メディア社会	15	356	345	65	5.3	157.0/250
	英語外部	社会政策科	5	486	480	39	12.3	70.0/100
		社会	7	497	486	40	12.2	72.3/100
		メディア社会	5	404	398	32	12.4	71.0/100
	A方式	社会政策科	88	1,002	962	260	3.7	222.6/350
		社会	152	2,283	2,169	551	3.9	236.4/350
		メディア社会	93	885	855	218	3.9	226.0/350
経営	T日程	経営	30	1,079	1,039	121	8.6	169.5/250
		経営戦略	25	792	762	118	6.5	162.7/250
		市場経営	20	504	494	72	6.9	162.5/250
	英語外部	経営	8	690	681	24	28.4	75.7/100
		経営戦略	5	303	298	13	22.9	75.7/100
		市場経営	5	345	344	15	22.9	75.7/100
	A方式	経営	152	4,247	4,083	771	5.3	235.7/350
		経営戦略	106	1,562	1,503	374	4.0	196.1/350
		市場経営	98	1,484	1,436	340	4.2	197.8/350
国際文化	T日程	国際文化	22	894	874	76	11.5	179.6/250
	英語外部	国際文化	5	288	282	21	13.4	73.8/100
	A方式	国際文化	112	1,901	1,671	350＊	4.8	227.9/350

（表つづく）

学部・学科等			募集人員	志願者数	受験者数	合格者数	競争率	合格最低点/満点
人間環境	T日程	人間環境	30	1,051	1,026	131	7.8	163.8/250
	英語外部	人間環境	5	999	986	10	98.6	83.8/100
	A方式	人間環境	135	1,813	1,763	390	4.5	225.9/350
現代福祉	T日程	福祉コミュニティ	14	432	415	70	5.9	155.3/250
		臨床心理	10	283	266	35	7.6	166.5/250
	英語外部	福祉コミュニティ	2	50	50	5	10.0	72.3/100
		臨床心理	2	41	37	5	7.4	72.3/100
	A方式	福祉コミュニティ	60	582	548	173	3.2	212.5/350
		臨床心理	40	356	339	104＊	3.3	224.3/350
キャリアデザイン	T日程	キャリアデザイン	25	924	904	126	7.2	159.1/250
	英語外部	キャリアデザイン	5	672	663	15	44.2	81.3/100
	A方式	キャリアデザイン	115	2,253	2,026	316	6.4	222.5/350
GIS	英語外部	グローバル教養	12	146	141	69	2.0	191.2/250
	A方式	グローバル教養	13	217	210	56	3.8	301.0/400
スポーツ健康	T日程	スポーツ健康	22	673	653	96	6.8	153.4/250
	英語外部	スポーツ健康	5	354	349	24	14.5	73.0/100
	A方式	スポーツ健康	72	1,230	1,185	230＊	5.2	236.5/350

（表つづく）

学部・学科等			募集人員	志願者数	受験者数	合格者数	競争率	合格最低点/満点
情報科学	T日程	コンピュータ科	5	257	247	19	13.0	223.0/300
		ディジタルメディア	5	216	208	19	10.9	223.6/300
	英語外部	コンピュータ科	2	102	97	8	12.1	135.1/150
		ディジタルメディア	2	102	100	10	10.0	136.4/150
	A方式	コンピュータ科	35	948	845	148＊	5.7	265.4/400
		ディジタルメディア	35	620	583	179＊	3.3	262.9/400
デザイン工	T日程	建築	15	320	308	47	6.6	217.4/300
		都市環境デザイン工	8	280	269	51	5.3	200.6/300
		システムデザイン	8	318	308	28	11.0	218.0/300
	英語外部	建築	2	113	111	10	11.1	139.6/150
		都市環境デザイン工	2	88	83	11	7.5	131.8/150
		システムデザイン	2	134	133	10	13.3	134.9/150
	A方式	建築	63	1,578	1,456	308＊	4.7	298.5/450
		都市環境デザイン工	40	876	837	233	3.6	305.4/450
		システムデザイン	40	821	780	116	6.7	239.4/300
理工	T日程	機械工（機械工学専修）	14	345	331	72	4.6	195.7/300
		電気電子工	14	225	209	49	4.3	198.7/300
		応用情報工	14	246	233	48	4.9	207.2/300
		経営システム工	12	139	128	25	5.1	221.2/300
		創生科	14	275	268	49	5.5	194.7/300

（表つづく）

学部・学科等			募集人員	志願者数	受験者数	合格者数	競争率	合格最低点/満点
理工	英語外部	機械工（機械工学専修）	2	99	98	14	7.0	130.0/150
		電気電子工	2	81	79	11	7.2	131.2/150
		応用情報工	2	84	79	10	7.9	135.0/150
		経営システム工	2	62	59	8	7.4	138.7/150
		創生科	2	128	128	16	8.0	126.2/150
	A方式	機械工（機械工学専修）	40	1,338	1,265	374＊	3.4	294.4/450
		電気電子工	50	1,214	1,101	294＊	3.7	276.9/450
		応用情報工	50	708	673	234＊	2.9	293.4/450
		経営システム工	26	482	437	52	8.4	323.8/450
		創生科	50	947	871	189	4.6	286.9/450
	機械工（航空操縦学専修）		25	90	89	32	2.8	※／※
生命科学	T日程	生命機能	5	163	155	27	5.7	205.0/300
		環境応用化	8	191	181	32	5.7	197.0/300
		応用植物科	5	125	120	19	6.3	194.0/300
	英語外部	生命機能	1	67	65	9	7.2	115.0/150
		環境応用化	1	61	61	9	6.8	120.0/150
		応用植物科	2	49	47	8	5.9	113.0/150
	A方式	生命機能	36	1,318	1,250	246	5.1	312.5/450
		環境応用化	40	829	736	198	3.7	291.7/450
		応用植物科	40	813	714	173	4.1	285.7/450
合計			3,539	70,757	66,956	13,231	—	—

（備考）

※理工学部機械工学科航空操縦学専修は第二次選考を含めての合否判定となるため，合格最低点・満点は記載していない。

• 合格者数に＊印が付いている場合は，追加合格者を含む。

●大学入学共通テスト利用入試

学部・学科等			募集人員	志願者数	受験者数	合格者数	競争率	合格最低点/満点
法	B方式	法律	35	1,469	1,466	539	2.7	263.7/350
		政治	20	358	358	154	2.3	259.3/350
		国際政治	15	423	423	143	3.0	307.8/400
	C方式	法律	10	658	651	303	2.1	591.6/800
		政治	5	238	238	142	1.7	560.8/800
		国際政治	5	67	67	48	1.4	560.0/800
文	B方式	哲	8	227	226	62	3.6	234.0/300
		日本文	10	711	709	156	4.5	239.4/300
		英文	10	409	408	100	4.1	235.0/300
		史	5	625	616	171	3.6	238.4/300
		地理	10	199	176	36	4.9	294.8/350
		心理	5	314	313	34	9.2	253.8/300
	C方式	哲	3	72	68	29	2.3	600.6/800
		日本文	5	85	83	43	1.9	562.8/800
		英文	3	95	94	55	1.7	552.2/800
		史	3	114	114	54	2.1	593.0/800
		地理	3	120	120	61	2.0	582.0/800
		心理	2	73	70	25	2.8	604.6/800

（表つづく）

学部・学科等			募集人員	志願者数	受験者数	合格者数	競争率	合格最低点/満点
経済	B方式	経済	27	1,092	1,085	333	3.3	266.0/350
		国際経済	15	345	345	114	3.0	259.6/350
		現代ビジネス	9	465	459	137	3.4	259.5/350
	C方式	経済	8	1,086	1,081	516	2.1	576.0/800
		国際経済	5	125	122	59	2.1	543.8/800
		現代ビジネス	5	152	150	72	2.1	547.2/800
社会	B方式	社会政策科	15	335	334	94	3.6	264.3/350
		社会	20	1,218	1,213	211	5.7	279.0/350
		メディア社会	15	722	721	158	4.6	267.3/350
	C方式	社会政策科	5	105	101	74	1.4	520.2/800
		社会	5	176	173	141	1.2	521.8/800
		メディア社会	5	148	145	107	1.4	520.2/800
経営	B方式	経営	20	929	922	298	3.1	267.7/350
		経営戦略	15	1,167	1,164	259	4.5	269.2/350
		市場経営	15	1,007	1,007	263	3.8	264.4/350
	C方式	経営	8	400	395	206	1.9	584.0/800
		経営戦略	5	384	378	144	2.6	583.2/800
		市場経営	5	399	395	140	2.8	584.2/800
国際文化	B方式	国際文化	5	552	552	82	6.7	297.7/350
人間環境	B方式	人間環境	15	1,131	1,127	159	7.1	241.0/300
	C方式	人間環境	3	133	128	65	2.0	568.4/800

（表つづく）

学部・学科等			募集人員	志願者数	受験者数	合格者数	競争率	合格最低点/満点
現代福祉	B方式	福祉コミュニティ	7	334	330	75	4.4	228.2/300
		臨床心理	7	242	237	46	5.2	235.4/300
	C方式	福祉コミュニティ	2	89	86	37	2.3	544.0/800
		臨床心理	3	117	115	53	2.2	561.2/800
キャリアデザイン	B方式	キャリアデザイン	15	675	674	145	4.6	230.1/300
	C方式	キャリアデザイン	5	196	193	104	1.9	536.4/800
GIS	B方式	グローバル教養	5	294	294	9	32.7	180.3/200
スポーツ健康	B方式	スポーツ健康	15	612	607	90	6.7	236.5/300
	C方式	スポーツ健康	5	168	163	75	2.2	539.6/800
情報科学	B方式	コンピュータ科	10	355	329	104	3.2	371.0/500
		ディジタルメディア	10	376	351	92	3.8	371.4/500
	C方式	コンピュータ科	5	353	350	89	3.9	600.4/800
		ディジタルメディア	5	218	218	57	3.8	600.4/800
デザインエ	B方式	建築	17	686	684	180	3.8	387.0/500
		都市環境デザインエ	13	383	379	112	3.4	465.0/600
		システムデザイン	13	399	398	74	5.4	245.0/300
	C方式	建築	3	323	322	100	3.2	601.6/800
		都市環境デザインエ	3	263	261	91	2.9	600.0/800
		システムデザイン	3	214	210	75	2.8	576.0/800

（表つづく）

学部・学科等			募集人員	志願者数	受験者数	合格者数	競争率	合格最低点/満点
理工	B方式	機械工(機械工学専修)	17	720	718	286	2.5	290.3/400
		電気電子工	15	369	369	163	2.3	280.0/400
		応用情報工	15	449	448	155	2.9	300.0/400
		経営システム工	15	308	307	70	4.4	313.0/400
		創生科	15	769	761	197	3.9	291.8/400
	C方式	機械工(機械工学専修)	5	379	378	128	3.0	590.0/800
		電気電子工	5	295	293	121	2.4	572.0/800
		応用情報工	5	268	267	80	3.3	609.2/800
		経営システム工	5	198	197	20	9.9	644.2/800
		創生科	5	372	369	116	3.2	578.8/800
生命科学	B方式	生命機能	7	496	496	148	3.4	425.8/600
		環境応用化	12	641	639	234	2.7	415.8/600
		応用植物科	12	333	333	120	2.8	401.8/600
	C方式	生命機能	3	480	480	164	2.9	580.6/800
		環境応用化	3	483	483	150	3.2	577.6/800
		応用植物科	3	227	226	78	2.9	571.2/800
合計			670	31,412	31,162	9,625	—	—

2023 年度 入試状況・合格最低点

●一般選抜

学部・学科等			募集人員	志願者数	受験者数	合格者数	競争率	合格最低点/満点
法	T日程	法律	45	952	911	147	6.2	158.0/250
		政治	20	246	235	55	4.3	145.2/250
		国際政治	14	248	240	50	4.8	195.3/300
	英語外部	法律	5	102	97	30	3.2	68.0/100
		政治	5	48	47	17	2.8	62.9/100
		国際政治	3	73	71	14	5.1	64.6/100
	A方式	法律	198	2,795	2,448	622＊	3.9	224.9/350
		政治	54	847	746	178＊	4.2	226.2/350
		国際政治	66	748	714	230	3.1	253.8/400
文	T日程	哲	10	205	195	28	7.0	164.1/250
		日本文	25	221	212	36	5.9	145.0/200
		英文	12	447	436	60	7.3	168.3/250
		史	8	233	222	30	7.4	152.0/250
		地理	10	132	126	27	4.7	150.1/250
		心理	8	344	334	26	12.8	172.6/250
	英語外部	英文	2	94	93	10	9.3	72.6/100

（表つづく）

学部・学科等			募集人員	志願者数	受験者数	合格者数	競争率	合格最低点/満点
文	A方式	哲	40	415	382	116	3.3	186.2/300
		日本文	75	1,074	1,050	252	4.2	187.3/300
		英文	65	942	920	285＊	3.2	213.3/350
		史	53	828	794	254＊	3.1	184.8/300
		地理	44	506	488	136＊	3.6	212.1/350
		心理	31	744	714	111＊	6.4	231.4/350
経済	T日程	経済	33	910	887	167	5.3	151.1/250
		国際経済	25	631	599	125	4.8	147.4/250
		現代ビジネス	14	269	255	48	5.3	149.1/250
	英語外部	国際経済	5	122	119	32	3.7	62.8/100
	A方式	経済	227	3,790	3,593	990＊	3.6	216.9/350
		国際経済	116	1,140	1,090	431＊	2.5	207.2/350
		現代ビジネス	58	485	470	159＊	3.0	205.1/350
社会	T日程	社会政策科	15	703	677	110	6.2	150.6/250
		社会	20	733	694	130	5.3	151.7/250
		メディア社会	15	365	361	60	6.0	153.0/250
	英語外部	社会政策科	5	198	196	31	6.3	67.6/100
		社会	7	502	493	32	15.4	75.3/100
		メディア社会	5	238	236	29	8.1	68.9/100
	A方式	社会政策科	88	1,661	1,579	410	3.9	220.3/350
		社会	152	2,656	2,506	569＊	4.4	223.9/350
		メディア社会	93	986	949	260	3.7	219.8/350

（表つづく）

学部・学科等			募集人員	志願者数	受験者数	合格者数	競争率	合格最低点/満点
経営	T日程	経営	30	1,002	965	122	7.9	159.0/250
		経営戦略	25	576	561	102	5.5	153.2/250
		市場経営	20	452	439	66	6.7	158.1/250
	英語外部	経営	8	717	705	29	24.3	77.1/100
		経営戦略	5	244	242	11	22.0	77.1/100
		市場経営	5	300	297	14	21.2	77.1/100
	A方式	経営	152	4,114	3,984	831	4.8	219.5/350
		経営戦略	106	1,534	1,469	364	4.0	217.6/350
		市場経営	98	1,741	1,684	379＊	4.4	223.3/350
国際文化	T日程	国際文化	22	780	763	113	6.8	169.0/250
	英語外部	国際文化	5	226	221	31	7.1	71.8/100
	A方式	国際文化	112	1,827	1,618	395	4.1	227.2/350
人間環境	T日程	人間環境	30	912	887	150	5.9	155.9/250
	英語外部	人間環境	5	520	512	45	11.4	73.5/100
	A方式	人間環境	135	2,108	2,059	488	4.2	211.3/350
現代福祉	T日程	福祉コミュニティ	14	359	347	65	5.3	142.9/250
		臨床心理	10	256	241	47	5.1	152.3/250
	英語外部	福祉コミュニティ	2	69	68	5	13.6	77.8/100
		臨床心理	2	54	52	6	8.7	76.3/100
	A方式	福祉コミュニティ	60	631	601	171＊	3.5	209.9/350
		臨床心理	40	377	357	91	3.9	223.5/350

（表つづく）

学部・学科等			募集人員	志願者数	受験者数	合格者数	競争率	合格最低点/満点
キャリアデザイン	T日程	キャリアデザイン	25	829	814	121	6.7	155.1/250
	英語外部	キャリアデザイン	5	442	433	21	20.6	77.3/100
	A方式	キャリアデザイン	115	2,103	1,909	368＊	5.2	227.2/350
GIS	英語外部	グローバル教養	12	79	76	68	1.1	168.8/250
	A方式	グローバル教養	13	190	184	121＊	1.5	276.7/400
スポーツ健康	T日程	スポーツ健康	22	566	550	91	6.0	142.9/250
	英語外部	スポーツ健康	5	280	277	24	11.5	73.7/100
	A方式	スポーツ健康	73	1,005	958	274＊	3.5	207.9/350
情報科学	T日程	コンピュータ科	5	245	234	28	8.4	197.0/300
		ディジタルメディア	5	285	272	25	10.9	197.0/300
	英語外部	コンピュータ科	2	101	99	9	11.0	123.0/150
		ディジタルメディア	2	113	109	12	9.1	123.0/150
	A方式	コンピュータ科	35	1,043	948	195＊	4.9	244.1/400
		ディジタルメディア	35	885	841	201＊	4.2	256.3/400
デザイン工	T日程	建築	15	406	389	50	7.8	200.8/300
		都市環境デザイン工	8	278	271	46	5.9	190.6/300
		システムデザイン	8	333	322	31	10.4	205.0/300
	英語外部	建築	2	126	124	13	9.5	123.8/150
		都市環境デザイン工	2	93	92	10	9.2	123.8/150
		システムデザイン	2	118	118	9	13.1	123.0/150

（表つづく）

学部・学科等			募集人員	志願者数	受験者数	合格者数	競争率	合格最低点/満点
デザイン工	A方式	建築	63	1,520	1,380	324＊	4.3	280.2/450
		都市環境デザイン工	40	782	742	255＊	2.9	287.2/450
		システムデザイン	40	959	908	127	7.1	225.3/300
理工	T日程	機械工(機械工学専修)	14	286	269	64	4.2	179.0/300
		電気電子工	14	254	245	54	4.5	171.0/300
		応用情報工	14	294	284	50	5.7	189.0/300
		経営システム工	12	194	186	28	6.6	204.0/300
		創生科	14	243	230	55	4.2	179.0/300
	英語外部	機械工(機械工学専修)	2	117	115	16	7.2	116.0/150
		電気電子工	2	91	90	11	8.2	112.0/150
		応用情報工	2	115	114	16	7.1	121.0/150
		経営システム工	2	56	52	9	5.8	113.0/150
		創生科	2	55	54	12	4.5	105.0/150
	A方式	機械工(機械工学専修)	40	1,130	1,057	430＊	2.5	270.0/450
		電気電子工	50	1,225	1,090	273＊	4.0	273.7/450
		応用情報工	50	1,015	965	191	5.1	305.7/450
		経営システム工	26	575	524	98	5.3	294.1/450
		創生科	50	727	659	232＊	2.8	253.3/450
	機械工(航空操縦学専修)		25	94	92	26	3.5	※/※

(表つづく)

学部・学科等			募集人員	志願者数	受験者数	合格者数	競争率	合格最低点/満点
生命科学	T日程	生命機能	5	118	115	27	4.3	182.0/300
		環境応用化	8	144	137	35	3.9	164.0/300
		応用植物科	5	127	122	32	3.8	169.0/300
	英語外部	生命機能	1	51	50	8	6.3	122.0/150
		環境応用化	1	39	37	6	6.2	118.0/150
		応用植物科	2	77	73	9	8.1	109.0/150
	A方式	生命機能	36	1,217	1,147	301	3.8	291.5/450
		環境応用化	40	897	802	284＊	2.8	265.7/450
		応用植物科	40	702	613	196＊	3.1	262.7/450
合計			3,548	69,056	65,423	14,708	—	—

（備考）

※理工学部機械工学科航空操縦学専修は第二次選考を含めての合否判定となるため，合格最低点・満点は記載していない。

• 合格者数に＊印が付いている場合は，追加合格者を含む。

2022 年度 入試状況・合格最低点

●一般選抜

学部・学科等			募集人員	志願者数	受験者数	合格者数	競争率	合格最低点/満点
法	T日程	法律	45	1,240	1,193	164	7.3	164.8/250
		政治	20	495	477	59	8.1	167.0/250
		国際政治	14	324	308	50	6.2	205.7/300
	英語外部	法律	5	184	182	28	6.5	67.4/100
		政治	5	52	51	11	4.6	62.3/100
		国際政治	3	73	70	10	7.0	64.4/100
	A方式	法律	198	3,955	3,528	623	5.7	222.7/350
		政治	54	868	768	191	4.0	217.1/350
		国際政治	71	1,015	980	307	3.2	255.0/400
文	T日程	哲	10	214	209	32	6.5	169.1/250
		日本文	25	295	281	35	8.0	144.0/200
		英文	12	360	348	55	6.3	169.4/250
		史	8	188	180	27	6.7	160.6/250
		地理	10	122	117	24	4.9	158.1/250
		心理	8	439	425	25	17.0	178.8/250
	英語外部	英文	2	99	94	9	10.4	71.8/100

（表つづく）

学部・学科等			募集人員	志願者数	受験者数	合格者数	競争率	合格最低点/満点
文	A方式	哲	40	446	423	112	3.8	193.0/300
		日本文	75	1,078	1,038	261	4.0	193.0/300
		英文	65	624	592	192	3.1	215.1/350
		史	53	1,035	1,001	202	5.0	204.4/300
		地理	44	458	431	141	3.1	207.2/350
		心理	31	809	771	121	6.4	235.1/350
経済	T日程	経済	33	1,328	1,273	190	6.7	160.9/250
		国際経済	25	498	482	117	4.1	153.7/250
		現代ビジネス	14	469	455	61	7.5	161.0/250
	英語外部	国際経済	5	166	162	36	4.5	63.9/100
	A方式	経済	227	4,659	4,394	876	5.0	227.3/350
		国際経済	116	2,100	1,992	491	4.1	214.4/350
		現代ビジネス	58	1,014	951	170	5.6	219.3/350
社会	T日程	社会政策科	15	690	677	113	6.0	155.9/250
		社会	20	576	556	117	4.8	159.1/250
		メディア社会	15	572	556	59	9.4	168.0/250
	英語外部	社会政策科	5	378	370	14	26.4	73.6/100
		社会	7	507	498	22	22.6	72.5/100
		メディア社会	5	468	462	14	33.0	74.6/100
	A方式	社会政策科	88	1,678	1,611	463	3.5	212.0/350
		社会	152	2,281	2,152	536	4.0	226.2/350
		メディア社会	93	1,284	1,234	338	3.7	214.2/350

（表つづく）

学部・学科等			募集人員	志願者数	受験者数	合格者数	競争率	合格最低点/満点
経営	T日程	経営	30	1,048	1,010	105	9.6	169.7/250
		経営戦略	25	772	753	103	7.3	163.1/250
		市場経営	20	744	720	68	10.6	168.8/250
	A方式	経営	160	4,186	4,036	934	4.3	223.1/350
		経営戦略	111	2,313	2,225	499	4.5	220.6/350
		市場経営	103	2,095	2,028	474	4.3	218.1/350
国際文化	T日程	国際文化	22	842	823	85	9.7	180.2/250
	英語外部	国際文化	5	334	330	24	13.8	71.1/100
	A方式	国際文化	118	2,650	2,357	424	5.6	231.5/350
人間環境	T日程	人間環境	30	1,120	1,086	136	8.0	165.2/250
	英語外部	人間環境	5	814	802	17	47.2	79.2/100
	A方式	人間環境	135	2,350	2,276	591	3.9	215.1/350
現代福祉	T日程	福祉コミュニティ	14	366	359	59	6.1	153.0/250
		臨床心理	10	302	294	50	5.9	164.0/250
	英語外部	福祉コミュニティ	2	64	63	6	10.5	69.3/100
		臨床心理	2	68	67	7	9.6	72.4/100
	A方式	福祉コミュニティ	60	641	613	189	3.2	204.0/350
		臨床心理	40	535	514	119	4.3	220.3/350

（表つづく）

学部・学科等			募集人員	志願者数	受験者数	合格者数	競争率	合格最低点/満点
キャリアデザイン	T日程	キャリアデザイン	25	833	815	100	8.2	163.5/250
キャリアデザイン	英語外部	キャリアデザイン	5	586	577	10	57.7	77.6/100
キャリアデザイン	A方式	キャリアデザイン	115	2,257	2,042	323	6.3	220.8/350
GIS	英語外部	グローバル教養	12	70	67	46	1.5	180.8/250
GIS	A方式	グローバル教養	15	152	142	87	1.6	287.1/400
スポーツ健康	T日程	スポーツ健康	22	619	595	85	7.0	157.6/250
スポーツ健康	英語外部	スポーツ健康	5	388	383	19	20.2	69.6/100
スポーツ健康	A方式	スポーツ健康	78	1,291	1,237	240	5.2	221.7/350
情報科学	T日程	コンピュータ科	5	279	268	29	9.2	212.2/300
情報科学	T日程	ディジタルメディア	5	306	296	28	10.6	209.3/300
情報科学	英語外部	コンピュータ科	2	145	142	11	12.9	126.5/150
情報科学	英語外部	ディジタルメディア	2	131	130	13	10.0	124.4/150
情報科学	A方式	コンピュータ科	35	1,269	1,146	201	5.7	276.5/400
情報科学	A方式	ディジタルメディア	35	911	863	185	4.7	276.3/400
デザインエ	T日程	建築	15	406	385	54	7.1	204.7/300
デザインエ	T日程	都市環境デザインエ	8	325	316	53	6.0	200.6/300
デザインエ	T日程	システムデザイン	8	366	353	31	11.4	216.8/300
デザインエ	英語外部	建築	2	138	133	11	12.1	123.7/150
デザインエ	英語外部	都市環境デザインエ	2	112	110	10	11.0	127.9/150
デザインエ	英語外部	システムデザイン	2	139	135	10	13.5	126.6/150

（表つづく）

学部・学科等			募集人員	志願者数	受験者数	合格者数	競争率	合格最低点/満点
デザイン工	A方式	建築	63	1,698	1,542	262	5.9	316.2/450
		都市環境デザイン工	40	969	918	217	4.2	307.8/450
		システムデザイン	40	995	945	182	5.2	227.2/300
理工	T日程	機械工(機械工学専修)	14	356	335	68	4.9	196.2/300
		電気電子工	14	242	235	61	3.9	190.1/300
		応用情報工	14	285	267	55	4.9	197.8/300
		経営システム工	10	183	180	27	6.7	210.6/300
		創生科	14	271	268	53	5.1	191.2/300
	英語外部	機械工(機械工学専修)	2	98	93	15	6.2	114.7/150
		電気電子工	2	104	104	15	6.9	114.7/150
		応用情報工	2	111	106	14	7.6	122.0/150
		経営システム工	2	72	72	8	9.0	127.2/150
		創生科	2	111	110	17	6.5	122.0/150
	A方式	機械工(機械工学専修)	40	1,470	1,397	400	3.5	293.7/450
		電気電子工	50	1,264	1,150	290	4.0	294.0/450
		応用情報工	50	1,019	954	258	3.7	301.9/450
		経営システム工	30	590	528	76	6.9	327.3/450
		創生科	50	949	852	218	3.9	289.5/450
	機械工(航空操縦学専修)		25	94	94	31	3.0	※/※

（表つづく）

学部・学科等			募集人員	志願者数	受験者数	合格者数	競争率	合格最低点/満点
生命科学	T日程	生命機能	5	127	119	22	5.4	199.4/300
		環境応用化	8	173	167	32	5.2	194.3/300
		応用植物科	5	201	197	30	6.6	194.2/300
	英語外部	生命機能	1	79	76	7	10.9	123.8/150
		環境応用化	1	78	73	8	9.1	126.9/150
		応用植物科	2	84	82	9	9.1	114.3/150
	A方式	生命機能	36	1,191	1,123	329	3.4	297.5/450
		環境応用化	40	1,056	963	289	3.3	290.3/450
		応用植物科	40	753	657	192	3.4	291.4/450
合計			3,568	79,631	75,390	14,917	—	—

(備考)

※理工学部機械工学科航空操縦学専修は第二次選考を含めての合否判定となるため，合格最低点・満点は記載していない。

募集要項（出願書類）の入手方法

一般選抜の要項については，11 月頃に法政大学入試情報サイトにて公表される予定です。

問い合わせ先

法政大学　入学センター
TEL　03-3264-9300
（［月～金］10：00～17：00　［土］10：00～12：00）
E-mail　NKadm@ml.hosei.ac.jp
入試情報サイト　https://nyushi.hosei.ac.jp/

法政大学のテレメールによる資料請求方法

スマートフォンから　QRコードからアクセスしガイダンスに従ってご請求ください。
パソコンから　教学社 赤本ウェブサイト(akahon.net)から請求できます。

気になること、聞いてみました！

在学生メッセージ

大学ってどんなところ？ 大学生活ってどんな感じ？
ちょっと気になることを，在学生に聞いてみました。

以下の内容は2022～2023年度入学生のアンケート回答に基づくものです。ここで触れられている内容は今後変更となる場合もありますのでご注意ください。

Message from current students

メッセージを書いてくれた先輩 ［法学部］Y.W. さん　M.S. さん ［経済学部］N.S. さん　K.M. さん ［社会学部］M.O. さん

大学生になったと実感！

高校より自由度が格段に増したと感じます。高校では毎日１時間目から６時間目まで授業がありましたが，大学では授業のない日や午後からの日など，自分で好きなように授業が組めます。ですが自由度が増した代わりに，何かやりたいことがあれば自分で行動しなくてはいけません。(Y.W. さん／法)

高校まではアルバイトが禁止だったので，アルバイトを始めたことが一番変わったことです。また，自分でスケジュールを組んだり，取る授業を決められたりするので時間を融通しやすくなり，自分の趣味に使う時間がかなり増えたと思います。(N.S. さん／経済)

時間割を自由に組めるところが特徴的です。自分の興味に沿って時間割を組むため，モチベーションを高く保つことができていると感じます。また，高校までは毎日クラスメイトと一緒に授業を受けていましたが，大学では人それぞれ受ける授業が異なるため，週に一度しか会わない友達のほ

うが多いです。そのぶん色々な人と知り合うことができます。(M.S. さん／法)

大学生活に必要なもの

パソコンと私服です。高校まではスマホと制服でよかったのですが，大学ではこの2つが必須です。私服はおしゃれに興味はないし適当でもよいかなと思っていたのですが，周りの人がみんなおしゃれで，つられて自分も私服選びをしっかり考えるようになりました。パソコンは，履修登録，レポート作成など様々な場面で使用します。(Y.W. さん／法)

とてもおしゃれである必要はないですが，私服なので相手を不快にさせないような身だしなみは意識したほうがよいと思います。高校生のときは制服とパジャマばかり着ていましたが，大学生になって服をたくさん買いました。(M.O. さん／社会)

大学の学びで困ったこと＆対処法

レポートの書き方が初めのうちは全くわからなかったので，構成に困っていました。対処法としては，レポートの書き方を授業内で教えてくれる講座を取っていたので，そこで学びました。他の方法としては，『学習支援ハンドブック』というものが配られるので，そこに書いてあるレポートの書き方を参考にするとよいと思います。(N.S. さん／経済)

高校での学習内容を授業で用いなければならないことです。例えば，統計学は数学Ⅰ・Ⅱ・A・Bを理解している前提で進み，英語も受験のときに覚えた単語や文法を忘れていたため，ついていくのに必死なときがありました。対処法としては，受験が終わったからといって，勉強時間が0分にならないようにすることです。(K.M. さん／経済)

この授業がおもしろい！

ILAC 科目（一般教養科目）のサイエンス・ラボという授業です。４人の班を作り協力して実験を行い，最後にレポートを提出するのですが，普通の講義形式の授業とは違って，知らない人と話し合い協力しなくてはいけないので最初のほうは大変でしたが，慣れてくるとみんな仲良くなり，授業が楽しくなっていきました。（Y.W. さん／法）

外国の先生が受けもつ英語の授業が非常に楽しいです。学生も先生も気さくな人が多く，よくグループワークが行われるため，楽しみながら英語を学ぶことができます。また，入学後に行われる英語のテストによってクラスが割り振られるので，自分の英語レベルに近い学生と一緒に授業を受けることができ，切磋琢磨できます。（N.S. さん／経済）

「社会学への招待」という入門科目で，社会学部の教授の方々がオムニバス形式で行うオンデマンドの授業です。大学で学ぶとはどういうことか，社会学を学ぶとはどういうことか，教授が何を研究しているのかを学ぶことができます。社会学と一口に言っても様々な分野があるので，興味ある分野以外に視野を広げる良い機会になっています。（M.O. さん／社会）

交友関係は？

英語や第二外国語などは，クラスが割り振られます。授業ごとに会うので話すタイミングが多くあり，クラス内で友人ができました。また，経済学部は女子が少ないので，全員と接する機会があって仲良くなりやすいです。（N.S. さん／経済）

初めての授業で隣の席に座った人に話しかけました。大人数授業ではあまりありませんが，少人数制の授業ではお互いの名前を覚えやすいためクラス全体で仲良くなりやすいです。LINE グループがある授業もあります。入りそびれないように注意しました。高校とは異なり上京してくる人も多いですし，住んでいるところもバラバラです。住んでいる町や出身地の話，高校時代の部活の話をして交友を深めました。（M.S. さん／法）

部活・サークル活動

セパタクローというスポーツのサークルに入っています。法政大学にはないので他大学に通って週 3 ～ 4 回のペースで続けています。自分は中学生からこのスポーツをしていましたが，一般的には大学生から始めるスポーツなので練習場所の確保が難しいことも多く，大学生になって本格的に行うことができ，とても充実しています。（Y.W. さん／法）

スポーツ系のサークルに入っています。週 2 日活動がありますが参加は自由なので，毎週行くときもあれば，1 カ月に 1 回くらいしか行かないときもあります。初めは友達を作るために入り，男女問わず仲良くなりました。サークルがない日でも集まったり，同じ学部の先輩からオススメの授業の情報を得たりと，メリットがたくさんあります。（K.M. さん／経済）

オープンキャンパスの実行委員をやっています。オープンキャンパス当日に向けて，高校生が楽しめたり不安を解消できたりするように，学生が主体となって活動しています。人数が多い団体のため企画ごとに分かれていますが，どの企画も高頻度で集まって会議やイベントをしています。（M.O. さん／社会）

いま「これ」を頑張っています

高校時代に学んだことを，参考書を引っ張り出して勉強し直しています。受験勉強と違って新しい気づきが得られることがたくさんあるので，大学での勉強にも活かせますし，自分の生活を豊かにできるチャンスだと思って勉強しています。（N.S. さん／経済）

頑張っていることはTOEICの対策です。英検とは異なり合否という概念がないので，スコアアップのためにゲーム感覚で勉強しています。英検や受験英語と比べてビジネス英語の要素が強く，問題集を解いているとまるで海外の会社で働いているような気分になれます。また，受験後の自分のスコアを見るともっと高いスコアを取りたいという気持ちが湧いてきます。楽しく英語の勉強ができるのでつい熱中してしまいます。卒業までに満点を目指したいです。（M.S. さん／法）

簿記3級・2級に合格するための勉強です。就職活動に使うためでもあり，自由な時間を有意義に使うためでもあります。実際に勉強すると，できることが増えてどんどん楽しくなりました。（K.M. さん／経済）

普段の生活で気をつけていることや心掛けていること

自分で時間を融通できるからこそ，生活習慣が悪くなりやすいので，就寝時間や起床時間に注意して過ごしています。また，運動量が少なくなりがちなので，気づいたときに少し歩いたり運動したりするように心掛けています。（N.S. さん／経済）

食生活です。一人暮らしなので，食べる時間も食べる物も自由です。そのため，食事が不規則になりがちになり，その結果，短期間で体重が増えてしまいました。体重を戻すのが大変だったので反省し，今は自分に甘くならないよう食生活を意識しています。（K.M. さん／経済）

アルバイトを始めてたくさんの人と関わるようになったこともあり，今までより丁寧な言葉遣いや，いつ誰に見られてもよいような態度を心掛けるようになりました。また，グループで活動をするときには積極的に発言や行動をするように常に意識しています。（M.O. さん／社会）

おススメ・お気に入りスポット

空きコマは富士見ゲート校舎の屋上にある庭園で過ごしています。眺めも良いですし，コンクリートではなく芝生が敷かれているので，そこで友達と話したり，疲れているときは睡眠をとったりすることもあります。開放感があり，とても気持ちが良いので，市ケ谷キャンパスに来た際はぜひ一度訪れてみてください。（Y.W. さん／法）

多摩キャンパスから電車で数駅行ったところに町田駅があり，お店が充実していてとても気に入っています。ルミネやマルイがあり，お店が多く立ち並んでいます。他にも，ご飯を食べる場所が多くあるので，講義の後に友達とご飯を食べに行くこともよくあります。（N.S. さん／経済）

大学の図書館は自習の際によく活用しています。パソコンやスマホが充電可能な席もあって，集中して勉強や課題をすることができています。（M.O. さん／社会）

入学してよかった！

法政大学と言えば，バイト先の人や親戚など多くの人に「あの大学か，すごいね！」と言われることが多く，知名度という点ではトップクラスだと感じています。また食堂のメニューが豊富です。ミール回数券というものがあり，年度当初に買っておけば，お金を持たなくても食堂で 1 日 600 円までを 120 日利用することができます。（Y.W. さん／法）

多摩キャンパスは住宅街にあり，都心のキャンパスに比べると広大で自然が豊かなのが，心を落ち着けやすくてよかったと思いました。また，図書館や学習スペースが充実しており，勉強に集中しやすい環境が整っているので満足しています。（N.S. さん／経済）

まず，学びたいことが学べることです。大学と学部・学科を選ぶ際には自分の興味を一番に考えたかったので，所属教授の専門分野や開講科目を確認し，興味が湧くかどうかを基準に選びました。今は学びたいことをほぼ支障なく学べる環境に身を置けているので楽しいです。（M.S. さん／法）

高校生のときに「これ」をやっておけばよかった

英検などの資格を早めに取っておくべきだったと感じています。高校 3 年生になってから英検 2 級を取得したのですが，受験勉強の時間を割いて英検の勉強をしたこともあり，2 年生の段階で始めていればと後悔しています。（Y.W. さん／法）

大学生だからこそできることがある一方で，高校生にしかできないことをもっと楽しんでおけばよかったと思います。部活に一生懸命に取り組む，学校帰りに友達と遊ぶ，行事の準備を全力でやる，休み時間に友達と話す，といった活動です。私は部活や学校行事は面倒なことだと思っていたので適当に流していました。でもその機会をほぼ失った今，懐かしく思うのです。大変だと思うこと，わずらわしいと思うことでも，高校生のときにしかできないことを楽しめばよかったなと思います。（M.S. さん／法）

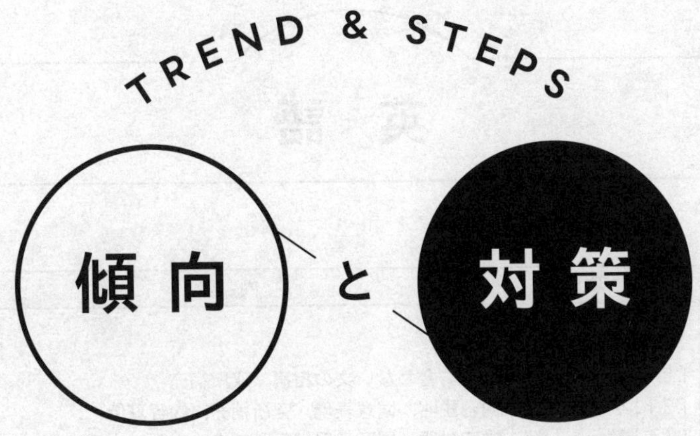

科目ごとに問題の「傾向」を分析し，具体的にどのような「対策」をすればよいか紹介しています。まずは出題内容をまとめた分析表を見て，試験の概要を把握しましょう。

注　意

「傾向と対策」で示している，出題科目・出題範囲・試験時間等については，2024 年度までに実施された入試の内容に基づいています。2025 年度入試の選抜方法については，各大学が発表する学生募集要項を必ずご確認ください。

英　語

年度	番号	項目	内容
2024 ●	〔1〕	文法・語彙, 会話文	空所補充
	〔2〕	読解	文意に合わない文の指摘, 空所補充
	〔3〕	会話文	内容説明, 同意表現, 空所補充, 内容真偽
	〔4〕	読解	内容説明, 同意表現, 空所補充, 主題, 内容真偽
	〔5〕	読解	同意表現, 内容説明, 空所補充, 主題
2023 ●	〔1〕	読解	内容説明, 空所補充, 語句整序, 同意表現, 内容真偽
	〔2〕	読解	空所補充, 同意表現, 内容説明, 内容真偽
	〔3〕	読解	内容説明, 空所補充, 同意表現, 内容真偽
	〔4〕	読解	同意表現, 内容説明, 内容真偽
2022 ●	〔1〕	読解	空所補充, 同意表現, 内容説明, 語句整序, 内容真偽
	〔2〕	読解	空所補充, 内容説明, 内容真偽
	〔3〕	読解	空所補充, 内容説明, 同意表現, 内容真偽
	〔4〕	読解	空所補充, 語句整序, 内容説明, 内容真偽

（注）●印は全問, ◑印は一部マーク解答方式採用であることを表す。

読解英文の主題

年度	番号	主題
2024	〔2〕	1. (1)お茶の由来 (2)ライブスポーツイベントの効果 (3)ストレス (4)観客とパフォーマンス 2. 日本の労働市場の変化
	〔3〕	私たちは読んだ本のことをなぜ忘れるのか
	〔4〕	科学者の作る未来のチョコレート
	〔5〕	神経多様性の人たちが持つ特質
2023	〔1〕	猫と飼い主の関係
	〔2〕	「才気＝男性」の固定観念が子どもたちに与える影響
	〔3〕	革新的な保証所得
	〔4〕	ソフトパワーとハードパワー

2022	〔1〕	過去10年間の運動科学の成果
	〔2〕	ジュサラベリーでブラジルの大西洋岸森林の復活へ
	〔3〕	人工知能（AI）の問題と危険性
	〔4〕	世界の多様な思考体系

傾向　読解力重視，内容理解がポイント！

01　出題形式は？

2022・2023年度は，大問4題すべてが読解問題であったが，2024年度は，大問5題のうち1題が文法・語彙問題と会話文問題の小問集合，1題が会話文問題，残り3題が読解問題となった。全問マーク解答方式で，試験時間は90分。

02　出題内容はどうか？

読解問題に使われる英文の素材は評論・説明文・エッセーで，書籍や新聞・雑誌からの出題が多い。分野としては，さまざまな話題がバランスよく取り上げられ，受験生にとって身近な話題も多く，興味がもてる内容になっている。英文による設問が基本として導入されている。文法・語彙問題では基本的な語句・イディオムを問うものが中心である。

03　難易度は？

読解問題の英文は標準をやや上回るレベル。語彙については，ほぼ標準レベルだが，英和辞典にも載っていない語句がしばしばみられ，文脈から意味を類推することが必要なこともある。構文については，複雑な構文を直接問われる出題はほとんどないが，解答の前提となる部分には，難度の高いものが混じることもある。読解問題の設問は，易しいものからかなり上級の知識を試すものまでバランスよく配分されていて，受験生の力が正確に反映されるよう工夫されている。きちんとした内容理解が試されるものが多く，試験時間の上手な配分を考える必要がある。全体としては標準をやや上回るレベルである。

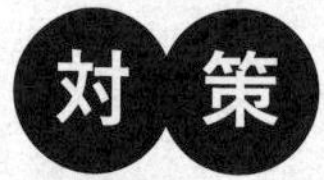

01 読解力養成対策

読解力養成が対策の中心。まず基礎固めをきちんとしておくこと。

①単語・熟語の知識を十分に養うこと（どの単語集を使ってもよいが，標準レベルまでの学習は不可欠）

②読解力の土台となる基本的な文法事項を十分にマスターすること（そのために文法書を1冊は読破しておくべきである）

③標準的な500語程度の英文を使った読解練習を十分に反復すること

④英語の構文集も繰り返し学習し，マスターすること（音声を繰り返し聞くことで記憶できる『英語の構文150 UPGRADED 99 Lessons』（美誠社）などを用いて）

以上の4点を学習の基本に据えよう。

02 内容真偽・主題問題対策

読解問題は，今後も内容理解重視の出題となり，内容理解の出来・不出来が，成績の良し悪しに直結するであろう。基礎的な読解力と語彙力の養成と並行して，標準レベルの読解問題集を使って，内容説明・内容真偽問題に積極的にチャレンジしていこう。内容理解については，代名詞・指示語の内容を考えるのが基本となる。読解の基本に忠実に学習を進めていこう。内容真偽では，選択肢には一定のパターンがある。問題をただ解くだけでなく，「なぜ間違いといえるか」「判断の根拠は本文中のどの記述か」を考えること。そうした意識的な学習が効率的な解法を身につけることにつながる。

主題を考える設問に対しても十分な準備をしておこう。英文を読むたびに，その文章のテーマは何かを考えてみるのはよい練習になる。さらに，日本語の文章を読む際にもそのテーマを考えてみよう。このような地道な努力はきっと報われるはずである。

03 語句整序問題対策

2024年度は出題されなかったが，語句整序問題は，読解問題中の小問として，本文の内容に合うように与えられた語句を整序するものが出題されることがあるので準備しておくこと。過去には文法・語彙問題として大問で出題されたこともある。練習としては，選択肢となっている語句や整序部分の前後の文脈から文の意味を予測してみるとよいだろう。また，過去の出題例を十分研究し，他日程の同形式の問題にもあたって習熟しておくことを勧めたい。

いずれにしても，問われているのは文法力・英作文力である。文法については，たとえば『大学入試　すぐわかる英文法』（教学社）のような参考書を使い，形式に慣れるだけでなく，基礎の実力を十分養うことが大切。英作文については，文法項目または構文に沿った短い例文を集めた基礎～標準レベルの例文集を使って学習を進めることが，最も効率的な方法である。300例文程度を身につけることで，素早く対応できるようになるだろう。

地　理

▶文（地理）学部

年度	番号	内　容	形　式
2024	〔1〕	地形図読図　**⊘地形図・統計表・図**	選択・論述・記述
	〔2〕	第3次産業　**⊘グラフ・統計表**	記述・論述
	〔3〕	中国の地誌　**⊘グラフ**	選択・記述・論述
2023	〔1〕	アイスランドの地誌　**⊘地図**	記述・選択
	〔2〕	食料問題　**⊘統計表・グラフ**	記述・選択・論述
	〔3〕	太平洋諸島の地誌　**⊘図**	記述・論述・選択
2022	〔1〕	海岸段丘の形成・特色と自然災害　**⊘視覚資料**	記述・論述・選択
	〔2〕	貿易と国際関係　**⊘統計表**	記述・論述・選択
	〔3〕	ヨーロッパの気候と農業　**⊘地図・グラフ・統計表**	記述・選択

記述・論述が必出
事前の対策を万全に

01　出題形式は？

大問3題の構成で，自然環境分野からの出題と記述・論述法が必出という特徴がある。論述法では，字数指定がなく，解答欄に収まるように書くものが中心となっている。試験時間は60分。

なお，2025年度は出題科目が「地理総合，地理探究」となる予定である（本書編集時点）。

02 出題内容はどうか？

例年，大問ごとに一つのテーマについて掘り下げて問う設問構成となっている。論述問題は必ず出題されており，論理的な思考力も問われている。その一方で，やや細かな内容を問う問題もあり，地理的事象の系統立った理解も求められている。地図やグラフ・統計表を用いた出題は必出で，地形図や地図投影法に関する出題もしばしばみられる。

03 難易度は？

やや細かい内容を問う出題がみられるものの，全体的な難易度は標準レベルといえる。ただし，記述問題はうろ覚えだと取りこぼす可能性が高い。また，論述問題は暗記学習だけでは対応できず，60分という試験時間で事象の論理的な関係をいかに整理してまとめられるかがカギとなる。

対策

01 基本事項の理解と統計資料の活用

記述・論述法で問われている内容も含め，出題のほとんどは高校地理の基本事項に関わるものである。教科書・地図帳を最大限に活用することはもちろん，『地理用語集 地理総合・地理探究共用』（山川出版社）などを用いて，学んだ知識を系統立てて整理することに努めたい。また，地誌を理解する上では，国や地域ごとの特徴を統計から把握することが不可欠である。『データブック　オブ・ザ・ワールド』（二宮書店）や『日本国勢図会』『世界国勢図会』（いずれも矢野恒太記念会）などを活用し，国・地域の特徴を統計の面からも理解するようにしたい。

02 論述問題の練習を繰り返す

限られた時間の中で論述のポイントとなる項目をみつけ，それを整理して記述することは想像以上に難しい。この意味で，事前の準備は欠かせない。他大学の過去問や問題集を活用し，地理用語の説明問題を中心に50～100字程度の論述問題を数多くこなすことで慣れておくこと。また，普段の学習の中でも，地理的事象の論理的な関係を考える習慣をつけるようにしたい。

03 自然地理領域と地形図読図・地図投影法をしっかり攻略しておく

大問3題のうち，最初の大問は自然環境分野からの出題となることが定番化している。このため，地形・気候だけでなく，水や土壌・植生についてもしっかり学習して試験に臨むようにせねばならない。また，地形図や地図投影法に関する出題は毎年みられるわけではないが，出題されたときには，2024年度のように地形図そのものの読図や地図投影法の特色についても焦点が当てられる。地形図に関する基礎的な知識は押さえつつ，典型的な地形や景観・集落立地などは地形図とあわせて理解しておこう。また，地図投影法とその特色についてもしっかり理解しておくようにしたい。『入試地理　新地形図の読み方』（三省堂）などの問題集に取り組むほか，他大学の過去問にも取り組むなどして十分に演習し，地図に関する理解・技能を高めておこう。

04 日本地理の学習も怠らない

日本地理に関する出題も少なくない。高校の地理学習では日本地理を取り扱うウエートが高くないので，盲点となりやすい。高校受験用の参考書なども一読しておくとよい。

数学

年度	区分	番号	項　目	内　容
2024 ●	数学①	〔1〕	高次方程式	4次方程式の解
		〔2〕	図形と計量	正弦定理，余弦定理，三角形の面積
		〔3〕	図形と方程式	不等式と領域
		〔4〕	確　率	確率の計算
		〔5〕	数　列	階差数列
		〔6〕	微・積分法	面積
	数学②	〔1〕	小問集合	集合の要素の個数，式の値，確率
		〔2〕	ベクトル	内積，位置ベクトル
		〔3〕	数　列，対数関数	漸化式，常用対数
		〔4〕	微・積分法	極値，定積分の計算
		〔5〕	図形と方程式，三角関数	三角関数の値，直線の方程式，外接円の半径，外心の座標，三角形の面積
		〔6〕	微・積分法	関数の増減・凹凸，不定積分の計算
		〔7〕	微・積分法	曲線と直線の共有点の個数，定積分の計算
2023 ●	数学①	〔1〕	数と式	式の値
		〔2〕	確　率	確率の計算
		〔3〕	数　列	群数列
		〔4〕	2次関数	2次関数の最大値・最小値
		〔5〕	三角関数	三角関数の加法定理，三角形の面積
		〔6〕	微・積分法	極大・極小，面積
	数学②	〔1〕	数　列	連立漸化式，数列の和
		〔2〕	ベクトル	空間図形とベクトルの内積
		〔3〕	集合と論理，確　率	必要条件・十分条件，確率の計算
		〔4〕	図形と方程式	長方形の内部にある2円
		〔5〕	三角関数	面積，三角関数の加法定理
		〔6〕	微・積分法	2曲線の共有点の個数，面積（置換積分法）
		〔7〕	微・積分法	極限，関数の増減・凹凸，定積分（部分積分法）

年度	区分	番号	項目	内容
2022 ●	数学①	〔1〕	数と式	無理数の計算，整式の除法
		〔2〕	確率	カード3枚を取り出すときの確率
		〔3〕	ベクトル	平面ベクトルの内積，交点の位置ベクトル
		〔4〕	微分法	対数の計算，3次関数の最小値
		〔5〕	図形と方程式	2円上の点を結ぶ線分の長さや傾きに関する問題
		〔6〕	微・積分法	放物線と接線の関係，面積
	数学②	〔1〕	確率	2つの袋から玉を取り出すときのいろいろな確率
		〔2〕	ベクトル	平面ベクトルの内積の計算
		〔3〕	整数の性質	3進法，数列の和
		〔4〕	微・積分法	3次関数の増減，接線，曲線と接線で囲まれた部分の面積
		〔5〕	数と式	高次方程式
		〔6〕	積分法	置換積分法による面積の計算
		〔7〕	微・積分法	媒介変数表示された関数の増減，定積分の計算

（注） ●印は全問，◑印は一部マーク解答方式採用であることを表す。
学部・学科によって下記の問題を解答。
〈**数学①**〉 全問解答。
〈**数学②**〉 デザイン工（システムデザイン）・生命科学部は〔1〕～〔5〕を解答。
情報科・デザイン工（建築・都市環境デザイン工）・理工学部は〔1〕～〔3〕〔6〕〔7〕を解答。

出題範囲の変更

2025年度入試より，数学は新教育課程での実施となります。詳細については，大学から発表される募集要項等で必ずご確認ください（以下は本書編集時点の情報）。

	対象学部	2024年度（旧教育課程）	2025年度（新教育課程）
数学①	法・文（哲・英文・史・心理）・経済・社会・経営・国際文化・人間環境・現代福祉・キャリアデザイン・グローバル教養・スポーツ健康学部	数学Ⅰ・Ⅱ・A・B（数列・ベクトル）	数学Ⅰ・Ⅱ・A（図形の性質，場合の数と確率）・B（数列）・C（ベクトル）
数学②	デザイン工（システムデザイン）・生命科学部	数学Ⅰ・Ⅱ・A・B（数列・ベクトル）	数学Ⅰ・Ⅱ・A（図形の性質，場合の数と確率）・B（数列）・C（ベクトル）
	情報科・デザイン工（建築・都市環境デザイン工）・理工学部	数学Ⅰ・Ⅱ・Ⅲ・A・B（数列・ベクトル）	数学Ⅰ・Ⅱ・Ⅲ・A（図形の性質，場合の数と確率）・B（数列）・C（ベクトル，平面上の曲線と複素数平面）

旧教育課程履修者への経過措置

2025年度においては，旧教育課程の履修者にも配慮した出題を行う。

さまざまな分野から出題 基本重視の対策が重要！

01 出題形式は？

文系学部を対象とする〈数学①〉と，理系学部を対象とする〈数学②〉に分かれて実施されている。〈数学②〉は，学部・学科により解答すべき大問が決まっている。試験時間は〈数学①〉が60分，〈数学②〉が90分。

ここ数年〈数学①〉は6題出題され，全問必須となっている。〈数学②〉は例年7題の出題だが，全員必須の共通問題3題と「数学Ⅲ」の有無による指定問題2題の計5題を解答する。

〈数学①〉〈数学②〉とも全問マーク解答方式であるが，〈数学②〉では計算結果をそのままマークするものと解答群から数値・式や文を選びマークするものが混在している。

02 出題内容はどうか？

〈数学①〉 数と式，ベクトル，2次関数，図形と計量，確率，微・積分法など，範囲全体からまんべんなく出題されている。

〈数学②〉 全員が解答する共通問題は，「数学Ⅲ」以外の分野から幅広く出題され，なかでもベクトルはよく出題されている。「数学Ⅲ」を出題範囲に含まない学部・学科の指定問題では，共通問題以外の分野から出題されている。一方，「数学Ⅲ」を出題範囲に含む学部・学科の指定問題では，「数学Ⅲ」の微・積分法が出題されている。

03 難易度は？

全体的なレベルとしては標準的で，基本問題と標準問題が半々という印象である。参考書などにみられるタイプの問題が多く，教科書の章末問題程度であるといえよう。まったく手がつけられないというような問題はほとんどないが，計算力を必要とする出題もあり，演習問題をしっかりやって実戦的な計算力をつけておく必要がある。2022年度〈数学②〉〔3〕，2023年度〈数学①〉〔4〕，2024年度〈数学①〉〔4〕は，しっかりとした考察力が問われた。

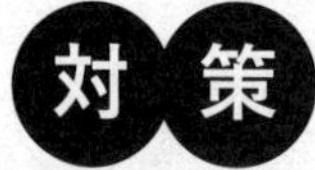

01 教科書の徹底理解

基本レベルの問題も半分程度出題されるため，まずは教科書の例題，章末問題を利用して，基本的事項を確実に身につけること。また，定理や公式は単に覚えるだけでなく，導き方も確かめて，それらを応用できるようにしておきたい。そうすれば，幅広い知識が要求される問題に対しても十分に対処できる。

02 不得意分野の解消

出題範囲全体から出題されており，どの分野も軽視できない。各項目をまんべんなく学習して，不得意な分野をなくすようにすること。

03 計算ミスに注意

微・積分法の計算も，面積や体積は，結果のみを問われていることが多いが，マーク解答方式ではケアレスミスが合否を分けることもある。計算をおろそかにせず，普段から注意深く丁寧に行うことが大切である。日常の学習の中で繰り返し練習し，迅速で正確な計算力を確実に身につけておくことが重要である。また，ミスをしたらそのままにしておかないで，その原因を追究して正解が得られるまでやり直すこと。〈数学②〉では計算結果をそのままマークするものと，解答群から選ぶものが混在していることも要注意である。計算結果が「4」でも選択肢の「④」をマークするとは限らないので，あわてて間違えないようにしよう。

04 基本的な解法を幅広く

例年，やや複雑な計算が必要な問題や，思考力が問われる問題も一部出題されてはいるが，大半は標準的な参考書の例題に掲載されているような問題で構成されている。そこで，標準的な参考書を中心に基本例題の解法の習得に努めるとよい。『チャート式 解法と演習』シリーズ（数研出版）などがレベルとしてはちょうどよいと思われる。難しい問題に手を出すよりは，基本～標準的な問題を数多く解いて力をつけるとよい。

法政大「数学」におすすめの参考書

✓『チャート式 解法と演習』シリーズ（数研出版）

国 語

年度	番号	種 類	類別	内 容	出 典
2024 ◑	〔1〕	国語常識		選択：語意，四字熟語，慣用表現	
	〔2〕	現代文	評論	選択：語意，書き取り，内容説明，文学史，内容真偽 記述：空所補充，内容説明（40字）	「詩と出会う 詩と生きる」 若松英輔
	〔3〕	現代文	評論	選択：内容説明，空所補充，内容真偽 記述：内容説明（30字）	「未来倫理」 戸谷洋志
	〔4〕	古 文	説話	選択：文法，口語訳，文学史 記述：箇所指摘，内容説明	「古今著聞集」 橘成季
	〔5〕	漢 文	説話	選択：口語訳 記述：読み，訓点，内容説明（20字）	「妬記」 虞通之
2023 ◑	〔1〕	国語常識		選択：語意，ことわざ，故事成語	
	〔2〕	現代文	評論	選択：書き取り，内容説明，文章の構成，空所補充 記述：内容説明（35字）	「共感の正体」 山竹伸二
	〔3〕	現代文	評論	選択：漢字の意味，内容説明，空所補充，内容真偽 記述：内容説明（40字）	「視覚化する味覚」 久野愛
	〔4〕	古 文	歌論	選択：内容説明，口語訳，文学史 記述：文法，内容説明	「正徹物語」 正徹
	〔5〕	漢 文	史伝	選択：語意，口語訳 記述：読み，訓点，内容説明（20字）	「後漢書」 范曄
2022 ◑	〔1〕	国語常識		選択：語意，故事成語	
	〔2〕	現代文	評論	選択：語意，内容説明，表現効果，内容真偽 記述：主旨（45字）	「古池に蛙は飛びこんだか」 長谷川櫂
	〔3〕	現代文	評論	選択：内容説明，内容真偽 記述：内容説明（45字）	「現実と異世界」 石井美保
	〔4〕	古 文	軍記物語	選択：敬語，口語訳，空所補充，文学史 記述：箇所指摘，内容説明	「平治物語」
	〔5〕	漢 文	説話	選択：口語訳 記述：読み，内容説明	「蒙求」 李瀚

（注） ●印は全問，◑印は一部マーク解答方式採用であることを表す。
文（日本文）学部は〔1〕〜〔5〕，その他の学部・学科は〔1〕〜〔3〕を解答。

現代文：本文・設問とも難度はやや高め
古文・漢文：基礎的な知識と読解力を重視

01 出題形式は？

〔1〕が国語常識，〔2〕〔3〕が現代文，〔4〕が古文，〔5〕が漢文となっている。文学部日本文学科は〔1〕～〔5〕全問を解答する。試験時間は90分。その他の学部・学科は〔1〕～〔3〕の3題を試験時間60分で解答する。解答形式はマーク解答方式による選択式と記述式の併用である。

02 出題内容はどうか？

国語常識：語意，故事成語，四字熟語，慣用表現などが出題されている。

現代文：評論2題が出題されることが多い。抽象度の高い表現や専門的な用語を含む文章が出題されることもある。出題ジャンルは文化論や思想など人文科学に関するものが多い。設問は選択式がほとんどであるが，字数制限付きの内容説明問題も出題されている。

古　文：文学部日本文学科にのみ課される。歌論の出題が多く，その他中世の作品が多く出題されている。設問は口語訳，文法，敬語，指示内容など基本的なものが中心であるが，記述式の内容説明問題なども出題されている。また，文学史も例年出題されている。選択式，記述式を問わず，口語訳問題がカギになる。

漢　文：文学部日本文学科にのみ課される。出典は入試として出題頻度の低いものも出題されるが，内容は一般的なもので難解ではない。設問も句法や語意，口語訳を問うものや，本文の基本的な内容理解を問うものとなっている。記述式で読み，訓点，内容説明が出題されており，2023・2024年度は内容説明が字数制限付きとなった。

03 難易度は？

現代文は平易にみえるが，設問に関わる箇所や選択肢の中に，抽象的または専門的な用語を含んでいることもある。また，記述式の内容説明問題が課されることが多い。これらは合否の分かれ目になることも予想されるので，要注意である。古典分野が含まれる文学部日本文学科は試験時間 90 分とはいえ，大問数が多いので時間配分が難しい。古文・漢文は各 15 ～ 20 分以内で解答し，現代文に十分な時間を確保できるようにしたい。その他の学部・学科は，60 分で 3 題を解くのは標準的ではあるが，現代文は設問にやや難度が高いものがある。特に記述問題にしっかり取り組めるように，時間配分としては，国語常識を手早く解答することが大切である。

01 国語常識

国語常識問題対策には国語便覧が最適である。硬質な文章で頻出する語彙や，慣用句，故事成語，四字熟語，文学史などがすべて掲載されている。便覧や辞書を用いて意味を確認しながら語彙力を増強しよう。語彙を増やすための参考書としては『読み解くための現代文単語』（文英堂）は使いやすい。

02 現代文

現代文の対策としては，抽象度の高い文化論や哲学思想の文章を読み慣れておくことが有効である。評論に特化したものとして，『ちくま評論入門』（筑摩書房）はおすすめである。第一部「評論への招待」で文章の読み方を確認したうえで，現代の作家に当たりたい。そのうえで過去問に取り組むとよいだろう。また，選択肢を吟味する力も求められているので，『体系現代文』（教学社）などの大学入試用の問題集を 1， 2 冊は解いておくとよいだろう。日頃から文章を漫然と読むのではなく，出題テーマの分野に関する基礎的知識を身につけながら，筆者の主張をつかみ，論の展開を正確に追う訓練を重ねる必要がある。

03 古　文

基礎的事項といわれる古文単語・文法・古典常識の三点は必ずしっかり身につけよう。敬語の用法とそれに関連した人物指摘などは問題集を通して練習しておきたい。また，和歌についても，その解釈と前提になる修辞法を身につけること。『大学入試 知らなきゃ解けない古文常識・和歌』（教学社）で，問題を解きながら古典常識や和歌について学習するのもよいだろう。設問については，記述式で内容説明を求められることが多いので，たとえば説話の主題を簡潔にまとめる練習を積んでおくとよい。さらに，文学史も含めた古典常識の知識を蓄えることで，書かれていない内容も推測できるようになると心強い。

04 漢　文

まずは典型的な句法の知識，頻出の副詞や接続詞の用法と読みをしっかり身につけよう。語彙力があると解ける問題もあるので，語彙の知識を増やすことも必要である。句法の習得と並行しながら，問題集を解いて漢文に多い話の展開（たとえ話や教訓など）に慣れ，内容を理解する練習を積もう。

法政大「国語」におすすめの参考書

- ✓『読み解くための現代文単語』（文英堂）
- ✓『ちくま評論入門』（筑摩書房）
- ✓『体系現代文』（教学社）
- ✓『大学入試 知らなきゃ解けない古文常識・和歌』（教学社）

2024年度

問題と解答

T日程（統一日程）・英語外部試験利用入試

問題編

〈T日程〉

▶試験科目・配点

学部等		教科	科目	配点
法		英語	コミュニケーション英語Ⅰ・Ⅱ・Ⅲ，英語表現Ⅰ・Ⅱ	※1
		数学・国語	「数学Ⅰ・Ⅱ・A・B」，「国語総合（古文・漢文の独立問題は出題しない）」のうちから1科目選択	100点
文	哲・英文・史・心理	英語	コミュニケーション英語Ⅰ・Ⅱ・Ⅲ，英語表現Ⅰ・Ⅱ	150点
		数学・国語	「数学Ⅰ・Ⅱ・A・B」，「国語総合（古文・漢文の独立問題は出題しない）」のうちから1科目選択	100点
	日本文	国語	国語総合（古文・漢文を出題する）	100点
		小論文	論述問題	100点
	地理	英語	コミュニケーション英語Ⅰ・Ⅱ・Ⅲ，英語表現Ⅰ・Ⅱ	150点
		地理	地理B	100点
経済・社会・経営・国際文化・人間環境・現代福祉・キャリアデザイン・スポーツ健康		英語	コミュニケーション英語Ⅰ・Ⅱ・Ⅲ，英語表現Ⅰ・Ⅱ	150点
		数学・国語	「数学Ⅰ・Ⅱ・A・B」，「国語総合（古文・漢文の独立問題は出題しない）」のうちから1科目選択	100点
情報科・理工※2		英語	コミュニケーション英語Ⅰ・Ⅱ・Ⅲ，英語表現Ⅰ・Ⅱ	150点
		数学	数学Ⅰ・Ⅱ・Ⅲ・A・B	150点
デザイン工		英語	コミュニケーション英語Ⅰ・Ⅱ・Ⅲ，英語表現Ⅰ・Ⅱ	150点
		数学	建築・都市環境デザイン工学科： 数学Ⅰ・Ⅱ・Ⅲ・A・B システムデザイン学科： 数学Ⅰ・Ⅱ・A・B	150点
生命科		英語	コミュニケーション英語Ⅰ・Ⅱ・Ⅲ，英語表現Ⅰ・Ⅱ	150点
		数学	数学Ⅰ・Ⅱ・A・B	150点

▶**備　考**

※1　法律・政治学科150点，国際政治学科200点。

※2　機械工学科航空操縦学専修を除く。

•「数学Ｂ」は「数列」「ベクトル」を出題範囲とする。

〔文学部日本文学科小論文について〕

• 小島信夫著『アメリカン・スクール』（新潮文庫版。同書の巻頭から巻末までを出題範囲とする）を課題図書として出題する。

• 試験時に参照できるのは，試験当日に試験会場にて大学から提供される課題図書のみ。持参した課題図書，メモ・しおり等は一切参照できない。

〈英語外部試験利用入試〉

▶**試験科目・配点**

学部等	教科	科目	配点
法・文（英文）・経済（国際経済）・社会・経営・国際文化・人間環境・現代福祉・キャリアデザイン・スポーツ健康	数学・国語	「数学Ⅰ・Ⅱ・A・B」,「国語総合（古文・漢文の独立問題は出題しない）」のうちから１科目選択	100点
グローバル教養	英語	英語外部試験のスコアを得点に換算する	150点
	数学・国語	「数学Ⅰ・Ⅱ・A・B」,「国語総合（古文・漢文の独立問題は出題しない）」のうちから１科目選択	100点
情報科・デザイン工（建築・都市環境デザイン工）・理工※	数学	数学Ⅰ・Ⅱ・Ⅲ・A・B	150点
デザイン工（システムデザイン）・生命科	数学	数学Ⅰ・Ⅱ・A・B	150点

▶**備　考**

※　機械工学科航空操縦学専修を除く。

•「数学Ｂ」は「数列」「ベクトル」を出題範囲とする。

• 指定された英語外部試験の基準（スコア，詳細は省略）を満たしていることを出願条件とする。

•［出願資格型］大学独自の入学試験１科目の得点のみで合否判定する。
［換算型］英語外部試験のスコアを「英語」の得点に換算（150点・140

点・130 点）し，大学独自の入学試験と 2 科目の合計得点で合否判定する。

英　語

（90 分）

〔Ⅰ〕

1．Choose the answer which best fits into the sentences below.

(1) He couldn't wait any longer at the station for his friends, [ ] he was already late for school.

a．for　b．so　c．as a result　d．moreover

(2) I'm sure you're disappointed to lose the game, but you have to stop feeling sorry for yourself and get on [ ] your life.

a．well　b．to　c．for　d．with

(3) It seems that he's turned [ ] a new leaf because he's started coming to class on time.

a．up　b．over　c．on　d．out

(4) Your stay at a traditional Japanese inn in Kyoto is [ ] expensive than our hotel in Tokyo is.

a．more or less　b．many more
c．no longer　d．much more

(5) [ ] all night to get home before the snow, we were very tired when we arrived.

a．Having driven　b．Having had driven

c. To drive d. To be driven

(6) The final exam is by and [ ] easier than the midterm exam.

a. all b. by c. large d. whole

(7) It's [ ] you couldn't come with us today. We had a great time.

a. a shame b. a trouble c. a sorrow d. an honor

2. Read each conversation below. Choose the best answer to fill in the blank.

(1) John: Do you think you can lend me 2,000 yen until next week?

Tsubasa: [ ]

John: I've just started a part-time job. I can pay you back the full 5,000 next week.

Tsubasa: Well, okay, if you're really sure you can repay me then.

a. I'd be happy to, but I don't have 2,000 yen either.
b. Of course, but I can't borrow 3,000 yen from you.
c. But John, you borrowed 3,000 yen from me last month.
d. Sure, then I can pay you back the 3,000 yen I borrowed from you.

(2) Myeong: How was your English quiz this morning?

Yuta: Well, I think I did okay on the listening section, but not that well on the vocabulary section.

Myeong: That's too bad.

Yuta: It was just a quiz, but [ ]. The teacher said she would include vocabulary, so I should have studied it.

a. there was nothing to it

b. I learned a good lesson

c. what's the point

d. I'm not going to study anymore

(3) Haruna: Maria, you told me that you wanted to get more exercise. How about running with me later today?

Maria: [ ]

Haruna: What? Do you really think that's exercise? Come on! Run with me later.

Maria: I'll try, but I may be too tired from my morning exercise.

a. I don't like to exercise. Count me out.

b. You run too fast. I can't keep up with you.

c. I usually run for an hour every evening after dinner.

d. I already walked around the block this morning.

〔Ⅱ〕

1．つぎの(1)〜(4)のパラグラフ（段落）には，まとまりをよくするために取り除いた方がよい文が一つずつある。取り除く文として最も適切なものをそれぞれ下線部(a)〜(d)の中から一つ選び，その記号を解答用紙にマークせよ。

(1) Tea, despite legends of its ancient history, is, in the long view of things, just a recent introduction to China. (a)The Chinese probably learned of tea from natives of northern India or from peoples living in Southeast Asia. (b)Some Chinese histories do report that tea was brought from India to China. (c)Westerners believe coffee also came from China. (d)According to another account, natives of Southeast Asia boiled the green leaves of wild tea trees in pots over campfires and the practice was later transferred to China. Nevertheless, it is clear that Westerners strongly associate tea with China, in the way that we associate coffee with Arabia, although each was regarded as an exotic drink when introduced. Unfortunately, the details of tea's pre-Chinese history, like the details of coffee's pre-Arabian history, are lost.

(Adapted from Weinberg, Bennett Alan and Bonnie K. Bealer. *The World of Caffeine: The Science and Culture of the World's Most Popular Drug*, Routledge, 2002, p. 29.)

(2) New scientific research has found that attending live sporting events improves levels of well-being and reduces feelings of loneliness. (a)These results are significant, as previous studies have shown that higher life satisfaction levels are associated with better physical health, successful aging, and lower death rates. (b)Lower death rates are also related to greater economic growth. (c)The new study also found that attending live sporting events leads to an increase in people's sense that "life is worthwhile." (d)Much research currently promotes the benefits of physical

participation in sport. However, the researchers believe that watching live sporting events can also offer an accessible and effective public health tool for improving well-being and reducing loneliness.

(Adapted from Anglia Ruskin University. "Attending Live Sport Improves Wellbeing: Study Research Is First to Demonstrate Major Benefits across Large Adult Population." *ScienceDaily*, 17 March, 2023, https://www.sciencedaily.com/releases/2023/03/230317145019.htm.)

(3) In our fast-paced society, it often feels like stress is persistent. However, if your anxiety intensifies at the start of the day, you're in good company. (a) Experts now agree that the morning is the most stressful time of the day. (b) Moreover, morning is the most enjoyable time of day. (c) A London-based study revealed that in a poll of 2,000 adults, the most stressful time is 7:23 a.m. (d) However, there is some slight variation in the most stressful time of the day, depending on gender. Women typically encounter their first obstacle of the day slightly earlier than men, at 6:50 a.m. For men, the first stressful incident doesn't begin until nearly an hour later, at 7:43 a.m. These morning events can even interfere with your ability to have a productive day.

(Adapted from Vettorino, Madison Zoey. "Experts Agree This Is Officially the Most Stressful Time of Day." *Reader's Digest*, Updated: 07 April, 2023, https://www.rd.com/article/most-stressful-time-of-the-day/.)

(4) According to one social theory, the mere presence of an audience improves the performance of simple tasks, especially those that require stamina. (a) Tasks that require stamina are easy to complete. (b) The pandemic offered a unique opportunity to study an audience's influence by comparing the results from the 2018/2019 season and the 2020 season of the biathlon. (c) This unique study compared the running times and shooting successes of male and female athletes who competed in the two

sporting events. The men's results were as expected: they ran faster with an audience present, but performed more poorly in shooting. (d) Interestingly, it was the other way around for women. They ran slower in the presence of spectators, but on average, it took them less time to shoot.

(Adapted from Heinrich, Amelie, et al. "Selection Bias in Social Facilitation Theory? Audience Effects on Elite Biathletes' Performance Are Gender-Specific." *Psychology of Sport and Exercise*, 55(3), 2021, DOI: 10.1016/j.psychsport.2021.101943.)

2. Read the essay on the labor market in Japan and choose the most appropriate word from the list below to fill in the blanks. Each of the words may be used only once.

Improving labor efficiency is key for Japan's economy as the country struggles with a falling population. The country's hourly [(A)] is the lowest among the Group of Seven (G7) nations. The country's inflexible labor market has stood in the way — but some long-held concepts about employment are beginning to give way. Yoshiya Taichi switched careers to become an engineer two years ago. He was 28 at the time, working as a tour planner at a travel agency in Tokyo. It was an unusual [(B)] in a country where jobs-for-life are commonplace, but it has turned out to be the right decision. Japanese companies usually hire new graduates and train them, with [(C)] in accordance with the length of continuous service. Changing jobs is often viewed negatively. Yoshiya used to be a part of the traditional system: "After graduation, most people, including me, expected we would stay with one company until retirement at the age of 60 or 70." But curiosity and interest led him to reconsider. While working at the travel agency, Yoshiya taught himself computer programming during his free time. He decided he had a different [(D)] as an engineer. He also wanted to live in

Osaka, about 400 kilometers away from Tokyo. He is a member of an amateur theater company that is based there. "I prioritize both working and my private life. If you feel you are not suited to your current job, it's better to find something different. Not only will society benefit, but so will people's well-being." The IT consulting firm that Yoshiya joined has a non-traditional perspective on recruitment. It focuses on mid-career hires from other industries. Director Sato Mariko says the pace of change, especially in the digital sector, is speeding up. Companies need a diverse workforce to keep up with shifting needs and technologies. "It is to our [(E)] to have people with varied experiences across a range of industries. If our employees all have the same background, we cannot adapt our businesses in accordance with changes in society," she says.

(Adapted from NHK WORLD-JAPAN "A shakeup for Japan's labor market", https://www3.nhk.or.jp/nhkworld/en/news/backstories/2334/)

a. advantage　　b. calling　　c. commuting

d. co-worker　　e. layoff　　f. move

g. productivity　　h. promotion

〔Ⅲ〕 Read the interview with Dr. Sean Kang and answer the questions that follow.

Have you ever thought about a book you've read, and had no memory of the plot? Or followed a recommendation to watch a TV show, only to find you've already seen it? We live in an age of mass content, with TV, books and films consumed at some of the highest levels in recent years. Could this be reducing our ability to remember them? I asked Dr. Sean Kang, a cognitive psychologist who specializes in memory why I keep forgetting the books I've read.

INT: Interviewer / Kang: Dr. Sean Kang

INT: I did English at university and it's embarrassing how often a former classmate will mention a book I have no memory of. <u>My theory</u>(A) is it's because I'm a journalist, and dealing with words all day is doing something to my brain.

Kang: Interesting intuition! One of the prominent theories of why we forget is interference. I'm going to assume you have read many other books?

INT: I think that's the nicest thing any interviewee has said to me! But <u>yes, I'd say so.</u>(B)

Kang: You probably read many books before and after the books your classmate is talking about. What happens is, when you're trying to retrieve a memory of that book, all the information from other books <u>interferes.</u>(C) Probably in your profession there's even more opportunity for similar information to interfere.

INT: Interesting! I drive to a lot of different places. Is that why I still can't quite remember the route to my relatives despite having driven it a dozen times? I always thought it was something to do with using a navigation system.

Kang: Well..., over time you will learn the directions to your relatives sooner or later. But relying on a navigation system is a different matter; without it, you'd need to plan your route in advance, and you'd pay close attention to every turn. That would help you learn the route.

INT: It's an active vs. a passive engagement[(D)] issue?

Kang: Absolutely. There's also a new area of memory research that looks at our ability to remember things if we know the information is stored externally[(E)], for example, on a computer. The idea here is that our "working memory" — what we're focusing on at any given moment — has a limited capacity. If we exceed that capacity by, say, paying attention to five things at once, we might try to unload some of that remembering to external storage. And if we begin to have an expectation that the information is always at our fingertips, we might not keep the information in our mind very carefully when we do encounter it.

INT: So, we don't remember stuff because we know it's always there on Google — even Netflix.

Kang: I don't necessarily see this as bad. It's not that different from when someone gave you their phone number before mobiles. You *could* come up with a memory strategy to remember the numbers, or you could write them down, allowing you to use your working memory to focus on other things.

INT: Or in the case of remembering birthdays, you could do as my husband does, and unload it to an external drive — me. I'm the USB stick. What does all this mean for our longest-term memories?

Kang: I'm not sure what you mean[(F)] . . . researchers like me only use the words long-term and short-term. Short-term refers to information we hold on to for a few seconds. Long-term is anything we remember for more time.

INT: Anything? Wow, my long-term memory must be absolutely massive.

Kang: It's [(X)] . It's not like you learn one other new thing tomorrow, so you're going to forget your friend's name. It's why, whatever our age, we always have the potential to learn.

(Adapted from Khan, Coco. "Why Do We Forget Books We've Read? We Ask an Expert." *The Guardian*, 10 June, 2022, https://www.theguardian.com/.)

1. What does the interviewer mean by the underlined expression My theory? (A)

   a. She thinks that journalists forget things easily.

   b. She thinks that she needs to know specific things because of her occupation.

   c. She assumes that all journalists have different problems.

   d. She thinks that her occupation somehow makes her forget old books.

2. What does the underlined expression yes, I'd say so (B) mean in this context?

   a. She thinks that Kang is nicer than any other person she's interviewed.

   b. She acknowledges that she has read a lot.

   c. She agrees with Kang's response, "Interesting intuition!"

   d. She recognizes that she is a forgetful person.

3. Which of the following is the closest in meaning to the underlined word interferes? (C)

   a. gets in the way　　b. gets to the point

   c. becomes less clear　　d. becomes less vague

4. Which of the following can be considered an example of the underlined expression <u>a passive engagement</u>(D)?

When you want to go to a station you have never been to before,

a. you search for a route at home, memorize it and go there by yourself.

b. you give up going there and go to another station you know well.

c. you take a taxi there, since you do not know the route.

d. you stop at a park on the way and return home because you are tired.

5. Which of the following is <u>NOT</u> mentioned in the text as an example of an "external device" in the sense of the underlined expression <u>the information is stored externally</u>(E)?

a. the interviewer　　b. Google

c. a computer　　d. working memory

6. Why does Kang say the underlined expression <u>I'm not sure what you mean</u>(F) . . . ?

a. because he has little interest in long-term memory

b. because he thinks that the expression the "longest-term memory" does not exist

c. because he failed to catch what the interviewer said

d. because he has no confidence in answering the interviewer's question

7. Which of the following best fits in the blank [(X)] ?

a. delicate　　b. empty　　c. limitless　　d. independent

8. According to the text, mark each of the following statements **T** if it is true, and **F** if it is false or not mentioned.

(1) The interviewer wonders if modern society has any negative effects on memory.

(2) Taking notes is one means to reduce memory load.

(3) Kang thinks that a navigation system should not be used in searching for a route.

〔Ⅳ〕 Read the essay on food and science and answer the questions that follow.

Think about biting into a piece of chocolate. What makes it enjoyable? Is it the sweetness? The way it melts in your mouth? The crunch? The sound it makes? All of the above? A team at the University of Amsterdam is attempting to use physics and geometry*1 to answer some of these questions, and to — hopefully — create an even more enjoyable treat. Their result, a spiral-shaped 3-D printed chocolate, doesn't look like anything currently on the supermarket shelf. But it may just be the future of food. Corentin Coulais, a physicist at the University of Amsterdam who led the research, normally works with non-food "metamaterials" — materials with structures and properties not found in nature. In the past, his work has involved shape-changing materials with applications for robotics, artificial limbs, and electronics. But a partnership with a giant food and consumer goods company led him and his team to develop new structures for chocolate.

First, the researchers heated and cooled dark chocolate carefully to give it a stable structure. Then they printed the chocolate into a series of spiral shapes using a 3-D printer. Some of the spirals were simple s-shapes, while others were more complex, almost like mazes. The team then submitted the chocolates to a series of mechanical tests to see how they would break when "bitten" as shown in the figure. When the chocolates were pressed from above, they shattered into many pieces (especially the more elaborately spiraled ones). When bitten from the side, they usually cracked only once.

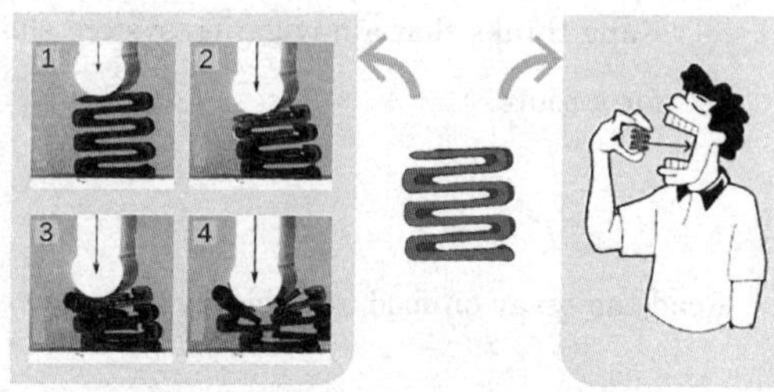

Figure: Mechanical Test Image
(Adapted from Souto, André et al. "Edible Mechanical Metamaterials with Designed Fracture for Mouthfeel Control." *Soft Matter*, 18: 2910–2919, 2022.)

Why does this matter? Well, the next step of the research involved giving the chocolates to a very lucky panel of human testers. The investigators asked which shapes the testers preferred and why. "The more complex the shape was, the more crack it had, and the more the testers seemed to enjoy it," Coulais says. It was not surprising that testers enjoyed the more easily breakable chocolate. Previous research has shown that people enjoy the sensation of food crunching or breaking in their mouths. They especially enjoy hearing the shattering sounds; taste researcher Alan Hirsch describes it as the "music of chewing."(A) Some researchers think this may be because crunchiness is a signal of freshness — think fresh apples vs. old cabbage — and that texture helped our ancestors seek out the freshest foods.

Chocolate, of course, is not famous for being healthy. But the research is part of the broader field of "edible*2 metamaterials," which has potential for creating foods that are more nutritious, easier to eat, or better for the environment. There are "exciting times ahead in the development of 'metafoods,'"(B) says Fabio Valoppi, a researcher at the University of Helsinki. The field is young, Valoppi says, but it's full of promise. Valoppi mentions recent research on morphing(C) pasta, or geometrically engineered pasta that goes from flat to 3-D during cooking. "You can imagine that having such a type of pasta can help reduce our ecological footprint by reducing CO_2 emissions and transportation costs," he says. "Flat pasta can be stacked more efficiently in a package, and having it morphing during cooking will allow us to eat it with the shapes we love the most."

Using geometry to adjust a food's mouthfeel could allow researchers to use healthy, eco-friendly foods to create interesting, delicious meat substitutes, says Coulais. The same techniques could create special foods for people who have trouble with biting or chewing because of illness or dental issues. If you could control how much force is needed to shatter a piece of food, you could make delicious solid foods that are extremely easy to bite. "People who could not chew well could still have an interesting eating experience," Coulais says. The research into the geometry of shattering also has non-food applications. Figuring out how to control where a material breaks could mean designing better crash helmets or other protective gear. Controlled shattering could even mean safer planes or cars. Imagine a vehicle designed to have an exterior that shattered in a way that protected the interior.

Coulais does hope to continue his research on foods. He's currently working on building a consortium*[3] with food companies, to use his geometric modeling on food development. The possibilities are almost infinite. "Because metamaterials are still developing, there is great potential in this field," Valoppi agrees. "On Earth, we have limited materials with limited properties. The beauty of metamaterials — in both their edible and non-edible forms — is that by just adding some shapes and architecture to the same materials that have limited properties, we can give them [(X)]."

*[1] geometry: 幾何学

*[2] edible: 食べられる

*[3] consortium: コンソーシアム，共同事業体

(Adapted from Matchar, Emily. "Have Scientists Designed the Perfect Chocolate?" *Smithsonian Magazine*, 11 May, 2022, https://www.smithsonianmag.com/.)

1. Which of the following best describes Coulais's research team?
   a. They have specialized in designing new foods for many years.
   b. They collected original chocolate samples and analyzed the market.
   c. Their original research interest was not in foods but in non-edible materials.
   d. They have founded new companies to financially support their research.

2. Which of the following best describes the results of Coulais's research on the texture of chocolate?
   a. A chocolate-like maze is too hard to eat for some people.
   b. People tend to prefer a simple s-shape chocolate to any other shape.
   c. People's preferences tend to depend on how a chocolate is cracked when bitten.
   d. A chocolate bitten only once is easy to eat and people like it.

3. What does the author mean by referring to the underlined expression music of chewing (A)?
   a. The kind of music people hear when eating is very important.
   b. The eating sounds people make improve their enjoyment of foods.
   c. Music has the power to make people chew foods well.
   d. Making too much chewing noise makes foods less delicious.

4. What does the underlined word metafoods (B) mean?
   a. foods eaten in specific places
   b. foods which exist in nature as they are
   c. foods which contain metal to give them a particular shape

d. foods created by humans for particular purposes

5. Which of the following is the closest in meaning to the underlined phrase morphing?
(C)

a. form-changing　　b. melting

c. surprising　　d. easy-cooking

6. Which of the following is **NOT** mentioned as an example of applying geometry to our ordinary life?

a. making goods more eco-friendly

b. inventing better products for people with difficulties

c. making things safer

d. inventing faster transportation

7. Which of the following best fits the blank [(X)] ?

a. ultimate strength　　b. more restrictions

c. new functions　　d. fresh concepts

8. What is the main idea of this essay?

a. Science can contribute to creating foods and other things which make our lives better.

b. Scientists should invent the ideal chocolate to make many people happy.

c. Humans are not expected to keep inventing new things in the future.

d. It does not make sense today to distinguish foods from non-foods.

9. According to the text, mark each of the following statements **T** if it is true, and **F** otherwise.

(1) Coulais's team is creating novel chocolates which have never before been sold.

(2) Coulais is going to return to his research on non-edible materials after his current study on chocolates.

(3) Our ancestors tended to choose softer foods to maintain their health.

〔V〕 Read the essay and answer the questions that follow.

When I was younger, I believed that everybody thought in photo-realistic pictures the same way I did, with images clicking through my mind a little bit like PowerPoint slides. I had no idea that most people are more word-centered than I am. For many people, it's words, not pictures, that shape thought. That's probably how our culture got to be so full of talk. Teachers lecture, religious leaders preach, politicians make speeches and we watch "talking heads" on TV. We call most of these people neurotypical — they develop along predictable lines and communicate, for the most part, through speech.

I was born in the late 1940s just as the diagnosis of autism*[1] was being applied to kids like me. I had no language until age 4 and was first diagnosed as brain damaged. Today, many people would say that I'm neurodivergent — a term that <u>encompasses</u>(1) not only autism but also reading disorders and other learning problems. The popularization of the term neurodivergence and society's growing understanding about the different ways that brains work are certainly positive developments for many individuals like me.

(X), many aspects of our society are not set up to allow visual thinkers — which so many of us neurodivergent folks are — to thrive. In fact, many aspects of our society are set up specifically so we will fail. Schools force students into a one-size-fits-all curriculum. The workplace relies too much on academic grades and job records to assess candidates' worth. This must change not only because neurodivergent people and all visual thinkers deserve better, but also because without a major shift in how we think about how we learn, American innovation will be stifled (2).

When I was 7 or 8, I spent hours playing and experimenting to figure out how to make parachutes, made from old scarves, open more quickly each time I tossed them into the air. This required careful observation to determine how small design changes affected performance. My single-mindedness, close to a mania, was probably because I was autistic*[1]. At the time, I loved a book about famous inventors and their inventions. It impressed me how single-minded (A) Thomas Edison and the Wright brothers were in figuring out how to make a light bulb or an airplane. They spent lots of time enthusiastically perfecting their inventions. It is likely that some of the inventors in that book also were autistic.

We hear a great deal about the need to fix the infrastructure in this country, but (B) we are too focused on the things that need improving and updating rather than the people who will be able to do the work. For over 25 years, I designed equipment to handle farm animals and worked with the highly skilled people who built the equipment. When I look back at all the projects I designed for large companies, I estimate that 20 percent of the skilled welders*[2] and design engineers were autistic, or had learning problems. I remember two people with autism who invented numerous mechanical devices which they sold to many companies. Our visual thinking skills were key to our success.

Today, we want our students to be well (3) rounded, and we should think about making sure that the education we provide is as well. At the same time, I bet that the people who will fix America's infrastructure have spent hours and hours on one thing, whether it be Legos, violin or chess — hyper-focus is a classic sign of neurodivergent thinking and it's critical for innovation and invention.

I often get asked what I would do to improve both elementary and high school. The first step would be to put more of an emphasis on (4) hands-on classes such as art, music, sewing, woodworking, cooking, theater, auto mechanics and welding*[2]. I would have hated school if the hands-on classes had been removed, as so many have been today. These classes also expose students — especially neurodivergent students — to skills that could become a career. Exposure is key. Too many students are growing up who have never used a tool. They are completely removed from the world of the practical.

Despite my accomplishments, if I were a young person today, I would have difficulty graduating from high school because I could not pass algebra*[3] (C). It is too abstract, with no visual correlations. This is true for many of today's students who get labeled bad at math, students who might otherwise pass alternative math courses such as statistics that would also apply to real-life work situations. There is too much emphasis in school on testing and not enough on career outcomes. My poor performance on the math portion of the high-school achievement test prohibited me from getting into veterinary*[4] school, but today I am a university professor in animal sciences and I am invited to speak to groups of veterinarians*[4] to advise them on their work. The true measure of an education isn't what grades students get today, but where they will be (D) 10 years later.

I am often invited to give talks at corporations and government agencies. The first thing I tell managers is that they need various kinds of people in the work force. Complementary skills (E) are the key to successful teams. We need the people who can build our trains and planes and internet, and the people who can make them run. Studies have shown that diverse teams will outperform (5) teams consisting of the same type of people. If you've ever attended a meeting where nothing gets solved, it may be because there are too many people who think alike.

Today, Taiwan produces the majority of the world's highest tech silicon chips. Much of the specialized mechanical equipment used for processing meat is made in the Netherlands and Germany. When I visited the Steve (F)

Jobs Theater in California, I discovered that the glass walls were created by an Italian company. The massive carbon fiber roof that looks like a spaceship was imported from Dubai.

The reason this equipment is coming from outside the United States can be traced in part to differences in educational systems. In Italy and the Netherlands, for instance, a student at about age 14 decides whether to go the university route or the job-training route. The job-training route is not looked down on or regarded as a lesser form of intelligence. And that's how it should be everywhere, because the skill sets of visual thinkers are essential to finding real-world solutions to society's many problems.

(Adapted from Grandin, Temple. "Society Is Failing Visual Thinkers, and That Hurts Us All," *New York Times*, 9 January, 2023.)

*1 autism, autistic: 自閉症，自閉症の

*2 welder, weld: 溶接工，溶接する

*3 algebra: 代数学

*4 veterinary, veterinarian: 獣医学の，獣医

1．Which of the following is the closest in meaning to the underlined words (1) to (5)?

(1) encompasses

a．surrounds　b．covers　c．limits　d．extends

(2) stifled

a．maintained　b．developed

c．improved　d．suppressed

(3) rounded

a．fed　b．done　c．shaped　d．balanced

(4) hands-on

a．practical　b．helpful　c．artistic　d．touchable

(5) outperform

a．do as much as　b．do less than

c. do better than d. do as little as

2. According to the text, which of the following jobs could be considered more suitable for neurodivergent people than the others?

a. journalist b. lawyer c. announcer d. designer

3. Choose the word or phrase that best fills the blank (X).

a. Therefore b. For example

c. Still d. In addition

4. Why does the author mention the names, Thomas Edison and the Wright brothers (A)?

a. to remind the readers that they are world-famous American inventors

b. to stress the similarity in the ability to concentrate between these inventors and the author

c. to show how the author learned about those well-known inventors

d. to emphasize the inventors' broad interest in technology

5. Choose the statement that is closest in meaning to we are too focused on the things that need improving and updating rather than the people who will be able to do the work (B).

a. Neurodivergent people who produce real things for society should be appreciated more.

b. Neurotypical people who run the country should help autistic people to find employment.

c. More people need to be employed to improve the existing infrastructure of America.

d. We need more manual laborers than office workers to increase productivity.

6. Why does the author think "I could not pass algebra" (C) if she were a young person today?

a. because she is better at taking care of farm and domestic animals

b. because of the one-size-fits-all curriculum of schools

c. because her brain was damaged when she was a child

d. because algebra has become the most difficult subject in the curriculum

7. Choose the statement that is closest in meaning to where they will be (D).

a. the place where they will work

b. the school for which they will teach

c. the accomplishments that they will make

d. the social class that they will belong to

8. Choose the phrase closest in meaning to Complementary skills (E) in this context.

a. Excellent skills worth speaking well of

b. Skills matching the job description of a team

c. Similar skills to bring a team together

d. Different skills that improve group performance

9. Why does the author mention the Steve Jobs Theater (F)?

a. to give an example of a material produced better where education differs from the U.S.

b. to emphasize the high level of technology used in the building of the glass-walled theater

c. to point out the author's involvement in planning the theater

d. to show how great Steve Jobs's inventions are

10. What are the qualities of autistic people that help them innovate?
   a. hyper-focusing ability and patience
   b. single-mindedness and visual thinking
   c. intelligence and keen observational skills
   d. neurotypical and neurodivergent skills

11. What is the main idea of this essay?
   a. Giving children opportunities to develop practical skills at school will help children who are neurotypical.
   b. To reduce unemployment, the job-training route for early teens should be established as an alternative to the university path.
   c. Neurodivergent people have various skills which society should develop more fully.
   d. Schools should teach children more about autism to reduce social prejudice towards visual thinkers.

地　理

（60分）

〔Ⅰ〕　地形図に関する以下の問いに答えよ。解答は解答欄に記せ。

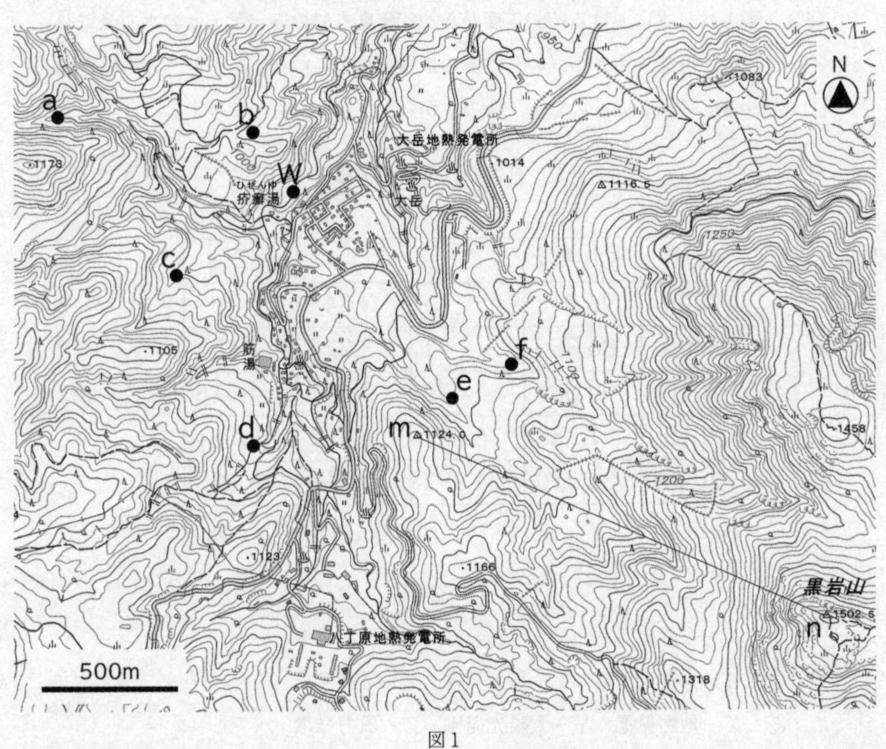

図1

地理院地図（標準地図）を基に作成した。

問1　図1から読み取れる内容を説明した文のうち，正しいものを①～④の中から一つ選び，番号で答えよ。

①　八丁原地熱発電所でつくられた電気は，地上の送電線を経由して大岳地熱発電所まで送られている。

② 黒岩山の山頂まではバスで登ることができる。

③ 筋湯や大岳周辺は温泉地として利用されている。

④ 黒岩山の西麓にはカールが発達している。

問2　図1において，地点Wの集水域に入らないのは地点a～fのうちどれか，記号をすべて選べ。なお，集水域とは雨水が流れ込む範囲を示す。

問3　表1は日本における2000年度から2020年度までの5年度ごとの水力発電および再生可能エネルギーの発電量の推移を示している。X，Y，Zの組み合わせとして正しいものを①～⑥の中から一つ選び，番号で答えよ。

表1　日本の発電量の推移

（単位 100万kWh）

年度	水力発電	X	Y	Z
2000	96,817	-	3,348	109
2005	86,350	1	3,226	1,751
2010	90,681	22	2,632	4,016
2015	91,383	6,837	2,582	5,161
2020	86,310	24,992	2,114	8,326

『データブック　オブ・ザ・ワールド2023年版』により作成

① X－太陽光発電，Y－地熱発電，Z－風力発電

② X－太陽光発電，Y－風力発電，Z－地熱発電

③ X－地熱発電，Y－太陽光発電，Z－風力発電

④ X－地熱発電，Y－風力発電，Z－太陽光発電

⑤ X－風力発電，Y－太陽光発電，Z－地熱発電

⑥ X－風力発電，Y－地熱発電，Z－太陽光発電

問4　次の①～④はいずれも図1における三角点m－n間の地形断面図である。①～④のうち，標高と水平距離の縦横比が1：1をとる地形断面図として正

しいものを一つ選び，番号で答えよ。①〜④はいずれも標高は縦軸，水平距離は横軸で示され，その最大値と最小値はすべて等しい。なお，縦軸が示す標高の最小値は０ｍではない。

①
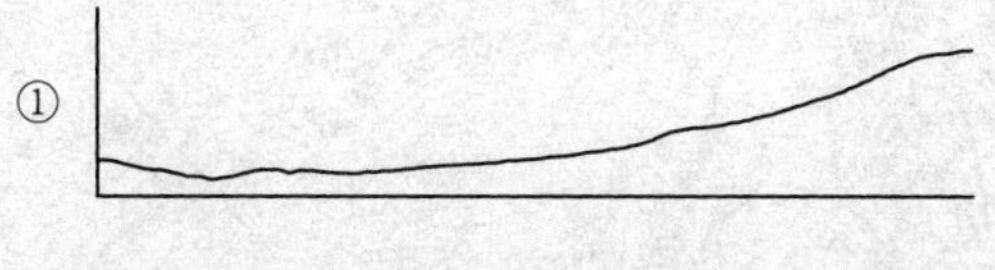

②
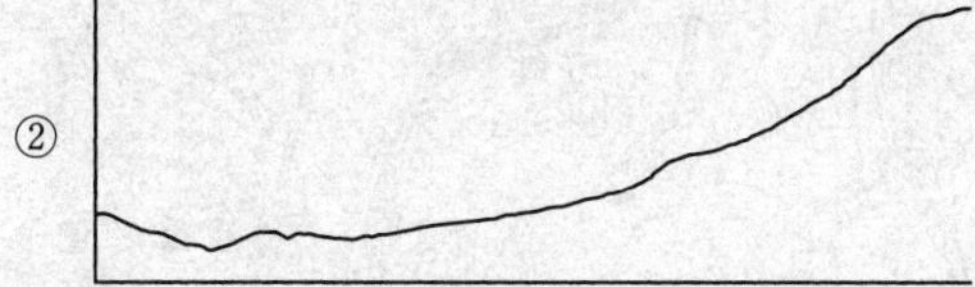

③
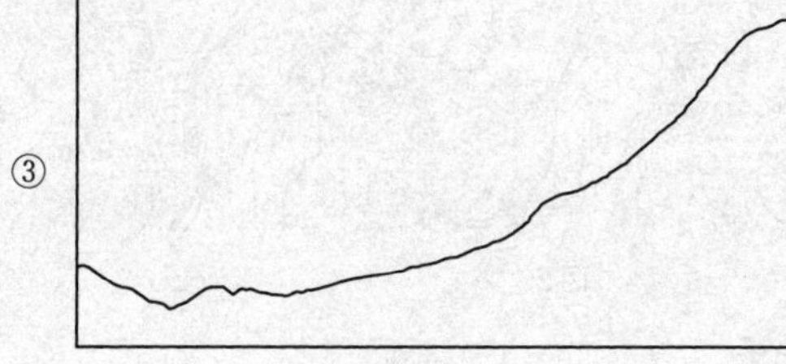

④
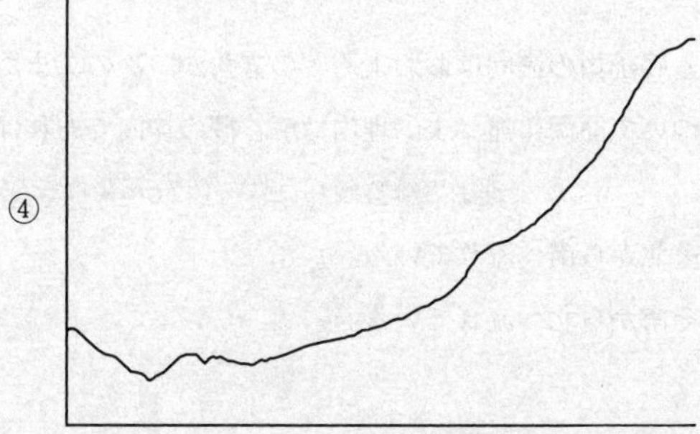

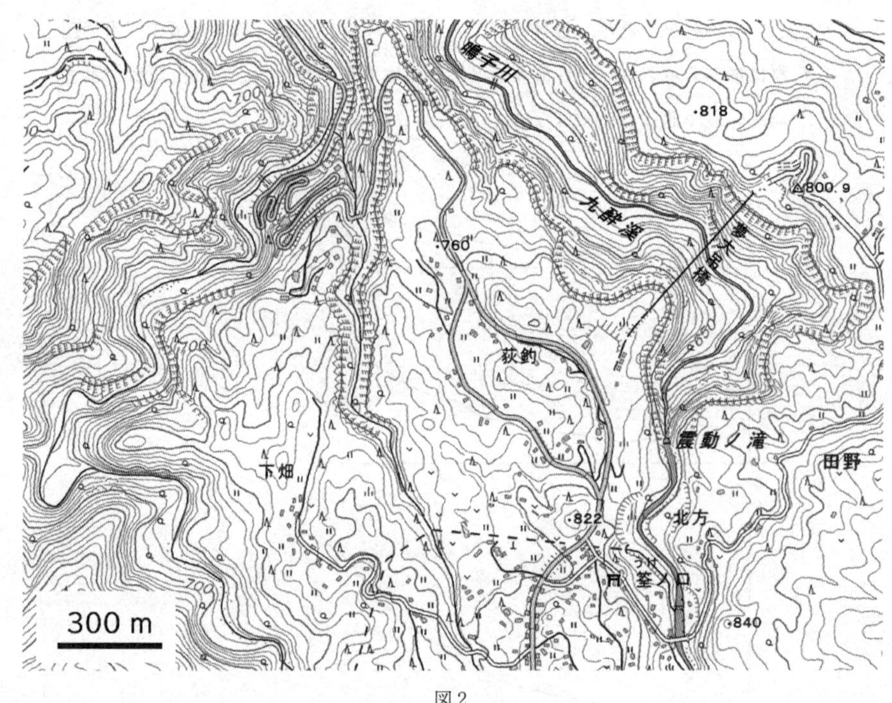

図２

地理院地図(標準地図)を基に作成した。

問５　図２から読み取れる鳴子川の流向はおおよそどの方角か。次の①または②を選び，その理由について簡潔に述べよ。理由は解答欄の枠内であれば字数は問わない。　〔理由の解答欄〕 ヨコ 10.7cm×タテ 2.5cm

①　鳴子川はおおよそ北から南へ流れている。

②　鳴子川はおおよそ南から北へ流れている。

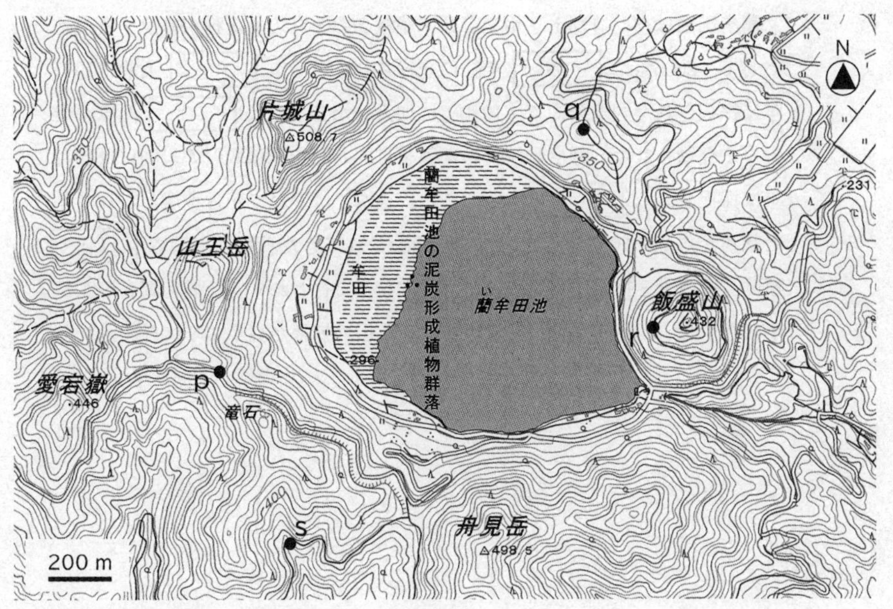

図3

地理院地図(標準地図)を基に作成した。

問6 図3において，藺牟田池と茶畑をあわせて写真を撮影したいと考えた際，撮影に<u>適していない</u>のは地点p～sのうちどこか，記号をすべて選べ。なお，樹木を含めた植生の被覆状況は考慮しないものとする。

問7 図3から，藺牟田池は火山活動によって形成された火山湖である。次の①～⑥の日本の湖のうち火山湖はどれか，数字をすべて選べ。

① 池田湖　② 霞ヶ浦　③ 宍道湖

④ 浜名湖　⑤ 琵琶湖　⑥ 摩周湖

問8 図3および地球環境に関する国際条約における以下の文章を読み，空欄 (ア) ～ (エ) にあてはまる適切な語句を答えよ。なお，空欄 (ア) ～ (ウ) にはそれぞれ都市名が入る。また，空欄 (イ) は漢字で解答すること。

蘭牟田池はベッコウトンボを筆頭に絶滅のおそれのある種が棲息する湿地として，2005年に［(ア)］条約に登録されている。［(ア)］条約は1971年に採択された国際条約で，1980年に加入した日本では［(イ)］湿原が最も早く登録された。野生動植物の保護を目的とした国際取引の規制には1973年に採択された［(ウ)］条約がある。日本ではかねてから食用とされてきた動物が規制の対象として国際的に議論されてきた。特に大型の［(エ)］類は，資源量を推定するために北太平洋などで行われてきた捕獲調査が2018年に終了し，2019年７月から日本では商業用の捕獲が31年ぶりに再開された。

〔Ⅱ〕 第３次産業に関する以下の問いに答えよ。解答は解答欄に記せ。

問１　図１は1950年，1980年，2008年の３時点におけるアメリカ合衆国，タイ，日本，フランスの産業構成を示している。図中のＡ～Ｄに該当する国名をそれぞれ答えよ。

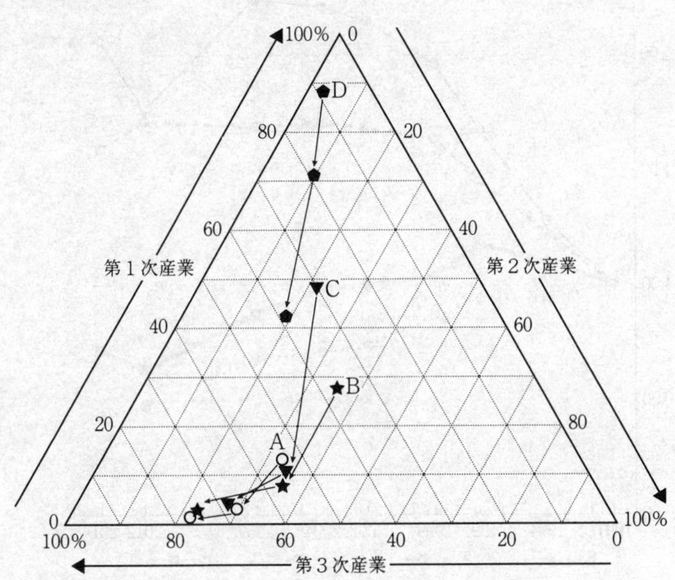

図１　主な国における産業構成の推移

ILO STAT により作成

注：フランスとタイに関しては，1954年，1980年，2008年のデータを使用した。

問２　商業に関連し，図２は1991年～2014年における主な業態(コンビニエンスストア，専門スーパー，総合スーパー，百貨店)における年間販売額の推移を表している。図中のＥ～Ｈに該当する業態をそれぞれ答えよ。

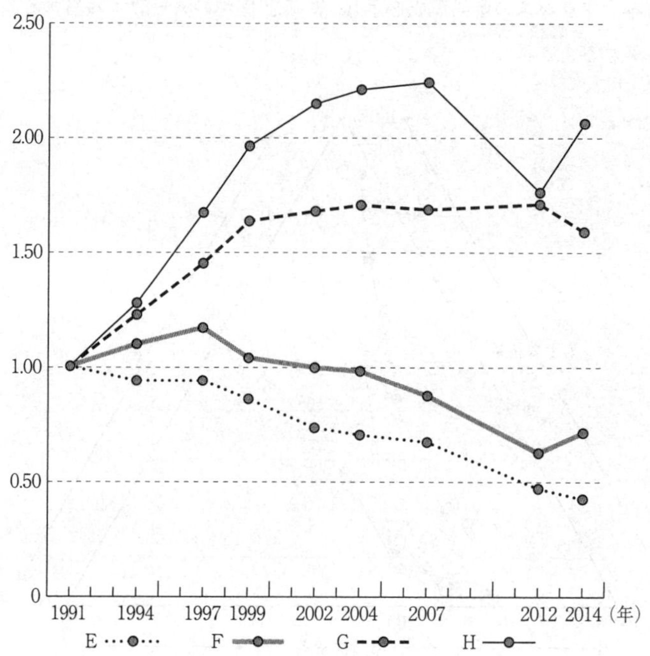

図２　主な業態における年間販売額の推移(1991年～2014年)

商業統計および経済センサスにより作成

注１：1991年の値を1.00とする。

注２：スーパーおよびコンビニエンスストアとは売り場面積の50％以上でセルフサービス方式を採用している店舗である。また，専門スーパーとは衣・食・住関連など特定の種類の商品を販売し，それら特定の商品群が全体の70％以上を占める店舗である。

問３　商業に関連し，チェーン店方式の小売店舗が増加した要因はさまざまな観点から考えられる。それらのうち，商品の配送上の効率化と管理上の効率化(情報化に伴う商品の管理など)に関わる要因について，それぞれ答えよ。なお，解答欄内であれば字数は問わない。

〔解答欄〕 各ヨコ 12.7cm×タテ 1.1cm

問４　観光産業に関連し，表１は2018年における主な国の国際観光の収入と支出を表している。表中のＩ～Ｌに該当する国名(アメリカ合衆国，イギリス，タイ，フランス)をそれぞれ答えよ。

表１　主な国における国際観光の収入と支出(2018年)

単位：百万米ドル

国名	収入	支出	収支
I	214,700	144,500	70,200
J	56,400	12,100	44,300
K	65,500	47,900	17,600
韓国	18,600	35,100	−16,500
L	48,600	69,000	−20,400
ドイツ	43,000	95,600	−52,600
中国	40,400	277,300	−236,900

観光白書(令和２年版)により作成

問5　観光産業に関連し，図3は日本の旅行に関する国際収支の推移(1996年度～2022年度)を表している。1996年度においては大幅なマイナス(支出超過)であったのが，2014年度からプラス(収入超過)に転じている。収入超過に転じた要因について答えよ。なお，解答欄内であれば字数は問わない。

〔解答欄〕 ヨコ14.7cm×タテ1.7cm

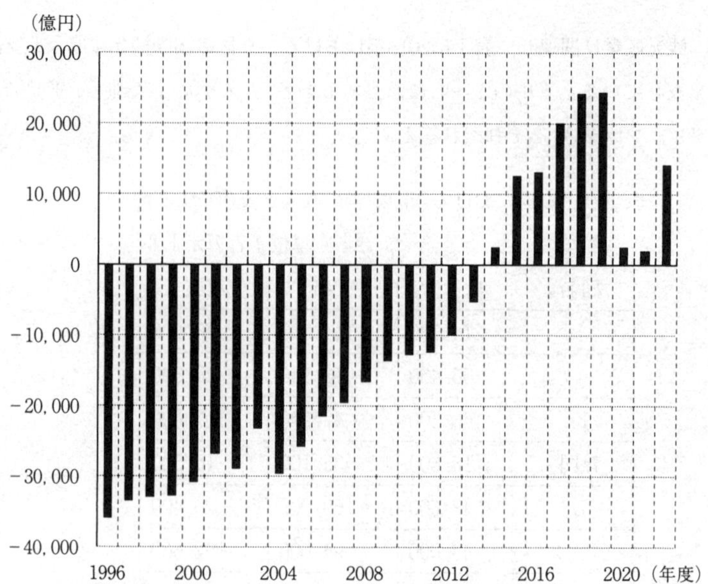

図3　日本の旅行に関する国際収支の推移(1996年度～2022年度)

財務省資料により作成

注：2022年度の数値は速報値

問６　教育産業に関連し，図４の(1)と(2)はそれぞれ都道府県別の学習塾の施設数(2018年)および年間売上高(2018年)と人口(2020年)の関係を表している。これらの図から学習塾の立地や経営，および両者の関係性について読み取れる事柄を答えよ。なお，解答欄内であれば字数は問わない。

〔解答欄〕ヨコ14.7cm×タテ1.7cm

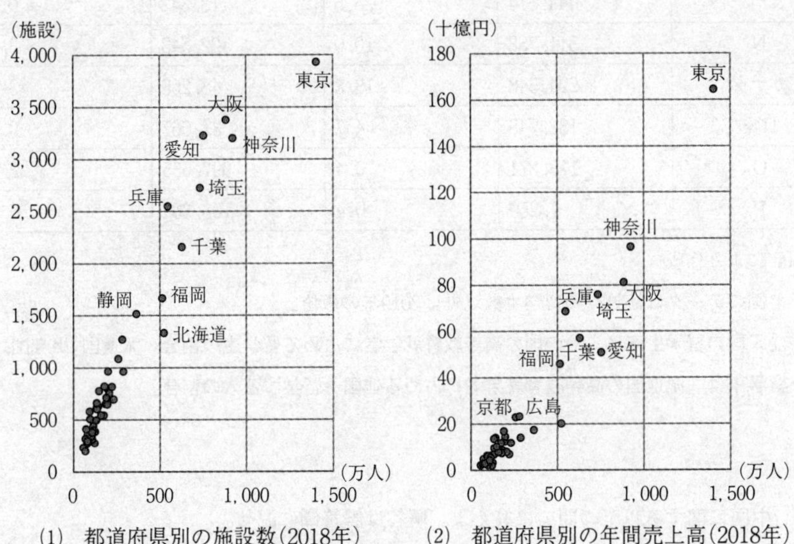

(1)　都道府県別の施設数(2018年)　　(2)　都道府県別の年間売上高(2018年)

図４　都道府県別の学習塾の施設数・年間売上高(2018年)と人口(2020年)

特定サービス産業実態調査(2018年)および国勢調査(2020年)により作成

注：図中では，施設数(1)および年間売上高(2)それぞれの上位10都道府県の名称のみ記している。

問７　教育産業に関連し，表２は主な国の高等教育における留学生の状況(2018年)を表している。表中のM～Pにはオーストラリア，中国，ドイツ，ベトナムが該当する。M～Pに当てはまる国名をそれぞれ答えよ。

表2　主な国の高等教育における留学生の状況(2018年)

国名	海外からの留学生の受け入れ		海外への留学生の派遣	
	留学生数(人)	留学生率(%)	留学生数(人)	留学率(%)
アメリカ合衆国	987, 314	5. 2	86, 111	0. 5
イギリス	452, 079	18. 3	39, 246	1. 6
M	444, 514	26. 5	13, 342	0. 8
N	311, 738	10. 0	122, 543	3. 9
カナダ	224, 548	13. 8	48, 268	3. 0
日本	182, 748	4. 7	32, 067	0. 8
O	178, 271	0. 4	997, 655	2. 2
P	7, 250	0. 4	108, 304	6. 4

UIS Statにより作成

注1：P国のデータは海外への留学生数以外は2019年の数値。

注2：受入国の留学生率は，その国の高等教育就学者に占める留学生の割合。派遣国(出身国)の留学率は，派遣国の高等教育就学者に占める他国へ留学する人の割合。

〔Ⅲ〕 中国に関する以下の問いに答えよ。解答は解答欄に記せ。

中国の人口は，国土の5割弱の面積の東部沿海部に約 (ア) 割が集中している。特に，チベット高原を源とする黄河や長江の下流域等に集中している。中国の面積は日本の約25倍，世界第 (イ) 位の広さであり，陸続きで国境を接する国の数は (ウ) である。人口の9割が漢民族で占められているが，(エ) の少数民族が居住する多民族国家である。1960年代までは出産が奨励されたことによって，急激な人口増加を招いた。その後，人口抑制政策(1)を強力に推し進めたことによって出生率は低下したが，人口構成(2)にかたよりが生じた。

他方，経済面では1978年ごろから (A) 政策などによる沿岸部への経済特区(3)の設立，2001年には (B) に加盟したことを契機に，豊富な労働力を背景にして工業生産額(4)は伸長し，活発な輸出と国内の経済成長が相まって2010年にはGDP世界第2位の経済大国となった。しかし，経済成長の過程で，沿岸部と内陸部，都市部や農村部との経済格差は大きくなり，格差是正のため大規模な地域開発(5)が実施された。

近年では，新たな貿易市場(6)の開拓や対外依存度の高い資源の安定確保，産業の海外移転，直接投資の受け入れを企図した［ (C) ］構想が打ち出されている。

問1　文中の(ア)に当てはまる数値を①～④の中から選び，番号で答えよ。

①　6　　②　7　　③　8　　④　9

問2　文中の(イ)に当てはまる数値を①～④の中から選び，番号で答えよ。

①　1　　②　2　　③　3　　④　4

問3　文中の(ウ)に当てはまる数値を①～④の中から選び，番号で答えよ。

①　10　　②　14　　③　18　　④　22

問4　文中の(エ)に当てはまる数値を①～④の中から選び，番号で答えよ。

①　45　　②　50　　③　55　　④　60

問5　文中の(A)～(C)に当てはまる適当な語句を答えよ。

問6　下線部(1)に関して，1979年から一人っ子政策が実施されてきたが，近年になって問題が生じてきたためこの政策は緩和された。この問題とは何か，文章で説明せよ。　〔解答欄〕 ヨコ14.1cm×タテ1.7cm

問7　下線部(2)に関して，図1はインド(2016年)，韓国(2018年)，中国(2020年)，日本(2020年)のいずれかの年齢別人口構成比を示したものである。日本と中国に当てはまるものを，①～④の中からそれぞれ選び，番号で答えよ。

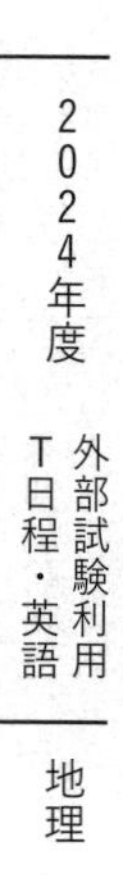

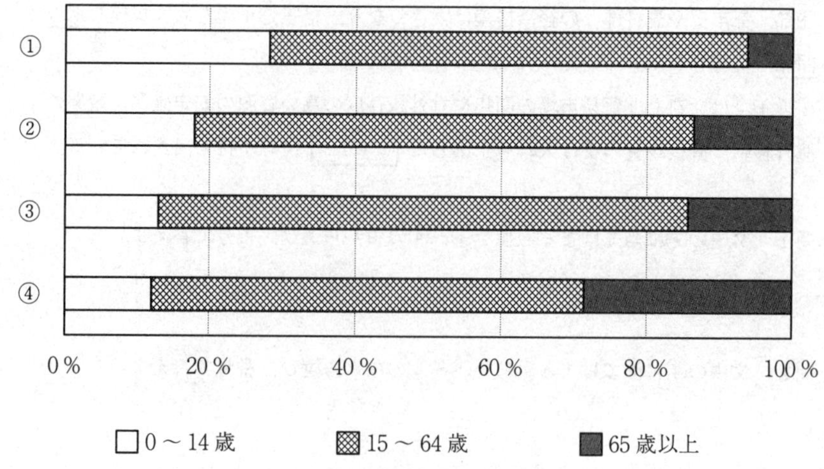

図1　各国の年齢別人口構成比

『世界国勢図会2022/23』により作成

問8　下線部(3)に関して，経済特区に次ぐ開発地域として1984年以降に指定された経済開発地区を何と呼ぶか，語句で答えよ。また，経済特区との違いについて説明せよ。　〔違いの解答欄〕ヨコ13.4cm×タテ1.4cm

問9　下線部(4)に関して，図2は業種別工業出荷額の多い品目を示したものである。D，E，Fに当てはまる正しい組み合わせを①～⑥の中から一つ選び，番号で答えよ。

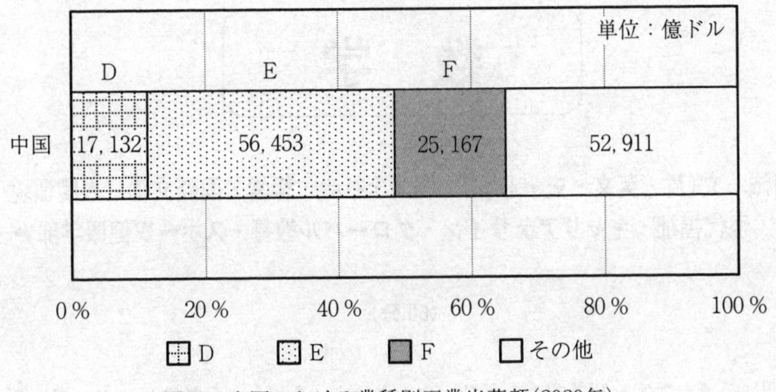

図2　中国における業種別工業出荷額（2020年）

『世界国勢図会2022/23』により作成

① D：化学工業・E：機械工業・F：金属工業
② D：化学工業・E：金属工業・F：機械工業
③ D：機械工業・E：金属工業・F：化学工業
④ D：機械工業・E：化学工業・F：金属工業
⑤ D：金属工業・E：機械工業・F：化学工業
⑥ D：金属工業・E：化学工業・F：機械工業

問10　下線部(5)に関して，2001年から実施された地域開発名を答えよ。また，この地域開発の一環として，2006年7月1日に全通した路線距離約2,000キロメートルの鉄道名を答えよ。

問11　中国政府が1997年の香港返還，1999年のマカオ返還に際してとった政経分離の統治政策を何と呼ぶか，語句で答えよ。

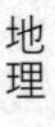

数学

◀法・文(哲・英文・史・心理)・経済・社会・経営・国際文化・人間環境・現代福祉・キャリアデザイン・グローバル教養・スポーツ健康学部▶

(60分)

空欄に最適な数字を解答欄から選び，マークせよ。ただし，分数の形においては既約分数とし，根号を含む形においては根号の中の自然数が最小となるようにせよ。

〔1〕 a, b は定数とする。4次方程式 $x^4 - 5x^3 - 5x^2 + ax + b = 0$ が3と−2を解にもつとき，$a =$ アイ，$b =$ ウエ であり，他の解は オ $\pm\sqrt{\text{カ}}$ である。

〔2〕 半径2の円に内接する三角形ABCにおいて，$\cos A = \dfrac{1}{4}$，AB : AC = 2 : 3 とする。このとき BC $= \sqrt{\text{アイ}}$ であり，三角形ABCの面積は $\dfrac{\text{ウ}\sqrt{\text{エオ}}}{\text{カ}}$ である。

〔3〕 kは正の定数とする。連立不等式$3x-k \geqq 0$，$2kx-3y \leqq 0$，$3x+2ky-3 \leqq 0$の表す領域をDとおく。

(1) $k=\dfrac{3}{4}$のとき，Dの面積は$\dfrac{\boxed{アイウ}}{\boxed{エオカ}}$である。

(2) Dが空集合とならないようなkの最大値は$\dfrac{\boxed{キ}}{\boxed{ク}}$である。

〔4〕 2つのサイコロAとBをそれぞれ3回投げる。$i=1,2,3$に対し，i回目にAを投げて出た目を3で割ったときの余りをa_iとおき，同様にi回目にBを投げて出た目を3で割ったときの余りをb_iとおく。さらに，座標平面上の点$(a_1,\ b_1)$，$(a_2,\ b_2)$，$(a_3,\ b_3)$をそれぞれP，Q，Rとおく。

(1) P，Q，Rが互いに異なる点であり，かつ一直線上にある確率は$\dfrac{\boxed{アイ}}{\boxed{ウエオ}}$である。

(2) P，Q，Rをすべて通る直線が存在する確率は$\dfrac{\boxed{カキ}}{\boxed{クケコ}}$である。

(3) P，Q，Rが面積1以上の三角形をなす確率は$\dfrac{\boxed{サシ}}{\boxed{スセソ}}$である。

〔5〕 数列$\{a_n\}$の初項を2とする。また，$\{a_n\}$の階差数列$\{b_n\}$は$b_3=9$，$b_8=19$を満たす等差数列であるとする。このとき$a_{15}=$ アイウ である。また数列$\{a_n\}$において，400より小さな項は全部で エオ 個あり，それらの和は カキクケ である。

〔6〕 $f(x)=x^3-3x^2+4$とし，曲線$y=f(x)$をCとおく。また，bは$b>1$を満たす定数であり，C上の2点A$(1, f(1))$，B$(b, f(b))$を通る直線の傾きは9であるとする。

(1) bの値は ア ＋ イ $\sqrt{\text{ウ}}$ である。

(2) 線分ABと曲線Cで囲まれた部分の面積は エオ である。

(3) 点Pは曲線C上にあり，AとBの間を動く。すなわち，C上の点Pのx座標は1より大きくbより小さいとする。このとき，三角形ABPの面積の最大値は カキ $\sqrt{\text{ク}}$ である。

◀情報科・デザイン工・理工・生命科学部▶

(90分)

(注)　デザイン工（システムデザイン）・生命科学部は〔Ⅰ〕～〔Ⅴ〕を，情報科・デザイン工（建築・都市環境デザイン工）・理工学部は〔Ⅰ〕～〔Ⅲ〕〔Ⅵ〕〔Ⅶ〕を解答すること。

問題中の ア，イ，ウ … のそれぞれには，特に指示がないかぎり，－（マイナスの符号），または0～9までの数が1つずつ入る。当てはまるものを選び，マークシートの解答用紙の対応する欄にマークして解答しなさい。

ただし，分数の形で解答が求められているときには，符号は分子に付け，分母・分子をできる限り約分して解答しなさい。

また，根号を含む形で解答が求められているときには，根号の中に現れる自然数が最小となる形で解答しなさい。

〔例〕 $\dfrac{\boxed{ア}\sqrt{\boxed{イ}}}{\boxed{ウエ}}$ に $\dfrac{-\sqrt{3}}{14}$ と答えたいときには，以下のようにマークしなさい。

ア	●	⓪	①	②	③	④	⑤	⑥	⑦	⑧	⑨
イ	⊖	⓪	①	②	●	④	⑤	⑥	⑦	⑧	⑨
ウ	⊖	⓪	●	②	③	④	⑤	⑥	⑦	⑧	⑨
エ	⊖	⓪	①	②	③	●	⑤	⑥	⑦	⑧	⑨

〔 I 〕

(1)　集合 A を

$$A = \{n \mid n \text{ は整数,} \ 1 \leqq n \leqq 189\}$$

とする。

189 を素因数分解すると

$$189 = \boxed{ア}^{\boxed{イ}} \times \boxed{ウ}$$

となる。

$\boxed{ア}$ で割り切れる A の要素の個数は $\boxed{エオ}$ である。

$\boxed{ウ}$ で割り切れる A の要素の個数は $\boxed{カキ}$ である。

$\boxed{ア}$ でも $\boxed{ウ}$ でも割り切れる A の要素の個数は $\boxed{ク}$ である。

分母が 189 で分子が A の要素である分数,

$$\frac{1}{189}, \ \frac{2}{189}, \ \frac{3}{189}, \ \cdots, \ \frac{189}{189}$$

のうち，既約分数の個数は $\boxed{ケコサ}$ である。

(2)

(i)　x を 0 でない実数とする。

$$\frac{x^3 + x^{-3}}{x + x^{-1}} = \boxed{シ}$$

が成り立つ。

ただし，$\boxed{シ}$ については，以下の A 群の ①～⑧ から 1 つを選べ。

A 群

① $x^2 - x^{-2}$　② $x - x^{-1}$　③ $x^2 + x^{-2}$

④ $x + x^{-1}$　⑤ $x^2 + 1 - x^{-2}$　⑥ $x^2 - 1 - x^{-2}$

⑦ $x^2 + 1 + x^{-2}$　⑧ $x^2 - 1 + x^{-2}$

(ii) $a > 0$，$b > 0$とする。

$a^{2b} = 5$のとき，

$$\frac{a^{3b} + a^{-3b}}{a^{b} + a^{-b}} = \frac{\boxed{スセ}}{\boxed{ソ}}$$

である。

(3) 中が見えない袋の中に，赤玉が3個，白玉が3個，黒玉が3個入っている。

それぞれの赤玉には，3つの自然数1，2，3のいずれか1つが書かれている。また，それぞれの自然数が書かれた赤玉は，1個ずつである。

それぞれの白玉には，3つの自然数2，3，4のいずれか1つが書かれている。また，それぞれの自然数が書かれた白玉は，1個ずつである。

それぞれの黒玉には，3つの自然数7，8，9のいずれか1つが書かれている。また，それぞれの自然数が書かれた黒玉は，1個ずつである。

袋から玉を同時に3個取り出す。

(i) 取り出した玉が3個とも赤玉である確率は $\boxed{タ}$ である。

ただし，$\boxed{タ}$ については，以下のB群の ㊀〜⑨ から1つを選べ。

B群

㊀ $\frac{1}{126}$　⓪ $\frac{1}{84}$　① $\frac{1}{42}$　② $\frac{1}{21}$

③ $\frac{1}{9}$　④ $\frac{1}{3}$　⑤ $\frac{5}{252}$　⑥ $\frac{5}{42}$

⑦ $\frac{6}{11}$　⑧ $\frac{7}{11}$　⑨ $\frac{7}{10}$

(ii) 取り出した玉に書かれた3つの数の組が$\{2，3，7\}$である確率は $\boxed{チ}$ である。

ただし，$\boxed{チ}$ については，上のB群の ㊀〜⑨ から1つを選べ。

(iii) 取り出した玉に書かれた3つの数の和が12である確率は $\boxed{ツ}$ である。

ただし，$\boxed{ツ}$ については，上のB群の ㊀〜⑨ から1つを選べ。

(iv) 取り出した玉に書かれた3つの数の和が12の倍数であったとき，白玉が少なくとも1個取り出されている確率は **テ** である。

ただし，**テ** については，前ページのB群の ⊖～⑨ から1つを選べ。

〔Ⅱ〕

平面上に3点O，A，Bがある。

$$\mathrm{OA} = 2\sqrt{2}, \quad \mathrm{OB} = 3\sqrt{2}, \quad \mathrm{AB} = \sqrt{6}$$

である。

ベクトル $\vec{a}$，$\vec{b}$ を，それぞれ

$$\vec{a} = \overrightarrow{\mathrm{OA}}, \quad \vec{b} = \overrightarrow{\mathrm{OB}}$$

とする。

三角形OABの内角∠AOBの大きさを θ とする。

$$\cos\theta = \frac{\boxed{ア}}{\boxed{イ}}$$

であり，内積 $\vec{a}\cdot\vec{b}$ の値は，

$$\vec{a}\cdot\vec{b} = \boxed{ウエ}$$

である。

三角形OABの面積は $\sqrt{\boxed{オカ}}$ である。

平面上に点Pがある。Pは，

$$\overrightarrow{\mathrm{OP}}\cdot\vec{a} = -5, \quad \overrightarrow{\mathrm{OP}}\cdot\vec{b} = 2$$

を満たすとする。

$$\overrightarrow{OP} = \frac{\boxed{キク}}{\boxed{ケ}}\vec{a} + \frac{\boxed{コ}}{\boxed{サ}}\vec{b}$$

である。

Pから直線ABに下ろした垂線と，ABの交点をQとする。

$\overrightarrow{PQ} = \overrightarrow{OQ} - \overrightarrow{OP}$ だから，

$$\overrightarrow{OQ} \cdot \overrightarrow{AB} = \boxed{シ}$$

である。

s を実数とする。

$\overrightarrow{OQ} = \vec{a} + s\,\overrightarrow{AB}$ とすると，

$$s = \frac{\boxed{ス}}{\boxed{セ}}$$

である。

三角形OAQの面積を S_1 とし，三角形OBQの面積を S_2 とする。

$$\frac{S_2}{S_1} = \frac{\boxed{ソ}}{\boxed{タ}}$$

である。

2直線OBとAPの交点をRとする。

$$\overrightarrow{OR} = \frac{\boxed{チ}}{\boxed{ツ}}\vec{b}$$

となる。

〔Ⅲ〕

2つの数列$\{a_n\}$，$\{b_n\}$がある。
それぞれの初項は，$a_1=4$，$b_1=-2$である。
また，$\{a_n\}$，$\{b_n\}$は，

$$a_{n+1}=\frac{8}{5}a_n+\frac{6}{5}b_n,\quad b_{n+1}=\frac{6}{5}a_n-\frac{8}{5}b_n\quad (n=1,2,3,\cdots)$$

を満たす。

(1) 数列$\{c_n\}$を，

$$c_n=3a_n+b_n\quad (n=1,2,3,\cdots)$$

で定める。

$\{c_n\}$の初項c_1は **アイ** である。
$\{c_n\}$は等比数列である。$\{c_n\}$の公比をsとおく。$s=$ **ウ** である。
ただし， **ウ** については，以下のA群の①〜⑧から1つを選べ。

A群

① 1	② 2	③ 3	④ 4
⑤ −1	⑥ −2	⑦ −3	⑧ −4

数列$\{d_n\}$を，

$$d_n=a_n-3b_n\quad (n=1,2,3,\cdots)$$

で定める。

$\{d_n\}$の初項d_1は **エオ** である。
$\{d_n\}$は等比数列である。$\{d_n\}$の公比をtとおく。$t=$ **カ** である。
ただし， **カ** については，上のA群の①〜⑧から1つを選べ。

p，qを実数とする。$\{a_n\}$，$\{b_n\}$の一般項を，それぞれ，

$$a_n = p \times s^{n-1} + t^{n-1}, \quad b_n = s^{n-1} + q \times t^{n-1}$$

とすると

$$p = \boxed{キ}, \quad q = \boxed{ク}$$

である。

ただし，$\boxed{キ}$，$\boxed{ク}$ については，前ページの A 群の ①～⑧ からそれぞれ 1 つを選べ。ここで，同じものを何回選んでもよい。

$\{d_n\}$ の初項から第 n 項までの和は，

$$\frac{\boxed{ケコ}\left(1 - t^{\boxed{サ}}\right)}{\boxed{シ}}$$

である。

ただし，$\boxed{サ}$ については，以下の B 群の ①～⑧ から 1 つを選べ。

B 群

① $n-1$　② n　③ $n+1$　④ n^2-1

⑤ n^2　⑥ n^2+1　⑦ $n(n-1)$　⑧ $n(n+1)$

(2) k を，1 以上の整数とする。

$$a_{2k} = \boxed{ス}^{k}$$

である。

a_{2k} が，4×10^6 以上であり，かつ，10^7 以下となる最小の k は

$$k = \boxed{セソ}$$

である。ここで，必要ならば，

$$0.30 < \log_{10} 2 < 0.31, \quad 0.47 < \log_{10} 3 < 0.48$$

であることを用いてもよい。

次の問題〔Ⅳ〕は，デザイン工学部システムデザイン学科，生命科学部生命機能学科・環境応用化学科・応用植物科学科のいずれかを志望する受験生のみ解答せよ。

〔Ⅳ〕

(1)　k を0でない実数とする。

関数 $f(x)$ を，

$$f(x) = \frac{k}{3}x^3 + (k - 3)x^2 - 12x$$

とする。

$f(x)$ の導関数を $f'(x)$ とする。

$f'(x) = 0$ が重解をもつとき，$k =$ [アイ] である。

k の値が [アイ] と異なるとき，$f'(x) = 0$ となる x は，

[ウエ]，$\dfrac{[オ]}{k}$

である。

$a =$ [ウエ] とする。

$k = 1$ のとき，$f(a)$ は $f(x)$ の [カ] 。

$k = -1$ のとき，$f(a)$ は $f(x)$ の [キ] 。

ただし，[カ]，[キ] については，以下のA群の ①～⑤ からそれぞれ1つを選べ。ここで，同じものを何回選んでもよい。

A群

① 極大値であるが，最大値ではない

② 極大値であり，最大値でもある

③ 極小値であるが，最小値ではない

④ 極小値であり，最小値でもある

⑤ 極値ではない

(2) 関数 $g(x)$ を，

$$g(x) = 2x^3 + 3x^2 - 12x$$

とし，座標平面上の曲線 $y = g(x)$ を C とする。

$g(x)$ の導関数を $g'(x)$ とする。

t を実数とする。

C の，点 $(t,\ g(t))$ における接線の方程式は，

$$y = g'(t)x - \boxed{ク}\,t^3 - \boxed{ケ}\,t^2$$

である。

b を，1と異なる実数とする。

C の，点 $(b,\ g(b))$ における接線が，点 $(1,\ g(1))$ を通るとき，

$$b = \frac{\boxed{コサ}}{\boxed{シ}}$$

である。

定積分 $\displaystyle\int_0^1 g(x)\,dx$ の値は $\boxed{ス}$ である。

ただし，$\boxed{ス}$ については，以下のB群の⓪～⑨から1つを選べ。

B群

⓪ -6　① -3　② $-\dfrac{9}{2}$　③ $-\dfrac{3}{2}$

④ $-\dfrac{2}{3}$　⑤ 5　⑥ 6　⑦ $\dfrac{2}{3}$

⑧ $\dfrac{3}{2}$　⑨ $\dfrac{9}{2}$

関数 $h(x)$ は，等式

$$h(x) = 2g(x) - x\int_0^1 h(t)\,dt \quad \cdots\cdots \text{ⓘ}$$

を満たすとする。

定積分 $\displaystyle\int_0^1 h(t)\,dt$ の値を c とすると，ⓘ は

$$h(x) = 2g(x) - cx$$

となる。

関数 $h(x)$ の 0 から 1 までの定積分の値が c であることから,

$$c = \boxed{セ}$$

となる。

ただし, セ については, 前ページの B 群の ⓪〜⑨ から 1 つを選べ。

方程式

$$2 \times h(x) = 3 \times g(x)$$

の実数解のうち, 最も小さい値は ソ である。

ただし, ソ については, 前ページの B 群の ⓪〜⑨ から 1 つを選べ。

次の問題〔V〕は, デザイン工学部システムデザイン学科, 生命科学部生命機能学科・環境応用化学科・応用植物科学科のいずれかを志望する受験生のみ解答せよ。

〔V〕

O を原点とする座標平面上に, 2 点 A(3, 0), B(3, 1) がある。

また, 第 4 象限に点 C があり, 三角形 OCB は直角三角形で, 辺の長さの比が

$$\mathrm{OC} : \mathrm{CB} : \mathrm{OB} = 2 : 1 : \sqrt{5}$$

である。

三角形 OAB の内角 ∠BOA の大きさを α とする。

直線 OB の傾きは $\tan\alpha$ である。

$$\tan\alpha = \frac{\boxed{ア}}{\boxed{イ}}$$

である。

2直線OAとBCの交点をDとする。

三角形OCDの内角∠DOCの大きさをβとする。

$\tan(\alpha+\beta)=$ ウ であるから，$\tan\beta=$ エ となる。

ただし， ウ ， エ については，以下のA群の ㊀～⑨ からそれぞれ1つを選べ。ここで，同じものを何回選んでもよい。

A群

㊀ $\frac{1}{2}$	⓪ $\frac{1}{3}$	① $\frac{7}{3}$	② $\frac{20}{3}$
③ $\frac{7}{5}$	④ $\frac{9}{5}$	⑤ $\frac{1}{7}$	⑥ $\frac{5}{7}$
⑦ $\frac{10}{7}$	⑧ $\frac{20}{7}$	⑨ $\frac{7}{10}$	

直線CBの方程式は

$y=$ オ $x-$ カキ

であり，Dの座標はD(ク ，0)である。

ただし， ク については，上のA群の ㊀～⑨ から1つを選べ。

三角形ODBの外心をEとし，外接円の半径をRとする。

三角形ODBの内角∠ODBの大きさをγとする。

$\sin\gamma=$ ケ $\sqrt{\text{コ}}$ であり，$R=$ サ $\sqrt{\text{シ}}$ である。

ただし， ケ ， サ については，上のA群の ㊀～⑨ からそれぞれ1つを選べ。ここで，同じものを何回選んでもよい。

Eの座標はE(ス ， セ)である。

ただし， ス ， セ については，上のA群の ㊀～⑨ からそれぞれ1つを選べ。ここで，同じものを何回選んでもよい。

三角形OBEの内角∠EOBの大きさをθとすると，

$$\cos\theta = \boxed{ソ}\sqrt{\boxed{タ}}$$

である。

ただし，ソ については，前ページのA群の ㊀〜⑨ から1つを選べ。

三角形OBEの面積は$\dfrac{\boxed{チ}}{\boxed{ツテ}}$である。

次の問題〔Ⅵ〕は，情報科学部コンピュータ科学科・ディジタルメディア学科，デザイン工学部建築学科・都市環境デザイン工学科，理工学部機械工学科機械工学専修・電気電子工学科・応用情報工学科・経営システム工学科・創生科学科のいずれかを志望する受験生のみ解答せよ。

〔Ⅵ〕

関数$f(x)$を

$$f(x) = 2\sin x + \frac{1}{2}\cos 2x \qquad (0 \leqq x \leqq 2\pi)$$

とし，座標平面上の曲線$y = f(x)$をCとする。

(1) $f(x)$の導関数を$f'(x)$とする。

$0 < x < 2\pi$において，

$$f'(x) = \boxed{ア}$$

である。

ただし，ア については，以下のA群の ⓪〜⑨ から1つを選べ。

A群

⓪ $\sin x + \cos x$　① $\sin x - \cos x$　② $\sin x + \cos 2x$

③ $\sin x - \cos 2x$　④ $\cos x + \sin 2x$　⑤ $\cos x - \sin 2x$

⑥ $2\sin x + \cos 2x$　⑦ $2\sin x - \cos 2x$　⑧ $2\cos x + \sin 2x$

⑨ $2\cos x - \sin 2x$

$0 < x < 2\pi$ において，$f'(x) = 0$ となる x の値は [イ]，[ウ] である。

ただし，[イ] < [ウ] とし，[イ]，[ウ] については，以下のB群の ⊖～⑨ からそれぞれ1つを選べ。

B群

⊖ $\frac{\pi}{6}$　⓪ $\frac{\pi}{3}$　① $\frac{\pi}{2}$　② $\frac{2\pi}{3}$

③ $\frac{5\pi}{6}$　④ π　⑤ $\frac{7\pi}{6}$　⑥ $\frac{4\pi}{3}$

⑦ $\frac{3\pi}{2}$　⑧ $\frac{5\pi}{3}$　⑨ $\frac{11\pi}{6}$

$f(x)$ の第2次導関数を $f''(x)$ とする。

$0 < x < 2\pi$ において，

$$f''(x) = \boxed{エ}\left(\boxed{オ}\right)$$

である。

ただし，[エ] については以下のC群の ①～⑧ から1つを選び，[オ] については上のA群の ⓪～⑨ から1つを選べ。

C群

① $\frac{1}{2}$　② 2　③ 3　④ 4

⑤ $-\frac{1}{2}$　⑥ -2　⑦ -3　⑧ -4

$0 < x < 2\pi$ において，$f''(x) = 0$ となる x の値は [カ]，[キ]，[ク] である。

ただし，[カ] < [キ] < [ク] とし，[カ] ～ [ク] については，上のB群の ⊖～⑨ からそれぞれ1つを選べ。

$f(x)$ の増減と，C の凹凸は次のようになる。

2024年度 外部試験利用 T日程・英語 数学

- $0 < x <$ カ において， ケ である。
- カ $< x <$ キ において， コ である。
- キ $< x <$ ク において， サ である。

ただし， ケ ～ サ については，以下のD群の ①～⑥ からそれぞれ1つを選べ。ここで，同じものを何回選んでもよい。

D群

① $f(x)$ はつねに減少し，C は上に凸

② $f(x)$ はつねに減少し，C は下に凸

③ $f(x)$ はつねに増加し，C は上に凸

④ $f(x)$ はつねに増加し，C は下に凸

⑤ $f(x)$ は増加したのち減少し，C は上に凸

⑥ $f(x)$ は減少したのち増加し，C は下に凸

(2) 定積分 $\int_0^{\frac{\pi}{2}} xf(x)\,dx$ の値を I とおく。

不定積分 $\int x\sin x\,dx$ は，積分定数を K として，

$$\int x\sin x\,dx = -x\,\boxed{\text{シ}} + \boxed{\text{ス}} + K$$

となる。

ただし， シ ， ス については，以下のE群の ①～⑥ からそれぞれ1つを選べ。ここで，同じものを何回選んでもよい。

E群

① $\sin\frac{1}{2}x$　② $\cos\frac{1}{2}x$　③ $\sin x$　④ $\cos x$

⑤ $\sin 2x$　⑥ $\cos 2x$

同様に，不定積分 $\int x\cos 2x\,dx$ は，積分定数を L として，

$$\int x\cos 2x\,dx = \frac{1}{\boxed{\text{セ}}}x\,\boxed{\text{ソ}} + \frac{1}{\boxed{\text{タ}}}\boxed{\text{チ}} + L$$

となる。

ただし，ソ，チ については，前ページのＥ群の ①～⑥ からそれぞれ1つを選べ。ここで，同じものを何回選んでもよい。

$$I = \frac{\boxed{ツ}}{\boxed{テ}}$$

である。

次の問題〔Ⅶ〕は，情報科学部コンピュータ科学科・ディジタルメディア学科，デザイン工学部建築学科・都市環境デザイン工学科，理工学部機械工学科機械工学専修・電気電子工学科・応用情報工学科・経営システム工学科・創生科学科のいずれかを志望する受験生のみ解答せよ。

〔Ⅶ〕

e を自然対数の底とする。

関数 $f(x)$ を

$$f(x) = x^2 e^{-3x}$$

とし，座標平面上の曲線 $y = f(x)$ を C とする。

必要ならば，$\lim_{x \to \infty} f(x) = 0$ を用いてもよい。

(1) $f(x)$ の導関数を $f'(x)$ とする。

$f'(x) = 0$ の解を p，q とする。ただし，$p < q$ とする。

$f(p)$ は，$f(x)$ の ア 。

$f(q)$ は，$f(x)$ の イ 。

ただし，ア，イ については，以下のＡ群の ①～④ からそれぞれ1つを選べ。ここで，同じものを何回選んでもよい。

A群

① 極小値であり，最小値でもある

② 極小値ではあるが，最小値ではない

③ 極大値であり，最大値でもある

④ 極大値ではあるが，最大値ではない

k を実数とする。

座標平面上の直線 $y = k$ と C の共有点の個数を m とする。

(i) $k = 0$ のとき，$m =$ [ウ] である。

(ii) $m = 2$ となるのは，

$k =$ [エ]

のときである。

ただし，[エ] については，以下のB群の ①〜⑨ から1つを選べ。

B群

① 1　② $\dfrac{3}{e}$　③ $\dfrac{3}{e^2}$　④ $\dfrac{3}{e^3}$

⑤ $\dfrac{4}{9e}$　⑥ $\dfrac{4}{9e^2}$　⑦ $\dfrac{4}{9e^3}$　⑧ $\dfrac{9}{4e^2}$

⑨ $\dfrac{9}{4e^3}$

(iii) $0 < k <$ [エ] のとき，$m =$ [オ] である。

(iv) [エ] $< k$ のとき，$m =$ [カ] である。

(2) a，b，c を実数とする。

$-e^{-3x}(a + bx + cx^2)$ の導関数が $f(x)$ に等しいとすると，

$a =$ [キ]，　$b =$ [ク]，　$c =$ [ケ]

である。

ただし，[キ] 〜 [ケ] については，以下のC群の ⓪〜⑨ からそれぞれ1つを選べ。ここで同じものを何回選んでもよい。

C 群

⓪ $-\frac{1}{9}$　① $-\frac{1}{3}$　② $\frac{1}{3}$　③ $\frac{2}{3}$

④ $\frac{1}{9}$　⑤ $\frac{2}{9}$　⑥ $\frac{1}{27}$　⑦ $\frac{2}{27}$

⑧ $\frac{16}{27}$　⑨ $\frac{17}{27}$

$-e^{-3x}(a+bx+cx^2)$ は，$f(x)$ の原始関数である。

定積分 $I=\int_0^1 f(t)\,dt$ の値は，

$$I=\boxed{コ}-\boxed{サ}\,e^{-3}$$

である。

ただし，コ，サ については，上の C 群の⓪～⑨からそれぞれ1つを選べ。ここで同じものを何回選んでもよい。

(3) 関数 $g(x)$ を，

$$g(x)=x^2e^{x^3}$$

とする。$u=x^3$ とおくとき $g(x)=x^2e^u$ である。

定積分 $\int_0^1 g(x)\,dx$ を，$u=x^3$ によって置換積分を行うと，

$$\int_0^1 g(x)\,dx=\frac{e-\boxed{シ}}{\boxed{ス}}$$

となる。

問五　傍線部4「於此不復妬忌」とあるが、なぜか。つぎの形式にしたがって十字以上、二十字以内でまとめ、解答欄に記せ。ただし、句読点や記号も一字と数える。

［　　　　　　　　　　］から。

問一　波線部a「則」b「故」c「愈」の読み方を、送り仮名も含めてそれぞれひらがなで解答欄に記せ。なお、歴史的仮名遣いでも現代仮名遣いでもよい。

問二　傍線部1「且喚便牽縄」の意味として最も適切なものをつぎの中から選び、解答欄の記号をマークせよ。

ア　夫の名前を大声で呼びながら縄を引っ張った。
イ　縄を引っ張ると夫を呼べるので便利であった。
ウ　とりあえず大声をあげてから縄を引っ張った。
エ　縄を引っ張りつつ大声をあげるのが常だった。
オ　夫を呼び寄せようとする時は縄を引っ張った。

問三　傍線部2「若能改悔、乃可祈請」の意味として最も適切なものをつぎの中から選び、解答欄の記号をマークせよ。

ア　どうやら悔い改めたようなので、今度は祈ってください。
イ　悔い改めることができるのなら、祈ってさしあげましょう。
ウ　その若さで悔い改められたのだから、祈ることもできましょう。
エ　悔い改めることができても、祈らなければ意味がありません。
オ　あなたが悔い改めてくれたので、祈ってあげられます。

問四　傍線部3「媼乃令七日斎、挙家大小悉避於室中」の書き下し文は「媼乃ち七日斎(ものいみ)し、家の大小を挙げて悉く室中に避けしめ」であるが、これにしたがって、解答欄の文に返り点を付けよ。なお、送り仮名を付ける必要はない。

因リテ伏レシテ地ニ作ニなス羊鳴ヲ一。婦驚起シ、徒*と跣せんシテ呼ビテ先人ヲ一為レシ誓ヒヲ、不ニ復タ敢ヘテ爾しかラ一。4於此不復妬忌。

（『妬記』より）

【注】
*京邑　都。
*妬忌　焼きもちを焼く。
*捶打　鞭で打つ。
*巫嫗　年老いた巫女。後文に見える「師」も、この巫女を指す。
*先人　先祖。
*怪責　とがめる。
*郎君　男性に対する尊称。ここでは、「士人」を指す。
*咎悔　過ちを悔い改める。
*婿　夫おっと。「士人」を指す。
*徐徐　そっと。
*徒跣　はだしになる。自らの過ちを認め、罪に服することを示す行為。

〔五〕 つぎの文章を読んで、後の問いに答えよ（設問の都合で返り点・送り仮名を省いた箇所がある）。

＊京邑有士人婦。大＊妬忌於夫、小則a罵詈、大必＊捶打。常以長縄繋夫脚、[1]且喚便牽縄。士人密与＊巫嫗為計。因婦眠、士人入廁、以縄繋羊、士人縁牆走避。婦覚牽縄而羊至、大驚怪、召問巫。巫曰、娘積悪、＊先人＊怪責。故b＊郎君変成羊。[2]若能改悔、乃可祈請。婦因悲号、抱羊慟哭、自＊咎悔誓。[3]師嫗乃令七日斎、挙家大小悉避於室中、祭鬼神。師祝羊還復本形。＊婿＊徐徐還。婦見婿啼、問曰、多日作羊、不乃辛苦耶。婿曰、猶憶噉草不美、腹中痛爾。婦c愈悲哀。後復妬忌、婿

問五　傍線部3「かくほどの不思議にて候はんには、いかでかこの馬返し給ひ候ふべき」とあるが、その意味として最も適切なものをつぎの中から選び、解答欄の記号をマークせよ。

ア　このように納得できないことばかり起こりますので、この馬をあなたにお返ししたくはありません。
イ　これ以上殊勝な出来事が起こりましたら、何とかしてあなたにこの馬をさしあげることにしましょう。
ウ　このように理解しがたい話をされるのでしたら、なんとしてでもこの馬をお返しいただかなければなりません。
エ　これほど人知を超えたことが起こるのでしたら、どう考えてもこの馬をお返しくださる方法はありますまい。
オ　これほど奇特なことでありますなら、どうしてこの馬をお返しくださる必要がありましょうか。

問六　波線部A「なにとか言ふらん」とあるが、ここで猿はどのようなことを言いたかったのか。その内容をまとめて、解答欄に記せ。ただし、「大願」「助成」「畜生」の語を用いてはならない。

〔解答欄〕縦8・5センチ×横3・4センチ

問七　『古今著聞集』と同じ時代に成立した同じジャンルの作品をつぎの中から一つ選び、解答欄の記号をマークせよ。

ア　今昔物語集　　イ　大鏡　　ウ　新古今和歌集　　エ　宇治拾遺物語　　オ　醒睡笑

【注】＊如法経　法華経などの経典を、一定の形式で書写したもの。
＊手なし　袖のない胴着。
＊岨　崖、急坂。

問一　二重傍線部a～cの「て」の文法的説明として最も適切なものをつぎの中からそれぞれ選び、解答欄の記号をマークせよ。ただし、同じ記号をくり返し選んでもよい。

ア　格助詞　イ　接続助詞　ウ　完了・強意の助動詞
エ　断定の助動詞　オ　動詞の一部　カ　副詞の一部

問二　空欄［X］［Y］に入る語として最も適切なものをつぎの中からそれぞれ選び、解答欄の記号をマークせよ。ただし、同じ記号をくり返し選んでもよい。

ア　か　イ　や　ウ　こそ　エ　なん　オ　もこそ

問三　傍線部1「畜生」とあるが、この話の内容上、この語と反対の意味を示す二字以上の語を本文から抜き出し、解答欄に記せ。

問四　傍線部2「その心をえて」とあるが、その意味として最も適切なものをつぎの中から選び、解答欄の記号をマークせよ。

ア　馬ぬしに気に入られて　イ　馬ぬしの気を引いて　ウ　馬ぬしの行動を予測して
エ　馬ぬしの魂胆を見抜いて　オ　馬ぬしと気脈を通じて

●以下の問題〔四〕〔五〕は、文学部日本文学科を志望する受験者のみ解答せよ。

〔四〕 つぎの文章を読んで、後の問いに答えよ。

近頃、常陸の国たかの郡に一人の上人ありけり。大きなる猿を飼ひけり。件(くだん)の上人、如法経(にょほふきやう)*書かんとて、楮(かうぞ)をこなして[a]料紙漉(す)きけるとき、この猿にむかひて、「汝、人なりせば、これほどの大願に助成などはして[b]まし。畜生[1]の身、くち惜しとは思はぬか」と言ひたりければ、猿うち聞きて、[A]なにとか言ふらん、口をはたらかせども、聞き知る人なし。かくてその夜、猿失せにけり。朝に求むれども、すべて[c]行きがたを知らず。

はやくこの猿、他の郡へ行きてけり。或る人のもとに白栗毛なる馬を飼ひける馬屋にいたりて、件の馬を盗みてけり。いづくにてかとりたりけん、下臈*のきる手なしといふ布着物きて、鎌こしに差して、編み笠を［X］着たりける。その馬にうち乗りて聖のもとへ行きけるを、馬ぬし追ひて来けり。猿かねて[2]その心をえて、人離れの山の岨(そば)*、野中などを来ければ、馬ぬしも見あはで、人に問ひければ、「その山の岨、その野の中を［Y］、十四五ばかりなる童は、その毛の馬に乗りて行きつれ」と答へければ、その道にかかりて追ひて行くに、はやく馬ぬしの来ざりけるさきに、この猿、聖のもとに来て、馬つなぎて、なにとか言ふらん、聖にむかひてさまざまにくどき事をしける折ふし、馬ぬし追ひて来たりけり。

上人、この次第をありのままにはじめより語りて猿を見せければ、馬ぬし、[3]「かくほどの不思議にて候はんには、いかでかこの馬返し給ひ候ふべき。畜生だにも如法経の助成の志候ひて、かかる不思議をつかうまつりて候ふに、まして人倫の身にて、などか結縁したてまつらざらん。速やかにこの馬をば法華経にたてまつるべし」と言ひて帰りにけり。なさけある馬ぬしなり。この事さらにうきたる事にあらず。「まさしくその猿見たりし」とて語り申す人侍り。

（『古今著聞集』より）

問七　本文の内容に合致するものを、つぎの中から一つ選び、解答欄の記号をマークせよ。

ア　アリストテレスは、技術をより発展させるために自然を観察・模倣するという行為を励行し、自然をただありのままに観察する「観想」こそ価値ある行為と捉え、それが幸福な生き方に直結すると考えた。

イ　ダ・ヴィンチは、自然の摂理を解明するために鳥の羽のしくみとその動きに関する観察を入念に行い、それを飛行機という技術に落とし込んで、技術に関する自身の説を裏付けようとした。

ウ　ベーコンは、実験という営みを通じて技術を肯定的に捉え、その技術によって人間が自然を支配することも肯定したが、それが後に大きな思想的潮流を生み出し、産業革命へとつながった。

エ　ガリレオは、ボールの落下実験を行うことで、技術とは自然の模倣であるというアリストテレスの技術観に異を唱えたが、ベーコンもその考えを支持したことで、その後の思想の一大潮流を形成した。

オ　自然ファーストな考えをするアリストテレスやダ・ヴィンチと技術ファーストな考え方をするベーコンやガリレオの違いは、次世代への影響について考慮していたか否かという点に集約される。

問八　傍線部6「科学と技術の営みが目指すもの」とは何か。つぎの形式にしたがって二十字以上、三十字以内でまとめ、解答欄に記せ。ただし、句読点や記号も一字と数える。

［　　　　　　　　　　　　　　　　］こと。

問四　傍線部4「「技術ファースト」な考え方」とはどのようなものか。その説明として最も適切なものをつぎの中から選び、解答欄の記号をマークせよ。

ア　自然を模倣した結果として技術を手に入れるのではなく、技術があるからこそ自然の解明が可能になるという考え。
イ　自然を観察して得られる知識よりも、技術を理解して得られる知識の方が、人間にとっては大切だという考え。
ウ　自然をただ観察するだけでなく支配するためには、自然を操作するための技術こそが最も重要であるという考え。
エ　自然を利用することで成り立つ人間の生活は、自然の模倣を通じて得られる技術なくしては不可能だという考え。
オ　自然を理解するためには自然そのものは必要なく、人工的に自然環境を作り出す技術があれば十分だという考え。

問五　空欄 X に入る語として最も適切なものをつぎの中から選び、解答欄の記号をマークせよ。

ア　統べる　イ　弄ぶ（もてあそ）　ウ　養う　エ　相克する　オ　庇護する（ひご）　カ　凌駕する（りょうが）

問六　傍線部5「神の永遠不変の活動に参与する」とはどういうことか。その説明として最も適切なものをつぎの中から選び、解答欄の記号をマークせよ。

ア　神が創った自然をただ傍観するのではなく、よく観察し、これを保全することで神に協力しながら生きること。
イ　永遠に自己修復する自然に甘えるだけでなく、よく観察することでその仕組みを解き明かすために生きること。
ウ　科学の発展も視野に入れつつ、幸福を追求するために自然を観察し、自然とともに人類が永遠に生き続けること。
エ　自然をひたすら観察し、そこから得られる技術をまた自然へと還元することで、生命の営みを永遠に続けること。
オ　自然をありのまま観察し、神が創造した世界の普遍の摂理を理解することでその一部となって生きてゆくこと。

オ　現在世代が自然の自己修復能力を楽観的に信じていても、未来世代も同様に考えてくれるとは限らないということ。

問二　傍線部2「『自然ファースト』な発想」とはどのようなものか。その説明として最も適切なものをつぎの中から選び、解答欄の記号をマークせよ。

ア　技術を発展させるよりも、自然をただ模倣して生活することを優先した方が人間は幸福になれるという発想。
イ　自然の模倣から生み出される技術は、模倣の対象である自然とその観察よりも先には存在しえないという発想。
ウ　技術の模倣や自然の観察を行おうにも、まずは自然が存在しなければ我々の生活すらままならないという発想。
エ　模倣によって生み出される技術よりも、模倣の対象である自然こそが優先されるべき上位者であるという発想。
オ　自然の観察とその仕組みの解明をこそ優先すべきであり、技術への応用などは考えるべきではないという発想。

問三　傍線部3「自然をただありのままに観察していても、自然を理解することはできない」とあるが、その理由として最も適切なものをつぎの中から選び、解答欄の記号をマークせよ。

ア　人工的に再現された自然よりも、ありのままの自然を観察しなければ、自然の本質に迫ることはできないから。
イ　自然は人間を越えた存在であり、人間の理解が及ぶものではないため、それを理解した気になっても無駄だから。
ウ　自然を観察して考えたことはまだ仮説に過ぎず、その仮説は検証しなければ正しいかどうか分からないから。
エ　自然の本質は、自然そのものではなく、実験を重ねて得られる技術の中にしか垣間見ることができないから。
オ　自然を解明するために不可欠な技術が、自然の観察を通じてしか得られない、というパラドックスに陥るから。

すなわち、人間が自然を認識するのは、自然を認識することそれ自体に価値があるからではなく、それによって「人々の窮乏と憐れな状態」を「阻止し緩和する」ためである。ここには、科学の価値が技術への応用のうちにあり、そして技術の目的が幸福の実現にある、というベーコンの考えが反映されている。

人間が自然を支配するのは、人類に幸福をもたらすためである。こうしたベーコンの思想がその後の思想史に与えた影響は計り知れない。

実験に基づく自然の探究を重視する態度は、一七〜一八世紀に隆盛した啓蒙(けいもう)思想へと結実する。これは、人間が理性の力によって自然に隷属した状態を乗り越え、社会を進歩させることができると考える思想運動である。一八世紀の後半には産業革命が起こり、科学と技術は相互に一層緊密に連動することになる。ヨーロッパ諸国の産業の工業化が推し進められ、人類のエネルギー消費量も飛躍的に増大することになった。

しかしその帰結が、必ずしも幸福だけをもたらすわけではないということを、やがて人類は思い知ることになる。

（戸谷洋志『未来倫理』より）

問一　傍線部1「現在世代は未来世代に影響を及ぼすことができない」とはどういうことか。その説明として最も適切なものをつぎの中から選び、解答欄の記号をマークせよ。

ア　現在世代がどれだけ自然から搾取しようとも、未来世代にとっても同様にそれが可能であるということ。

イ　現在世代がいくら努力しても、未来世代が自然に依存し、甘えることから脱却できないということ。

ウ　現在世代における自然の自己修復能力は、未来世代のそれと必ずしも同じとは限らないということ。

エ　現在世代がいくら自然保護の重要性を訴えても、未来世代がそれを理解してくれるとは限らないということ。

自らコントロールできるからである、ということになる。

そのように考えるとき、ベーコンの発想はもはやアリストテレス的な「自然の模倣」ではなく、「自然の支配」を可能と見なすものとして捉えられる。自然を人間よりも優れたものとして模倣する態度は、自然を自らの関心に従って操作し、管理しようとする態度へと、転換する。自然は人間を圧倒的に［　X　］存在ではなくなり、人間によって支配され得る対象へと変わってしまうのである。

こうした自然観の変化は人間の生き方にどのような変化を与えたのだろうか。

前述の通りアリストテレスは、自然を観察すること、彼の言葉で言えば「観想」が技術に先行すると考えていた。しかしそれは、観想が技術のために求められる、いわば技術を発展させる手段として求められる、ということを意味するわけではない。なぜなら彼にとって、観想はそれ自体で価値のある行為であり、それ以外の何かのために役立てられるものではないからだ。アリストテレスの哲学において、観想とは5神の永遠不変の活動に参与することであって、観想に即した生活をすることが自足した幸福な生き方である。それを技術に活(い)かせるかどうかは、観想そのものの価値と何ら関係がない。

これに対してベーコンは、こうしたアリストテレスの考え方に与しない。自然を観察する人間の認識は、常に間違ったものであり得るのであり、だからこそ技術的な実験装置によって自然を解明するべきだ。それを「精神と宇宙」の「結婚」にたとえるベーコンは、6科学と技術の営みが目指すものを次のように表現する。

　我々は精神と宇宙とが結ばれる部屋をば、婚事に係わる神の善意によって、花を散らし飾り立てたものと認めるのである。頌婚(しょうこん)の歌は、人々の窮乏と憐(あわ)れな状態とをいくぶん阻止しかつ緩和する、人類への援助と諸発見の一族とが、この結婚から生まれることの願いにしたいと思う。

の観察、次に技術への実装という順番だ。この順番は変わらない。第一に優先されるのは自然を観察することなのである。それは[2]「自然ファースト」な発想である、と表現できるかもしれない。このとき自然の観察はあくまでも技術に先行するものとして位置づけられている。つまり、自然の観察そのものは、あとでそれを技術に使うかどうかとは無関係に行うことができる。自然の観察にとって、その成果を技術に使うか否か、ということは、あくまでも「おまけ」に過ぎない。

ベーコンはこのような発想を根本的に変更した。彼によれば、自然の本質は、人間が自然に対して積極的に働きかけ、その結果を検証することによって、初めて解明される。そうした働きかけこそ「実験」に他ならない。

例えば、近代科学の父と言われるガリレオ・ガリレイは、重たいものほど早く落下するというアリストテレスの自然哲学を反駁（はんばく）するために、レールを使って異なる重さのボールを落とす実験を行った。このとき彼は単に自然を観察することによって知識を得たわけではない。わざわざ重さの違うボールを用意し、わざわざレールを作り、それを自分で動かすことによって、自然法則を解明しようとしたのである。レールも、ボールも、明らかに自然なものではない。誰も踏み入れない森の奥地で人知れずレールの上を重さの異なるボールが転がってなどいない。ガリレオは、そのように自然には存在しない人工的な環境を技術的に構築することで、むしろ自然の本質に迫ろうとしたのである。

ベーコンは、このような実験こそが、人間の知識にとって不可欠の契機であると考えた。実験は、自然を理解するために、自然に対して技術によって働きかけることである。[3]自然をただありのままに観察していても、自然を理解することはできない。それを可能にするのは実験という技術の営みなのだ。この意味において、ベーコンはもはや自然ファーストではなく、[4]「技術ファースト」な考え方をしている、と言えるだろう。

ところで実験は、人間の技術によって行われるものである以上、人間によってコントロールされ、管理されている。そして、そうした実験によってしか自然が解明されない。そうである以上、人間が自然を解明できるのは、自然を技術によって再現し、古代ギリシャの哲学者アリストテレスは、技術を、ある目的を達成するための手段を製作する営みとして定義した。人間がそうした活動をもっともうまく果たすことができるのは、自然現象を人工的に模倣したときである。したがってアリストテレスは技術を「自然の模倣」として説明している。

例えば伝統的な農業では、春に種を播いて、秋に作物を収穫する。これは自然界における植物のあり方を模倣した技術である。夏に種を播いたり、冬に収穫しようとしたりしても、農業はうまくいかない。なぜならそれは自然を模倣できていないからである。したがって技術をうまく行使するために、私たちはまず自然をしっかりと観察し、その本質を理解しなければならない。農作物が自然においてどのように育つのかを知らなければ、農業をうまく行うこともできないのである。

こうした技術観は、自然が人間を［X］存在であり、人間よりも優れていると考える自然観の上に成り立っている。人間が自分で考えついて行うことよりも、自然の摂理に従ったほうがずっと確実であり、はるかに信頼できると考えられているのだ。そして、こうした技術観もまた人類の歴史の非常に長い期間を支配していた。

例えば、一五世紀の発明家であるレオナルド・ダ・ヴィンチは、人間に空を飛ぶことを可能にする機械を構想した。その際、彼はまず鳥の羽の構造を観察し、鳥がどのようにして浮力を作り出しているのかを、その羽の形状と運動から分析した。そして、同じ原理によって人間が空を飛ぶために必要な技術的機構を考案したのである。実際に、ダ・ヴィンチの考えた空飛ぶ機械は実現しなかったが、ここには「自然の模倣」という技術観の反映が見られる。すなわち彼は、空を飛ぶ技術を実現するために、まずは自然において空を飛んでいるものを観察し、それを模倣しようとしたのである。

しかしこうした技術観は近代の始まりとともに覆されていく。その変革を起こした代表的な思想家が、一六世紀の哲学者フランシス・ベーコンだ。

技術を「自然の模倣」として捉えるとき、私たちは自然を観察し、そのあとにそれを技術へと落とし込んでいく。まずは自然

〔三〕 つぎの文章を読んで、後の問いに答えよ。

森には広大な緑がある。人間がそこから資源を奪い取っても、森には再び緑が生い茂り、新しい資源を生み出してくれる。そうした無尽蔵の力を信じられるからこそ、人間はいつか自然から資源が枯渇するのではないかという不安に苛(さいな)まれることなく、資源を収奪することができるのである。そのようにして人間は自然に依存し、自然に「甘える」ことができる。

このような自然観は、一方において、自然に対して人間を超えた力を認めている。しかしそれは、決して、人間と自然の調和を目指すものだけではない。まして、そこから自然を大切にしようという倫理的な配慮が必ず導き出されるわけではない。このような自然観において人は自然を崇拝するかもしれない。しかし崇拝しているからこそ、自然に甘えることが可能になり、また自然を搾取すること、自然に対して暴力を行使することもまた可能になるのである。

こうした自然への甘えは、人間に対して、未来世代への自らの影響について配慮することも免除する。たとえ現在世代が何らかの失敗を犯したとしても、自然はその失敗を帳消しにし、なかったことにしてくれるからだ。例えばこのような自然観のもとでは、人間が森から木を伐(き)りすぎても、自然がすぐに再び木を生やしてくれるので、未来世代も自分と同じように森から木を伐ることができるはずだ、と考えることができるのである。

自然が人間よりも強い力を持ち、自己修復能力が機能している限り、[1]現在世代は未来世代に影響を及ぼすことができない。したがって未来倫理を必要とする課題もそこでは生じない。そうである以上、現在世代が未来世代に影響を与えることが可能になるとしたら、それは人類の力が自然の自己修復能力を超えたときである。そして、そうした力を人類に与えたものこそ、「技術」に他ならない。

技術とは何だろうか。それは伝統的な哲学におけるとても大きな問いである。

問七　本文中に述べられている筆者の永瀬清子に対する考えと合致するものをつぎの中から一つ選び、解答欄の記号をマークせよ。

ア　永瀬清子の『短章集』は、詩作の態度とともに詩の技巧や効果的な表現法についても教えてくれる最適な入門書である。
イ　永瀬清子の『短章集』を読めば、まだ詩を書けないと思っている人でも、自分にとっての詩とは何かがわかってくる。
ウ　永瀬清子は、詩作の過程で自ずと生まれてくる詩のリズムに関して、読者の受け取り方をも重視したいと考えている。
エ　永瀬清子は、自分の中の深みにあるものを表す言葉に最大限の工夫をこらすことで、良い詩が作られると考えている。
オ　永瀬清子は、読み手が解釈したり新しく意味を汲み取ったりして味わうことで、自分の詩は完成すると考えている。

問八　本文における「コトバ」とはどういうものか。三十字以上、四十字以内でまとめ、解答欄に記せ。ただし、句読点や記号も一字と数える。

ウ　詩は最初の一行が次行、その次の行を生んでいくものなので、リズムを生む表現を最初の一行に使うよう心がけること。

エ　最初に書いた言葉が、その詩の最も肝心な尺度となるものなのだから、よくよく吟味して書き始めるよう心がけること。

オ　自分の心の中から湧き出てくる真実を託せると思える言葉をつかんで、詩の最初の一行を書き出すように心がけること。

問五　空欄 X に入る五文字以上、十文字以内の表現を、永瀬清子の『短章集　続』の引用の中から探して抜き出し、解答欄に記せ。

問六　傍線部4「自分はいないもののように茂みのかげにしずかにかくれていなければならない」と永瀬清子は書いているが、それはなぜだと筆者は考えているか。つぎの中から、当てはまらないものを一つ選び、解答欄の記号をマークせよ。

ア　詩の一行目となる言葉と出会うまでは、自分の心を凝り固まったものにしてはならないから。

イ　朱鷺に餌づけをするように、自分以外の存在も大切にしなければ、詩の言葉は生まれないから。

ウ　詩は作者である自分のおもいだけでなく、誰の心にも通じる回路を持たなければならないから。

エ　自分のおもいを押し出そうとしすぎると、かえって詩の言葉は生まれにくくなってしまうから。

オ　自分を意識的に出そうとしなくても、詩には自分のおもいがおのずと現れてしまうものだから。

問二　傍線部1「内なる古い人に出会う」とはどういう意味か。最も適切なものをつぎの中から選び、解答欄の記号をマークせよ。

ア　詩を通して、かつて知っていた人のことを遠い記憶の中から呼び起こすこと。
イ　詩を通して、無意識の中に存在している普遍的な記憶を呼び覚ますこと。
ウ　詩を通して、会ったこともない自分の先祖の記憶をよみがえらせること。
エ　詩を通して、自分の中に眠っている、忘れていた古い記憶を思いだすこと。
オ　詩を通して、かつて記憶の中にいたもう一人の内なる自分と再び出会うこと。

問三　傍線部2「子規」とは、正岡子規（一八六七―一九〇二）のことである。つぎの中からその著作を一つ選び、解答欄の記号をマークせよ。

ア　歌よみに与ふる書　　イ　たけくらべ　　ウ　銀河鉄道の夜　　エ　坊っちゃん　　オ　人間失格

問四　傍線部3「次に引く永瀬清子の言葉」とあるが、ここで書かれている詩に対する考え方を説明したものとして最も適切なものをつぎの中から選び、解答欄の記号をマークせよ。

ア　読者により深く理解してもらうために、極力、平明な表現を第一行に置き、その中心を丁寧に解き明かすよう心がけること。
イ　詩は最初の一行が最も重要なので、それをより美しく、磨き上げた言葉で表現して読者の心をつかむように心がけること。

朱鷺は、大変に警戒心の強い鳥です。人間が自由に飼育しようとしてもなかなかうまく行きません。詩は朱鷺の餌づけに似て、書き手が「自分」というものをあまり強く前に出すと生まれにくくなる、というのです。先の言葉に彼女はこう続けています。「[4]自分はいないもののように茂みのかげにしずかにかくれていなければならない」。

自分のおもいを変容させること、自分のおもいを自分だけのおもいに留まらせないこと、おもいを自分の色に染めつくさないこと、それが詩を書くものに求められる態度だというのです。

おのれを語るな、と永瀬はいうのではありません。誰にとっても自己は、いつも自分と異なる姿をしていることを忘れてはならないというのでしょう。

「私が私のやり方で万物を捕えるのと同じように、すべての物はすべてのやり方で私を捕える。私が生まれて以来、年百年中そうであったのだ」(『短章集』)と永瀬は書いています。あえて自分を表現しなくても、あらゆることは自分の「やり方」でしか試みることができない。「うまく」書こうとすることが詩の生命を損なうのはそのためです。

(若松英輔『詩と出会う　詩と生きる』より)

問一　波線部a「邂逅」b「オウギ」について、以下の問いに答えよ。

a　「邂逅」に最も意味が近いものをつぎの中から選び、解答欄の記号をマークせよ。

ア　同伴　　イ　対面　　ウ　理解　　エ　親交　　オ　遭遇

b　「オウギ」に使われている漢字と同じものを含む熟語をつぎの中から一つ選び、解答欄の記号をマークせよ。

ア　戯作　　イ　擬人　　ウ　義務　　エ　議事　　オ　神技

は、読者をより早く嫌悪させる」。

詩を書こうとするとき、私たちは「詩のような」作りものを生んでしまう。それは、よいことをしようと思い立って何かをしても、しばしばぎこちない、どこか独りよがりな行動になるのに似ているのかもしれません。

詩は「作る」ものではなく、すでに胸の深みに宿っている何かを「生む」ことだと永瀬清子はいうのです。

先に見た「　X　」言葉とは、自分を偽って書いた言葉、自分を装って記した言葉にほかなりません。自分に嘘(うそ)をついて現われ出た言葉が、真実を求めている読み手に、どうして届くことがあるだろう、と永瀬はいうのです。コトバとして現われた、命名しがたい意味のうごめきを言葉によって受けとめようとすること、それが永瀬が経験していた「詩作」の現場でした。コトバは言葉の器を超える勢いで私たちに迫ってきます。詩作はどんな大詩人にとっても、つねに失敗になることを宿命づけられた営みだともいえそうです。

しかし、ここに読み手が存在する意味もあるのです。書かれた言葉を完成に近づけていくのは読み手の仕事です。深い意味を携えて生まれてきた詩は多くの読み手の参与を求めるようです。『万葉集』や『古今和歌集』をはじめとした和歌がいくつもの世紀を超えてなお読み継がれている理由は、こうしたところにもあるのです。誤解を恐れずにいえば、詩人が読み手を求めるだけでなく、詩そのものが読み手を求めるのです。

詩の言葉は次の言葉を呼ぶ。それが詩の原理だ。まずそれを体得しなくてはならない、と彼女は考えています。別ないい方をすれば、詩の最初の一行になる言葉と出会うまで、何度でも、心を新たにして詩をつむがねばならない。そう彼女はいいたかったのではないでしょうか。詩の最初の一行を書くのは、けっして簡単なことではありません。彼女は別なところで次のように述べています。

詩の第一行を書きとめるのは朱鷺(とき)に餌づけをするようにむつかしい。

（「朱鷺」『短章集』）

闘いのなかで言葉をつむいできたのです。別な言い方をすれば、詩人こそ、詩を書くことにおいてもっとも多くの挫折を経験しなくてはならないともいえます。

先の言葉を永瀬は、他の人にではなく、自分自身にむかって書いているのです。全身全霊を託することができないような言葉を、おまえは世に送り出すつもりなのか、と自ら問い質しているのです。「詩を書く時は出し惜しみせず中心から、最も肝心な点から書くべきだ。最初の行がすべての尺度になる」という一節は、彼女自身の胸を打ち破って出てきているのです。

詩をつむごうとするとき、最初に書いた言葉が、完成された詩の最初の一行になるとは限りません。そのことは永瀬も経験的に知っていたはずです。しかし、そうした結果とは別に、「書こう」という意識が心の全体を覆いつくす前に、無意識の深みから湧水(わきみず)のように生まれてくるコトバをけっして見過ごしてはならない、というのは、本当だと思います。詩を書こうとするとき、すでに意識の上で言葉になったものをなぞるのではなく、未だ言葉にならないコトバを、わが身を賭して写し取れ、というのです。

原型としての詩は言葉の姿をして私たちの前に現われない。それはさまざまなコトバの姿をしています。ある人にはうごめく色彩として、別な人にとってはうずまく芳香として感じられる。永瀬の場合はある律動、「リズム」として現われたのでした。

　　最初はかすかな予感である。
　　次第に揺すれリズムが生れる。
　それは詩人の中にあるのだが、肝心なことは、読者の中にも生じると云うことである。
　　　　　　　　　　　　　　　　（『短章集　続』）

詩を書くとは読み手に言葉を届けることに終わらない。リズムもまた、届けることになる。あるとき、読み手は書き手よりも敏感にリズムを感じることすらある。先の一節のあとに彼女はこう続けています。「しかし出来合いの、あり合せのリズムまだ、詩を書くことはできない、と感じている人も「短章」であれば書ける。また、「短章」を書き継ぐことこそ、自分にとっての詩とは何かという問いを見極めていく、もっとも確実な道のようにも感じます。

誰にとっても初めて詩を書く、という時機があります。あるいは詩を書き始めても、迷いの中で詩をつむぐこともあります。そうしたとき、[3]次に引く永瀬清子の言葉に出会いました。

詩を書く時は出し惜しみせず中心から、最も肝心な点から書くべきだ。最初の行がすべての尺度になる。まわりから説明して判らそうとすると詩はつまらなくなる。すべてはその親切程度に平板に散文化し、中心さえも「説明」の一部になる。

つまり詩の行には大切な独立力があるので、本心をつかまぬ行に最初の一行を任すべきではない。又次の行をも任すべきではない、又次の次の行も任すべきではない。

云いかえれば肝心な中心を捕えれば第一行が次行を、そして又次行が第三行を指し示し、又生んでくれる、とも云える。そしてそこにリズムが生れる。

つまらぬ所から説きはじめればついに中心に行き合わぬ。そして読者の心にもついに行き合わぬ。　（『短章集　続』）

この言葉は、私にとって詩を書く態度に大きな変化をもたらしました。詩に向き合う態度を問い質(ただ)されたように感じたのです。最初の一行を全力でつむぐ。これを実践するのは簡単なことではありません。実行できるのは、何篇(べん)も詩を世に送り出した詩人だけだ。これから詩を書こうとする人間にはできない。そう感じるかもしれません。

しかし、よく考えてみましょう。どんなによく知られた詩人にも試作はあります。完成できなかった詩、書き続けることのできなかった詩、思うようにならなかった詩があります。世に詩人と呼ばれる彼、彼女らも文字通りの意味で、何ものかとの

〔二〕　つぎの文章を読んで、後の問いに答えよ。

ある重要な気づきをもたらす言葉にふれることによって、私たちの世界観が一変することがあります。一つの言葉との邂逅[a]（かいこう）によって世界が、まったく異なるもののように感じられるのです。

こうした気づきをもたらす言葉は、一見すると外からやってくるように見えますが、それはすでに自らのうちにあって、見出されることを待っていたのではないでしょうか。出来事は、あたかも小さな灯りとなって、暗がりになっていた私たちの内面をそっと照らし出すのではないでしょうか。

詩、それは星のようにもう古いものだ。
中空にみちるほどあってまだ空中衝突しないものだ。

（『短章集』）

詩は、人間の心に古くからある。それは深層心理学者のユングの考えを借りれば、個人の心を超えて、人類の記憶として受け継がれている。詩を書く、あるいは詩を読むとは、そうした[1]内なる古い人に出会う道程なのかもしれません。

『短章集』というのは、詩の原型となるような言葉によって編まれた永瀬清子（一九〇六〜九五）の著作です。詩を書いてみたいと思う方は、ぜひ、一度この本を手にされることをおすすめします。私にはもっとも優れた、そして熱を帯びた詩の入門書であり、そのオウギ[b]が記されている一冊のように感じられます。

また、先の一節のような短い、しかし、何かがほとばしるような言葉、詩の姿をとることはないが、存在の深みに導くような言葉を永瀬は「短章」という形式によって表現できることを「発見」した、といってよいように思います。それは[2]子規による近代俳句の「発見」に比すべき重要なことのように私には映ります。

問二 つぎの文章の傍線を付した表現の中から、誤った使い方をしているものを一つ選び、解答欄の記号をマークせよ。

昨年の国際大会で八面六臂(ろっぴ)の活躍(ア)をしたAさんは、弱冠二十歳(イ)の若者ながら世間の期待を一身に背負っていた(ウ)。そして大方の案に違わず(エ)今年も代表に選ばれた。インタビューで「絶好調です。期待して下さい」と語ったAさんには、いやがおうでも(オ)周囲の関心が集まっている。

問三 つぎの各文の空欄に入る語を、後の選択肢の中からそれぞれ選び、解答欄の記号をマークせよ。

1 某作家の新作は、古典を換骨奪□して斬新なものに作り変えており、高く評価されている。

ア 体　イ 胎　ウ 替　エ 態　オ 戴

2 けんかをしている友人から、木で□をくくったような反応をされる。

ア 輪　イ 竹　ウ 腹　エ 鼻　オ 枝

国語

（文〈日本文〉学部：九〇分
その他の学部・学科：六〇分）

●法学部・文学部（哲・英文・史・心理学科）・経済学部・社会学部・経営学部・国際文化学部・人間環境学部・現代福祉学部・キャリアデザイン学部・GIS（グローバル教養学部）・スポーツ健康学部のいずれかを志望する受験者は、問題〔一〕〔二〕〔三〕に解答せよ。

●文学部日本文学科を志望する受験者は、問題〔一〕〔二〕〔三〕〔四〕〔五〕すべてに解答せよ。

〔一〕 つぎの各問いに答えよ。

問一 つぎの各文の傍線を付した言葉に最も意味が近いものを後の選択肢の中からそれぞれ選び、解答欄の記号をマークせよ。

1 相手の気持ちを斟酌（しんしゃく）して、自分の考えを言うのを控えた。

ア 信憑（しんぴょう）　イ 解釈　ウ 踏襲　エ 追従　オ 忖度（そんたく）

2 原則に拘泥しすぎると、本当に大切なものを見失ってしまう。

ア のっとる　イ したがう　ウ こだわる　エ さからう　オ もとる

小論文

（九〇分）
（解答例省略）

「アメリカン・スクール」（新潮文庫）を読んで次の問に答えなさい。

問一　後年、小島信夫は「アメリカン・スクール」を回顧して

伊佐がアメリカン・スクールのフェンスのかげにいると、子供たちがしゃべる英語が小川のせせらぎのように美しくきこえるので彼が涙ぐむところを、私は楽しく思い出します。（「わが「鈍器」の意味」『昭和文学全集　第21巻』一九八七年七月）

と語っている。そこに示されている情景は「アメリカン・スクール」の「四」に書かれているものであるが、伊佐は子供たちのしゃべる英語をどのようなものと感じていたと考えられるか。四〇〇字以内で論じなさい。（句読点を含む）

問二　「星」に「馬でも星を知っている」という軍隊の俚言が紹介されている。この軍隊の俚言の意味を二〇〇字以内で述べなさい。（句読点を含む）

解答編

英語

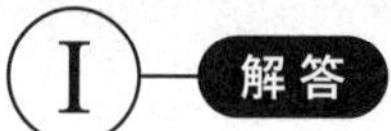

1. (1)— a (2)— d (3)— b (4)— d (5)— a (6)— c (7)— a

2. (1)— c (2)— b (3)— d

解説

1.「下の文にあてはまる最も適切な答えを選びなさい」

(1)「彼は駅で友人をこれ以上待つことはできなかった，というのは彼はすでに学校に遅刻していたからだ」

空欄後の「彼はすでに学校に遅刻していた」は，空欄前の「友人を待つことができなかった」ことに対する理由である。ゆえに，理由を表す接続詞であるaの「というのも～だから」が適切である。

(2)「確かに君は試合に負けてがっかりしていると思うが，君は自らを憐れむのはやめて，自分の人生に前向きになるべきである」

「がっかりしている」人を励ましているので，get on with *one's* life「(悲しい体験をした後も) くじけずに人生を前向きに生きる」の意を構成するdが適切である。

(3)「彼は時間通りに授業に来始めているので，心を入れ替えたようだ」

turn over a new leaf「心を入れ替える，心機一転する」のイディオムを確認しておきたい。overが省略されることもある。

(4)「あなたの京都での伝統的な日本の旅館での滞在は，我々の東京でのホテル（での滞在）よりもずっと高くつく」

空欄後にthanがあるので，expensiveの比較級を考える。ここでは京都の旅館は東京のホテルよりも高額であると類推できるので，dが適切である。比較級の強調はmuchを使うことに注意すること。

(5)「雪が降る前に家に着くよう一晩中運転したので，我々は到着したときには非常に疲れていた」

選択肢には主語がないので，分詞構文であると考えられる。また，空欄を含む部分は主文の疲れている理由である。ゆえに，分詞構文で主文の時よりも前の時を表す場合は，having *done* とするので a が適切である。

(6)「学期末試験は概して中間試験より易しい」

by and large「おおむね，概して」の熟語を知っていれば易しい。ゆえに，c が適切である。なお，by and by は「やがて，まもなく」の意である。

(7)「あなたが今日私たちと一緒に来られなかったのは残念だ。私たちは素晴らしい時間を過ごした」

It's a shame (that) S V「SがVするのは残念である」で記憶しておこう。ゆえに，a が適切である。

2.「下の会話文を読み，空欄を埋めるのに最も適切な答えを選びなさい」

(1)　ジョン：来週まで2,000円貸してもらえるかな？

ツバサ：でもジョン，あなたは先月私から3,000円借りたのよ。

ジョン：僕はアルバイトを始めたんだ。来週5,000円全て君に返すことができるよ。

ツバサ：じゃあいいわよ，もし来週あなたが私に返金できる確信があるならね。

ジョンの2つ目の発言に「5,000円全て君に返す」とある。つまり以前に3,000円をジョンはツバサから借りていたとわかるので，c の「でもジョン，あなたは先月私から3,000円借りたのよ」が適切である。なお，ジョンの最初の発言 Do you think you can *do*? は，依頼の丁寧な表現である。Do you think you could *do*? とすれば，さらに丁寧さが増す。

a.「喜んで，でも私も2,000円持っていないのよ」

b.「もちろん，でも私はあなたから3,000円を借りることはできません」

d.「確かに，では私はあなたから借りた3,000円をあなたに返せますよ」

(2)　ミョン：今朝の英語の小テストはどうだったの？

ユウタ：リスニングはできたと思うけれど，語彙の部分はそれほどできなかった。

ミョン：残念ね。

ユウタ：たかが小テストだけど，いい教訓を得たよ。先生は語彙も入れるよって言ったんだ，だからそれを勉強すべきだった。

ユウタの最後の発言「たかが小テストだけど，（語彙も）勉強すべきだった」から，「小テスト」を侮ったことへの後悔が読み取れる。ゆえに，今回の小テストから，b「私はいい教訓を得た」が適切である。

a.「むずかしいことは何もなかった」

c.「それになんの意味があるの」

d.「これ以上勉強しないつもりだ」

(3)　ハルナ：マリア，あなたはもっと運動したいって私に言ったわね。今日後で私とランニングするのはどうかしら？

マリア：私はすでに今朝その区域を歩いたわ。

ハルナ：何ですって？　本当にそれが運動だと思っているの？　グズグズしないで，後で私と走りなさい。

マリア：やってみるけど，朝の運動でとても疲れているかもね。

空欄のマリアの発言に対して，ハルナは「本当にそれが運動だと思っているのか」と疑問を投げかけている。ゆえに，運動とは言えない内容を考えると，dの「私はすでに今朝その区域を歩いたわ」が適切である。

a.「私は運動するのが好きではないのよ。私を数に入れないで」

count me out「私は勘定に入れないで，抜いてよ」

b.「あなたはとても速く走るので，私はついていけないわ」

keep up with ～「～に遅れないようについていく」

c.「私は通常は，夕食の後に毎晩1時間走るわ」

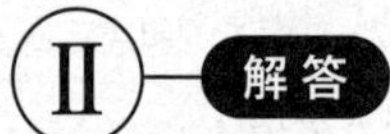

1. (1)―(c)　(2)―(b)　(3)―(b)　(4)―(a)

2. (A)―g　(B)―f　(C)―h　(D)―b　(E)―a

全訳

1. (1)《お茶の由来》

お茶は，その古くからの歴史の伝説にもかかわらず，長い目で見れば，最近中国に入ってきたものに過ぎない。たぶん中国人は，北方のインドの先住民，または東南アジアに住んでいる人々からお茶について学んだのだ。お茶はインドから中国へもたらされたと報告している中国の歴史もいくつかある。欧米人はコーヒーも中国に由来すると信じている。他の記述によれば，東南アジアの先住民は，野生のお茶の木の緑の葉を野営の火の上の鍋で煮ており，その習慣が中国に後で伝えられたとある。それにもかかわらず，我々がコーヒーをアラビアと関連づけるやり方で，欧米人がお茶と中国を強く関連づけることは明白である。どちらも，紹介されたときにはエキゾチックな飲み物とみなされていたのであるのだが。不幸にも，お茶の中国の歴史以前の詳細は，コーヒーのアラビア以前の歴史の詳細のごとく，不明である。

(2)《ライブスポーツイベントの効果》

新しい科学的な研究により，ライブスポーツイベントに参加すると幸福度が向上し，孤独感が軽減されることが判明した。以前の研究が，より高い生活満足度が，よりよい身体的健康，上手に年を取ること，より低い死亡率と関連していることを示しているのと同様に，この結果は重要である。死亡率のより低いことも，より大きな経済成長と関連がある。新しい研究でも，ライブスポーツイベントに参加することで，「人生は価値がある」という人々の感覚が高まることも判明した。現在多くの研究が，スポーツに実際に参加することの利点を奨励している。しかしながら，研究者たちはライブスポーツイベントを見ることも，幸福感を向上させ，孤独感を軽減するための，入手しやすく効果的な公衆衛生ツールを提供することができると信じている。

(3)《ストレス》

我々の展開の速い社会においては，ストレスは持続すると感じることがよくある。しかしながら，あなたの心配が，もし一日の始まりで強くなるなら，同じような人は他にもたくさんいるのである。今や専門家は，朝が一日で一番ストレスの強い時間であることに同意している。そのうえ，朝は一日で最も楽しい時である。ロンドンを基盤にした研究では，2,000人の成人の世論調査で，最もストレスのたまる時間は午前7時23分であることを明らかにした。しかしながら，性別によって一日のうちで最もストレスのかかる時間には，少し差異がある。女性は典型的に男性より少し早く，その日の最初の障害に出合う，午前6時50分である。男性では，最初のストレスの多い出来事は，ほぼ1時間後まで起こらず，午前7時43分である。これらの朝の出来事は，あなたの建設的な日を過ごす能力に干渉することさえある。

(4)《観客とパフォーマンス》

ある社会理論によれば，観客がいるだけで単純作業，特にスタミナを必要とする作業のパフォーマンスが向上する。スタミナを要求する作業を達成するのはたやすい。パンデミックは，バイアスロンの2018・2019年のシーズンと2020年のシーズンの結果を比較することで，観客の影響力を研究するユニークな機会を提供した。このユニークな研究では，その2つのスポーツイベントで競った男性と女性の選手のランニングタイムと，射撃の成功を比較した。男性の結果は予期された通りであった。彼らは観客がいるとより速く走ったが，射撃においての成績はよくなかった。面白いことに，それは女性にとっては逆であった。彼女らは観客がいる場合にはより遅く走ったが，平均的に彼女らが射撃で命中に要する時間は少なかったのである。

2．《日本の労働市場の変化》

日本は人口減少に苦しんでいるので，日本の経済にとって労働効率の向上は鍵となる。この国の時間当たりの生産性は，G7諸国の中で最も低い。この国の柔軟性のない労働市場は障害となっているが，雇用に関するいくつかの長年保持されてきた概念は崩れ始めている。

ヨシヤタイチは2年前にエンジニアになるために転職した。彼は当時28歳で，東京の旅行代理店でツアープランナーとして働いていた。終身雇用がごく普通である国では，それは普通でない行動であったが，結局正しい決断であった。

日本企業は通常，新卒を採用して教育し，長年の勤続年数に応じて昇進がある。転職は否定的に見られている。

ヨシヤはかつて，伝統的なシステムの一部分であった。「大学卒業後は，私を含めてほとんどの人が，60歳か70歳で退職するまで1つの会社に勤めるだろうと思っていました」 しかし，好奇心と興味が彼を再考させた。旅行代理店で働きながら，ヨシヤは自由な時間にはコンピュータ・プログラミングを独学で学んだ。彼はエンジニアという別の職業を持とうと決心をした。

彼はまた，東京から約400キロ離れた大阪に住むことを望んでいた。彼はそこを拠点とするアマチュア劇団のメンバーである。「私は，仕事とプライベートな生活の両方を重要視します。今の仕事が自分に向いていないと感じたら，別な何かを見つけたほうがよいでしょう。社会が恩恵を受けるだけでなく，人々の幸福も恩恵を受けるでしょう」

ヨシヤが加入したITコンサルティング会社は，採用に関して非伝統的な観点を持っている。それは，他の産業からの中堅社員に焦点を当てているのである。管理職のサトウマリコは，特にデジタル分野での変化のペースが加速していると語る。企業は，変化するニーズや科学技術に遅れを取らないために，多様な労働力を必要としている。「広範囲な業界で様々な経験を持つ人々がいるのが私たちの利点です。もし私たちの従業員が全員同じバックグラウンドを持っていれば，社会の変化に応じて事業を適応させることはできません」と彼女は言う。

解説

1. (1)　第1文（Tea, despite legends …）で「中国とお茶」についての導入があり，以下その両者の関係に関しての記述が続く。しかし，下線部(c)は欧米人のコーヒーへの考え方のみが記述されている。ゆえに，取り除くべき文は(c)が適切である。

(2)　第1文（New scientific research …）で「ライブスポーツイベントとその精神的，身体的効用」に関する導入があり，その両者の関係に関しての記述が続く。しかし，下線部(b)は死亡率と経済成長に関する記述である。ゆえに，取り除くべき文は(b)が適切である。

(3)　第1文（In our fast-paced …）で「ストレス」に関しての導入があり，以下早朝に起こるストレスに関しての記述が続く。しかし，下線部(b)は「朝は一日で最も楽しい時」と述べており，「ストレス」との関連性もない。ゆえに，取り除くべき文は(b)が適切である。

(4)　第1文（According to one …）で「観客とスタミナのいる作業のパフォーマンス」の関係を導入しており，以下はその両者の関係についての記述である。下線部(a)のみ「観客」への言及がない。ゆえに，取り除くべき文は(a)が適切である。

2. 設問文の和訳：「日本における労働市場に関する評論を読み，空欄を埋めるのに最も適切な語を下記より選びなさい。各単語は一度のみ使われます」

(A)　空欄を含む文「G7諸国の中で最も低い，この国（＝日本）の時間当たり」の国際比較の対象項目を考える。gの「生産性」が適切である。

(B)　空欄を含む文の冒頭のItは，第4文（Yoshiya Taichi switched …）の「(ヨシヤの）転職」を指す。空欄後の「終身雇用がごく普通である国」での転職とは何かを考える。unusual「普通でない」　f.「行動」が適切である。なお，このmoveは名詞である。

(C)　空欄を含む文では日本企業の特徴を述べており，with「～を伴った」以下はJapanese companies「日本企業」を修飾していると考えればよい。空欄後のlength of continuous service「勤続年数」にin accordance with ～「～に応じて」得られるものは，hの「昇進」である。

(D)　空欄を含む文の前文（While working at …）で「ヨシヤは旅行代理店で働きながら，コンピュータ・プログラミングを独学した」とある。そこから空欄を含む文の「エンジニアとして決心をした」のは，何を持つことかを考える。bの「使命感」が適切。なお，callingには「天職」の意もある。

(E)　最後から3文目（Companies need …）に「企業は，変化するニーズや科学技術に遅れを取らないために，多様な労働力が必要」とある。このことを念頭に，空欄を含む文「広範囲な業界で様々な経験を持つ人々」がいることは，企業にとって何かを考える。aの「利点」が適切である。

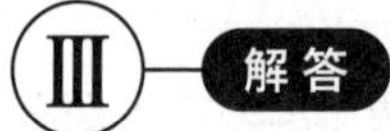

1－d　**2**－b　**3**－a　**4**－c　**5**－d　**6**－b
7－c　**8**. (1)－T　(2)－T　(3)－F

全訳

《私たちは読んだ本のことをなぜ忘れるのか》

ショーン=カン博士へのインタビューを読み，あとの問題に答えなさい。

あなたは，読んだことのある本について思いをはせて，その筋を全く覚えていないことがあるだろうか？　または，あるテレビ番組をお薦めに従って見たが，すでに見たものだと気づいたことはあるだろうか？　我々は近年，テレビ，本，映画が最高のレベルで消費される大容量の時代に生きている。このことは，それらを記憶する我々の能力を縮小させている可能性があるのだろうか？　私は，記憶を専門とする認知心理学者のショーン=カン博士に，なぜ読んだ本を忘れてしまうのかと尋ねた。

(INT：質問者／カン：ショーン=カン博士)

INT：私は大学で英語を勉強していましたが，元クラスメートが，私が覚えていない本について頻繁に言及するので困惑します。私の持論では，私はジャーナリストなので，一日中言葉を扱うことが，私の脳に何か作用しているのだと思います。

カン：面白い直感ですね！　私たちがなぜ忘れるかに関する有名な理論の一つは干渉です。あなたは他の本もたくさん読んでいるでしょうね？

INT：これは，インタビューを受ける側の人が私に言った中で，最もすばらしいことだと思います！　でも，そうでしょうね。

カン：あなたはたぶん，クラスメートが話をしている本の前後にたくさんの本を読んでいるでしょう。あなたがその本の記憶を取り戻そうとするときに起こっていることは，他の本からの全ての情報が干渉していることです。おそらくあなたの職業では，同様の情報が干渉する機会がさらに多くあるでしょうね。

INT：面白いですね！　私はいろいろな場所へ車で行きます。何回も運転しているのにもかかわらず，私の親戚のところまでのルートをきちんと覚えていないのはそのせいでしょうか？　私は，いつもそれはカーナビの使用と関係があると思っていました。

カン：そうですね…　時間が経てば，遅かれ早かれ，あなたは親戚のところへの行き方を覚えるでしょう。しかし，カーナビに頼ることは別問題です。それがなければ，あなたは事前にルートを計画する必要があり，全ての曲がり角に細心の注意を払うでしょう。そのことはあなたがルートを覚えるのに役立つでしょうね。

INT：それは，能動的な関与と受動的な関与の問題ですか？

カン：もちろんそうです。情報が外部，例えばコンピュータなどに保存されていることを私たちが知っている場合に物事を記憶する能力を調べる，記憶の研究の新しい分野もあります。ここでの考え方は，私たちの「ワーキング・メモリ」――私たちがいかなるときでも焦点を当てているもの――は容量が限られているということです。例えば，私たちが一度に５つのことに注意を払うことによって，その容量を超えた場合，私たちはその記憶の一部を外部保管場所に押し付けようとするかもしれません。そして，情報は常にいつでもすぐに取り出せるとの期待を持ち始めると，それに遭遇したとき，その情報をあまり注意深く心に留めておかないかもしれません。

INT：だから，私たちはそれが常に，グーグルとかネットフリックスなど，そこにあることを知っているので，物事を覚えていないのですね。

カン：私は必ずしもこれが悪いとは思っていません。携帯電話が登場する前に，誰かがあなたに電話番号を教えてくれたときと，それほど変わりません。あなたはそれらの数字を記憶するための記憶戦略を考え出すことも，それらの数字を書き留めて，他のことに集中できるようにワーキング・メモリを使うこともできたでしょう。

INT：または，誕生日を覚えるのに，私の夫がするように，それを外付けドライブ——つまり私——に押し付けることもできるでしょうね。私はUSBスティックです。これは，私たちの最も長期の記憶にとって何を意味するのでしょうか？

カン：意味がよくわかりませんが… 私のような研究者は，長期と短期という言葉のみ使います。短期とは，数秒間保持する情報を指します。長期とは，私たちがより長く記憶する何でもです。

INT：何でもですか？ うわー，私の長期記憶は絶対に膨大なものに違いありません。

カン：それは無限です。明日他の新しいことを一つ学んだからといって，友達の名前を忘れてしまうようなわけではないです。だから，何歳であろうとも，私たちは常に学ぶ可能性を持っているのです。

解説

1.「下線部(A)の表現で，質問者は何を意味しているのか」

下線部は「私の持論」である。その内容は下線部以下の「私はジャーナリストなので一日中言葉を扱う。そのことが私の脳に何か作用している」である。ゆえに，dの「彼女は，どういうわけか彼女の仕事が，彼女に古い本を忘れさせると思っている」が適切である。他の選択肢はジャーナリストには触れているが，それ以外の内容は本文に言及がない。

a.「彼女は，ジャーナリストは物事を簡単に忘れると思っている」

b.「彼女は，職業柄，明確な事柄を知る必要があると思っている」

c.「彼女は，全てのジャーナリストは異なった問題を持っていると考えている」

2.「この文脈での下線部(B)の表現は何を意味しているのか」

下線部の表現 I would say は断定を避ける言い方で「まあ～でしょう

ね」の意である。カンの第1発言には3文あるが，下線部は，最後の質問(I'm going to …)「あなたは他の本もたくさん読んでいるでしょうね？」に対する答えだと判断できる。ゆえに，bの「彼女は，本をたくさん読んだと認めている」が適切である。

a.「彼女は，カンが今まで彼女がインタビューしたどの人よりもすてきだと思っている」

c.「彼女は，カンの反応『面白い直感ですね！』に同意している」

d.「彼女は，自分が忘れっぽい人だと認識している」

3.「次のどれが下線部(C)の語に意味が最も近いか」

interfere「干渉する，妨げる」の意である。ゆえに，aの「邪魔になる」が最も近い。

b.「核心をつく」　c.「明らかでなくなる」　d.「曖昧でなくなる」

4.「次のどれが下線部(D)の表現の例として考えることができるか」

下線部は「受動的な関与」である。カンの第3発言第2文（But relying on …）に active engagement「能動的な関与」の例として「カーナビがなければ，事前にルートを計画する」とある。「受動的な関与」は，この反対の人任せの行動を選べばよい。ゆえに，「あなたが，今まで行ったことがない駅に行きたいとき」が前提であるので，cの「そこまでタクシーに乗る，なぜなら道順を知らないので」が適切である。

a.「自宅で道順を探し，記憶し自分でそこに行く」

b.「そこに行くのを諦め，自分のよく知っている他の駅に行く」

d.「途中で公園に立ち寄り，疲れているので家に戻る」

5.「下線部(E)の表現の意味で，『外部装置』の例として本文に述べられていないのは，次のどれか」

下線部は「情報は外部に保存される」の意味である。dの「ワーキング・メモリ」に関しては，カンの第4発言第3文（The idea here …）に「私たちの『ワーキング・メモリ』は容量が限られている」とあり，続く文（If we exceed …）では「容量を超えた場合，その記憶の一部を外部保管場所に押し付ける」とある。これは外部装置とは相対するものであるので，dは「外部装置」の例として本文には述べられていない。

a.「質問者」は，質問者の第6発言第1文（Or in the …）で「外付けドライブ――つまり私」，続く文（I'm the USB …）で「私はUSBスティックだ」とあるので，自らを「外部装置」として述べている。

b.「グーグル」は，質問者の第5発言（So, we don't …）で「情報が常にグーグルにあることを知っているので物事を覚えない」と「外部装置」として述べられている。

c.「コンピュータ」は，下線部に続く語句で「例えばコンピュータなど」と「外部装置」として述べられている。

6.「なぜカンは，下線部(F)の表現と言うのか」

下線部は「意味がよくわかりませんが…」の意である。質問者が第6発言最終文（What does all …）で「私たちの最も長期の記憶」と言ったことに対して，カンは下線部に続く文で「研究者は，長期と短期という言葉のみ使う」と言っている。ゆえに，bの「なぜなら彼は，『最も長期の記憶』という表現は存在しないと思っているからである」が適切である。

a.「なぜなら彼は，長期記憶にほとんど興味がないからである」

c.「なぜなら彼は，質問者が言ったことが聞き取れなかったからである」

d.「なぜなら彼は，質問者の質問に答えるのに自信がなかったからである」

7.「空欄(X)に埋めるのに最適なのは次のどれか」

空欄に続くカンの「長期記憶」に関する発言には，「新しいことを学んでも他を忘れはしない。だから何歳であろうとも，私たちは常に学ぶ可能性を持っている」とある。ゆえに，cの「無限の」が適切である。

a.「壊れやすい」 b.「空っぽの」 d.「独立した」

8.「本文に応じて，次の文が正しければTを，間違いや述べられていない場合にはFを記入しなさい」

(1)「質問者は，現代社会は記憶に悪影響を与えるのではと思っている」

modern society「現代社会」の具体的な範囲が不明であるが，質問者の第3発言最終文（I always thought …）「カーナビの使用と道順の記憶との関係」，また，第5発言（So, we don't …）「グーグルとかネットフリックスなどがあるので物事を記憶しない」から，Tと考えてよい。

(2)「メモをすることは，記憶の作業量を減らす一つの手段である」

カンの第5発言最終文（You *could* come …）に「数字を書き留めて，ワーキング・メモリを使うこともできる」とある。メモをした結果「記憶の作業量」が減ったので「ワーキング・メモリを使うこともできる」と考えられる。ゆえに，Tが適切である。

(3) 「カンは，カーナビは道順を探すのに使うべきではないと考えている」

カンの第3発言第2・3文（But relying on … learn the route.）で「カーナビがなければ，事前にルートを計画し，道を覚えるのに役立つ」と言っているが，使うべきではないとは言っていない。また，第5発言第1文（I don't necessarily …）では「必ずしもこれが悪いとは思っていない」と言っている。ゆえに，Fが適切である。

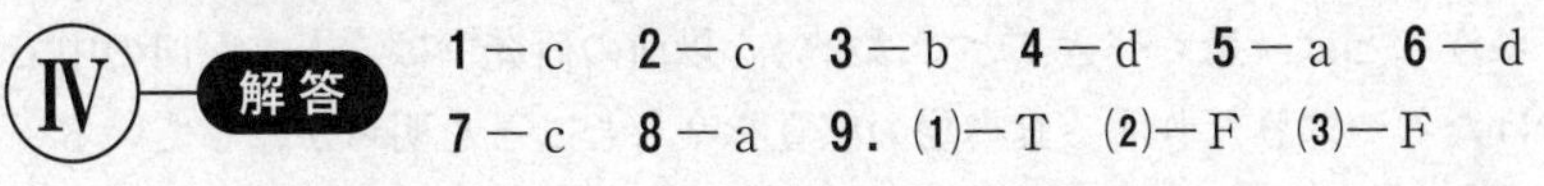

1―c **2**―c **3**―b **4**―d **5**―a **6**―d
7―c **8**―a **9**. (1)―T (2)―F (3)―F

全訳

《科学者の作る未来のチョコレート》

食べ物と科学についての評論を読み，あとの問題に答えなさい。

1 チョコレートをかじることを考えてみよう。何がそのことを楽しくさせるのか？ 甘さなのか？ 口の中での溶け方なのか？ ボリボリ？ それがつくる音なのか？ それら全てなのか？ アムステルダム大学のチームは，これらの疑問のいくつかに答え，そして願わくは，さらに楽しいごちそうを作るために，物理学と幾何学を利用することを試みている。彼らの成果，らせんの形をした3Dプリントされたチョコレートは，現在のスーパーマーケットの棚の物とは全く似ていない。しかし，それはまさに未来の食べ物かもしれない。研究を主導したアムステルダム大学の物理学者であるコランタン=クーレは，通常は非食料品の「メタマテリアル」を用いて研究をしている。それは，自然界には見られない構造や特性を持つ材料である。かつては，彼の研究はロボット工学，義肢，そして電子工学への応用を伴う，形が変化する材料を含んでいた。しかし，巨大な食品と消費財の会社との提携は，彼と彼のチームにチョコレートに対する新しい構造を開発させる気にさせた。

2 まず研究者は，安定した構造を与えるために，慎重にダークチョコレートを加熱し冷却した。次に，3Dプリンターを使用して，チョコレートを一連のらせん状に印刷した。らせん状のいくつかは単純なS型であり，他の物はより複雑で，ほとんど迷路のような物もあった。次にチームは，図に示されたように，「かまれた」ときにチョコレートがどのように壊れるかを確認するため，チョコレートを一連の機械による試験に託した。チョコレートが上から押されると，多くの破片に砕けた（特に，より複雑ならせんを描いたものは）。横からかまれると，通常は一度だけひび割れた。

3 なぜこれが重要なのか？ さて，研究の次の段階では，人間の検査員の非常に幸運な集団にチョコレートを渡すことが含まれていた。研究者は，検査員がどの形状を好んだのかとその理由を尋ねた。「形状が複雑であればあるほど，ひびが多くなり，検査員はそれを，さらに楽しんでいるようでした」とクーレは言う。検査員が，よりもろいチョコレートを楽しんだということは，驚くべきことではない。以前の研究では，人々が口の中で砕けたりつぶれたりする食べ物の感覚を楽しむことを明らかにしている。彼らは特に粉砕している音を聞くのが好きだ。味覚研究者のアラン=ハーシュは，それを「咀嚼（そしゃく）の音楽」と表現している。これは歯ごたえが新鮮さのサインであるからかもしれないと考えている研究者もいる――新鮮なリンゴと古いキャベツを考えてほしい――そしてその食感が，我々の祖先が最も新鮮な食べ物を探すのに役立ったのだ。

4 もちろん，チョコレートは，健康であることについて名高くはない。しかし，この研究は「食べられるメタマテリアル」という，もっと広範な分野の一部であり，より栄養価が高く，より食べやすく，より環境によい食品を生み出す可能性がある。「これから先には『メタフード』の開発に刺激的な時代があります」と，ヘルシンキ大学の研究者ファビオ=ヴァロッピは語る。この分野はまだ若いが，将来性は十分にあるとヴァロッピは言う。ヴァロッピは，最近の研究の変形パスタについて触れている。すなわち，調理中に平面から3Dに変化する幾何学的に加工されたパスタである。「このような種類のパスタを持つことは，二酸化炭素排出量と輸送コストの削減によって，私たちのエコロジカルフットプリントを減らすことに役立つと想像できます」と彼は言う。「平らなパスタは，パッケージ内でより効率的に積まれることができ，調理中に形を変えることで，私たちが最も好きな形状で食べることを可能にします」

5 食品の口当たりを調整するために幾何学を使うことは，研究者たちに，興味深く，おいしい肉の代替品を作るために，健康的で，環境に優しい食べ物を使うことを可能にした，とクーレは言う。同じ技術は，病気や歯の問題のために，かんだり咀嚼したりするのが難しい人々のための特別な食品を作ることができるであろう。１つの食べ物を砕くのにどれほどの力が必要とされるのかをコントロールできれば，非常にかみやすくおいしい固形食品を作ることができるだろう。「よくかめない人でも，興味深い食事体験ができるでしょう」とクーレは言う。粉砕することの幾何学への研究は，食品以外への応用もある。材料がどこでつぶれるかをコントロールする方法を見つけ出すことは，より優れたバイク用のヘルメットや他の保護具を設計することを意味するだろう。制御された粉砕は，より安全な飛行機や車を意味することさえあるだろう。内部を保護するように粉砕する外部を持つよう設計された自動車を想像してみてほしい。

[6] クーレは食品に関する研究を続けることを希望している。彼は現在，食品開発に彼の幾何学的モデル作成を使用するために，食品会社とのコンソーシアムの構築に取り組んでいる。可能性はほぼ無限である。「メタマテリアルは今もなお発展し続けているので，この分野には大きな可能性があります」とヴァロッピは同意する。「地球上には，限られた特性を持つ限られた物質しかありません。メタマテリアルの美しさは，――食べられる形態と食べられない形態において――限られた特性を持つ同じ素材に，いくつかの形状と構造を追加するだけで，新しい機能を与えることができることです」

解説

1.「次のどれが，クーレの研究チームの特徴を最も述べているか」

第１段第11文（Corentin Coulais …）に「コランタン=クーレが主導した研究は通常，非食料品の『メタマテリアル』を用いた研究」とある。ゆえに，ｃの「彼らの最初の研究対象は，食品ではなく，食べられない材料であった」が適切である。他の選択肢は本文に言及がない。

a.「彼らは，長年にわたって新しい食品をデザインすることを専門にしてきた」

b.「彼らは，新作のチョコレートのサンプルを集めて市場を分析した」

d.「彼らは，資金的に彼らの研究を援助するために新しい会社をつくった」

2.「次のどれが，チョコレートの食感についてクーレの研究の結果の特徴を最も述べているか」

第３段第４文（“The more complex …）「（チョコレートの）形状が複

雑であればあるほどひびが多くなり，検査員はそれをより楽しんでいるようでした」から，ｃの「人の好みは，かじったときに，どのようにチョコレートが割れるかに左右される傾向にある」が適切である。同じ引用部分から，「人は複雑な形状のチョコレート」を選んでいることがわかるので，ｂの「人は簡単なＳ型のチョコレートを，他の形よりも好む傾向にある」は合致しない。他の選択肢は本文に言及がない。

ａ.「チョコレートのような迷路は，ある人にとって食べるには硬すぎる」

ｄ.「一度かまれたチョコレートは食べやすく，人はそれが好きである」

3.「下線部(A)の表現に言及することで，著者は何を意味しているのか」

下線部は「咀嚼の音楽」の意である。それは下線部を含む文に「粉砕している音」とあり，具体的にはその前文（Previous research has…）の「人々は口の中で砕けたりつぶれたりする食べ物の感覚を楽しむ」ときの音である。ゆえに，ｂの「人が食べるときの音は，食べ物の楽しみを向上させる」が適切である。他の選択肢は本文に言及がない。

ａ.「物を食べるときに人が聞く音楽の種類は，非常に重要である」

ｃ.「音楽は人に食べ物をよくかませる力を持っている」

ｄ.「あまり多くのかむ騒音をさせることは食べ物のおいしさを減らす」

4.「下線部(B)の言葉は何を意味するか」

下線部「メタフード」はその前文（But the research…）の「食べられるメタマテリアル（食べられる非食品）」の言い換えである。その目的をそこには「より栄養価が高く，より食べやすく，より環境によい食品」と述べている。ゆえに，ｄの「特定の目的のために人間によって作られた食べ物」が適切である。他の選択肢は本文に言及がない。

ａ.「特別な場所で食べられる食べ物」

ｂ.「あるがままに自然に存在する食べ物」

ｃ.「自らに特定の形を与える金属を含む食べ物」

5.「次のどれが下線部(C)の言葉の意味に最も近いか」

下線部は，動詞 morph「変容する，変態する」の現在分詞である。ゆえに，ａの「形が変化している」が適切である。

ｂ.「溶けている」　ｃ.「驚いている」　ｄ.「料理がしやすい」

6.「我々の日常生活への幾何学の応用の例として述べられていないのは次のどれか」

d.「より速い輸送機関を考案すること」の記述は本文にない。

a.「商品をもっと環境に優しいものにすること」は，第5段第1文(Using geometry to…）に「幾何学を使うことは，環境に優しい食べ物を可能にした」とあるので合致する。

b.「困難さを抱えた人々に対して，よりよい製品を考案すること」は，第5段第2文（The same techniques…）に「同じ技術は，かんだり咀嚼したりするのが難しい人々のための食品を作ることができる」とある。「同じ技術」とは幾何学の応用と考えられるので合致する。

c.「物事をより安全にすること」は，第5段第5・6文（The research into… other protective gear.）から「粉砕についての幾何学の研究は食品以外への応用もある。材料がどこでつぶれるかをコントロールする方法を見つけ出すことは，優れたバイク用のヘルメットや他の保護具の設計を意味する」とあるので合致する。

7.「次のどれが空欄(X)に最も適しているか」

空欄を含む文「食べられる形態と食べられない形態において，限られた特性を持つ同じ素材に，いくつかの形状と構造を追加するだけで」から，それによりメタマテリアルに何が生まれるかを考える。ゆえに，cの「新しい機能」が適切である。

a.「究極の力」　b.「より多くの規制」　d.「新鮮な概念」

8.「この評論の主たる考えは何か」

第5段第2文（The same techniques…）の「同じ技術（＝科学）は，病気や歯の問題のために，咀嚼するのが難しい人々のための特別な食品を作ることができる」とある。これは，単なる食べ物でなく，「生活をよりよくする食べ物」と考えられる。また，同段第6文（Figuring out how…）に「(科学が）材料がどこでつぶれるかをコントロールする方法を見つけ出すことは，より優れたバイク用のヘルメットや他の保護具の設計を意味する」とあるので，「生活をよりよくする他の物」と考えられる。ゆえに，aの「科学は，我々の生活をよりよくする食べ物や他の物を作るのに貢献することができる」が適切である。他の選択肢は本文に言及がない。

b.「科学者は，多くの人々を幸せにするために理想的なチョコレートを発明すべきである」

c.「人間は将来，新しいものを考案し続けることを予期されていない」

d.「今日食べ物と食べ物でない物を区別することは意味がない」

9.「本文に応じて，次の文が正しければTを，その他はFを記入しなさい」

(1)「クーレのチームは，以前に販売されたことがない斬新なチョコレートを作っている」

第1段第9文（Their result …）に「彼ら（＝クーレのチーム）のチョコレートは，現在のスーパーマーケットの物とは全く違う」とある。ゆえに，Tである。

(2)「クーレは，チョコレートに関する現在の研究の後，食べられない素材の研究に戻るつもりである」

最終段第1文（Coulais does hope …）に「クーレは食品に関する研究を続けることを希望している」とあるため，Fである。

(3)「我々の祖先は健康を維持するために柔らかな食事を選ぶ傾向にあった」

第3段最終文（Some researchers think …）に our ancestors「我々の祖先」は登場するが，健康維持などの記述はないため，Fである。

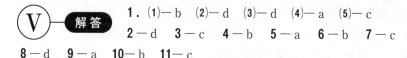

1. **(1)**—b　**(2)**—d　**(3)**—d　**(4)**—a　**(5)**—c
2—d　**3**—c　**4**—b　**5**—a　**6**—b　**7**—c
8—d　**9**—a　**10**—b　**11**—c

全訳

《神経多様性の人たちが持つ特質》

1　私は若い頃，誰もが私と同じようにパワーポイントのスライドのごとく，心の中でイメージを少しクリックするような感じで，写真のようにリアルな心象をもって思考していると信じていた。私はほとんどの人が，私よりも言葉を中心としているとは知らなかった。多くの人々にとって，考えを形作るのは言葉であって心象ではないのである。たぶんそれが我々の文化に話すことがこれほどあふれるようになった理由だ。教師が講義し，宗教指導者が説教し，政治家が演説をし，我々はテレビで「カメラに向かってしゃべる人たち」を見る。我々は，これらの人々のほとんどを定型発達と呼んでいる。すなわち，彼らは予測可能な線に沿って発達し，ほとんどの場合，口頭で意思伝達をするのである。

2 私は1940年代後半に生まれた。ちょうど自閉症の診断が，私のような子供たちに適用され始めた頃である。私は4歳まで話すことをせず，最初は脳損傷と診断された。今日私を，多くの人が神経多様性だと言うだろう。これは，自閉症だけでなく読書障害やその他の学習問題を含む専門用語である。神経多様性という用語の普及と，異なった方法で脳が働くことについての社会の理解の高まりは，私のような多くの個人にとって間違いなく前向きな発展である。

3 それにもかかわらず，我々の社会の多くの側面は，視覚による思考者──我々神経多様性の人々の多くがそうである──が，繁栄することを許すように設定されていない。実際，我々の社会の多くの側面は，我々が失敗するように明確に設定されている。学校は生徒に汎用のカリキュラムを強制する。職場は求職者の価値を評価するために学業成績や職歴に依存しすぎている。これは変わらなければならない。なぜなら，神経多様性の人々や全ての視覚による思考者がもっと報いられるべきであるからだけでなく，どのように学ぶかに関して我々がいかに考えるかについての大きな変化がなければ，アメリカの革新は制御されてしまうからである。

4 私が7歳か8歳のとき，古いスカーフで作ったパラシュートを空に投げるたびに，より早く開かせる方法を見つけるため，何時間も遊びと実験をした。小さなデザインの変更が出来栄えにどのような影響を与えるかを判断するためには，注意深く観察することが求められた。異常な熱狂に近いひたむきさは，おそらく私が自閉症だったからである。当時，私は有名な発明家と彼らの発明についてのある本が好きであった。トマス=エジソンとライト兄弟が電球や飛行機の作り方を見つけ出したときに，いかに一心不乱であったかに私は感銘を受けた。彼らは発明を完成させることに，熱狂的に多くの時間を費やした。おそらくその本の中の何人かの発明家たちも自閉症だったと思われる。

5 我々は，この国のインフラを修復する必要性について大いに耳にするが，その仕事ができるようになるであろう人たちよりも，改善や更新が必要な物事のほうに，我々は集中しすぎている。25年以上にわたり，私は家畜を扱うための機器を設計し，その機器を作る高度な技術を持つ人々と仕事をした。大企業向けに設計した全てのプロジェクトを振り返ってみると，熟練した溶接工や製図技術者の20パーセントは自閉症または学習障害であったと，私は推定する。私は，多くの企業に販売するたくさんの機械装置を発明した自閉症の2人を覚えている。我々の視覚による思考の技術は，成功の鍵であった。

6　今日，我々は生徒たちに充分に円熟してもらいたいと思っており，自分たちが提供する教育も同様であることを確認することを考えるべきである。同時に私は，アメリカのインフラを修復する人たちは，それがレゴであれ，バイオリンであれ，チェスであれ，一つのことに何時間も費やしてきたと断言する。過度の集中は，神経多様性の思考の典型的な兆しであり，それは革新と発明にとって重要なのである。

7　小学校と高校の両方を向上させるにはどうするのかとよく質問される。最初のステップは，美術，音楽，裁縫，木工，料理，演劇，自動車整備，溶接などの実践的な授業にもっと重点を置くことだろう。もし，今日多くがそうであるように，実践的な授業が廃止されていたら，私は学校が嫌いになっていたであろう。これらの授業では学生，特に神経多様性の学生に，キャリアとなる可能性のある技能を体験させる。接することは鍵である。非常に多くの生徒は，工具を一度も使用したことがないまま成長している。彼らは実習の世界から完全に排除されている。

8　私の業績にもかかわらず，もし私が今日の若者であれば，代数学に合格できないだろうから，高校を卒業するのは困難であろう。それは視覚的な相関関係がなく，抽象的すぎるのである。これは数学の成績が悪いとレッテルを貼られている多くの今日の生徒に当てはまる。実際の仕事の状況にも適用されるであろう統計学などの別の数学課程に，違ったやり方で合格するかもしれない生徒たちである。学校でのテストが重視されすぎており，キャリア上の成果は十分に重視されていない。私は，高校での実力テストの数学の成績が悪かったため，獣医学部に入学することができなかったが，現在動物科学の大学教授であり，獣医のグループに仕事についてアドバイスするために講演に招待されている。教育の真の尺度は，生徒が今日どのような成績を得ているかではなく，10年後に彼らがどこにいるかである。

9　私は企業や政府機関での講演をするために招待されることがしばしばある。私が管理者に最初に言うのは，労働力には多様な種類の人々が必要だということだ。補完的な技術がチームを成功させる鍵である。我々は電車，飛行機，インターネットをつくることができる人々と，それらを動かすことができる人々を必要としている。研究によれば，多様なチームが同じタイプの人々で構成されたチームより勝っていることを示している。もしあなたが，何も解決しない会議に参加したことがあるなら，それは同じように考える人が多すぎるからかもしれない。

10 今日，台湾は世界の最高技術シリコンチップの大部分を生産している。食肉の加工に使用される特殊化した機械装置の多くはオランダとドイツで製造されている。私が，カリフォルニアのスティーブ・ジョブズ・シアターを訪問したとき，ガラスの壁がイタリアの会社によって作られていることを知った。宇宙船のような巨大な炭素繊維の屋根はドバイから輸入されたものであった。

11 この器材が米国外から導入されている理由は，ある部分，教育制度の違いに由来がある。たとえば，イタリアとオランダでは，学生は 14 歳ごろ大学へ進むか職業訓練へ進むかを決定する。職業訓練の道は，軽視されたり，知性の低い形態とみなされたりすることはない。そして，それはどこでもそうあるべきなのだ。なぜなら，社会の多くの問題に対する現実世界の解決策を見つけるには，視覚による思考者の技能の組み合わせが不可欠だからである。

解説

1.「次のどれが，(1)から(5)の下線を引かれた語の意味に最も近いか」

(1) encompass は「～を含む」の意である。ゆえに，b の「～を扱う」が適切である。

a.「～を取り巻く」　c.「～を制限する」　d.「～を延長する」

(2) stifled は「制御される」である。ゆえに，d の「制圧される」が適切である。

a.「維持される」　b.「発展した」　c.「進歩した」

(3) rounded は「円熟した，均整の取れた」の意である。ゆえに，d の「釣り合いの取れた」が適切である。

a.「食事を与えられた」　b.「なされた」　c.「形作られた」

(4) hands-on は「実践的な，実地の」の意である。ゆえに，a の「実際的な」が適切である。

b.「役立つ」　c.「芸術の」　d.「触れることができる」

(5) outperform は「～より勝る，～をしのぐ」の意である。ゆえに，c

の「～よりうまくする」が適切である。

a．「～と同じぐらいする」 b．「～よりしない」 d．「～と同様ほとんどしない」

2．「本文によると，次のどの仕事が，他の人より神経多様性の人たちに向いていると考えられるか」

第1段最終文（We call most…）に「定型発達の人々は，予測可能な線に沿って発達し，口頭で意思伝達をする」とある。定型発達は神経多様性と逆の概念である。つまり，aの「ジャーナリスト」，bの「弁護士」，cの「アナウンサー」は言葉での伝達が主であるので合致しない。ゆえに，言葉での伝達を主としないdの「デザイナー」が適切である。

3．「空欄(X)に最も当てはまる語や句を選びなさい」

空欄の前文（The popularization of…）では「神経多様性の用語の普及と，異なった脳の働き方への理解の高まりは，多くの個人にとって前向きな発展」とあるが，空欄に続く文（many aspects of…）では「社会の多くの側面は，神経多様性の人々の繁栄を許す設定ではない」とある。つまり空欄の前後で，神経多様性の人々への社会の認識と実態に開きがあるので，cの「それにもかかわらず」が適切である。

a．「それゆえ」 b．「例えば」 d．「そのうえ」

4．「著者は，なぜ下線部(A)の名を挙げたのか」

下線部は「トマス=エジソンとライト兄弟」である。彼らの特徴は，第4段第5・6文（It impressed me…perfecting their inventions.）に「(彼らは）電球や飛行機の作り方を見つけたときに，一心不乱で多くの時間を費やした」とある。また，著者は第4段第3文（My single-mindedness…）に「(自らの）異常な熱狂に近いひたむきさ」を述べている。以上から両者には共通点があるので，bの「これらの発明家と著者の間の専念する能力での類似性を強調するため」が適切である。他の選択肢は本文に言及がない。

a．「読者に彼らが，世界的に知られているアメリカの発明家であることを気づかせるため」

c．「それらのよく知られた発明家について著者がどのように学んだかを示すため」

d．「発明家の科学技術における広い興味を強調するため」

5.「下線部(B)に意味上最も近い記述を選びなさい」

下線部は「我々は，その仕事に対応する人たちよりも，改善などが必要な物事に集中しすぎている」であり，「物より人に光を当てるべきだ」との意である。具体的には，第5段第3文（When I look …）に「熟練した溶接工や製図技術者の20パーセントは自閉症または学習障害と推定」とある。以上から，aの「社会のために本物を製造する神経多様性の人々はもっと感謝されるべきである」が適切。他の選択肢は本文に言及がない。

b.「国を治めている定型発達の人々は，自閉症の人たちが仕事を得られるように援助すべきである」

c.「より多くの人たちが，アメリカの現状のインフラを改善するために雇用される必要がある」

d.「我々は生産性を上げるために，会社員よりも多くの肉体労働者が必要である」

6.「著者はなぜ，自分が今日の若者であれば，下線部(C)であると考えたのか」

下線部は「代数学に合格できないだろう」の意である。第8段第2文（It is too …）に「それ（＝代数学）は視覚的な相関関係がなく，抽象的すぎる」とあり，筆者が苦手とする分野であるが，第3段第3文（Schools force students …）に「学校は生徒に汎用のカリキュラムを強制する」とある。ゆえに，bの「学校の汎用のカリキュラムのために」が適切である。他の選択肢は本文に言及がない。

a.「なぜなら彼女は，農場や家畜の世話に長けているから」

c.「なぜなら彼女は，子供のときに脳に損傷を受けていたので」

d.「なぜなら，代数学はカリキュラムにおいて最も難しい教科になったので」

7.「下線部(D)に最も近い記述を選びなさい」

下線部は「彼らがどこにいるか」である。第8段第5文（My poor performance …）に「私は高校で数学の成績が悪く，獣医学部に入学することができなかったが，現在動物科学の大学教授であり，獣医にアドバイスするために招待されている」と，自らを例として学業成績はよくなかったが，現在は業績を上げていることを述べている。また，ここでのwhereは「どんな立場〔状況〕に」の意であるので，cの「彼らが上げる業績」が適切である。

aの「彼らが働く場所」やbの「彼らが教える学校」では業績に触れていない。dの「彼らが属する社会階級」は本文に言及がない。

8.「この文で下線部(E)に最も意味が近い句を選びなさい」

下線部は「補完的な技術」の意である。第9段第2文（The first thing …）に「労働力には多様な種類の人々が必要」とある。お互いの能力を補うのに求められるのは，dの「グループの成果を上げる異なった技術」が適切である。

a.「褒める価値のあるすばらしい技術」

b.「チームの職務記述書と釣り合う技術」

c.「チームを団結させるための似通った技術」

9.「なぜ著者は，下線部(F)について述べたのか」

下線部は「スティーブ・ジョブズ・シアター」である。第11段第1文（The reason this …）の「この器材が米国外から導入されている理由は，教育制度の違いによる」とある。ゆえに，aの「教育がアメリカと異なる場所で，よりよく生産された物質の例を示すため」が適切である。

b.「ガラスの壁の劇場の建物で使われた高い技術のレベルを強調するため」

c.「その劇場を計画するときの，著者の関わり合いを指摘するため」

d.「スティーブ=ジョブズの発明がいかに優れているかを示すため」

10.「自らを刷新する自閉症の人たちの資質は何か」

質問は神経多様性ではなく，自閉症の特質であることに注意。第4段第3文（My single-mindedness …）に「異常なひたむきさは，私が自閉症だったから」とある。また，第5段最終文（Our visual thinking …）に「（自閉症の）我々の視覚による思考の技術は，成功の鍵」とある。以上から，bの「ひたむきさと視覚による思考」が適切である。

aの「過度に集中している能力や忍耐」での「忍耐」や，cの「知能と鋭い観察能力」での「知能」の記述は本文になく，dの「定型発達と神経多様性の技術」は相反する言葉が並んでいるので合致しない。

11.「この評論の主たる考えは何か」

第6段第2文（At the same …）に「過度の集中は，神経多様性の思考の典型的な兆しであり，それはインフラを修復する人たちの革新と発明にとって重要」とある。「インフラを修復する人たち」は「様々な技術を持っている」と考えられるので，cの「神経多様性の人々は，社会がもっと発展させるべき様々な技術を持っている」が適切である。

aの「学校で子供たちに実践的な技量を発達させる機会を提供することは定型発達の子供たちに役立つであろう」は，第7段第2文（The first step …）に「最初のステップは実践的な授業にもっと重点を置くこと」とあるが，それは定型発達の子供たちだけのためではないので合致しない。他の選択肢は本文に言及がない。

b.「失業者数を減らすために，10代前半での職業訓練のコースは大学進学に対する代案として確立されるべきである」

d.「学校は視覚的思考者への社会的な偏見を減らすために，子供たちにもっと自閉症に関して教えるべきである」

講評

2024年度は「文法・語彙」「会話文」を含む5題の大問構成になり，2023年度の「読解」4題から大きく変わった。Ⅱの1のみが日本語での設問で，その他は全て英語での設問である。分量的にも多く，90分で解答するには高度な読解力と上手な時間の割り振りが要求される。

Ⅰは基本的なイディオムや文法事項もおさえ，会話文の問題にも慣れておくこと。

Ⅱは，1の文意に沿わない文の選択には国語力が要求されるが，丁寧に読めば解答は明らかである。2では，選択肢のcallingが「呼ぶこと」ではないことや，moveが名詞であることにも注意が必要である。

Ⅲは「既読の本の内容の忘却」，**Ⅳ**は「科学者の作る未来のチョコレート」がテーマである。どちらも問題は文章の流れに沿って出題されているので，問題に先に目を通し，続いて読解をしながら重要語句に印をつけることも解答のヒントになるであろう。I'd sayなど，会話文で目にすることが多い表現にも注意しよう。

Ⅴでは，「神経多様性」や「定型発達」など知らないであろう専門用語が出てくるので難解に感じるだろうが，各々の言葉の直後にどのような内容を指すのかが書かれているので，注意して読めばよい。下線部(D)の解答には特に前後関係をしっかり把握する力が問われる。

地 理

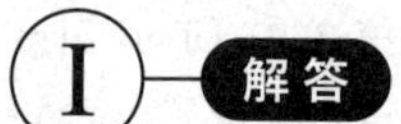

I 解答 **問1．**③ **問2．**b，f **問3．**① **問4．**② **問5．**②

理由：鳴子川の水面標高が，図2の北端部では650mよりも低く，南端部では650mよりも高いから。

問6．s

問7．①，⑥

問8．(ア)ラムサール (イ)釧路 (ウ)ワシントン (エ)クジラ

解説

《地形図読図》

問1．①誤文。送電線の地図記号⟷をチェックしよう。「八丁原地熱発電所」から伸びる送電線は，図1の南西部へ至っている。

②誤文。「黒岩山」の山頂へ至る道路は----で示される幅員が1m未満の徒歩道で，バスの通行は困難である。

③正文。温泉の地図記号♨が，「筋湯」の地名注記の東側に1つ，「大岳」の地名注記の北側付近に3つ存在する。

④誤文。氷食により形成された半椀状の凹地であるカール（圏谷）は，日本においては日本アルプスと日高山脈の山頂部付近に存在する。

問2．図1で，1,000mの計曲線と，W地点を流れる河川とその支流の流路を，しっかり確認したうえで考察しよう。そうすると，b地点にもたらされた雨水は，この地点が位置する谷を通ってW地点よりも北側へ流出することがわかる。また，f地点にもたらされた雨水は，この地点が位置する谷を通って「大岳」の地名注記の西隣を流れる支流へ流入し，W地点よりも北側へ流出することがわかる。

問4．図1左下隅に示されたスケールを基に考えると，m－n間の距離は約1,640m。これに対して，m，n両地点間の高度差は378.5m。よって，両者の比がほぼ4：1となっている②が正解。

問6．茶畑∴が「藺牟田池」の南岸に存在することと，400mの等高線の分布を確認したうえで考察しよう。地点sからだと，「藺牟田池」，茶畑と

もに，地点 s との間に存在する標高 400m を超える尾根の陰となって見えない。

問7． ②霞ヶ浦，③宍道湖，④浜名湖は，外海から隔てられた海域が湖沼化した海跡湖。また，⑤琵琶湖は，断層活動によって形成された断層湖。

Ⅱ 解答

問1． **A．** アメリカ合衆国　**B．** フランス　**C．** 日本　**D．** タイ

問2． **E．** 百貨店　**F．** 総合スーパー　**G．** 専門スーパー　**H．** コンビニエンスストア

問3． 配送上：倉庫から小売店舗へ商品輸送を行う車両を効率よく利用することで，コスト低減を実現できるから。(配送センターの設置による集約的な商品輸送も可)

管理上：POS システムの導入などによって商品ロスや品切れによる機会喪失を削減することで，利潤増大を実現できるから。

問4． **I．** アメリカ合衆国　**J．** タイ　**K．** フランス　**L．** イギリス

問5． 経済状況などを背景に日本人海外旅行者数と支出が伸び悩む一方で，訪日外国人旅行者増大政策，円安などによる訪日旅行の廉価化，中国などでの生活水準の向上等を背景に外国人訪日旅行者と収入が急増した。

問6． 学習塾の施設数は，人口規模，すなわち児童数との相関性が強い。また，人口規模の大きい大都市圏ほど，1 施設あたりの年間売上高の多い大規模学習塾が多くなる。

問7． **M．** オーストラリア　**N．** ドイツ　**O．** 中国　**P．** ベトナム

解説

《第 3 次産業》

問1． 1950 年あるいは 1954 年の第 1 次産業の割合に注目して考察すればよい。この値がAは約 15％，Bは約 28％，Cは約 49％，Dは約 88％なので，最も高いDをタイ，次いで高いCを日本と判断する。一方，A，Bについては，アメリカ合衆国では早くから農業経営の機械化が進んでおり，農業就業者が少ないことに注目し，この値の低いAをアメリカ合衆国と判断する。

問2． 日本の経済成長とともに幅広い消費者層を取り込んで発展を遂げた百貨店が，ユニクロに代表される専門店や，Amazon などの EC（電子商

取引）との競争で苦戦しており，2012年の全国の百貨店売上高が，ピークだった1991年の2分の1を切る水準まで減少し，店舗数も減少していることに注目して考察しよう。そうすれば，Eを百貨店，また，Eと同様に近年年間販売額が減少しているFを，百貨店と同じく多種多様な商品を取り扱う総合スーパーと判断できる。一方，G，Hについては，年間販売額が大きく増大しているHを，躍進の続くコンビニエンスストアと判断できよう。

問4． 最初に，表1の「収支」に注目し，この値が黒字，赤字のいずれであるかを考察しよう。次に，表1の「支出」に注目し，この値が大きく，多くの国民が国外へ観光に出かけている国であるか否かを考察しよう。そうすれば，4カ国のなかで唯一「収支」が赤字となっているLを，冷涼な気候のため大規模な海浜リゾートの立地しないイギリスと判断できよう。また，最も「支出」の多いIを生活水準が高くて人口も多いアメリカ合衆国，少ないJを経済発展途上にあるタイと判断できよう。

問5．〔解答〕に示したように，日本の旅行に関する国際収入と国際支出それぞれの動向とその背景に言及して記述・説明するのがポイント。

問6． 図4の⑴都道府県別の施設数と⑵都道府県別の年間売上高のデータを用いて，都道府県別の1施設あたり年間売上高を算出したうえで考察したい。参考までに述べると，この値は東京が4,000万円程度，神奈川，大阪，埼玉，兵庫，愛知，千葉，福岡が2,000～3,000万円程度である。

問7． 一般に「留学生はQOLの低い地域から高い地域へ向かう」傾向があることに注目して考察しよう。そうすれば，海外からの受け入れ留学生数が多いM，Nがオーストラリア，ドイツのいずれか，少ないO，Pが中国，ベトナムのいずれかと判断できる。そして，前者については，両国の海外から受け入れた「留学生率」に大きな差異が認められることに注目し，この値が26.5％と高い値を示すMを，人口が少ないうえ，多文化政策を採用しているオーストラリアと判断する。また，後者については，両国の海外へ派遣された「留学生数」に大きな差異が認められることに注目し，この値が997,655人と飛び抜けて多いOを，人口大国の中国と判断する。

問1．④　問2．④　問3．②　問4．③
問5．(A)改革開放　(B) WTO（世界貿易機関）
(C)一帯一路

問6． 急激な少子高齢化の進行や，人口性比が1.0を超えて男女比が不均衡化したことによる適齢期世代の結婚難の深刻化など。

問7． 日本：④　中国：②

問8． 経済技術開発区
違い：経済特区は市民の自由な往来が困難なほど厳重に管理されていたが，経済技術開発区はそうではなく国内企業にも開放されていた。

問9． ①　**問10．** 名称：西部大開発　鉄道名：青蔵鉄道

問11． 一国二制度（一国両制）

解説

《中国の地誌》

問3． 中国と陸続きで国境を接する国は，北朝鮮，ロシア，モンゴル，カザフスタン，キルギスタン，タジキスタン，アフガニスタン，パキスタン，インド，ネパール，ブータン，ミャンマー，ラオス，ベトナムの14カ国。

問5． (C)　一帯一路は，中国が推進している，中国と中央アジア，中東，アフリカ，ヨーロッパに至る広域経済圏構想の呼称。

問6． 一人っ子政策により生じた問題として，労働力不足をもたらす急激な少子高齢化の進行には必ず触れたい。それ以外の問題には，解答で触れた性比の不均衡化の他，戸籍を持たない子どもの出現なども考えられる。

問7． 65歳以上の老年人口の割合が最も高い④を超高齢社会となっている日本，最も低い①を4カ国のなかで最も少子高齢化の遅れているインドと判断する。②，③は，0～14歳の年少人口の割合に注目し，この値の低い③を，合計特殊出生率がOECD加盟国中最下位の0.78（2022年）となっている韓国と判断する。

問8． 経済技術開発区は国内企業にも開放され，先進技術の国内産業への波及などが目指された。

問10． 改革開放政策の恩恵から取り残された西部内陸地区の経済成長を促す中国政府の国家開発政策を，西部大開発と呼ぶ。西部大開発の一環として，チベット自治区との間のアクセス向上を図るため，青海省のシーニン（西寧）とチベット（西蔵）自治区のラサを結ぶ青蔵鉄道が建設された。

講評

Ⅰ　3地域の地理院地図（標準地図）を用いた出題で，地形の判読，集水域や河川流下方向の判断，ある地点からの眺望など，地形図読図に関する基本的事項を中心とする出題。しかし，地形図読図に関する基本技能を身につけていないと，苦労することになる。

Ⅱ　第3次産業に関する出題で，基本的内容の設問が中心となっている。教育産業に関する統計資料を用いた問6は，類題の出題が乏しく面食らった受験生がいたかもしれないが，統計資料の基本的な考察技法を身につけていれば難解ではなかった。

Ⅲ　中国に関する出題。教科書レベルの基本的内容が中心なので，高得点を狙いたい。

数学

◀法・文(哲・英文・史・心理)・経済・社会・経営・国際文化・人間環境・現代福祉・キャリアデザイン・グローバル教養・スポーツ健康学部▶

1 解答 **アイ.** 27　**ウエ.** 18　**オ.** 2　**カ.** 7

解説

《4次方程式の解》

$x^4-5x^3-5x^2+ax+b=0$ が $x=3,\ -2$ を解にもつとき

$$\begin{cases} 3^4-5\cdot3^3-5\cdot3^2+3a+b=0 \\ (-2)^4-5(-2)^3-5(-2)^2-2a+b=0 \end{cases} \quad \text{すなわち} \quad \begin{cases} 3a+b=99 \\ 2a-b=36 \end{cases}$$

が成り立つ。

これを解くと

$$\begin{cases} a=27 & (\to\text{アイ}) \\ b=18 & (\to\text{ウエ}) \end{cases}$$

このとき，方程式は

$$x^4-5x^3-5x^2+27x+18=0$$

$$(x-3)(x+2)(x^2-4x-3)=0$$

したがって，$x=3,\ -2$ 以外の解は，$x^2-4x-3=0$ を解くと

$$x=2\pm\sqrt{7} \quad (\to\text{オ，カ})$$

2 解答 **アイ.** 15　**ウ.** 9　**エオ.** 15　**カ.** 8

解説

《正弦定理，余弦定理，三角形の面積》

$\cos A=\dfrac{1}{4}$ より

$$\sin^2A=1-\cos^2A$$

$$=1-\left(\frac{1}{4}\right)^2=\frac{15}{16}$$

$0°<A<180°$ より　　$\sin A>0$

$\therefore\quad \sin A=\frac{\sqrt{15}}{4}$

△ABC の外接円の半径が 2 であるので，正弦定理より

$$\frac{\mathrm{BC}}{\sin A}=2\cdot 2$$

よって

$$\mathrm{BC}=4\sin A=4\cdot\frac{\sqrt{15}}{4}$$

$$=\sqrt{15}\quad (\to アイ)$$

AB：AC＝2：3 より，$\mathrm{AB}=2k$，$\mathrm{AC}=3k$ ($k>0$) とおくと，余弦定理より

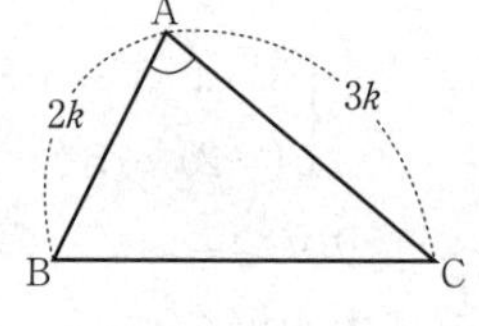

$$\mathrm{BC}^2=\mathrm{AB}^2+\mathrm{AC}^2-2\mathrm{AB}\cdot\mathrm{AC}\cos A$$

$$(\sqrt{15})^2=(2k)^2+(3k)^2-2\cdot 2k\cdot 3k\cdot\frac{1}{4}$$

$$k^2=\frac{3}{2}$$

$k>0$ より　　$k=\frac{\sqrt{6}}{2}$

よって，$\mathrm{AB}=\sqrt{6}$，$\mathrm{AC}=\frac{3}{2}\sqrt{6}$ であるので，三角形 ABC の面積は

$$\frac{1}{2}\mathrm{AB}\cdot\mathrm{AC}\sin A=\frac{1}{2}\cdot\sqrt{6}\cdot\frac{3}{2}\sqrt{6}\cdot\frac{\sqrt{15}}{4}=\frac{9\sqrt{15}}{8}\quad (\to ウ〜カ)$$

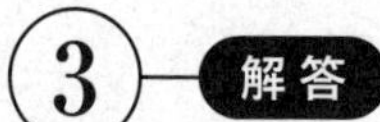

(1)アイウ． 121　**エオカ．** 320

(2)キ． 3　**ク．** 2

解説

《不等式と領域》

$D：3x-k\geqq 0$，$2kx-3y\leqq 0$，$3x+2ky-3\leqq 0$

(1)　$k=\frac{3}{4}$ のとき

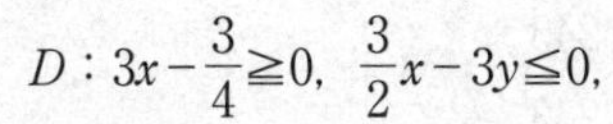

$D：3x-\dfrac{3}{4}\geqq 0,\ \dfrac{3}{2}x-3y\leqq 0,$

$$3x+\frac{3}{2}y-3\leqq 0$$

すなわち　$x\geqq\dfrac{1}{4},\ y\geqq\dfrac{1}{2}x,\ y\leqq -2x+2$

これを図示すると，右の図の網かけ部分（境界含む）のようになる。

よって，D の面積は

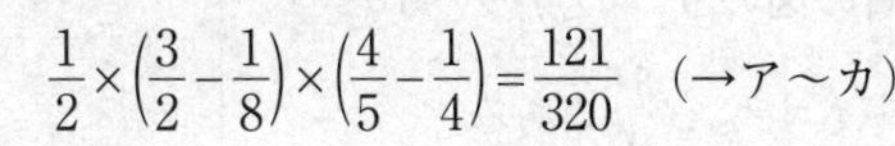

$$\frac{1}{2}\times\left(\frac{3}{2}-\frac{1}{8}\right)\times\left(\frac{4}{5}-\frac{1}{4}\right)=\frac{121}{320}\quad(\to ア〜カ)$$

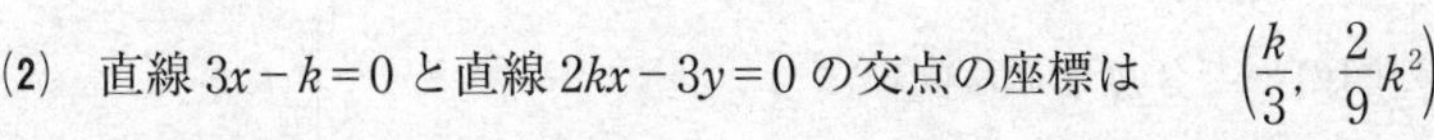

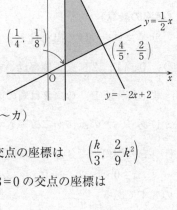

(2)　直線 $3x-k=0$ と直線 $2kx-3y=0$ の交点の座標は　$\left(\dfrac{k}{3},\ \dfrac{2}{9}k^2\right)$

また，直線 $3x-k=0$ と直線 $3x+2ky-3=0$ の交点の座標は

$$\left(\frac{k}{3},\ \frac{3-k}{2k}\right)$$

右の図より，D が空集合とならないのは

$$\frac{2}{9}k^2\leqq\frac{3-k}{2k}$$

のとき

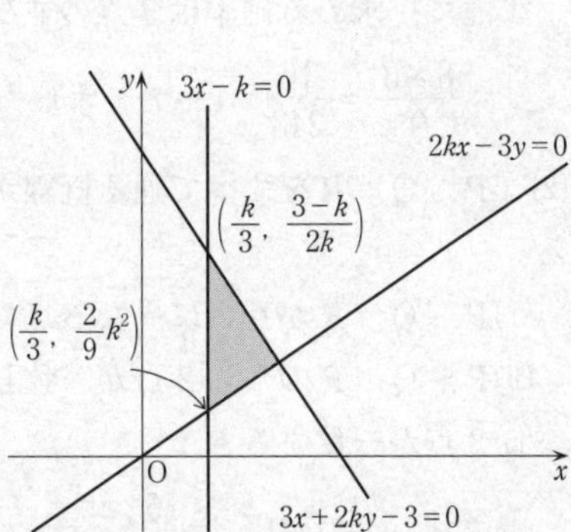

$k>0$ より

$$4k^3\leqq 27-9k$$

$$4k^3+9k-27\leqq 0$$

$$(2k-3)(2k^2+3k+9)\leqq 0$$

$$2k^2+3k+9=2\left(k+\frac{3}{4}\right)^2+\frac{63}{8}>0$$

より

$$k\leqq\frac{3}{2}$$

よって，求める k の最大値は

$$k=\frac{3}{2}\quad(\to キ,\ ク)$$

4　解答　**(1)アイ．** 16　**ウエオ．** 243
(2)カキ． 91　**クケコ．** 243
(3)サシ． 88　**スセソ．** 243

解説

《確率の計算》

サイコロを投げて出た目を3で割った余りは0，1，2のいずれかであり，0，1，2になる確率はいずれも $\frac{1}{3}$ である。

よって，点P，Q，Rは右の図の9つの点のいずれかにあり，どの点にある確率もすべて $\frac{1}{9}$ である。

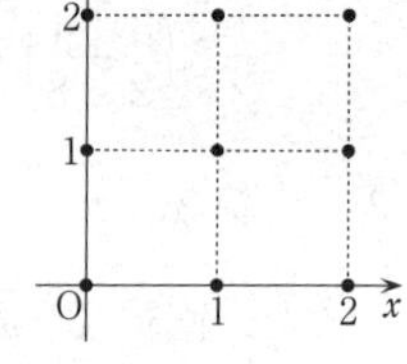

(1)　右の図の中で3点を通る直線は

$x=0,\ 1,\ 2,\ y=0,\ 1,\ 2,\ y=x,\ y=-x+2$

の8本である。

よって，求める確率は3点の並び方も考慮して

$\frac{8\times 3!}{9^3}=\frac{16}{243}$　(→ア～オ)

(2)　P，Q，Rをすべて通る直線が存在するのは，次の(i)～(iii)のときである。

(i)P，Q，Rが互いに異なる点であり，かつ一直線上にある

(ii)P，Q，Rのうち2点が一致し，もう1点は異なる

(iii)3点が一致する

(1)より，(i)の確率は $\frac{16}{243}$

点Pと点Qが一致し，点Rが異なる点である確率は

$\frac{9\times 8}{9^3}=\frac{8}{81}$

点P，点Qが異なる点である確率も同様であるので，(ii)の確率は

$\frac{8}{81}\times 3=\frac{8}{27}$

また，(iii)の確率は　$\frac{9}{9^3}=\frac{1}{81}$

したがって，求める確率は

$$\frac{16}{243}+\frac{8}{27}+\frac{1}{81}=\frac{91}{243}\quad(\to カ〜コ)$$

(3)　P，Q，Rが面積１以上の三角形をなさないのは，次の(a)，(b)のときである。

(a)P，Q，Rをすべて通る直線が存在するとき

(b)△PQR の面積が $\frac{1}{2}$ であるとき

(2)より，(a)の確率は $\frac{91}{243}$

△PQR の面積が $\frac{1}{2}$ となるのは，△PQR の辺の長さが 1，1，$\sqrt{2}$ である直角二等辺三角形または 1，$\sqrt{2}$，$\sqrt{5}$ である三角形のときである。

長さが $\sqrt{2}$ であるような線分は８本あり，その線分１本につき直角二等辺三角形は２つ存在するから，辺の長さが 1，1，$\sqrt{2}$ である直角二等辺三角形は全部で 16 個存在する。

また，長さが $\sqrt{5}$ であるような線分も８本あり，その線分１本につき辺の長さが 1，$\sqrt{2}$，$\sqrt{5}$ となる三角形も２つ存在するから，辺の長さが 1，$\sqrt{2}$，$\sqrt{5}$ である直角二等辺三角形も全部で 16 個存在する。

よって，(b)の確率は

$$\frac{16+16}{9^3}\times 3!=\frac{64}{243}$$

したがって，求める確率は

$$1-\frac{91}{243}-\frac{64}{243}=\frac{88}{243}\quad(\to サ〜ソ)$$

5　解答　**アイウ．**254　**エオ．**19　**カキクケ．**2831

解説

《階差数列》

数列 $\{b_n\}$ は等差数列であるので，初項 b，公差 d とおくと

$$b_n=b+(n-1)d$$

よって，$b_3=9$，$b_8=19$ より

$$b+2d=9,\ b+7d=19$$

これを解くと　$b=5,\ d=2$

ゆえに

$$b_n=5+(n-1)\cdot 2=2n+3$$

数列 $\{b_n\}$ は数列 $\{a_n\}$ の階差数列であるので，$n\geqq 2$ のとき

$$a_n=a_1+\sum_{k=1}^{n-1}b_k=2+\sum_{k=1}^{n-1}(2k+3)$$

$$=2+2\cdot\frac{1}{2}(n-1)n+3(n-1)$$

$$=n^2+2n-1\quad（これは\ a_1=2\ も満たす）$$

$\therefore\ a_{15}=15^2+2\cdot 15-1=254$　（→ア～ウ）

また，$a_n<400$ とすると

$$n^2+2n-1<400\qquad n(n+2)<401$$

$$19\cdot 21=399<401,\ 20\cdot 22=440>401$$

であり，かつ a_n は単調増加なので，$a_n<400$ を満たすのは $1\leqq n\leqq 19$ のとき。

よって，$\{a_n\}$ において，400 より小さな項は全部で 19 個（→エオ）あり，それらの和は

$$\sum_{k=1}^{19}a_k=\sum_{k=1}^{19}(k^2+2k-1)$$

$$=\frac{1}{6}\cdot 19(19+1)(2\cdot 19+1)+2\cdot\frac{1}{2}\cdot 19(19+1)-19$$

$$=2831\quad（→カ～ケ）$$

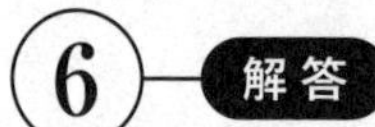

(1)ア． 1　**イ．** 2　**ウ．** 3

(2)エオ． 36

(3)カキ． 16　**ク．** 3

解説

《面　積》

$$f(x)=x^3-3x^2+4$$

(1)　2 点 $\mathrm{A}(1,\ f(1))$，$\mathrm{B}(b,\ f(b))$ を通る直線の傾きが 9 であるので

$$\frac{f(b)-f(1)}{b-1}=9$$

$$\frac{(b^3-1^3)-3(b^2-1^2)}{b-1}=9$$

$$\frac{(b-1)(b^2+b+1)-3(b-1)(b+1)}{b-1}=9$$

$$(b^2+b+1)-3(b+1)=9$$

$$b^2-2b-11=0$$

$b>1$ より　　$b=1+2\sqrt{3}$　(→ア～ウ)

(2)　$f(x)=(x+1)(x-2)^2$ より $y=f(x)$ のグラフの概形は下図のようになる。

直線 AB は，点Aを通る傾きが 9 の直線であるので

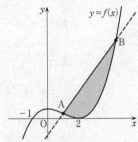

$$\mathrm{AB}:y-f(1)=9(x-1)$$

すなわち　　$y=9x-7$

よって，求める面積を S とすると

$$S=\int_1^b\{(9x-7)-(x^3-3x^2+4)\}\,dx$$

$$=-\int_1^b(x^3-3x^2-9x+11)\,dx$$

$$=-\left[\frac{x^4}{4}-x^3-\frac{9}{2}x^2+11x\right]_1^b$$

$$=-\left\{\left(\frac{b^4}{4}-b^3-\frac{9}{2}b^2+11b\right)-\left(\frac{1}{4}-1-\frac{9}{2}+11\right)\right\}$$

$$=-\left(\frac{b^4}{4}-b^3-\frac{9}{2}b^2+11b-\frac{23}{4}\right)$$

$$=-\frac{1}{4}(b^4-4b^3-18b^2+44b-23)$$

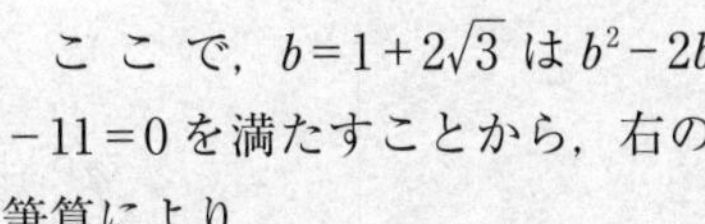

ここで，$b=1+2\sqrt{3}$ は $b^2-2b-11=0$ を満たすことから，右の筆算により

$$\begin{array}{r|l} & b^2-2b-11 \\ \hline b^2-2b-11 & b^4-4b^3-18b^2+44b-23 \\ & b^4-2b^3-11b^2 \\ \hline & -2b^3-7b^2+44b \\ & -2b^3+4b^2+22b \\ \hline & -11b^2+22b-23 \\ & -11b^2+22b+121 \\ \hline & -144 \end{array}$$

$$b^4-4b^3-18b^2+44b-23$$

$$=(b^2-2b-11)(b^2-2b-11)-144$$

$$=-144$$

よって

$$S=-\frac{1}{4}(-144)=36 \quad (\to エオ)$$

別解 (2) $\displaystyle\int_\alpha^\beta (x-\alpha)(x-\beta)\,dx=-\frac{1}{6}(\beta-\alpha)^3$,

$\displaystyle\int_\alpha^\beta (x-\alpha)^2(x-\beta)\,dx=-\frac{1}{12}(\beta-\alpha)^4$ を用いると，次のように計算することもできる。

$a=1-2\sqrt{3}$ とおくと

$$\begin{aligned}
S&=\int_1^b\{(9x-7)-(x^3-3x^2+4)\}\,dx\\
&=-\int_1^b(x^3-3x^2-9x+11)\,dx\\
&=-\int_1^b(x-1)(x-a)(x-b)\,dx\\
&=-\int_1^b\{(x-1)(x-1+1-a)(x-b)\}\,dx\\
&=-\int_1^b\{(x-1)^2(x-b)+(1-a)(x-1)(x-b)\}\,dx\\
&=-\left\{-\frac{1}{12}(b-1)^4-\frac{1-a}{6}(b-1)^3\right\}\\
&=\frac{1}{12}(2\sqrt{3})^4+\frac{2\sqrt{3}}{6}(2\sqrt{3})^3\\
&=\frac{1}{4}(2\sqrt{3})^4=36
\end{aligned}$$

(3) 点Pが C 上の点Aと点Bの間を動くとき，△ABPの面積が最大となるのは，点Pにおける C の接線が直線ABと平行になるときである。

直線ABの傾きは9であるから，$f'(x)=9$ とすると

$f'(x)=3x^2-6x$ より

$$3x^2-6x=9$$
$$x^2-2x-3=0$$
$$(x+1)(x-3)=0$$

$1<x<b$ より $\quad x=3$

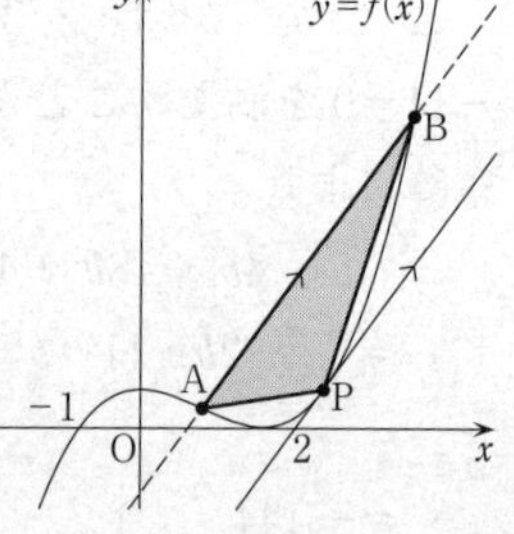

よって，△ABPの面積が最大になるときの点Pの座標は $\quad (3,\ 4)$

3点A$(1,\ 2)$，B$(1+2\sqrt{3},\ 2+18\sqrt{3})$，P$(3,\ 4)$ を頂点とする三角形

の面積は，それぞれの点を x 軸方向へ -1，y 軸方向へ -2 だけ平行移動させた点 $\mathrm{O}(0,\ 0)$，$\mathrm{B}'(2\sqrt{3},\ 18\sqrt{3})$，$\mathrm{P}'(2,\ 2)$ を頂点とする三角形の面積と等しいので，求める面積は

$$\frac{1}{2}|2\sqrt{3}\cdot 2-2\cdot 18\sqrt{3}|=16\sqrt{3}\quad (\to カ〜ク)$$

講評

大問6題の出題で，それぞれ各分野の典型的なテーマであり，難易度も標準的である。

1は4次方程式の係数および他の解を求める問題で，計算もそれほど煩雑ではなく易しい。2は正弦定理・余弦定理を用いる典型的な問題であるので確実に得点をしたい。3は不等式が表す領域に関する問題である。(1)は易しいが(2)がやや難しい。「D が空集合とならない」ための条件をどのように計算に落とし込むかがポイントとなる。4は確率の問題であるが，設定をきちんと読み取る読解力と思考力が求められる問題で難しい。設問の誘導に乗ることを意識すれば，数え方も見えてくる。5は数列の問題で設問は基本的で易しい。計算はやや煩雑であるので，計算間違いをしないように気をつけたい。6は積分法の面積に関する問題である。問われている内容はどれも標準的ではあるが，積分の計算は工夫をしないと非常に煩雑になってしまう。

全体としては，基本〜標準的な問題が多いが，思考力や計算を工夫する技術が求められる問題が一部ある。60分という時間の制約がある中では，完答を目指すより易しい問題を取りこぼさないことを意識したい。

◀情報科・デザイン工・理工・生命科学部▶

I **解答** **(1)ア.** 3 **イ.** 3 **ウ.** 7 **エオ.** 63 **カキ.** 27 **ク.** 9 **ケコサ.** 108

(2)シ―⑧ **スセ.** 21 **ソ.** 5

(3)タ―⓪ **チ**―② **ツ**―⑥ **テ**―⑧

解説

《集合の要素の個数，式の値，確率》

(1) 189を素因数分解すると

$189=3^3\times7$ (→ア～ウ)

$1\leqq n\leqq189$ を満たす整数 n のうち

3で割り切れる整数は

$3\cdot1,\ 3\cdot2,\ 3\cdot3,\ \cdots,\ 3\cdot63\ (=189)$

の63個 (→エオ)

7で割り切れる整数は

$7\cdot1,\ 7\cdot2,\ 7\cdot3,\ \cdots,\ 7\cdot27\ (=189)$

の27個 (→カキ)

21 $(=3\cdot7)$ で割り切れる整数は

$21\cdot1,\ 21\cdot2,\ 21\cdot3,\ \cdots,\ 21\cdot9\ (=189)$

の9個 (→ク)

よって，$1\leqq n\leqq189$ を満たす整数 n のうち，3または7で割り切れる整数の個数は

$63+27-9=81$

であるので，求める既約分数の個数は

$189-81=108$ (→ケ～サ)

(2) **(i)** $\dfrac{x^3+x^{-3}}{x+x^{-1}}=\dfrac{(x+x^{-1})(x^2-x\cdot x^{-1}+x^{-2})}{x+x^{-1}}$

$=x^2-1+x^{-2}$ (→シ)

(ii) $\dfrac{a^{3b}+a^{-3b}}{a^b+a^{-b}}=\dfrac{(a^b+a^{-b})(a^{2b}-a^b\cdot a^{-b}+a^{-2b})}{a^b+a^{-b}}$

$=a^{2b}-1+a^{-2b}$

$$=5-1+\frac{1}{5}=\frac{21}{5}\quad (\to ス〜ソ)$$

(3) ①(斜線) ②(斜線) ③(斜線) ② ③ ④ ⑦(灰) ⑧(灰) ⑨(灰)

9個の玉から3個の玉を取り出す取り出し方は

$${}_9C_3=\frac{9\cdot 8\cdot 7}{3\cdot 2\cdot 1}=84 \text{ 通り}$$

(i) 取り出した玉が3個とも赤玉であるような取り出し方は1通り

よって，求める確率は　$\frac{1}{84}$　(→タ)

(ii) 2，3，7が書かれた玉の個数は，それぞれ2，2，1なので，求める確率は

$$\frac{2\times 2\times 1}{84}=\frac{1}{21}\quad (\to チ)$$

(iii) 玉に書かれた3つの数の和が12となるような数の組は

{1，2，9}，{1，3，8}，{1，4，7}，{2，2，8}，{2，3，7}

2，3が書かれた玉は2個ずつあり，それ以外の数が書かれた玉は1個ずつあることから，求める確率は

$$\frac{2+2+1+1+2\cdot 2}{84}=\frac{5}{42}\quad (\to ツ)$$

(iv) 取り出した玉に書かれた3つの数の和が12の倍数であるという事象を A，白玉が少なくとも1個取り出されているという事象を B とする。

取り出した玉に書かれた3つの数の和が12となるような玉の取り出し方は(iii)より

$2+2+1+1+2\cdot 2=10$ 通り

取り出した玉に書かれた3つの数の和が24となるような玉の取り出し方は

{7，8，9} の1通り

よって

$$P(A)=\frac{10+1}{84}=\frac{11}{84}$$

また，事象 $A\cap B$ が起こるような玉の取り出し方は，数の組が

{1，2，9}，{1，3，8}，{1，4，7}，{2，2，8} であるときはそれぞ

れ1通り

{2, 3, 7} であるときは3通り

{7, 8, 9} であるときは0通り

ゆえに

$$P(A\cap B)=\frac{1\times4+3+0}{84}=\frac{7}{84}$$

したがって，求める条件付き確率は

$$P_A(B)=\frac{P(A\cap B)}{P(A)}=\frac{\frac{7}{84}}{\frac{11}{84}}=\frac{7}{11}\quad(\to テ)$$

Ⅱ 解答

ア. 5　**イ.** 6　**ウエ.** 10　**オカ.** 11　**キク.** −5　**ケ.** 2　**コ.** 3　**サ.** 2　**シ.** 7　**ス.** 5　**セ.** 6　**ソ.** 1　**タ.** 5　**チ.** 3　**ツ.** 7

解説

《内積，位置ベクトル》

$\mathrm{OA}=2\sqrt{2}$，$\mathrm{OB}=3\sqrt{2}$，$\mathrm{AB}=\sqrt{6}$

余弦定理より

$$\cos\theta=\frac{(2\sqrt{2})^2+(3\sqrt{2})^2-(\sqrt{6})^2}{2\cdot2\sqrt{2}\cdot3\sqrt{2}}$$

$$=\frac{5}{6}\quad(\to ア，イ)$$

B
$3\sqrt{2}$
$\sqrt{6}$
θ
O
A
$2\sqrt{2}$

$$\vec{a}\cdot\vec{b}=|\vec{a}||\vec{b}|\cos\theta$$

$$=2\sqrt{2}\cdot3\sqrt{2}\cdot\frac{5}{6}=10\quad(\to ウエ)$$

よって，三角形OABの面積は

$$\frac{1}{2}\sqrt{|\vec{a}|^2|\vec{b}|^2-(\vec{a}\cdot\vec{b})^2}=\frac{1}{2}\sqrt{(2\sqrt{2})^2(3\sqrt{2})^2-10^2}$$

$$=\sqrt{11}\quad(\to オカ)$$

p，q を実数として，$\overrightarrow{\mathrm{OP}}=p\vec{a}+q\vec{b}$ とおくと，$|\vec{a}|=2\sqrt{2}$，$|\vec{b}|=3\sqrt{2}$，$\vec{a}\cdot\vec{b}=10$ であるから

$\overrightarrow{\mathrm{OP}}\cdot\vec{a}=-5$ より

$$(p\vec{a}+q\vec{b})\cdot\vec{a}=-5$$

$$p|\vec{a}|^2+q\vec{a}\cdot\vec{b}=-5$$

$$\therefore\quad 8p+10q=-5 \quad \cdots\cdots①$$

$\overrightarrow{\mathrm{OP}}\cdot\vec{b}=2$ より

$$(p\vec{a}+q\vec{b})\cdot\vec{b}=2$$

$$p\vec{a}\cdot\vec{b}+q|\vec{b}|^2=2$$

$$\therefore\quad 10p+18q=2 \quad \cdots\cdots②$$

①，②を解くと

$$p=-\frac{5}{2},\ q=\frac{3}{2}$$

よって

$$\overrightarrow{\mathrm{OP}}=\frac{-5}{2}\vec{a}+\frac{3}{2}\vec{b} \quad (\to キ〜サ)$$

$$\begin{aligned}\overrightarrow{\mathrm{OQ}}\cdot\overrightarrow{\mathrm{AB}}&=(\overrightarrow{\mathrm{OP}}+\overrightarrow{\mathrm{PQ}})\cdot\overrightarrow{\mathrm{AB}}\\&=\overrightarrow{\mathrm{OP}}\cdot\overrightarrow{\mathrm{AB}}+\overrightarrow{\mathrm{PQ}}\cdot\overrightarrow{\mathrm{AB}}\\&=\overrightarrow{\mathrm{OP}}\cdot(\overrightarrow{\mathrm{OB}}-\overrightarrow{\mathrm{OA}})+0\end{aligned}$$

$(\because\ \mathrm{PQ}\perp\mathrm{AB}$ より $\overrightarrow{\mathrm{PQ}}\cdot\overrightarrow{\mathrm{AB}}=0)$

$$\begin{aligned}&=\overrightarrow{\mathrm{OP}}\cdot\overrightarrow{\mathrm{OB}}-\overrightarrow{\mathrm{OP}}\cdot\overrightarrow{\mathrm{OA}}\\&=2-(-5)=7 \quad (\to シ)\end{aligned}$$

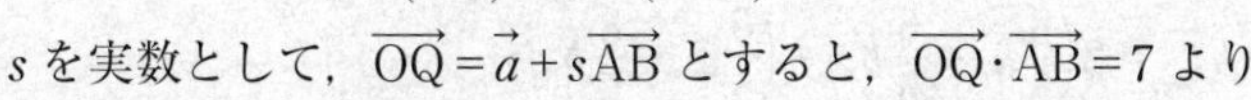

s を実数として，$\overrightarrow{\mathrm{OQ}}=\vec{a}+s\overrightarrow{\mathrm{AB}}$ とすると，$\overrightarrow{\mathrm{OQ}}\cdot\overrightarrow{\mathrm{AB}}=7$ より

$$(\vec{a}+s\overrightarrow{\mathrm{AB}})\cdot\overrightarrow{\mathrm{AB}}=7$$

$$\vec{a}\cdot\overrightarrow{\mathrm{AB}}+s|\overrightarrow{\mathrm{AB}}|^2=7$$

$$\vec{a}\cdot(\vec{b}-\vec{a})+s|\overrightarrow{\mathrm{AB}}|^2=7$$

$$10-(2\sqrt{2})^2+(\sqrt{6})^2s=7$$

$$\therefore\quad s=\frac{5}{6} \quad (\to ス，セ)$$

よって，AQ：QB＝5：1 であるので

$$\frac{S_2}{S_1}=\frac{1}{5} \quad (\to ソ，タ)$$

また，点 R は直線 AP 上の点であるので，t を実数として $\overrightarrow{\mathrm{OR}}=(1-t)\overrightarrow{\mathrm{OA}}+t\overrightarrow{\mathrm{OP}}$ とおくと

$$\overrightarrow{\mathrm{OR}}=(1-t)\vec{a}+t\left(-\frac{5}{2}\vec{a}+\frac{3}{2}\vec{b}\right)$$

$$=\left(1-\frac{7}{2}t\right)\vec{a}+\frac{3}{2}t\vec{b}$$

$\vec{a}\neq\vec{0}$, $\vec{b}\neq\vec{0}$, $\vec{a}\not\parallel\vec{b}$ であり，点Rは直線OB上の点であるので

$$1-\frac{7}{2}t=0 \qquad \therefore \quad t=\frac{2}{7}$$

よって

$$\overrightarrow{\mathrm{OR}}=\frac{3}{2}\cdot\frac{2}{7}\vec{b}=\frac{3}{7}\vec{b} \quad (\to チ，ツ)$$

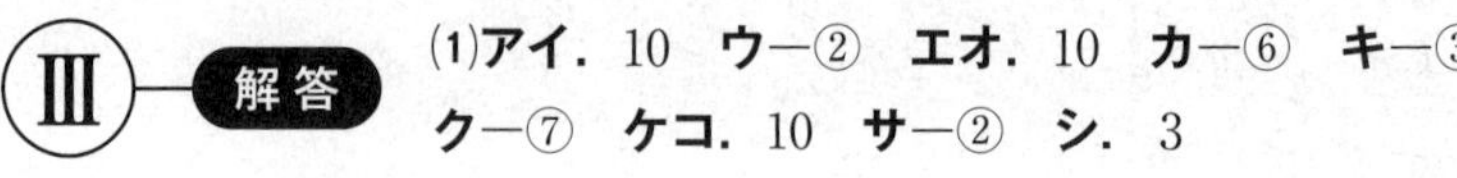

Ⅲ 解答 **(1)アイ．** 10 **ウ**―② **エオ．** 10 **カ**―⑥ **キ**―③ **ク**―⑦ **ケコ．** 10 **サ**―② **シ．** 3

(2)ス． 4 **セソ．** 11

解説

《漸化式，常用対数》

$a_1=4$, $b_1=-2$, $a_{n+1}=\frac{8}{5}a_n+\frac{6}{5}b_n$ ……①, $b_{n+1}=\frac{6}{5}a_n-\frac{8}{5}b_n$ ……②

(1) $c_n=3a_n+b_n$ より

$$c_1=3a_1+b_1=3\cdot4+(-2)=10 \quad (\to アイ)$$

①×3＋② より

$$3a_{n+1}+b_{n+1}=3\left(\frac{8}{5}a_n+\frac{6}{5}b_n\right)+\left(\frac{6}{5}a_n-\frac{8}{5}b_n\right)$$
$$=2(3a_n+b_n)$$

よって，$c_{n+1}=2c_n$ となるので，$\{c_n\}$ は初項10，公比 $s=2$（→ウ）の等比数列である。

ゆえに

$$c_n=10\cdot2^{n-1} \quad すなわち \quad 3a_n+b_n=10\cdot2^{n-1} \quad ……③$$

また，$d_n=a_n-3b_n$ より

$$d_1=a_1-3b_1=4-3(-2)=10 \quad (\to エオ)$$

①－②×3 より

$$a_{n+1}-3b_{n+1}=\left(\frac{8}{5}a_n+\frac{6}{5}b_n\right)-3\left(\frac{6}{5}a_n-\frac{8}{5}b_n\right)$$
$$=-2(a_n-3b_n)$$

よって，$d_{n+1}=-2d_n$ となるので，$\{d_n\}$ は初項10，公比 $t=-2$（→カ）

の等比数列である。

ゆえに

$$d_n=10\cdot(-2)^{n-1}\quad \text{すなわち}\quad a_n-3b_n=10\cdot(-2)^{n-1}\quad \cdots\cdots④$$

(③×3+④)÷10 より

$$a_n=3\cdot 2^{n-1}+(-2)^{n-1}$$

(③−④×3)÷10 より

$$b_n=2^{n-1}-3\cdot(-2)^{n-1}$$

したがって　　$p=3$　(→キ)，$q=-3$　(→ク)

$\{d_n\}$ の初項から第 n 項までの和は

$$\sum_{k=1}^{n} d_k=\sum_{k=1}^{n}10\cdot(-2)^{k-1}$$

$$=\frac{10\{1-(-2)^n\}}{1-(-2)}$$

$$=\frac{10\{1-(-2)^n\}}{3}\quad (\text{→ケ〜シ})$$

(2)　$a_n=3\cdot 2^{n-1}+(-2)^{n-1}$ より

$$a_{2k}=3\cdot 2^{2k-1}+(-2)^{2k-1}$$

$$=3\cdot 2^{2k-1}-2^{2k-1}$$

$$=2\cdot 2^{2k-1}=2^{2k}=4^k\quad (\text{→ス})$$

よって，$4\times 10^6\leqq a_{2k}\leqq 10^7$ を満たすとき

$$4\times 10^6\leqq 4^k\leqq 10^7$$

各辺正であるので，常用対数をとると

$$\log_{10}(4\times 10^6)\leqq \log_{10}4^k\leqq \log_{10}10^7$$

$$2\log_{10}2+6\leqq 2k\log_{10}2\leqq 7$$

$$1+\frac{3}{\log_{10}2}\leqq k\leqq \frac{7}{2\log_{10}2}$$

$0.30<\log_{10}2<0.31$ より

$$1+\frac{3}{0.31}<1+\frac{3}{\log_{10}2}<1+\frac{3}{0.30}$$

すなわち　　$10.6\cdots<1+\dfrac{3}{\log_{10}2}<11$

$$\frac{7}{2\times 0.31}<\frac{7}{2\log_{10}2}<\frac{7}{2\times 0.30}$$

すなわち　$11.2\cdots < \dfrac{7}{2\log_{10}2} < 11.6\cdots$

したがって，$1+\dfrac{3}{\log_{10}2} \leqq k \leqq \dfrac{7}{2\log_{10}2}$ を満たす最小の整数 k は

$k=11$　（→セソ）

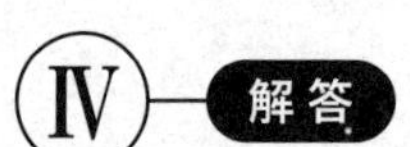

(1)アイ． -3　**ウエ．** -2　**オ．** 6　**カ**―①　**キ**―①

(2)ク． 4　**ケ．** 3　**コサ．** -5　**シ．** 4　**ス**―②

セ―⓪　**ソ**―③

解説

《極値，定積分の計算》

(1)　$f(x)=\dfrac{k}{3}x^3+(k-3)x^2-12x$ より

$$f'(x)=kx^2+2(k-3)x-12$$

$f'(x)=0$ が重解をもつとき，判別式を D とすると

$$\frac{D}{4}=(k-3)^2+12k=0$$

$$k^2+6k+9=0$$

$$(k+3)^2=0 \qquad \therefore \quad k=-3 \quad (\to アイ)$$

$k\neq -3$ のとき

$$f'(x)=(x+2)(kx-6)$$

より，$f'(x)=0$ となる x は

$$x=-2,\ \frac{6}{k} \quad (\to ウ〜オ)$$

$k=1$ のとき

$$f'(x)=(x+2)(x-6)$$

より，$f(x)$ の増減は右の表のようになる。

x	$\cdots$	-2	$\cdots$	6	$\cdots$
$f'(x)$	+	0	−	0	+
$f(x)$	↗	極大	↘	極小	↗

よって，$f(-2)$ は $f(x)$ の極大値であるが，x を十分大きくすると $f(-2)<f(x)$ となるから，$f(-2)$ は最大値ではない。（→カ）

$k=-1$ のとき

$$f'(x)=(x+2)(-x-6)$$

$$=-(x+2)(x+6)$$

より，$f(x)$ の増減は右の表のようになる。

x	$\cdots$	-6	$\cdots$	-2	$\cdots$
$f'(x)$	$-$	0	$+$	0	$-$
$f(x)$	↘	極小	↗	極大	↘

よって，$f(-2)$ は $f(x)$ の極大値であるが，x を十分小さくすると $f(x)>f(-2)$ となるから，$f(-2)$ は最大値ではない。（→キ）

(2) $g(x)=2x^3+3x^2-12x$ より

$$g'(x)=6x^2+6x-12$$

C の，点 $(t,\ g(t))$ における接線の方程式は

$$y-g(t)=g'(t)(x-t)$$

$$y-(2t^3+3t^2-12t)=(6t^2+6t-12)(x-t)$$

$\therefore\quad y=g'(t)x-4t^3-3t^2$　（→ク，ケ）

C の，点 $(b,\ g(b))$ における接線の方程式は

$$y=g'(b)x-4b^3-3b^2$$
$$=(6b^2+6b-12)x-4b^3-3b^2$$

これが点 $(1,\ g(1))$ すなわち $(1,\ -7)$ を通るとき

$$-7=(6b^2+6b-12)\cdot 1-4b^3-3b^2$$
$$4b^3-3b^2-6b+5=0$$
$$(b-1)^2(4b+5)=0$$

$b\neq 1$ より　$b=\dfrac{-5}{4}$　（→コ〜シ）

$$\int_0^1 g(x)\,dx=\int_0^1(2x^3+3x^2-12x)\,dx$$
$$=\left[\frac{x^4}{2}+x^3-6x^2\right]_0^1$$
$$=-\frac{9}{2}\quad（→ス）$$

$h(x)=2g(x)-x\displaystyle\int_0^1 h(t)\,dt$ より，$c=\displaystyle\int_0^1 h(t)\,dt$ とおくと

$$h(x)=2g(x)-cx$$

よって

$$c=\int_0^1\{2g(t)-ct\}\,dt$$
$$=2\int_0^1 g(t)\,dt-c\left[\frac{t^2}{2}\right]_0^1$$

$$=2\left(-\frac{9}{2}\right)-\frac{c}{2}$$

ゆえに　$\frac{3}{2}c=-9$

より

$c=-6$　（→セ）

$g(x)=2x^3+3x^2-12x$，$h(x)=2(2x^3+3x^2-12x)+6x=4x^3+6x^2-18x$ であるので，方程式 $2\times h(x)=3\times g(x)$ を解くと

$$2(4x^3+6x^2-18x)=3(2x^3+3x^2-12x)$$

$$2x^3+3x^2=0$$

$$x^2(2x+3)=0$$

$$\therefore\quad x=0,\ -\frac{3}{2}$$

よって，この実数解のうち最も小さい値は　$x=-\frac{3}{2}$　（→ソ）

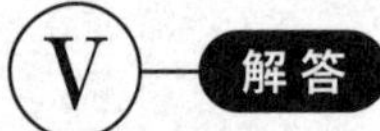

ア．1　**イ**．3　**ウ**—⊖　**エ**—⑤　**オ**．7　**カキ**．20　**ク**—⑧　**ケ**—⑨　**コ**．2　**サ**—⑥　**シ**．5　**ス**—⑦　**セ**—⑥　**ソ**—⑨　**タ**．2　**チ**．5　**ツテ**．14

解説

《三角関数の値，直線の方程式，外接円の半径，外心の座標，三角形の面積》

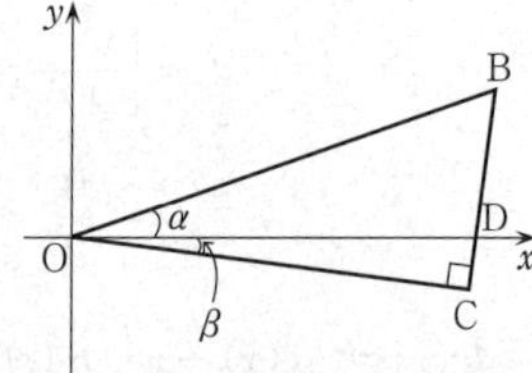

B(3, 1) より　$\tan\alpha=\frac{1}{3}$　（→ア，イ）

OC：CB＝2：1より

$$\tan(\alpha+\beta)=\frac{\mathrm{CB}}{\mathrm{OC}}=\frac{1}{2}\quad（→ウ）$$

よって

$$\tan\beta=\tan(\alpha+\beta-\alpha)$$

$$=\frac{\tan(\alpha+\beta)-\tan\alpha}{1+\tan(\alpha+\beta)\tan\alpha}$$

$$=\frac{\frac{1}{2}-\frac{1}{3}}{1+\frac{1}{2}\cdot\frac{1}{3}}$$

$$=\frac{1}{7}\quad(\to エ)$$

$\tan\beta=\frac{1}{7}$ より，直線 OC の傾きは $-\frac{1}{7}$

よって，直線 CB の傾きは 7 であるから，直線 CB の方程式は

$$y-1=7(x-3)\quad すなわち\quad y=7x-20\quad(\to オ〜キ)$$

ゆえに，D の座標は　$D\left(\frac{20}{7},\ 0\right)$　(→ク)

$OB=\sqrt{3^2+1^2}=\sqrt{10}$，$OB:OC=\sqrt{5}:2$ より

$$OC=2\sqrt{2}$$

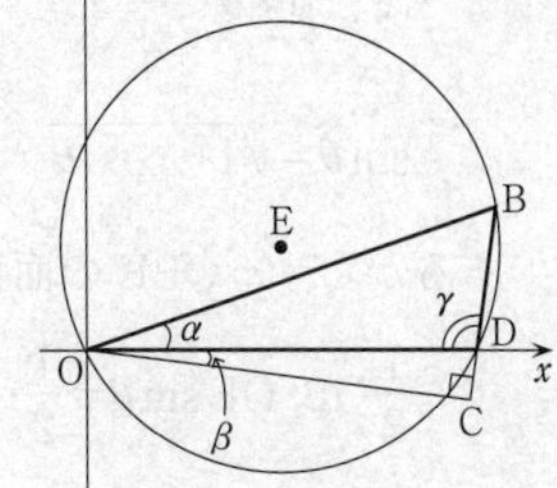

よって

$$\cos\beta=\frac{OC}{OD}=\frac{2\sqrt{2}}{\frac{20}{7}}=\frac{7}{10}\sqrt{2}$$

であるので

$$\sin\gamma=\sin\left(\beta+\frac{\pi}{2}\right)=\cos\beta$$

$$=\frac{7}{10}\sqrt{2}\quad(\to ケ，コ)$$

△ODB において正弦定理を用いると

$$\frac{OB}{\sin\gamma}=2R$$

$$\therefore\quad R=\frac{\sqrt{10}}{2\cdot\frac{7}{10}\sqrt{2}}=\frac{5}{7}\sqrt{5}\quad(\to サ，シ)$$

△ODB の外心 E は，辺 OD，OB の垂直二等分線の交点である。

辺 OD の垂直二等分線の方程式は $D\left(\frac{20}{7},\ 0\right)$ より　$x=\frac{10}{7}$

線分 OB の中点の座標は B(3, 1) より $\left(\frac{3}{2},\ \frac{1}{2}\right)$ で，直線 OB の傾きは

$\frac{1}{3}$ であるから，辺 OB の垂直二等分線の方程式は

$$y-\frac{1}{2}=-3\left(x-\frac{3}{2}\right)\quad \text{すなわち}\quad y=-3x+5$$

よって，$y=-3\cdot\frac{10}{7}+5=\frac{5}{7}$ より　$\mathrm{E}\left(\frac{10}{7},\ \frac{5}{7}\right)$　（→ス，セ）

△OBE において，$\mathrm{EO}=\mathrm{EB}=\frac{5}{7}\sqrt{5}$，$\mathrm{OB}=\sqrt{10}$ であるので

$$\cos\theta=\frac{\frac{\mathrm{OB}}{2}}{\mathrm{EO}}=\frac{\frac{\sqrt{10}}{2}}{\frac{5}{7}\sqrt{5}}=\frac{7}{10}\sqrt{2}\quad (\text{→ソ，タ})$$

よって，$0<\theta<\frac{\pi}{2}$ より

$$\sin\theta=\sqrt{1-\cos^2\theta}=\sqrt{1-\left(\frac{7}{10}\sqrt{2}\right)^2}=\frac{\sqrt{2}}{10}$$

であるから，△OBE の面積は

$$\frac{1}{2}\mathrm{OB}\cdot\mathrm{OE}\sin\theta=\frac{1}{2}\cdot\sqrt{10}\cdot\frac{5}{7}\sqrt{5}\cdot\frac{\sqrt{2}}{10}=\frac{5}{14}\quad (\text{→チ〜テ})$$

Ⅵ 解答

(1)ア—⑨　**イ**—①　**ウ**—⑦　**エ**—⑥　**オ**—②　**カ**—①　**キ**—⑤　**ク**—⑨　**ケ**—③　**コ**—①　**サ**—⑥

(2)シ—④　**ス**—③　**セ.** 2　**ソ**—⑤　**タ.** 4　**チ**—⑥　**ツ.** 7　**テ.** 4

解説

《関数の増減・凹凸，不定積分の計算》

$$f(x)=2\sin x+\frac{1}{2}\cos 2x\quad (0\leqq x\leqq 2\pi)$$

(1)

$$\begin{aligned} f'(x)&=2\cos x-\sin 2x\quad (\text{→ア})\\ &=2\cos x-2\sin x\cos x\\ &=2\cos x(1-\sin x)\end{aligned}$$

$f'(x)=0$ とすると

$$\cos x=0\quad\text{または}\quad \sin x=1$$

$0<x<2\pi$ より

$x=\dfrac{\pi}{2},\ \dfrac{3}{2}\pi$ または $x=\dfrac{\pi}{2}$ すなわち $x=\dfrac{\pi}{2},\ \dfrac{3}{2}\pi$ (→イ，ウ)

$$\begin{aligned}f''(x)&=-2\sin x-2\cos 2x\\&=-2(\sin x+\cos 2x)\quad(\text{→エ，オ})\\&=-2(\sin x+1-2\sin^2 x)\\&=2(\sin x-1)(2\sin x+1)\end{aligned}$$

$f''(x)=0$ とすると　$\sin x=1,\ -\dfrac{1}{2}$

$0<x<2\pi$ より　$x=\dfrac{\pi}{2},\ \dfrac{7}{6}\pi,\ \dfrac{11}{6}\pi$ (→カ～ク)

よって，$f(x)$ の増減と，C の凹凸は下の表のようになる。

x	0	…	$\frac{\pi}{2}$	…	$\frac{7}{6}\pi$	…	$\frac{3}{2}\pi$	…	$\frac{11}{6}\pi$	…	2π
$f'(x)$		+	0	−	−	−	0	+	+	+	
$f''(x)$		−	0	−	0	+	+	+	0	−	
$f(x)$		↗(上に凸)		↘(上に凸)		↘(下に凸)		↗(下に凸)		↗(上に凸)	

したがって，この表から

- $0<x<\dfrac{\pi}{2}$ において，$f(x)$ はつねに増加し，C は上に凸である。(→ケ)
- $\dfrac{\pi}{2}<x<\dfrac{7}{6}\pi$ において，$f(x)$ はつねに減少し，C は上に凸である。(→コ)
- $\dfrac{7}{6}\pi<x<\dfrac{11}{6}\pi$ において，$f(x)$ は減少したのち増加し，C は下に凸である。(→サ)

(2) $I=\displaystyle\int_0^{\frac{\pi}{2}}xf(x)\,dx$ とおく。部分積分法を用いることにより，積分定数を K として

$$\begin{aligned}\int x\sin x\,dx&=\int x(-\cos x)'dx\\&=x(-\cos x)-\int(x)'(-\cos x)\,dx\\&=-x\cos x+\int\cos x\,dx\end{aligned}$$

$$= -x\cos x + \sin x + K \quad (\rightarrow シ，ス)$$

同様に，積分定数を L として

$$\int x\cos 2x dx = \int x\left(\frac{1}{2}\sin 2x\right)' dx$$

$$= x\left(\frac{1}{2}\sin 2x\right) - \int (x)'\left(\frac{1}{2}\sin 2x\right) dx$$

$$= \frac{1}{2}x\sin 2x - \frac{1}{2}\int \sin 2x dx$$

$$= \frac{1}{2}x\sin 2x - \frac{1}{2}\left(-\frac{1}{2}\cos 2x\right) + L$$

$$= \frac{1}{2}x\sin 2x + \frac{1}{4}\cos 2x + L \quad (\rightarrow セ\sim チ)$$

よって

$$I = \int_0^{\frac{\pi}{2}} x\left(2\sin x + \frac{1}{2}\cos 2x\right) dx$$

$$= 2\int_0^{\frac{\pi}{2}} x\sin x dx + \frac{1}{2}\int_0^{\frac{\pi}{2}} x\cos 2x dx$$

$$= 2\Big[-x\cos x + \sin x\Big]_0^{\frac{\pi}{2}} + \frac{1}{2}\left[\frac{1}{2}x\sin 2x + \frac{1}{4}\cos 2x\right]_0^{\frac{\pi}{2}}$$

$$= \frac{7}{4} \quad (\rightarrow ツ，テ)$$

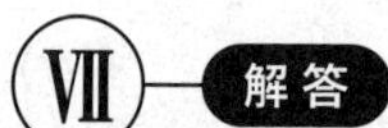

(1)ア―①　**イ**―④　**ウ．** 1　**エ**―⑥　**オ．** 3　**カ．** 1
(2)キ―⑦　**ク**―⑤　**ケ**―②　**コ**―⑦　**サ**―⑨
(3)シ． 1　**ス．** 3

解説

《曲線と直線の共有点の個数，定積分の計算》

$f(x) = x^2 e^{-3x}$

(1)　$f'(x) = 2xe^{-3x} + x^2(-3e^{-3x})$

$$= -x(3x-2)e^{-3x}$$

より，$f'(x) = 0$ とすると　　$x = 0,\ \frac{2}{3}$

よって，$p = 0$，$q = \frac{2}{3}$ であり，$f(x)$ の増減は次の表のようになる。

x	$\cdots$	0	$\cdots$	$\frac{2}{3}$	$\cdots$
$f'(x)$	$-$	0	$+$	0	$-$
$f(x)$	↘	0	↗	$\frac{4}{9e^2}$	↘

これと，$\lim_{x\to-\infty} f(x)=\infty$，$\lim_{x\to\infty} f(x)=0$ であることから，曲線 C は下のようになる。

したがって，グラフより

$f(p)$ $(=f(0))$ は極小値であり，最小値でもある。（→ア）

$f(q)$ $\left(=f\left(\frac{2}{3}\right)\right)$ は極大値であるが，最大値ではない。（→イ）

直線 $y=k$ と C の共有点の個数 m について，グラフより

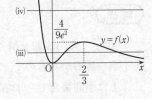

(i)　$k=0$ のとき　　$m=1$　（→ウ）

(ii)　$m=2$ となるのは，$k=\frac{4}{9e^2}$（→エ）のときである。

(iii)　$0<k<\frac{4}{9e^2}$ のとき，グラフより　　$m=3$　（→オ）

(iv)　$\frac{4}{9e^2}<k$ のとき，グラフより　　$m=1$　（→カ）

(2)　$$\{-e^{-3x}(a+bx+cx^2)\}'=-\{-3e^{-3x}(a+bx+cx^2)+e^{-3x}(b+2cx)\}$$
$$=e^{-3x}\{(3a-b)+(3b-2c)x+3cx^2\}$$

であるので，これが $f(x)=x^2e^{-3x}$ と等しいとすると

$$\begin{cases} 3a-b=0 \\ 3b-2c=0 \\ 3c=1 \end{cases} \quad \text{すなわち} \quad \begin{cases} a=\dfrac{2}{27} & (\text{→キ}) \\ b=\dfrac{2}{9} & (\text{→ク}) \\ c=\dfrac{1}{3} & (\text{→ケ}) \end{cases}$$

よって，$-e^{-3x}\left(\frac{2}{27}+\frac{2}{9}x+\frac{1}{3}x^2\right)$ は，$f(x)$ の原始関数であるから

$$I=\int_0^1 f(t)\,dt$$
$$=\left[-e^{-3t}\left(\frac{2}{27}+\frac{2}{9}t+\frac{1}{3}t^2\right)\right]_0^1$$
$$=\frac{2}{27}-\frac{17}{27}e^{-3}\quad (\text{→コ，サ})$$

(3) $g(x)=x^2e^{x^3}$ とする。$u=x^3$ とおくとき

x	$0\to1$
u	$0\to1$

$$du=3x^2dx$$

よって

$$\int_0^1 g(x)\,dx=\int_0^1 e^u\cdot\frac{1}{3}du=\frac{1}{3}\Big[e^u\Big]_0^1$$

$$=\frac{e-1}{3}\quad(\to シ,\ ス)$$

講評

90分で大問5題を解く形であるが，難易度としては標準的である。丁寧な誘導があるので，それに従って考察していけばよい場合が多い。

Ⅰは小問集合で，(1)集合の要素の個数，(2)式の値，(3)確率からの出題である。どの問題も誘導に従って考えれば無理なく解答できる。**Ⅱ**は平面ベクトルに関する問題で，内積の計算や位置ベクトルについて基本的な内容を幅広く問われている。**Ⅲ**は連立型の漸化式に関する問題で，一般項を求めるまでの流れを知っていれば易しい問題である。後半は常用対数に関する問題につながっているが，この問題も難しくはない。**Ⅳ**は数学Ⅱの微積分について，基本的な内容が幅広く問われている。**Ⅴ**は図形と式と三角関数の複合問題となっており，少し応用力が求められる。**Ⅵ**，**Ⅶ**はともに数学Ⅲの微積分から，基本～標準的な内容について幅広く出題されている。部分積分法や置換積分法なども含め，積分計算について手早く正確に行えるように練習を積んでおく必要がある。

すべてマーク解答形式であるが，そのまま値をマークするものと，選択肢から選ぶものが混在しているので注意を要する。

に問七の内容真偽の設問は、ウとエが紛らわしく、しっかり本文と照合しないとエを選んでしまいかねない。全体的には標準レベル。

四の古文は、上人の飼っている「猿」の思いを類推できるかどうかがポイント。文法問題は平易。問三の対義語を抜き出す設問も平易。問四の選択式の口語訳も、ストーリーを推測すると、ウの「馬ぬしの行動を予測して」以外には選ぶものがない。問五の口語訳は後半部「いかでか」以下の理解がポイント。補助動詞「給ひ」「候ふ」の敬語にも注意したい。標準的。問六の記述の内容説明は、「大願」「助成」「畜生」のキーワードを使わず解答するのは、内容把握に加えて表現力が問われている。ただ、逆にこれらのワードをヒントにして内容を考えることはできた。やや難。問七の文学史の設問は、やや難。ジャンルごとに時系列で作品を整理する力が問われた。全体としては標準レベル。

五の漢文の『妬記』は南宋の六朝小説で、女性の嫉妬にまつわる話を集めた書物である。本文の内容はわかりやすかった。注釈を利用しながら本文を読み解く力が必要。問一の語の読みは、cの「愈」がやや難しい。問二の口語訳は「且」「便」の関連が受験生にはわかりづらかっただろう。やや難。問三の口語訳の設問は「若」を仮定の句法と理解できれば容易。加えて「能」は可能であることからイを選べる。標準的。問四は標準的。問五の記述式の内容説明は、ストーリーの正確な把握と適切な語の選択で正解に近づく。字数は多くないので標準的。全体としては標準レベル。

四・五の古文、漢文については基本的な知識を身につけていれば正解できる設問が多かった。

問四　書き下し文から、「令」が使役を表す「しめ」であることがわかる。「一、二」点を使う「家の大小を挙げて」の「挙二家 大 小一」を間に挟んで「避」から「令」に戻る形になるので、「室中に避けしめ」は「上・中・下」点を使うことになる。

問五　傍部線４「於此」は「ここニおイテ」と読み、〝そこで〟の意。「不復」は本文では部分否定で〝二度とは～しない〟意。傍線部全体で〝そこで、二度と妻は夫に焼きもちを焼かなかった〟の意となる。妻が夫に焼きもちを焼くと、夫が羊になってしまうということがあり（夫と巫女とのたくらみであり、実際には羊にはなっていないのだが）、妻がそれに対して驚き、泣いて悔い改めたというなりゆきを押さえる。

講評

一は、語意、慣用表現、四字熟語、ことわざを問う問題。

二の現代文は、永瀬清子の詩に向き合う態度、コトバについての考え方を説いた文章。論旨が明瞭で読みやすい。基本的な力を問う設問として、語意と選択式の書き取り、文学史が出題された。空所補充の設問は文脈を踏まえていれば解けるものであった。問四の内容説明と問七の内容真偽の設問も各選択肢の差異が明瞭で、丁寧に文章を読むことで正解できる。問六の〈比喩〉を読み取る内容説明の選択肢が紛らわしいが、「当てはまらないもの」を選ぶ設問なので、容易。問八の記述式の設問も、「コトバ」についての記述箇所がまとまっており、語句をつなげるだけで制限字数に近づく。全体的に標準レベルの設問である。

三の現代文は、「技術」が生まれてからの自然観の変容を説く文章。「自然観」が「技術」の導入でどう変化したのかを整理できるかがポイント。内容説明の設問の問一から問三、問六は選択肢に紛らわしいものがない。問五の空所補充の設問も容易。一方、問四の「『技術ファースト』な考え方」は、二択まで選んだ後の最後の判断がやや難しい。同様二度と妬むことはなかった。

読み 京邑に士人の婦有り。大いに夫に妬忌し、小は則ち罵詈し、大は必ず捶打す。常に長縄を以て夫の脚を繋ぎ、且に喚かんとして便ち縄を牽く。士人密かに巫嫗と計を為す。婦の眠るに因りて、士人厠に入り、縄を以て羊に繋ぎ、士人牆に縁りて走り避く。婦覚めて縄を牽きて羊至り、大いに驚怪し、召して巫に問ふ。巫曰はく、娘は悪を積み、先人怪責す。故に郎君変じて羊と成る。若し能く改悔せば、乃ち祈請すべし。婦因りて悲号し、羊を抱きて慟哭し、自ら咎悔して師に誓ふ。嫗乃ち七日斎し、家の大小を挙げて悉く室中に避けしめ、鬼神を祭る。師は羊の本形に還復せんことを祝し、婿は徐徐に還る。婦婿を見て啼き、問ひて曰はく、多日羊と作り、乃ち辛苦せざらんやと。婿曰はく、猶ほ草を啖ふも美からず、腹中の痛むを憶ゆるのみと。婦愈悲哀す。後に復た妬忌し、婿因りて地に伏して羊鳴を作す。婦驚起し、徒跣して先人を呼びて誓ひを為し、復た敢へて爾らず。此に於いて復た妬忌せず。

解説

問一 a、「則」は「すなはチ」と読む。本文では「小」・「大」が対をなしており、焼きもちが「小」の場合には「罵詈」で、「大」のときには「捶打」であったということである。

b、「故」は「ゆゑニ」と読み、因果関係の結果を示す。「故」は他に「ふるシ」、「もとヨリ」などの読みがある。

c、「愈」は「いよいよ」と読む。副詞で〝ますます〟の意である。

問二 「且」は「まさニ～トす」と読み、〝今にも～しようとする〟と訳す再読文字の句法が多く、この用法に該当するのはオ。また、「便」は「すなはチ」と読み、本文では「即」・「則」と同様で、〝～すればそのときは〟と訳す。いつも夫の脚を長縄でつないでおき、夫を呼ぶときには、その縄を引っ張ったというのである。

問三 「若」「能」の句法がポイント。「若」はここでは、「もシ」と読み、〝もし、かりに～ならば〟の意。「能」は「よク」と読み、可能の意。選択肢では仮定・可能を表しているものはイのみなので、これが正解。「若」には他に比況を表す「ごとシ」、比較を表す「しク」等の用法がある。

る。

五

解答

出典　虞通之『妬記』

問一　a、すなはち〔すなわち〕　b、ゆゑに〔ゆえに〕　c、いよいよ

問二　オ

問三　イ

問四　嫗乃令下七日斎、挙二家大小一悉避中於室中上

問五　自分の嫉妬で夫が羊に変わると信じていた（から。）（十字以上、二十字以内）

全訳

都に士人の妻がいた。（妻は）非常に夫に焼きもちを焼き、ささいなことではすぐに（夫を）罵倒し、ひどいときには必ず鞭で打つ。常に長い縄で夫の足を縛り、夫を呼ぼうとするのに縄を引っ張った。士人はこっそりと年老いた巫女と共謀した。妻が眠ると、士人は厠に入り、縄を羊につなぎ、自分は塀を乗り越えて走って逃げた。妻が目を覚まして縄を引いて羊が来ると、（妻は）大いに驚き、巫女を呼んで理由を尋ねる。巫女が言うことには、「あなたは悪事を重ね、先祖がとがめている。だからあなたの夫君が羊に変わった。もし悔い改めることができるのなら、祈ってさしあげましょう」と。妻は悲しみ、羊を抱いて泣き叫び、自ら過ちを悔いて巫女に誓う。巫女は（妻に）七日間潔斎させ、家財道具を全て部屋の中に隠させ、鬼神を祭る。巫女は羊が元の姿に戻ることを祈り、夫はそっと帰ってきた。妻は夫を見て泣き、問うたことには、「何日も羊になって、苦しくなかったのですか」と。夫が言うことには、「草を食べたがおいしくなく、ただ腹が痛むことだけを覚えている」と。妻はますます悲しみに暮れる。後に妻が再び嫉妬し、夫は地に伏して羊の鳴き声を真似した。妻は驚いて起き上がり、はだしになって先祖の名を呼んで誓いを立て、二度とそうしないことを誓う。これ以後は

問三　「畜生」は動物のことで、ここでは「猿」を指している。問一のbとも関連する。反実仮想の文脈としては、〈おまえは猿だから法華経の写経という私の大願の手助けができないなあ〉ということで、〈人間だったらよかったのに〉という言外の思いがある。これと傍線部1「畜生の身」という表現もヒントにして、本文の後ろから三行目「人倫の身」が候補に挙がる。他に「人」も考えられるが、設問には「二字以上の語」という条件があることから、「人倫」が正解となる。

問四　傍線部2「その心をえて」の「その心」とは、馬主の思いである。馬主は、猿に白栗毛の馬を盗まれた被害者なので、ア・イ・オは外れる。エの「魂胆」も文脈上符合しないことから、ウの「馬ぬしの行動を予測して」が正解。傍線部2の直後に「人離れの山の……来ければ」とあるように、人が通らない道を選んだこともヒントになる。

問五　文法的には反語の「いかでか」に着目する。反語だとわかれば、オがすぐに選べる。内容面から考えると、傍線部3冒頭の「かくほどの不思議」とは、上人が馬主に話したことである。これは、猿が白栗毛の馬を盗んで来たのは、上人の大願を助成しようとしてのことだったという「奇特」な志についてのことで、ここからもオを選ぶことができる。

問六　波線部A「なにとか言ふらん」は、口語訳すれば〝なんと言っているのであろうか〟となる。猿は僧に必死に語りかけているが通じない。この後の猿の行動に着目すると、「畜生」の身である猿が、上人の「大願」を「助成」するために奉納する馬を盗みに行っているので、出発前にこのことを告げようとしていたと考えられる。設問条件にある語をわかりやすく言い換えて、〈猿の身ではあるが上人の写経を援助することはできる（するつもりだ）〉といった内容をまとめるとよい。

問七　『古今著聞集』は、鎌倉時代に橘成季によって編纂された説話集である。説話というジャンルだけで判断すると、アの『今昔物語集』、エの『宇治拾遺物語』が候補に挙がる。『古今著聞集』の編者の橘成季が十三世紀前半の人であることから、鎌倉時代に成立したエの『宇治拾遺物語』が正解となる。アの『今昔物語集』は平安末期に成立していに馬主が来ないうちに、この猿は、僧のもとに到着し、馬をつないで、なんと言っているのだろうか、僧に対して繰り返し言葉を重ねて話し続けていたちょうどその折に、馬主が追いついてきたのであった。

僧は、この事の次第を正直にはじめから（馬主に）語って猿を見せたところ、馬主は、「これほど奇特なことでありますなら、どうしてこの馬をお返しくださる必要がありましょうか。畜生でさえも如法経の助成の志がありまして、このような奇跡を起こし申し上げますのに、まして（私は）人間である身で、どうして結縁し申し上げないことがありましょうか。速やかにこの馬を法華経に差し上げましょう」と言って帰ったということだ。ものの分かった馬主である。この出来事はまったく根も葉もない作り事ではない。「まさにその猿を見た」として語り申す人がいます。

解説

問一 **a**、「て」は動詞「こなす」の連用形に接続しているので、イの「接続助詞」。楮を裂いて紙を作っているのである。

b、「してまし」がサ変動詞「す」の連用形＋完了の助動詞「つ」の未然形＋反実仮想の助動詞「まし」の終止形と品詞分解できる。内容は、飼っていた猿に対して、〝おまえが人間だったら、経典を書写するという大願に助成できるのになあ〟という思いを述べたもの。助動詞「まし」が未然形接続であることから、未然形が「て」である助動詞を考えるとよい。正解はウ。

c、副詞「すべて」の一部なので、カが正解。

問二 係助詞を補充する設問。それぞれの文末から判断する。

X、文末の「たる」が連体形であることから、可能性としてはアの「か」、イの「や」、エの「なん」に絞れるが、疑問・反語のいずれでもないことから強意のエを選ぶ。

Y、文末が已然形の「つれ」となっていることから、結びが已然形となるウの「こそ」かオの「もこそ」のいずれか。「もこそ」は係助詞「も」＋「こそ」で、〝～すると困る〟という危惧の心情を表すが、この文脈には該当しない。したがってウが正解。

四

出典　橘成季『古今著聞集』〈巻第二十　魚虫禽獣　六九八　常陸国の猿、飼ひ主の上人の如法経写経を援助成功せしめたる事〉

解答

問一　a―イ　b―ウ　c―カ

問二　X―エ　Y―ウ

問三　人倫

問四　ウ

問五　オ

問六　自分は猿の身だが、上人が如法経を書く手伝いをしてみせるということ。

問七　エ

全訳

最近、常陸の国の多珂郡に一人の僧がいた。（僧は）大きな猿を飼っていた。この僧は、如法経を書こうとして、楮を砕いて用紙を作っていたとき、この猿に向かって、「おまえが、人間であったなら、これほどの大願にきっと私の手伝いなどをしてくれているはずだろうに。畜生の身が、残念だとは思わないか」と言ったところ、猿は耳を傾けて、何と言っているのだろうか、口を動かすが、理解できる人がいない。このようにしてその夜、猿は姿を消した。翌朝に探すけれども、どこにも行方がわからない。

なんと実はその猿は、他の郡に行ってしまっていた。ある人のもとに白い栗毛の馬を飼っていた馬屋に行きついて、その馬を盗んでしまった。どこで手に入れたのだろうか、身分の低い者が着る袖のない胴着を着て、鎌を腰にさして、編み笠をかぶっていた。その馬に乗って僧のもとに向かったが、馬の持ち主が追ってきた。猿は前から馬主の気持ちを予想して、人里離れた山の崖や、野原などを通っていたので、馬主も見失い、誰かに尋ねたところ、「その山の崖や、その野原を十四、五歳ほどの子どもが、その毛色の馬に乗って行った」と答えたので、その道を通って追っていくと、驚いたこと力」としている点で、ズレている。イ、人間は「自然……を解き明かすために生きる」のではないので誤り。ウ、「人類が永遠に生き続ける」という視点は本文には示されていない。エ、「観想」を「技術」に関連づけようとする点で、傍線部5の次の文「技術に活かせるかどうかは……関係がない」に合わない。

問七 各選択肢はよく練られている。ア、アリストテレスの「技術をより発展させるために自然を観察・模倣」が間違い。傍線部5の段落に着目すると、「技術を発展させる」という目的をアリストテレスは持っていない。イ、ダ・ヴィンチについて述べた一つ目の空欄Xの次の段落に着目すると、「技術に関する自身の説を裏付けよう」という目的が読み取れず、不適。ウ、傍線部3・4の段落とその次の段落の記述がウの前半「ベーコンは、実験という営み……肯定した」を裏付け、最後から二・三段落目の記述が「それが後に大きな思想的潮流……産業革命へとつながった」という内容に符合している。よって正解はウである。エはやや紛らわしいが、ガリレオは「重たいものほど早く落下する」というアリストテレスの自然哲学を反駁」したのであり、「アリストテレスの技術観に異を唱えた」わけではないので、不適。オ、選択肢後半の「次世代への影響について考慮していたか否か」という点が間違い。ベーコンやガリレオも「考慮していた」と読み取れる本文の記述はない。

問八 「科学」と「技術」の「目指すもの」については、引用文の直後「すなわち」で始まる段落にまとめられている。「人間が自然を認識するのは……『人々の窮乏と憐れな状態』を『阻止し緩和する』ため」に着目する。これは直後に「科学の価値が技術への応用のうちにあり、そして技術の目的が幸福の実現にある」とベーコンの考えとして記されている。この一文を使ってまとめればよい。すなわち、科学は技術へ応用されることで価値を持つようになり、その目的は人間を幸福に導くということである。この内容を制限字数にまとめる。

問二　「『自然ファースト』な発想」を説明する設問。傍線部2直前の「第一に優先されるのは自然を観察すること」に着目する。前提は、段落冒頭の「技術を『自然の模倣』として捉える」である。この前提を踏まえた選択肢は、「自然の模倣から生み出される技術」とあるイであり、これが正解。エがやや紛らわしいが、傍線部2直後の「自然の観察はあくまでも技術に先行する」に合致しない。ポイントである「自然の観察」の観点の説明が欠けており、外れる。

問三　「自然の観察」を重視する傍線部2の段落の内容をベーコンは否定している。これについて傍線部2の次の段落に「自然の本質は、……検証することによって、初めて解明される。そうした働きかけこそ『実験』に他ならない」とある。この内容に該当するウが適切。

問四　傍線部4「技術ファースト」は問二で考えた「自然ファースト」の対になる語句。傍線部4を含む文の冒頭の「この意味」とは、「自然を理解する」ためには「自然を……観察」するのではなく「実験という技術の営み」が必要であるということ。この内容に符合する選択肢はアかオのどちらかである。問二とも関連するが、「自然ファースト」が「自然の観察」を第一義におくものとすれば、「技術ファースト」は「技術の営み」を第一義におくものとなる。次の段落に「実験」についての記述があり、「実験によってしか自然が解明されない」、また、「人間が自然を解明できるのは、自然を……再現し、自らコントロールできるから」とある。この文脈に沿うのはアである。オは「自然そのものは必要なく」が言い過ぎで、文脈にそぐわない。

問五　一つ目の空欄Xの直後には「人間よりも優れている」とあり、二つ目の空欄Xの直前には「自然を人間よりも優れたものとして模倣する」とある。「よりも優れている」に該当する選択肢はカ「凌駕する」である。

問六　傍線部5で説明すべき語は「参与」と「神の永遠不変の活動」である。「参与」とは〝与する〟ということである。アリストテレス哲学において「観想」(＝自然を観察すること) とは「それ自体で価値のある行為」で、「観想に即した生活」が「幸福な生き方」なのである。また、「神の永遠不変の活動」を言い換えた表現として選択肢を探ると、オの「神が創造した……普遍の摂理」が符合していることがわかり、オが正解。ア、「参与する」を「保全」「神に協

三

出典　戸谷洋志『未来倫理』〈第二章　未来倫理はなぜ必要なのか？〉（集英社新書）

解答

問一　ア
問二　イ
問三　ウ
問四　ア
問五　カ
問六　オ
問七　ウ
問八　科学とは技術の応用であり、技術の目的は人間の幸福の実現にある（こと。）（二十字以上、三十字以内）

要旨

人類の力が自然の自己修復能力を超えたときに現代世代は未来世代に影響を及ぼす。そのような力を人類に与えたものは「技術」である。アリストテレスは技術を「自然の模倣」と説明した。この考えは、歴史上長い期間を支配した。近代に入り、ベーコンは新たな自然観を示した。自然の本質は、人間が自然に対して積極的な働きかけという「実験」を行い、その結果を検証することで解明されるというものである。科学の価値は技術への応用のうちにあり、技術の目的は人間の幸福の実現にあるというベーコンの思想は、その後の思想史に大きな影響を及ぼした。

解説

問一　傍線部1を含む一文の冒頭は、前段落の具体例「人間が森から木を伐りすぎても……木を伐ることができるはずだ」を一般化した表現になっている。この言い換えを選択肢から探せばよい。すると、アの「自然から搾取……可能である」と符合していることがわかる。

字以内」という条件もヒントになる。傍線部3直後の『短章集 続』の引用文に「本心をつかまぬ行」「つまらぬ所」という否定的な響きの言葉がある。直後の「言葉」につながる語として、「本心をつかまぬ」が適切。

問六 永瀬の言葉を通して筆者の考えを説明する設問。設問が「当てはまらないもの」を選ぶことに注意する。傍線部4の永瀬の言葉について、筆者は、続く二つの段落で推測している。「自分のおもいを変容させること……それが詩を書くものに求められる態度」、「誰にとっても自己は、いつも自分と異なる姿をしていることを忘れてはならない」の言葉と選択肢を比較する。すると、イのみで、「自分以外の存在も大切に」することが「詩の言葉」を生むことにつながるという、他とは異なる考えが示されているので、これが正解。

問七 ア、「詩の技巧や効果的な表現法」が間違い。イ、『短章集』を読むことで「詩とは何かがわかってくる」とする点が間違い。第四段落では、「熱を帯びた詩の入門書」「オウギが記されている」とは書かれているが、「何かがわかってくる」とまでは主張していない。ウ、「詩のリズム」について述べた『短章集 続』の二つ目の引用文に合致する。エ、「言葉に最大限の工夫をこらす」ことで「良い詩が作られる」とは述べていない。あくまでも詩を作る「態度」での話であり、正解とは言えない。オ、「読み手の参与」については言及されているが、それで「自分の詩は完成する」とまでは言えないので、誤り。

問八 「コトバ」とカタカナ表記されている段落は、三つ目の引用文の前の二つの段落と空欄Xの次の段落である。「無意識の深みから湧水のように生まれてくるコトバ」、「未だ言葉にならないコトバ」、「コトバとして現われた、命名しがたい意味のうごめきを言葉によって受けとめようとすること」が「詩作」の現場。この三つのフレーズを制限字数でまとめる。「未だ言葉にならない」「無意識の深みから……生まれ」「命名しがたい意味のうごめき」というフレーズを押さえてまとめるとよい。

「短章」という形式により、存在の深みに導くような言葉を表現できることを発見した。永瀬は、詩に向き合う態度として、最も肝心な点から書くべきことと、最初の行がすべての尺度であるから最初の一行を全力でつむぐということを示した。詩は、未だ言葉にならないコトバをわが身を賭して写し取るもので、胸の深みに宿っている何かを生むことなのだ。

解説

問二　傍線部1の「内なる古い人」とは、直前にある「個人の心を超えて、人類の記憶として受け継がれている」ものの比喩である。これを念頭に置いて選択肢を見ると、イの「無意識の中に存在している普遍的な記憶」は、内容として符合しており、これが正解。それに対し、アの「かつて知っていた人」、ウの「自分の先祖」、エの「自分の中に眠っている」、オの「かつて記憶の中にいたもう一人の内なる自分」はそれぞれ具体的・個別的で、「人類の記憶」とは言えないものである。

問三　選択肢となっている作品は有名なものばかりである。正岡子規は、アの『歌よみに与ふる書』を記した。イ、『たけくらべ』は樋口一葉の作品。ウ、『銀河鉄道の夜』は宮沢賢治の作品。エ、『坊っちゃん』は夏目漱石、オ、『人間失格』は太宰治の作品。

問四　『短章集　続』の引用の中でポイントになる箇所は、「最も肝心な点から書くべき」、「肝心な中心を捕えれば第一行が次行を……そこにリズムが生れる」である。選択肢を見ると、アは、「読者により深く理解してもらうため」という目的が文脈に符合しない。イは「より美しく、磨き上げた言葉で表現」が間違い。最後の一文に「『うまく』書こうとすることが詩の生命を損なう」とあり、言葉に技巧を凝らそうとするのはこの考えに合わない。ウはやや紛らわしいが、「リズムを生む表現を最初の一行に使う」のではない。「最初の一行」が「リズムを生む」のである。エは、「よくよく吟味して書き始める」が間違い。引用文の五つ後の段落の「未だ言葉にならないコトバを、わが身を賭して写し取れ」という態度に合わない。オは引用文の四つ後の段落の内容をまとめたものになっており、これが正解。

問五　空欄Xの言葉は、「自分を偽って書いた言葉」「自分を装って記した言葉」と説明されている。「五文字以上、十文

国語

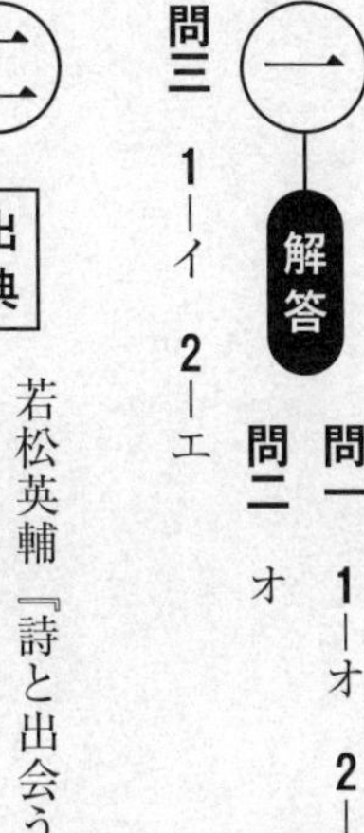

一

解答

問一 1―オ 2―ウ

問二 オ

問三 1―イ 2―エ

二

出典 若松英輔『詩と出会う 詩と生きる』〈第15章 全力でつむぐ詩――永瀬清子が伝える言葉への態度〉（NHK出版）

解答

問一 a―オ b―ウ

問二 イ

問三 ア

問四 オ

問五 本心をつかまぬ

問六 イ

問七 ウ

問八 未だ言葉にならない無意識の深みから生まれる意味のうごめきと言えるもの。（三十字以上、四十字以内）

要旨

私たちの世界観が一変する言葉は、自らのうちにある。永瀬清子の『短章集』はもっとも優れた詩の入門書であり、

////////////////////// ·memo· //////////////////////

/////////////////// · memo · ///////////////////

/////////////////// · memo · ///////////////////

2023年度

問題と解答

■T日程（統一日程）・英語外部試験利用入試

問題編

＜T日程＞

▶試験科目・配点

学部等		教科	科目	配点
法		英　語	コミュニケーション英語Ⅰ・Ⅱ・Ⅲ，英語表現Ⅰ・Ⅱ	※1
		数学・国　語	「数学Ⅰ・Ⅱ・A・B」，「国語総合（古文・漢文の独立問題は出題しない）」のうちから1科目選択	100点
文	哲・英文・史・心理	英　語	コミュニケーション英語Ⅰ・Ⅱ・Ⅲ，英語表現Ⅰ・Ⅱ	150点
		数学・国　語	「数学Ⅰ・Ⅱ・A・B」，「国語総合（古文・漢文の独立問題は出題しない）」のうちから1科目選択	100点
	日本文	国　語	国語総合（古文・漢文を出題する）	100点
		小論文	論述問題	100点
	地　理	英　語	コミュニケーション英語Ⅰ・Ⅱ・Ⅲ，英語表現Ⅰ・Ⅱ	150点
		地　理	地理B	100点
経済・社会・経営・国際文化・人間環境・現代福祉・キャリアデザイン・スポーツ健康		英　語	コミュニケーション英語Ⅰ・Ⅱ・Ⅲ，英語表現Ⅰ・Ⅱ	150点
		数学・国　語	「数学Ⅰ・Ⅱ・A・B」，「国語総合（古文・漢文の独立問題は出題しない）」のうちから1科目選択	100点
情報科・理工※2		英　語	コミュニケーション英語Ⅰ・Ⅱ・Ⅲ，英語表現Ⅰ・Ⅱ	150点
		数　学	数学Ⅰ・Ⅱ・Ⅲ・A・B	150点
デザイン工		英　語	コミュニケーション英語Ⅰ・Ⅱ・Ⅲ，英語表現Ⅰ・Ⅱ	150点
		数　学	建築・都市環境デザイン工学科：数学Ⅰ・Ⅱ・Ⅲ・A・B システムデザイン学科：数学Ⅰ・Ⅱ・A・B	150点
生命科		英　語	コミュニケーション英語Ⅰ・Ⅱ・Ⅲ，英語表現Ⅰ・Ⅱ	150点
		数　学	数学Ⅰ・Ⅱ・A・B	150点

▶備　考

※1　法律・政治学科150点，国際政治学科200点。

※2　機械工学科航空操縦学専修を除く。

•「数学B」は「数列」「ベクトル」を出題範囲とする。

〔文学部日本文学科小論文について〕

• 岡本かの子著『老妓抄』（新潮文庫版。同書の巻頭から巻末までを出題範囲とする）を課題図書として出題する。

• 試験時に参照できるのは，試験当日に試験会場にて大学から提供される課題図書のみ。持参した課題図書，メモ・しおり等は一切参照できない。

＜英語外部試験利用入試＞

▶試験科目・配点

学部等	教科	科目	配点
法・文（英文）・経済（国際経済）・社会・経営・国際文化・人間環境・現代福祉・キャリアデザイン・スポーツ健康	数学・国語	「数学Ⅰ・Ⅱ・A・B」，「国語総合（古文・漢文の独立問題は出題しない）」のうちから1科目選択	100点
グローバル教養	英語	英語外部試験のスコアを得点に換算する	150点
	数学・国語	「数学Ⅰ・Ⅱ・A・B」，「国語総合（古文・漢文の独立問題は出題しない）」のうちから1科目選択	100点
情報科・デザイン工（建築・都市環境デザイン工）・理工※	数学	数学Ⅰ・Ⅱ・Ⅲ・A・B	150点
デザイン工（システムデザイン）・生命科	数学	数学Ⅰ・Ⅱ・A・B	150点

▶備　考

※　機械工学科航空操縦学専修を除く。

•「数学B」は「数列」「ベクトル」を出題範囲とする。

• 指定された英語外部試験の基準（スコア，詳細は省略）を満たしていることを出願条件とする。

•［出願資格型］大学独自の入学試験1科目の得点のみで合否判定する。

［換算型］英語外部試験のスコアを「英語」の得点に換算（150点・140点・130点）し，大学独自の入学試験と2科目の合計得点で合否判定する。

（90分）

〔Ⅰ〕 つぎの英文を読んで，問いに答えよ。

If you've ever pondered whether your pet cat gives a whisker about your whereabouts, research may have an answer: cats seem to track their owners while they move about the house, and <u>they</u>(ア) are surprised if <u>they</u>(イ) appear somewhere <u>they</u>(ウ) are not expecting <u>them</u>(エ).

The finding supports the idea that cats retain <u>a mental representation of their owners</u>(A), even when they can't see them; a crucial bridge to higher mental processes such as forward planning and imagination.

Cats are notoriously [　(B)　] creatures. Although previous research has suggested that cats will search in the correct place if food is seen to disappear, and expect to see their owner's face if they hear their voice, it was unclear how this ability translated into real life. "It is also said that cats are not as interested in their owners as dogs are, but we had doubts about this point," said Dr Saho Takagi at the University of Kyoto in Japan.

To investigate, Takagi and colleagues recorded what happened when fifty domestic cats were individually shut inside a room, and repeatedly heard their owner calling their name from outside, followed by either a stranger's voice, or that of their owner, coming through a speaker on the opposite side of the room they were inhabiting.

Eight human observers watched these recordings and ranked the cats' level of surprise based on their ear and head movements. Only when their owners' voices suddenly "appeared" inside the room — implying that they had somehow teleported there — did the cats appear confused.

"This study shows that cats can mentally map their location based [(C)] their owner's voice," said Takagi, whose research was published in the journal *PLOS One*. "It suggests that cats have the ability to picture [(D)] in their minds. Cats may have a more [(E)] before."

However, it's not entirely surprising that cats possess this ability: "That awareness of movement is critical to a cat's survival," said Roger Tabor, a biologist, author and presenter of the BBC TV series *Cats*. "A lot of what a cat has to interpret in its territory is an awareness of where other cats are. It is also important for hunting: how could a cat catch a field mouse moving around beneath the grass if it couldn't use clues, such as the occasional rustle, to see in its mind's eye, where they are? A cat's owner is extremely significant in its life as a source of food and security, so where we are is very important."

Anita Kelsey, an expert studying cats' behaviour and author of *Let's Talk About Cats*, said: "Cats have a close relationship with us and most feel settled and safe within our [(F)] so our human voice would be part of that bond or relationship. When I am dealing [(G)] cats that suffer separation anxiety, I usually do not recommend playing(H) the recording of the owner's voice in the home as this can cause anxiety with the cat hearing the voice, but not knowing where their human is."

Curiously, the cats did not show the same surprise response when the owners' voices were replaced with cat meows or electronic sounds. Possibly, this is because adult cats do not tend to use voice as their primary means of communication with one another, many may rely on other cues such as scent instead.

"The 'meow' that we used in this study is a voice signal that is only emitted [(I)] humans, except among kittens," said Takagi. "Cats may not be able to identify other cats from their meows."

(Adapted from Linda Geddes, "Cats track their owners' movements, research finds," *The Guardian*, 10 November 2021)

1．下線部(ア)～(エ)のそれぞれが示す内容として正しい組み合わせを，つぎのa～dの中から一つ選び，その記号を解答欄にマークせよ。

a．(ア) the cats　(イ) the cats
　(ウ) their owners　(エ) the cats

b．(ア) the cats　(イ) their owners
　(ウ) the cats　(エ) their owners

c．(ア) their owners　(イ) the cats
　(ウ) their owners　(エ) the cats

d．(ア) their owners　(イ) their owners
　(ウ) the cats　(エ) their owners

2．下線部(A) a mental representation of their owners の意味に最も近いものを，つぎのa～dの中から一つ選び，その記号を解答欄にマークせよ。

a．what appears to be their owners in cats' minds

b．what is given again by their owners to cats

c．what is imagined to be cats by their owners

d．what their owners think is best for cats

3．空所 (B) に入る最も適切なものを，つぎのa～dの中から一つ選び，その記号を解答欄にマークせよ。

a．incapable　b．incomprehensible

c．shallow　d．wasteful

4．空所 (C) ， (G) ， (I) に入る最も適切なものを，つぎのa～dの中からそれぞれ一つずつ選び，その記号を解答欄にマークせよ。

(C)	a．above	b．on	c．toward	d．with
(G)	a．by	b．on	c．toward	d．with
(I)	a．above	b．against	c．toward	d．under

5．空所 (D) に入る最も適切なものを，つぎのａ～ｄの中から一つ選び，その記号を解答欄にマークせよ。

ａ．what they are not hearing　　ｂ．what they are not seeing

ｃ．people they have not met　　ｄ．places they have not visited

6．空所 (E) に入るようにつぎのａ～ｅを並べ替え，２番目と４番目にくる語の記号を解答欄にマークせよ。ただし，各選択肢は一度しか使えない。

ａ．was　　ｂ．mind　　ｃ．profound

ｄ．than　　ｅ．thought

7．空所 (F) に入る最も適切なものを，つぎのａ～ｄの中から一つ選び，その記号を解答欄にマークせよ。

ａ．company　　ｂ．policy　　ｃ．town　　ｄ．workplace

8．下線部(H) playing の意味に最も近いものを，つぎのａ～ｄの中から一つ選び，その記号を解答欄にマークせよ。

ａ．calling　　ｂ．examining

ｃ．intercepting　　ｄ．reproducing

9．つぎの(1)～(3)の英文(ア)，(イ)について，正しいものをａ～ｄの中からそれぞれ一つずつ選び，その記号を解答欄にマークせよ。

(1)　(ア)　Scholars at the University of Kyoto recorded the individual voices of 50 domestic cats calling their owners.

(イ)　The experiment conducted by Dr Takagi and colleagues used cats' physical movements to evaluate their states of mind.

ａ．(ア)は本文の内容に合致しているが，(イ)は本文の内容に合致していない。

ｂ．(ア)は本文の内容に合致していないが，(イ)は本文の内容に合致している。

ｃ．(ア)と(イ)の両方が本文の内容に合致している。

ｄ．(ア)と(イ)の両方が本文の内容に合致していない。

(2)　(ア)　Cats were moved when their owners suddenly came into the room in the experiment by the University of Kyoto.

(イ)　A cat has the ability to find a mouse even if it is hiding.

a．(ア)は本文の内容に合致しているが，(イ)は本文の内容に合致していない。

b．(ア)は本文の内容に合致していないが，(イ)は本文の内容に合致している。

c．(ア)と(イ)の両方が本文の内容に合致している。

d．(ア)と(イ)の両方が本文の内容に合致していない。

(3)　(ア)　The sense of smell is very important when young cats communicate with each other.

(イ)　Meows are essential cues for adult cats to find their friends.

a．(ア)は本文の内容に合致しているが，(イ)は本文の内容に合致していない。

b．(ア)は本文の内容に合致していないが，(イ)は本文の内容に合致している。

c．(ア)と(イ)の両方が本文の内容に合致している。

d．(ア)と(イ)の両方が本文の内容に合致していない。

〔II〕 Read the passage and answer the questions that follow.

The career aspirations of young men and women are shaped by societal stereotypes about gender. For example, the stereotype that men are better than women at mathematics damages women's performance in this domain and weakens their interest in mathematically-oriented and well-paid fields. However, popular beliefs about ability associate not only specific thinking processes (such as mathematical reasoning) with a particular gender but also the overall intellectual ability. It is typically assumed that high-level intellectual ability (brilliance, genius, giftedness, etc.) is present more often in men than in women. This "brilliance = males" stereotype has been employed to explain the gender gaps in many [(A)] occupations.

However, little is known about the acquisition of this stereotype. The earlier children acquire the notion that brilliance is a male quality, the stronger its influence may be on their aspirations. The three studies reported here show that, by the age of 6, girls are less likely than boys to believe that members of their gender are "really, really smart"—a child-friendly way of referring to brilliance. Moreover, by age 6, the girls in these studies had begun to shy away from <u>novel</u>(B) activities said to be for children who are "really, really smart." These three studies speak to the early acquisition of cultural ideas about brilliance and gender, as well as to the immediate effect that these stereotyped notions have on children's interests.

The stereotypes associating men but not women with brilliance may have a critical impact on women's careers; fields whose members place a great deal of value on brilliance have lower proportions of women earning college or advanced degrees. However, investigations of the "brilliance = males" stereotype that focus exclusively on participants of college age or older overlook a critical fact: cultural messages about the presumed intellectual abilities of males and females can be influential throughout development. (C)<u>If children absorb and act on these ideas, then many capable girls are likely to have already turned away from certain fields by the time they reach college.</u> Thus, it is important to investigate the acquisition of the "brilliance = males" stereotype in early childhood, as children enter school and begin to make choices that shape their future career paths.

One of the three studies (Study 1) examined the developmental path of this stereotype in 96 children aged 5, 6, and 7. The study assessed children's acceptance of the "brilliance = males" stereotype with three tasks. In task (i), children were told a brief story about a person who was "really, really smart." No hints as to the person's gender were provided. Children were then asked to guess which of four unfamiliar adults (two men, two women) was the [(D)] of the story. In task (ii), children saw several pairs of same gender or mixed gender adults and guessed which adult in each pair was "really, really smart." In task (iii), children completed three different puzzles in which they had to guess which objects (e.g., a hammer) or characteristics (e.g., smart) best corresponded to pictures of unfamiliar men and women.

Across tasks, the pictures depicted males and females matched for attractiveness and professional dress (potential clues to intelligence). In each task, researchers recorded the frequency with which children linked intellectual ability with people of their own gender. They also researched children's ideas about whether men or women are "really, really nice."

The results suggest that children's ideas about brilliance exhibit rapid changes over the period from ages 5 to 7. At 5, boys and girls associated brilliance with their own gender to a similar extent. Despite this strong tendency to view one's own gender in a positive light, girls aged 6 and 7 were significantly less likely than boys to associate brilliance with their own gender. Thus, the "brilliance = males" stereotype may be familiar to, and supported by, children as young as 6. The stereotype associating females with being nice seems to follow a similar developmental course.

The second of the three studies (Study 2) confirmed the initial findings with a larger sample. Children rated both adult and child targets. As before, there was no significant difference in own-gender brilliance scores for 5-year-old boys and girls, but a significant difference emerged starting with 6-year-olds. This pattern did not differ significantly by whether children rated either adult or child targets.

What might explain the drop in girls' evaluation of their gender's intellectual abilities? Although many factors are likely involved, Study 2 tested whether this drop is associated with differences between younger (5-year-old) and older (6- and 7-year-old) girls in their perceptions of their school achievement — information that is, in principle, relevant to judging intelligence. These perceptions were measured through the task that asked children to guess which of four children, two boys and two girls, "gets [(E)]." In contrast with the drop in brilliance scores, there was no significant difference between younger and older girls in the likelihood of selecting other girls as having top grades. (F) Older girls were actually more likely to select girls as having top grades than older boys were to select boys, consistent with the reality that girls get better grades in school than boys at this age. As such, there was no clear relationship between girls' perceptions of school achievement and of brilliance. Thus, girls' ideas about who is brilliant are not rooted in their perceptions of who performs well in school.

(Adapted from Lin Bian, Sarah-Jane Leslie, & Andrei Cimpian, "Gender stereotypes about intellectual ability emerge early and influence children's interests," *Science, 355* [6323], 389-391, 27 January 2017)

1．Choose the word that best fills the blank [(A)].

a．uncommon b．dull c．prestigious d．under-paid

2．Choose the word that is closest in meaning to novel.(B)

a．new b．familiar c．traditional d．prevalent

3．Choose the statement that is closest in meaning to If children absorb and act on these ideas, then many capable girls are likely to have already turned away from certain fields by the time they reach college.(C)

a．Although children may be exposed to gender-related bias, most people learn to resist and refuse such ideas by college age, especially women.

b．If the stereotypes discourage highly capable girls' pursuit of careers believed to require brilliance early in their lives, women can be under-represented in those fields.

c．While boys tend to be free from gender stereotypes, girls are more likely to receive negative impacts, especially earlier in their childhood but not at college age.

d．If most children observe and follow gender-related stereotypes, many intelligent girls will pursue occupations that are supposed to need genius.

4．Choose the word or phrase that best fills the blank [(D)].

a．reader b．narrator

c．main character d．original author

5．Choose the phrase that best fills the blank [(E)].

a．the best grades in school

b．the best scores in sports

c．the greatest number of popularity votes

d. the greatest number of quality friends

6. Choose the statement that is closest in meaning to (F) Older girls were actually more likely to select girls as having top grades than older boys were to select boys, consistent with the reality that girls get better grades in school than boys at this age.

a. The older girls get in elementary school, the greater tendency they have to associate their own gender with having top grades in school as a sign of intelligence.

b. Few boys selected pictures of other boys for having top grades in school because they thought school grades had nothing to do with the true level of intelligence.

c. Although boys typically show a higher level of intelligence, girls considered their gender as smarter more often than boys linked their gender to intelligence.

d. Just as older girls frequently score higher than older boys in school, older girls selected their gender as having better grades more often than older boys did.

7. Choose the most probable topic of Study 3 that will likely follow the final paragraph according to the content of the passage.

a. how gender stereotypes can immediately influence children's interests

b. why gender stereotypes do not necessarily impact children's career choices

c. how factors other than school grades can affect boys' gender bias

d. what reasons these studies offer to explain the gender-free attitude of children aged 5

8. For the following statements (1) to (4), choose the correct answer from **a-f**

based on the passage.

(1) Not only adults but also girls as young as 6 often have gendered notions of brilliance, associating genius with men rather than women.

(2) It is important to discover when gender stereotypes emerge because children can internalize and act upon them at an early stage of their education.

(3) According to the studies, children did not seem to believe in the "brilliance = males" stereotype at age 5.

(4) Nowadays children plan to pursue occupations more freely without being trapped by the jobs conventionally linked to a particular gender.

a. All except (1) are true according to the passage.

b. All except (2) are true according to the passage.

c. All except (3) are true according to the passage.

d. All except (4) are true according to the passage.

e. All except (1) and (4) are true according to the passage.

f. All except (2) and (3) are true according to the passage.

9. For the following statements (1) to (4), choose the correct answer from **a-f** based on the passage.

(1) The concept of brilliance was phrased as "really, really smart" for the young participants in the studies.

(2) Unlike the "brilliance = males" stereotype, the girls, regardless of their age, consistently considered women nicer than men.

(3) The first and second studies shared a research goal and produced similar results despite the difference in the research procedure.

(4) The impact of the gender-related bias may seriously affect 6- or 7-year-old girls and continue to affect them as they get older.

a. All except (1) are true according to the passage.

b. All except (2) are true according to the passage.

c. All except (3) are true according to the passage.

d. All except (4) are true according to the passage.

e. All except (1) and (3) are true according to the passage.

f. All except (2) and (4) are true according to the passage.

〔Ⅲ〕 つぎの英文を読んで，問いに答えよ。

One evening in early June 2021, Leo and his family were able to enjoy a treat they hadn't experienced in months: a sit-down meal at a restaurant. At a fried chicken chain in a Compton, California shopping mall, they spent a little extra on a few plates of fried rice, each costing under $13.99. The family was only able to afford the meal because Leo was part of an innovative guaranteed income*1 experiment in his city called the Compton Pledge. Between late 2020 and the end of 2022, Leo and 799 other individuals were receiving up to $7,200 annually to spend however they liked. Leo, an immigrant from Guatemala, received quarterly payments of $900.

The organization running the Compton Pledge, called the Fund for Guaranteed Income, was building the technological infrastructure necessary to distribute cash payments on a broad scale and it partnered with an independent research group to study <u>the extent to which a minimum income could lift families like Leo's out of poverty</u>(A). The pilot project, which distributed money derived from private donors, was not just about giving people the ability to buy small luxuries. It was testing whether giving poor families a financial cushion could have a demonstrable impact on their physical and psychological health, job prospects and communities. And perhaps the biggest question of all: Could this cash assistance go beyond its status as a small research project in progressive Los Angeles and someday work as a nationwide program funded by taxpayers?

The theory is [(B)] in the United States. Less than a decade ago, there were no programs distributing and studying the effects of providing a large number of Americans no-strings-attached cash*2. But recently, pilot programs have been taking place in roughly 20 cities around the country, from St. Paul, Minnesota to Paterson, New Jersey, with Compton's exercise serving as the nation's largest city-based experiment in terms of the number of people served. Most of the programs have been philanthropically*3 funded — including Compton's — to distribute different amounts of money to targeted populations, from pregnant women to former foster children to single parents. These laboratories for wealth redistribution all have one thing in common: they give money to some of the poorest who are excluded from mainstream society, and then let them spend it however they want.

There is limited survey data on support for nationwide guaranteed income programs, but 45% of Americans supported giving every adult citizen — regardless of employment or income — $1,000 per month, through a form of guaranteed income called Universal Basic Income (UBI), according to an August 2020 survey from Pew Research Center. Andrew Yang, who popularized the idea of UBI during his 2020 presidential campaign, wanted the proposed benefit to replace most existing government welfare programs. Most other advocates (C) of a guaranteed income in the U.S., however, [(D)] being grouped with his plan, believing instead that the cash benefit should supplement other forms of government assistance and target individuals who needed it most.

Nika Soon-Shiong, the executive director of the Fund for Guaranteed Income, approached Aja Brown, who was finishing her second and final term as Compton's Mayor, to create a program to bring monetary help to the struggling city, where approximately 29% of inhabitants are Black and 68% are Hispanic or Latino. As Compton's unemployment rate surpassed 20% and thousands of residents fell ill with the coronavirus — including many who lacked health insurance like Leo — Brown and Soon-Shiong felt compelled to create an <u>inclusive</u>(E) guaranteed income initiative. Unlike some forms of the federal government's assistance, the Compton Pledge was open to the immigrants who did not have appropriate legal documents and formerly imprisoned individuals. Starting in August 2020, the Fund for Guaranteed Income raised a great amount of money from donors including Amazon Studios and the California Wellness Foundation to go directly to the recipients of the Compton Pledge.

The Fund for Guaranteed Income hoped the recipients would use the cash support to pay for some of their medical expenses, and that the funds could also improve their physical and mental health. Beyond covering their own needs, some of the Compton recipients also committed themselves to using some of the funds to pay it forward*4. That's part of what the program's organizers hoped to demonstrate: that redistributing wealth through direct payments could [(i)] access to education, housing and nutrition; [(ii)] the racial wealth gap; and [(iii)] economic activity — which in turn would [(iv)] up a whole community.

(Adapted from Abby Vesoulis and Abigail Abrams, "Inside the nation's largest guaranteed income experiment," *TIME*, 16 September 2021)

*1 guaranteed income：保証所得

*2 no-strings-attached cash：付帯条件のないお金

*3 philanthropically：慈善活動として

*4 pay it forward：誰かから受けた恩を別の人に回す［返す］

1．下線部(A) <u>the extent to which a minimum income could lift families like Leo's out of poverty</u> の意味に最も近いものを，つぎのa～dの中から一つ選び，その記号を解答欄にマークせよ。

a．how long a minimum income could be distributed to poor families like Leo's

b．how much a guaranteed income could help families like Leo's emerge from poverty

c．how much money the organization could raise to redistribute as a minimum income to families suffering from poverty like Leo's

d．how long a guaranteed income could be taken from poor families like Leo's

2．空所 (B) に入る最も適切なものを，つぎのａ～ｄの中から一つ選び，その記号を解答欄にマークせよ。

a．becoming out of date　　b．gaining momentum

c．losing its impact　　d．maintaining its flaws

3．下線部(C) advocates の意味に最も近いものを，つぎのａ～ｄの中から一つ選び，その記号を解答欄にマークせよ。

a．commentators　　b．critics

c．opponents　　d．supporters

4．空所 (D) に入る最も適切なものを，つぎのａ～ｄの中から一つ選び，その記号を解答欄にマークせよ。

a．considered　　b．imagined　　c．resisted　　d．supported

5．下線部(E) inclusive の意味に最も近いものを，つぎのａ～ｄの中から一つ選び，その記号を解答欄にマークせよ。

a．including a wide range of people in need

b．including all the services normally expected

c．including only citizens who have never been in jail

d．including the total cost of all services provided

6．空所 (i) , (ii) , (iii) , (iv) に入る語の組み合わせとして最も適切なものを，つぎのａ～ｄの中から一つ選び，その記号を解答欄にマークせよ。

ａ．(i) allow　(ii) close　(iii) restrict　(iv) hold
ｂ．(i) request　(ii) bridge　(iii) restrain　(iv) pick
ｃ．(i) ease　(ii) maintain　(iii) share　(iv) open
ｄ．(i) improve　(ii) reduce　(iii) stimulate　(iv) lift

7．つぎの(1)～(3)の英文(ア)，(イ)について，正しいものをａ～ｄの中からそれぞれ一つずつ選び，その記号を解答欄にマークせよ。

(1) (ア) 800 participants in a guaranteed income experiment in the city of Compton regularly received cash payments for one year.

(イ) The Compton Pledge was funded by donations, not by taxpayers' money.

ａ．(ア)は本文の内容に合致しているが，(イ)は本文の内容に合致していない。
ｂ．(ア)は本文の内容に合致していないが，(イ)は本文の内容に合致している。
ｃ．(ア)と(イ)の両方が本文の内容に合致している。
ｄ．(ア)と(イ)の両方が本文の内容に合致していない。

(2) (ア) The purpose of the Compton Pledge included evaluating whether it could positively influence recipients' well-being, chances of getting jobs, and local communities.

(イ) Of all guaranteed income pilot programs which have recently been taking place in about 20 cities in the U.S., the Compton Pledge has the largest number of recipients.

ａ．(ア)は本文の内容に合致しているが，(イ)は本文の内容に合致していない。
ｂ．(ア)は本文の内容に合致していないが，(イ)は本文の内容に合致している。
ｃ．(ア)と(イ)の両方が本文の内容に合致している。
ｄ．(ア)と(イ)の両方が本文の内容に合致していない。

(3) (ア) Most of the current guaranteed income pilot programs in the U.S. are distributing about the same amount of cash to every adult citizen.

(イ) A survey conducted in August 2020 showed that 45% of Americans were in support of giving money to every adult citizen according to their financial circumstances.

a．(ア)は本文の内容に合致しているが，(イ)は本文の内容に合致していない。
b．(ア)は本文の内容に合致していないが，(イ)は本文の内容に合致している。
c．(ア)と(イ)の両方が本文の内容に合致している。
d．(ア)と(イ)の両方が本文の内容に合致していない。

〔Ⅳ〕 Read the passage and answer the questions that follow.

Everyone is familiar with hard power. We know that military force and economic muscle often get others to change their position. Hard power tends to rest on <u>"carrots" or "sticks"</u>(1). However, sometimes you can get the outcomes you want without <u>explicit</u>(2) payments or threats. A country may obtain the outcomes it wants in world politics because other countries — admiring its values, imitating its example, aspiring to its level of prosperity and openness — want to follow it. In this sense, it is also important to set the agenda and attract others in world politics, and not only to force them to change by threatening military force or economic penalties. Soft power — getting others to want the outcomes that you want — co-opts people, persuading them and allowing them to voluntarily choose an option, rather than coerces people, imposing on them and forcing them to choose an option.

Soft power rests on the ability to shape the preferences of others. At the personal level, we are all familiar with the power of attraction and charm. In a relationship or a marriage, power does not necessarily reside with the larger partner, but in the mysterious chemistry of attraction. Similarly in the business world, smart executives know that leadership is not just a matter of issuing commands, but also involves leading by example and attracting others to do what you want. It is difficult to run a large organization by orders alone. (3)<u>You also need to get others to buy into your values.</u>

Political leaders have long understood the power that comes from attraction. If I can get you to want to do what I want, then I do not have to use carrots or sticks to make you do it. Whereas leaders in authoritarian*1 countries can use coercion*2 and issue commands, politicians in democracies have to rely more on a combination of incentives and attractions. Soft power is a key part of daily democratic politics. The ability to establish preferences tends to be associated with intangible*3 assets such as an appealing personality, culture, political values and institutions, and policies that are (4)<u>seen as legitimate or having moral authority</u>. If a leader represents values that others want to follow, it will cost less to lead.

Soft power is not merely the same as influence. After all, influence can also rest on the hard power of threats or payments. Moreover, soft power is more than just persuasion or the ability to move people by argument, though that is an important part of it. It is also the ability to attract, and attraction often leads to acceptance. Simply put, in behavioral terms, soft power is appealing and pleasing power. In terms of resources, soft power resources are the assets that produce magnetic charm that draws followers. Whether a particular asset is a soft power resource that produces attraction can be measured by asking people through surveys and interviews. Whether that attraction in turn produces desired policy outcomes must be judged in specific cases.

One way to think about the difference between hard and soft power is to consider the variety of ways you can obtain the outcomes you want. You can command me to change my preferences and do what you want by threatening me with force or economic penalties. You can induce me to do what you want by using your economic power to pay me. You can restrict my preferences by managing the agenda in such a way that my more excessive desires seem too unrealistic to pursue. Or you can appeal to a sense of attraction, love, or duty in our relationship and appeal to our shared values about the justness of contributing to those shared values and purposes. If I am persuaded to go along with your purposes without any explicit threat or exchange taking place — in short, if my behavior is determined by an observable but intangible attraction — soft power is at work. Soft power uses a different type of currency (not force, not money) to promote cooperation — an attraction to shared values and (5) the justness and duty of contributing to the achievement of those values.

Hard and soft power are related because they are both aspects of the ability to achieve one's purpose by affecting the behavior of others. The distinction between them is one of degree, both in the nature of behavior and in the types of resources. Command behavior — the ability to change what others do — relies on coercion or inducements. Co-optive behavior — the ability to shape what others want — depends on the attractiveness of one's culture and values or the ability to manage the agenda of political choices (6) in a manner that makes others fail to express some preferences because they seem to be too unrealistic. The types of actions between command behavior and co-optive behavior range from coercion to economic inducements to agenda management to pure attraction. Soft power resources tend to be associated with the co-optive end of the range of behavior, whereas hard power resources are usually associated with command behavior.

In international politics, the resources that produce soft power arise in large part from the values an organization or country expresses in its culture, in the examples it sets by its internal practices and policies, and in the way it handles its relations with others. Governments sometimes find it difficult to control and employ soft power, but that does not diminish its importance.

(Adapted from Joseph S. Nye, Jr., *Soft Power: The Means to Success in World Politics*, Public Affairs, 2004)

*1 authoritarian：独裁的な

*2 coercion：強制，弾圧政治

*3 intangible：無形の，触れることのできない

1．Choose the phrase that is closest in meaning to "carrots" or "sticks". (1)

a．bribes or penalties　　b．bribes or values

c．orders or penalties　　d．orders or values

2．Choose the word that is closest in meaning to explicit. (2)

a．consistent　　b．clear　　c．conscious　　d．conventional

3．Choose the statement that is closest in meaning to You also need to get others to buy into your values. (3)

a．Expensive items make people waste too much of their money.

b．People won't sell you the valuables you really need either.

c．People must be persuaded to believe in your ideals as well.

d．Precious things are also difficult to get people to appreciate.

4．Choose the phrase that is closest in meaning to seen as legitimate or having moral authority. (4)

a．observed to be unlawful or having ethical strength

b．notably outside the powerful group's rights or obligations

c. visibly reasonable and respectable behavior or invalid actions

d. regarded to be legal or possessing the virtuous ability to influence situations

5. Choose the phrase that is closest in meaning to the justness and duty of contributing to the achievement of those values. (5)

a. the obligation to avoid carrying out a neutral commitment to do something

b. the price to be paid to get a fair accomplishment and adequate profit

c. the equitable responsibility to support the realization of mutual beliefs and goals

d. the respect for equal outcomes no matter the cost of attaining them unjustly

6. Choose the phrase that is closest in meaning to in a manner that makes others fail to express some preferences. (6)

a. by means of causing people not to mention other choices

b. in a way that does not show any clear movement forward

c. preferring others to lose because of showing bad behavior

d. using the fast method to avoid selecting more difficult options

7. For the following statements (I) and (II), choose the correct answer from **a-d.**

(I) Intelligent leadership is best done by giving orders without worrying about anything else.

(II) Actions that are simple to recognize and easily seen are part of soft power.

a. Both (I) and (II) are true according to the passage.

b. Only (I) is true according to the passage.

c. Only (II) is true according to the passage.

d. Neither (I) nor (II) is true according to the passage.

8. For the following statements (I) and (II), choose the correct answer from **a-d**.

(I) Soft power can be troublesome for governments to use and handle at times.

(II) Hard power can seldom be used effectively to achieve your goals and influence others.

a. Both (I) and (II) are true according to the passage.

b. Only (I) is true according to the passage.

c. Only (II) is true according to the passage.

d. Neither (I) nor (II) is true according to the passage.

9. For the following statements (I) and (II), choose the correct answer from **a-d**.

(I) Soft power does not really include the ability to convince others.

(II) Hard power depends on the successful application of co-optive behavior.

a. Both (I) and (II) are true according to the passage.

b. Only (I) is true according to the passage.

c. Only (II) is true according to the passage.

d. Neither (I) nor (II) is true according to the passage.

地理

(60分)

〔I〕 次の文章はある大学地理学科の地誌授業における教員と学生の会話である。文章を読んで以下の問いに答えよ。解答は解答欄に記せ。

教　員：今日は，北欧アイスランドについて勉強します。アイスランドは地球科学的に非常に珍しい場所に形成された島国であることを知っていますね。

学生A：はい，拡がるプレート境界である［(ア)］の真上に形成されており，島には多くの火山があり，現在も活発な火山活動が続いています。

教　員：そうだね。［(ア)］を挟んで西側が［(イ)］プレート，東側が［(ウ)］プレートであり，その境界線上に位置しています。これまで火山噴火による災害も頻繁に発生していますが，火山をうまく活用して，(1)島の発電はほぼ100%化石燃料を使わない［(エ)］エネルギーによるものです。

学生B：首都の［(オ)］は北緯［(カ)］度を越えているにもかかわらず，最寒月平均気温が0.6度であり，ケッペンの気候区分では［(キ)］帯気候に該当するのは驚きですね。

教　員：［(ク)］海流の影響がアイスランドまで及んでいるのは，冷たく［(ケ)］の海水がこのあたりの海域でゆっくりと深海に沈んでいくことが影響しているとされています。

学生C：しかし，この島に最初にヨーロッパ大陸から人々が入植してきた9～10世紀頃は，ヨーロッパは現在より寒冷な［(コ)］期であり，電気も温水施設もない冬の暮らしは相当厳しかったのでしょうね。

教　員：そうではなくて，［(コ)］期は14～19世紀とされており，入植が進んだ時期はその前の中世温暖期にあたるため，比較的温暖な時期だったとされています。この時期のアイスランド人はさらに西側に航海を続け，

11世紀には北米大陸に達して入植していたことが考古学的調査により明らかにされています。人類の歴史と気候変動のかかわりについての研究は最近注目されています。

学生D：アイスランドは自国の軍隊をもたない世界でも珍しい国ということでしたが，ＥＵ加盟国ではないのに ㈲ には加盟しているのはそれが原因でしょうか。

教　員：そうですね。 ㈲ の依頼を受けてアメリカ軍がアイスランド防衛隊として20世紀半ばから50年以上駐留していました。その後しばらくの間外国の軍隊は駐留していませんでしたが，2014年のロシアのクリミア軍事介入後，最近では戦闘機などが再び配置されているようです。

学生E：世界地図をみるとアイスランドはヨーロッパの北西の端にあります。東側諸国から遠いのになぜ ㈲ の依頼を受けた外国の軍隊が駐留していたのですか。

教　員：おそらくＥさんが見ている世界地図は，メルカトル図法(2)で描かれたものでしょう。アイスランド付近を中心とした正距方位図法(3)で描かれた地図をみたら，アイスランドが ㈲ にとっていかに重要な戦略的拠点になりうるのかわかりますよ。

問１　㈠ ～ ㈢ に入る地形用語およびプレート名をそれぞれ答えよ。

問２　下線部(1)について ㈣ に入る用語を漢字４文字で答えよ。またアイスランドにおける化石燃料を使わない発電方法のうち発電量上位２種類を答えよ。ただし，その順序は問わない。

問３　㈤ に入る都市名を答えよ。

問４　㈥ に入る ㈤ にもっとも近接する緯度として適当な数値を，次の①～④から一つ選び解答欄に番号を記せ。

①　40　　②　50　　③　60　　④　70

問5 [(キ)] および [(ク)] に入る用語および海流名をそれぞれ答えよ。

問6 [(ケ)] に入る語句について，海水が沈んでいく条件としてもっとも適当なものを，次の①～④から一つ選び解答欄に番号を記せ。

①　強アルカリ　　②　高塩分　　③　低粘性　　④　低密度

問7 [(コ)] に入る用語を漢字2文字で答えよ。

問8 [(サ)] に入る集団防衛組織の名称を漢字8文字で答えよ。

問9　下線部(2)について，メルカトル図法の説明として正しいものを，次の①～④から一つ選び解答欄に番号を記せ。

①　正軸投影の正角円錐図法　　②　正軸投影の正角円筒図法
③　横軸投影の正角円錐図法　　④　横軸投影の正角円筒図法

問10　下線部(3)について，正距方位図法で描かれた地図として正しいものを，次の①～④の中から一つ選び解答欄に番号を記せ。なお，緯線，経線は選択肢ごとにそれぞれ等しい度数間隔で描かれている。

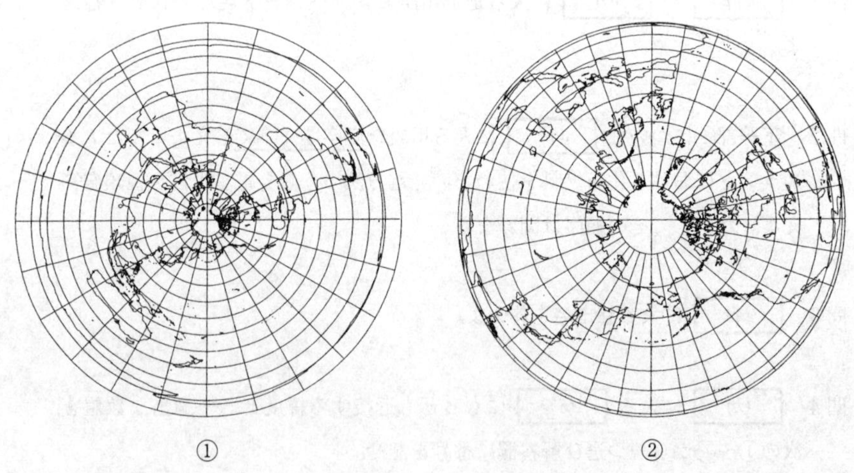

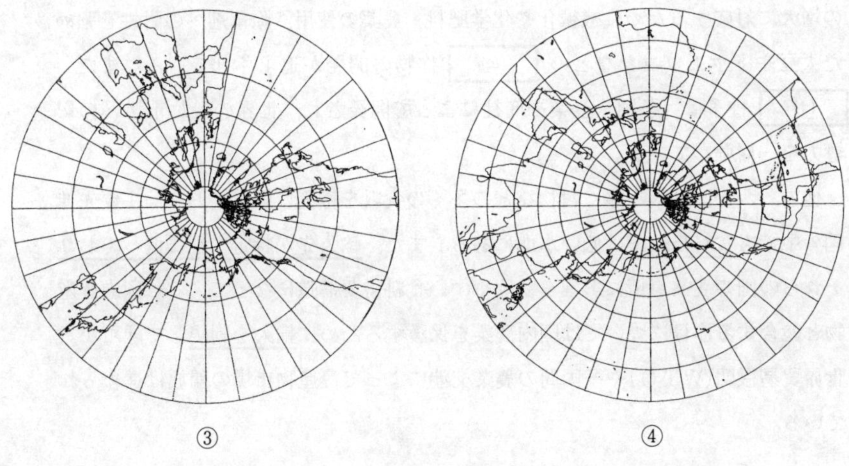

③　　④

〔Ⅱ〕 食料問題に関する次の文章を読んで，以下の問いに答えよ。解答は解答欄に記せ。

現在，わが国は世界中から穀物を始め野菜や果実，食肉，乳製品，加工品までありとあらゆる食料を輸入し，「飽食」生活を送っている。他方で，世界に目を向けると人口増加(1)や干ばつなどの自然災害のために食料不足が常態化し，十分な食料を得られない栄養不足人口を多く抱える国々が存在する。農業生産の効率化の進展によって，世界全体として食料生産は増加しつつあるが，食料が不足している地域は依然として存在している。発展途上国では高収量品種穀物の導入による［（ア）］によって食料増産を達成した国もある一方で，一次産品の輸出に依存した［（イ）］経済によって食料不足を招いた国も存在する。

世界の穀物生産(2018年)は，三大生産国が世界全体の47％を占めており，中国6.1億トン，アメリカ合衆国4.6億トン，インド3.1億トンである。世界の農産物貿易の中心を占める三大穀物(小麦，トウモロコシ，［（ウ）］)において，アメリカ合衆国は世界の穀物輸出量の２割を占めている。世界の農産物輸出国(2)において小麦などの流通には，多国籍企業が深く関与しており，巨大倉庫や輸送手段を駆使し，穀物の集荷・貯蔵・運搬・販売を営んでいる。また，世界的な穀物需要の増大に対応するために機械化や化学肥料・農薬の使用，除草剤への耐性を強めた大豆やトウモロコシなどの [(エ)] 作物の開発が追求されている。また，[(オ)] 種子は，多国籍企業や商社によって開発され，世界の穀物市場への影響力を一層強めている。

他方，わが国は米を除く穀物などの多くの食料を輸入に頼っており，主要先進国の中でも食料自給率(3)は低い水準にある。また，輸入先が特定の国に偏っており(4)，それらの国の農業事情に影響を受けやすい食料需要構造になっている。国内農産物と競合する作目については国内農業を保護するために輸入を制限(5)してきたが，世界貿易機関（WTO）や多国間の農業交渉によって農産物市場の開放は進められている。

問1　文中の [(ア)] 〜 [(オ)] に当てはまる適当な語句を答えよ。

問2　下線部(1)に関して，表1の各国の人口増加率について，A，B，Cに当てはまる国の順番として正しい組み合わせを次の①〜④のうちから一つ選び，番号で答えよ。

表1　各国の人口増加率

国	2000〜10年平均増加率	2010〜20年平均増加率
A	1.6	1.1
B	0.6	0.5
アメリカ合衆国	0.9	0.7
C	1.6	1.4

『世界国勢図会2020/21』により作成

	A	B	C
①	インド	中国	オーストラリア
②	中国	インド	オーストラリア
③	オーストラリア	インド	中国
④	オーストラリア	中国	インド

問3　下線部(2)に関して，D，Eに当てはまる品目名，Fに当てはまる国名を答えよ。

表2　主な農畜産物の輸出国(2020年)

単位：%

D		牛肉		E	
F	47.8	F	18.8	F	30.7
アメリカ合衆国	37.2	オーストラリア	12.0	ベトナム	15.9
パラグアイ	3.8	アメリカ合衆国	10.3	コロンビア	9.0
その他	11.2	その他	41.1	その他	44.4

統計年次は2020年。『世界国勢図会22/23』により作成

問4　下線部(3)に関して，日本の食料自給率の特徴は穀物自給率が低いことにある。穀物自給率が低下した背景について，文章で説明せよ。解答欄の枠内であれば字数は問わない。

〔解答欄〕ヨコ 13.1 cm×タテ 1.7 cm

問5　下線部(4)に関して，次の図1は，日本の主要輸入品目のうち茶の輸入先を示したものである。Gに当てはまる国名を答えよ。

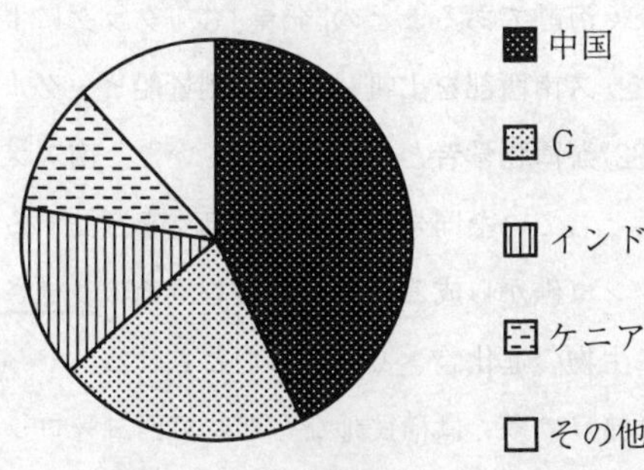

図1　日本の茶の輸入先(2020年)

統計年次は2020年。『日本国勢図会2022/23』により作成

問6　下線部(5)に関して，WTOで特例的に認められている，セーフガード(緊急輸入制限)とはどのようなことを指すか，文章で答えよ。解答欄の枠内であれば字数は問わない。

〔解答欄〕ヨコ 9.6cm×タテ 1.7cm

問7　わが国では，食料品の多くを輸入に頼っている一方で，開発輸入によって安定的な食料確保を目指そうとする動きもある。開発輸入とは，どのようなことを指すか，文章で答えよ。解答欄の枠内であれば字数は問わない。

〔解答欄〕ヨコ 13.1cm×タテ 1.9cm

〔Ⅲ〕　太平洋諸島について述べた次の文章を読み，以下の問いに答えよ。解答は解答欄に記せ。

太平洋諸島の存在をヨーロッパに，そして世界に知らしめたのは，イギリスの海軍士官J．クック(1728－79)による3度の太平洋周航の成果であった。航海術にたけ，測量および地図作成技術にすぐれ，通称キャプテン・クックと呼ばれた彼の足跡は，当時未確認だったオーストラリア大陸東岸をはじめとする島々に刻まれ，それらの地図が初めて作られたほか，たとえばニュージーランドの北島と南島との間が湾ではなく海峡であることの「発見」も，クックによるものだった。

一方，1831年にイギリス南西部を出帆した海軍測量船ビーグル号には，若きC.ダーウィン(1809－1882)が博物学者として乗船していた。南アメリカと太平洋諸島の海岸線測量を目的としていた同号が太平洋の島々を歴訪する5年の間に，ダーウィンは数多くのサンゴ礁から成る島々を観察し，その多様さを考察(ア)した。この時の経験が，のちに生物の進化論へと発展したとされる。

19世紀以降，太平洋諸島の多くは植民地などとして西ヨーロッパ列強の支配下に置かれ，さらに両大戦期を経て宗主国が複雑に変遷した。現在は，2022年時点で独立した国連加盟国が14(オーストラリアを含む)あるものの，ほかにアメリカ領やフランス海外領などもあって，政治的には非常に多様な形態となっている。基本的には小さな島々が集まって一国あるいは一地域を構成している場合が多く，総面積が小さく人口も少ないため，総じて経済的な困難さを抱えている。近年ではまた，島々であるが故の環境問題(イ)も指摘されている。

問1　下線部(ア)について，下の図1は，ダーウィンが太平洋に点在するサンゴ礁の島々を3タイプに分類し，それらのサンゴ礁が別々の種類のものではなく，サンゴ礁を形成するサンゴの生息域が地殻変動によって変化することによる違いであると考えたことを説明した図である。ダーウィンが名付けた(あ)〜(う)のサンゴ礁の分類名を答えよ。

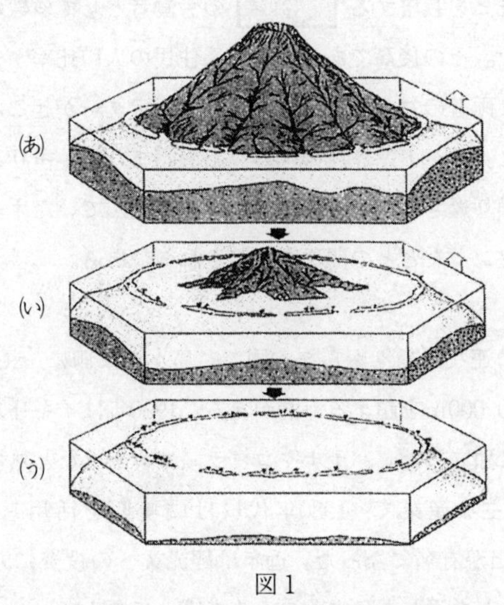

図1

中村和郎ほか『日本の自然　地域編8』による

問2　下線部(イ)について，太平洋の島々の多くが直面している地球規模の環境問題とはどのようなことか，簡潔に説明せよ。解答欄の枠内であれば字数は問わない。　〔解答欄〕ヨコ14.7cm×タテ1cm

問3　次の文章(A)〜(E)は，太平洋の島あるいは島々からなる国または地域について述べたものである。

(A)　この島は，1888年にドイツの保護領となり，20世紀初めにドイツ政府の許可を得て，海鳥やアザラシなどの糞が堆積して化石化した［　①　］鉱石の採取が始まった。その輸出収入により島民は豊かな生活水準を誇っていたが，1990年代に鉱脈はほぼ枯渇し，経済的に破綻状態となった。島の経済的な脆弱さを示すたとえとしてよく言われてきた「すべての卵を一つのバスケットに入れる」(ウ)ことの危うさを示す典型例となっている。

(B)　1874年にイギリスが植民地化したのち，同じイギリス連邦に属するインドからサトウキビを栽培する［　②　］の労働者として多数の契約雇用者が送り込まれた。その後裔であるインド系住民の人口比率が先住の人々の比率を上回ると両者の対立が始まり，軍のクーデターが起こるなど政治的に不安定化した。インド系住民の国外流出も始まり，イギリス連邦からの脱退と復帰が繰り返されたが，近年は一時冷え込んでいたオーストラリアやニュージーランドなどとの関係も改善されつつある。

(C)　南北に列状に連なる島々からなる国で，島々の東側に，長さ約1,200km，最深部は水深10,000mを超える海溝がある。1900年にイギリスの保護領となり，1970年に独立した。バナナやコプラ，ココナツなど熱帯性農産物の生産と輸出が主な産業で，1980年代には端境期を活用した日本への［　③　］の輸出が有名になった。近年は観光業への投資に力を注いでおり，ラグビーなどを通じた日本との交流も盛んである。

(D)　ポリネシアの最東端に位置する絶海の孤島で，現在はチリ領となっている。周辺2,000km以内には有人島は一つも存在しない。全島がチリの国立公園に指定されていて，島の収入源は第1位が観光収益，第2位が牧羊業である。観光客を引きつけるのは，島中に見られる火山岩を加工した巨大石像(エ)や石造の儀礼用祭壇群である。最盛期には人口1万人を数えたが，19世紀末にはわずか100人ほどに減少した。

(E)　世界で最も早く太陽が昇る国といわれ，［ ④ ］線が赤道と交わる付近の広大な海域に散在する島々からなる。1979年に独立したが，同じ年に，島々の中の一つにあった［ ① ］鉱が枯渇し，収入源はココヤシからとれるコプラなどの農産物しかなく，現在は国の東端にあるキリティマティ(クリスマス)島の観光に力を入れている。西部のフェニックス諸島はサンゴ礁や生物多様性の保護地域で，2010年にユネスコの世界自然遺産に登録された。

(1)　各文中の空欄［ ① ］～［ ④ ］に入る適当な語句を答えよ。同じ番号の空欄には同じ語句が入る。

(2)　(A)の文章中にある下線部(ウ)について，それが意味するのはどういうことか，簡潔に答えよ。解答欄の枠内であれば字数は問わない。

〔解答欄〕ヨコ 14cm×タテ 2.1cm

(3)　それぞれの文章に該当する国名または地域名を，下の語群(a)～(e)の中から選んで記号で答えよ。

語群：(a)　キリバス共和国　　(b)　トンガ王国
(c)　ナウル共和国　　(d)　フィジー共和国
(e)　ラパヌイ(イースター島)

(4)　(D)の文章中にある下線部(エ)は何と呼ばれるか，カタカナ3文字で答えよ。

数学

◀法・文(哲・英文・史・心理)・経済・社会・経営・国際文化・人間環境・現代福祉・キャリアデザイン・グローバル教養・スポーツ健康学部▶

(60分)

空欄に最適な数字を解答欄から選び，マークせよ。ただし，分数の形においては既約分数とし，根号を含む形においては根号の中の自然数が最小となるようにせよ。

〔1〕　$x^2 + y^2 = 5$，$x - y = 1 + \sqrt{2}$ とする。

(1)　$xy = \boxed{ア} - \sqrt{\boxed{イ}}$

(2)　$x^6 + y^6 = \boxed{ウエ} + \boxed{オカ}\sqrt{\boxed{キ}}$

〔2〕　4つのさいころを同時に投げ，出た目の積を m とする。

(1)　$m = 25$ となる確率は $\dfrac{\boxed{ア}}{\boxed{イウエ}}$ である。

(2)　m が300の倍数となる確率は $\dfrac{\boxed{オ}}{\boxed{カキク}}$ である。

〔3〕 初項2，公差3の等差数列を$\{a_n\}$とおき，これを次のように群に分ける。

$$a_1 \mid a_2,\ a_3,\ a_4 \mid a_5,\ a_6,\ a_7,\ a_8,\ a_9 \mid \cdots$$

第1群　　第2群　　　第3群

ここで，$\ell = 1, 2, \cdots$ に対し，第ℓ群には$(2\ell - 1)$個の項が入っているものとする。

(1) 第12群に入っている項のなかで4番目の項は［アイウ］である。

(2) 初めて1000より大きくなる項は，第［エオ］群のなかで［カキ］番目の項である。

〔4〕 aは$1 \leqq a \leqq 2$を満たす実数の定数とし，

$$f(x) = x^2 + (10a - 14)x + (a + 1)^2$$

とおく。また，$0 \leqq x \leqq 7 - 3a$における$f(x)$の最大値をM，最小値をmとおく。

(1) $a = \dfrac{6}{5}$のとき，$M = \dfrac{\text{アイ}}{\text{ウ}}$であり，$m = \dfrac{\text{エオ}}{\text{カキ}}$である。

(2) Mの値が最も大きくなるのは，$a = \dfrac{\text{ク}}{\text{ケ}}$のときであり，そのとき

$m = \dfrac{\text{コサシ}}{\text{スセ}}$である。

〔5〕　三角形ABCの辺AC上に点Dがあり，$BC = DC = \dfrac{5}{2}\sqrt{2}$，$\angle BAC = \dfrac{\pi}{4}$，$\cos\angle ABD = \dfrac{4}{5}$が満たされている。

(1)　$\cos\angle BDC = \dfrac{\sqrt{\boxed{ア}}}{\boxed{イウ}}$である。

(2)　三角形BCDの面積は$\dfrac{\boxed{エ}}{\boxed{オ}}$であり，三角形ABDの面積は$\dfrac{\boxed{カキ}}{\boxed{クケ}}$である。

〔6〕　$f(x) = -x^3 + 3a^2x - a^4$とおく。ただし，$a$は正の定数とする。また，$y = f(x)$は$x = x_0$で極小値$y_0$をとり，$x = x_1$で極大値$y_1$をとるものとする。

(1)　$a = \dfrac{1}{2}$のとき，$(x_0,\ y_0) = \left(-\dfrac{\boxed{ア}}{\boxed{イ}},\ -\dfrac{\boxed{ウ}}{\boxed{エオ}}\right)$，

$(x_1,\ y_1) = \left(\dfrac{\boxed{カ}}{\boxed{キ}},\ \dfrac{\boxed{ク}}{\boxed{ケコ}}\right)$である。

(2)　y_1の値が最も大きくなるのは$a = \dfrac{\boxed{サ}}{\boxed{シ}}$のときである。このとき，

$y_1 = \dfrac{\boxed{スセ}}{\boxed{ソタ}}$であり，曲線$y = f(x)$と直線$y = y_0$とで囲まれる部分の面積は$\dfrac{\boxed{チツテト}}{\boxed{ナニ}}$である。

◀情報科・デザイン工・理工・生命科学部▶

（90分）

(注)　デザイン工（システムデザイン）・生命科学部は〔Ⅰ〕～〔Ⅴ〕を，情報科・デザイン工（建築・都市環境デザイン工）・理工学部は〔Ⅰ〕～〔Ⅲ〕〔Ⅵ〕〔Ⅶ〕を解答すること。

問題中の ア，イ，ウ … のそれぞれには，特に指示がないかぎり，－（マイナスの符号），または0～9までの数が1つずつ入る。当てはまるものを選び，マークシートの解答用紙の対応する欄にマークして解答しなさい。

ただし，分数の形で解答が求められているときには，符号は分子に付け，分母・分子をできる限り約分して解答しなさい。

また，根号を含む形で解答が求められているときには，根号の中に現れる自然数が最小となる形で解答しなさい。

〔例〕 $\dfrac{\boxed{ア}\sqrt{\boxed{イ}}}{\boxed{ウエ}}$ に $\dfrac{-\sqrt{3}}{14}$ と答えたいときには，以下のようにマークしなさい。

ア	●	⓪	①	②	③	④	⑤	⑥	⑦	⑧	⑨
イ	⊖	⓪	①	②	●	④	⑤	⑥	⑦	⑧	⑨
ウ	⊖	⓪	●	②	③	④	⑤	⑥	⑦	⑧	⑨
エ	⊖	⓪	①	②	③	●	⑤	⑥	⑦	⑧	⑨

〔I〕

数列$\{a_n\}$および$\{b_n\}$を次で定める。

- $a_1 = 1$，$b_1 = 4$である。
- nを正の整数とし，数直線上の，座標がa_nである点をA，座標がb_nである点をBとする。
- 線分ABを2：1に内分する点をCとし，Cに対応する実数をa_{n+1}とする。
- 線分CBを2：1に外分する点をDとし，Dに対応する実数をb_{n+1}とする。

$a_2 = \boxed{ア}$，$b_2 = \boxed{イ}$である。

$n \geqq 1$のとき，

$$a_{n+1} = \frac{1}{\boxed{ウ}}\left(a_n + \boxed{エ}\, b_n\right)$$

$$b_{n+1} = \frac{1}{\boxed{ウ}}\left(\boxed{オ}\, a_n + \boxed{カ}\, b_n\right)$$

である。

数列$\{c_n\}$を，$c_n = -a_n + b_n$で定める。

$\{c_n\}$は初項$\boxed{キ}$，公比$\dfrac{\boxed{ク}}{\boxed{ケ}}$の等比数列である。

$\{c_n\}$の一般項は

$$c_n = -a_n + b_n = \frac{\boxed{コ}}{\boxed{サ}}$$

である。

ただし，$\boxed{コ}$，$\boxed{サ}$については，以下のA群の⓪～⑨からそれぞれ1つを選べ。

A群

⓪ 2^{n-3} ① 2^{n-2} ② 2^{n-1} ③ 2^n ④ 2^{n+1}

⑤ 3^{n-3} ⑥ 3^{n-2} ⑦ 3^{n-1} ⑧ 3^n ⑨ 3^{n+1}

$n \geqq 1$のとき,

$$a_n - 2b_n = \boxed{シ}$$

である。

ただし, $\boxed{シ}$ については, 以下のB群の⓪～⑨から1つを選べ。

B群

⓪ 0 ① 1 ② n ③ n^2 ④ n^2-1

⑤ 5 ⑥ -5 ⑦ -7 ⑧ 2^n ⑨ 3^n

$n \geqq 1$のとき,

$$a_n = \boxed{ス} - \frac{\boxed{セ}}{\boxed{ソ}}, \quad b_n = \boxed{タ} - \frac{\boxed{チ}}{\boxed{ツ}}$$

である。

ただし, $\boxed{セ}$, $\boxed{ソ}$, $\boxed{チ}$, $\boxed{ツ}$ については, 上のA群の⓪～⑨からそれぞれ1つを選べ。ここで, 同じものを何回選んでもよい。

$$\sum_{k=1}^{n} c_k = \boxed{テ} - \frac{\boxed{ト}}{\boxed{ナ}}$$

である。

ただし, $\boxed{ト}$, $\boxed{ナ}$ については, 上のA群の⓪～⑨からそれぞれ1つを選べ。

〔Ⅱ〕

空間内に，三角形OABを底面とする三角柱DEF－OABがある。

底面OABは，1辺の長さが1の正三角形である。また，辺OD，AE，BFは，いずれも長さが2で，底面OABと垂直に交わっている。

辺ODの中点をCとする。3点A，F，Cが定める平面をαとし，Hをα上の点とする。

三角形AFCの内角∠FCAの大きさをθとする。

$\mathrm{CA}=\mathrm{CF}=\sqrt{\boxed{ア}}$，$\mathrm{AF}=\sqrt{\boxed{イ}}$であり，$\cos\theta=\dfrac{\boxed{ウエ}}{\boxed{オ}}$である。

三角形AFCの面積は$\dfrac{\sqrt{\boxed{カキ}}}{\boxed{ク}}$である。

ベクトル$\vec{a}$，$\vec{b}$，$\vec{c}$を，それぞれ，

$$\vec{a}=\overrightarrow{\mathrm{OA}},\quad \vec{b}=\overrightarrow{\mathrm{OB}},\quad \vec{c}=\overrightarrow{\mathrm{OC}}$$

とする。$\vec{a}$と$\vec{b}$の内積は，

$$\vec{a}\cdot\vec{b}=\frac{\boxed{ケ}}{\boxed{コ}}$$

である。

xおよびyを実数とする。

$\overrightarrow{\mathrm{CH}}=x\,\overrightarrow{\mathrm{CA}}+y\,\overrightarrow{\mathrm{CF}}$とすると，

$$\overrightarrow{\mathrm{EH}}=\boxed{サ}\,\vec{a}+\boxed{シ}\,\vec{b}+\boxed{ス}\,\vec{c}$$

となる。

ただし，$\boxed{サ}$ ～ $\boxed{ス}$ については，以下のA群の⓪～⑨からそれぞれ1つを選べ。ここで，同じものを何回選んでもよい。

A群

⓪　x　　①　y

②　$(x-1)$　　③　$(x+1)$

④　$(y-1)$　　⑤　$(y+1)$

⑥　$(-x+y-1)$　　⑦　$(-x+y+1)$

⑧　$(x-y)$　　⑨　$(y-x)$

ベクトル $\overrightarrow{\mathrm{EH}}$ と $\overrightarrow{\mathrm{CA}}$ の内積，およびベクトル $\overrightarrow{\mathrm{EH}}$ と $\overrightarrow{\mathrm{CF}}$ の内積は，それぞれ，

$$\overrightarrow{\mathrm{EH}}\cdot\overrightarrow{\mathrm{CA}} = \boxed{セ}\,x + \boxed{ソ}\,y$$

$$\overrightarrow{\mathrm{EH}}\cdot\overrightarrow{\mathrm{CF}} = \boxed{タ}\,x + \boxed{チ}\,y + \boxed{ツ}$$

となる。

ただし，$\boxed{セ}$ ～ $\boxed{ツ}$ については，以下のB群の⓪～⑨からそれぞれ1つを選べ。ここで，同じものを何回選んでもよい。

B群

⓪　(-2)　　①　$\left(\frac{-3}{2}\right)$

②　2　　③　$\left(\frac{-1}{2}\right)$

④　$\left(\frac{-1}{3}\right)$　　⑤　$\left(\frac{-1}{4}\right)$

⑥　$\frac{1}{4}$　　⑦　$\frac{1}{3}$

⑧　$\frac{1}{2}$　　⑨　$\frac{3}{2}$

直線EHとαが垂直であるとする。

$$x = \frac{\boxed{テ}}{\boxed{ト}},\quad y = \frac{\boxed{ナ}}{\boxed{ト}}$$

であり，

$$\mathrm{CH} = \frac{\sqrt{\boxed{\text{ニヌ}}}}{\boxed{\text{ネ}}}$$

である。

〔Ⅲ〕

(1) a, b, c をそれぞれ正の整数とする。

(i) $(a-b)(b-c)=0$ であることは，$a=b$ かつ $b=c$ であるための $\boxed{\text{ア}}$ 。

ただし，$\boxed{\text{ア}}$ については，以下のA群の ①〜④ から1つを選べ。

A群

① 必要条件ではあるが，十分条件ではない

② 十分条件ではあるが，必要条件ではない

③ 必要十分条件である

④ 必要条件でも十分条件でもない

(ii) $a \neq b$ かつ $b \neq c$ であることは，$(a-b)(b-c)=0$ であるための $\boxed{\text{イ}}$ 。

ただし，$\boxed{\text{イ}}$ については，上のA群の ①〜④ から1つを選べ。

(iii) $(a-b)(b-c)=0$ であることは，$a=b$，または $b=c$ の少なくとも一方が成り立つための $\boxed{\text{ウ}}$ 。

ただし，$\boxed{\text{ウ}}$ については，上のA群の ①〜④ から1つを選べ。

(2) k を正の整数とする。1個のサイコロを繰り返し投げて，k 回目に出た目の数を a_k とする。

(i) サイコロを2回投げる。$a_1=3$，かつ $a_2=5$ となる確率は $\dfrac{\boxed{\text{エ}}}{\boxed{\text{オカ}}}$ である。

(ii) サイコロを2回投げる。$a_1 - a_2 - 1$ が素数となる確率は $\dfrac{\boxed{キ}}{\boxed{クケ}}$ である。

(iii) サイコロを3回投げる。$a_1 \neq a_2$，かつ $a_2 \neq a_3$ となる確率は $\dfrac{\boxed{コサ}}{\boxed{シス}}$ である。

(iv) サイコロを3回投げる。$a_1 < a_2$，または $a_2 > a_3$ となる確率は $\dfrac{\boxed{セソタ}}{\boxed{チツテ}}$ である。

(v) サイコロを3回投げる。$a_2 \leqq a_3$ であったとき，$a_1 \geqq a_2$ である確率は $\dfrac{\boxed{トナ}}{\boxed{ニヌ}}$ である。

(vi) サイコロを4回投げる。$(a_1 - a_2)(a_2 - a_3)(a_3 - a_4) = 0$ となる確率は $\dfrac{\boxed{ネノ}}{\boxed{チツテ}}$ である。

次の問題〔IV〕は，デザイン工学部システムデザイン学科，生命科学部生命機能学科・環境応用化学科・応用植物科学科のいずれかを志望する受験生のみ解答せよ。

〔IV〕

座標平面において考える。

連立不等式

$$\begin{cases} 0 \leqq x \leqq 9 \\ 0 \leqq y \leqq 8 \end{cases}$$

の表す領域を D とする。

a，b を正の実数とし，P，Q を座標平面の点とする。

Pを中心とし，半径が a の円 R と，Qを中心とし，半径が b の円 S がある。

R は D に含まれている。また，R は x 軸と y 軸の両方に接している。

a は，R が，直線 $y=8$ に接するとき最大となる。a の最大値は [ア] である。

S は D に含まれている。また，S は2直線 $x=9$ と $y=8$ の両方に接している。

(1)　Pの座標は，P([イ], [ウ]) であり，Qの座標は，Q([エ], [オ]) である。

ただし，[イ] ～ [オ] については，以下のA群の①～⑧からそれぞれ1つを選べ。ここで，同じものを何回選んでもよい。

A群

①　a	②　b	③　$a+b$	④　$9-b$
⑤　$8-b$	⑥　$9+b$	⑦　$8+b$	⑧　$\lvert a-b \rvert$

(2)　円 R と S が外接するとする。

$a+b=$ [カ] である。また，a が取りうる値の範囲は [キ] $\leqq a \leqq$ [ア] である。

円 R の面積と円 S の面積の和の最大値は [ク] π であり，最小値は [ケ] π である。

ただし，[ク]，[ケ] については，以下のB群の①～⑧からそれぞれ1つを選べ。ここで，同じものを何回選んでもよい。

B群

① $\frac{3}{4}$　② $\frac{4}{3}$　③ $\frac{8}{5}$　④ $\frac{9}{5}$

⑤ $\frac{25}{2}$　⑥ 4　⑦ 17　⑧ 25

円 R と S の共有点をCとする。Cの座標はC $\left(\boxed{コ}\, a,\ \boxed{サ}\, a \right)$ である。

ただし，[コ]，[サ] については，上のB群の①～⑧からそれぞれ1つを選べ。ここで，同じものを何回選んでもよい。

Cを通り，直線PQに直交する直線の方程式は

$$y = -\boxed{シ}\,x + \boxed{ス}\,a$$

である。

ただし，[シ] については，上のB群の①～⑧から1つを選べ。

次の問題〔V〕は，デザイン工学部システムデザイン学科，生命科学部生命機能学科・環境応用化学科・応用植物科学科のいずれかを志望する受験生のみ解答せよ。

〔V〕

Oを原点とする座標平面において考える。

(1)　a，b を正の実数とする。

関数 $f(x)$ を，

$$f(x) = a - bx^2 \quad (x \geqq 0)$$

とし，曲線 $y = f(x)$　$(x \geqq 0)$ を C とする。

C と，x 軸の交点の x 座標は $\left(\boxed{ア}, 0\right)$ である。

ただし，$\boxed{ア}$ については，以下のA群の⓪〜⑧から1つを選べ。

A群

⓪　0　①　a　②　$\dfrac{a}{b}$　③　$\dfrac{\sqrt{ab}}{a}$　④　$\dfrac{\sqrt{ab}}{b}$

⑤　b　⑥　$\dfrac{b}{a}$　⑦　$\dfrac{\sqrt{a}}{b}$　⑧　$\dfrac{\sqrt{b}}{a}$

C は，点 $\left(\dfrac{1}{4}, \dfrac{1}{2}\right)$ を通り，かつ C と x 軸および y 軸とで囲まれた部分の面積は $\dfrac{\sqrt{2}}{6}$ であるとする。

$$\begin{cases} \boxed{イウ}\, a = b + \boxed{エ} \\ \boxed{オ}\, a^{\boxed{カ}} = b \end{cases}$$

であり，

$$(a, b) = \left(\boxed{キ}, \boxed{ク}\right), \left(\boxed{ケ}, \boxed{コ}\right)$$

である。

ただし，$\boxed{キ} > \boxed{ケ}$ とし，$\boxed{キ}$ 〜 $\boxed{コ}$ については，以下のB群の⓪〜

⑨からそれぞれ1つを選べ。ここで，同じものを何回選んでもよい。

B群

⓪　$-1+\sqrt{5}$　　①　1

②　2　　③　$1+\sqrt{5}$

④　4　　⑤　$\dfrac{-1+\sqrt{5}}{2}$

⑥　$\dfrac{1+\sqrt{5}}{2}$　　⑦　$8\sqrt{5}-16$

⑧　8　　⑨　$8\sqrt{5}+16$

(2)　関数 $g(x)$ を，

$$g(x) = \boxed{キ} - \boxed{ク}\,x^2 \quad (x \geqq 0)$$

とする。

曲線 $y=g(x)$ $(x \geqq 0)$ と，x 軸の交点をPとすると，Pの座標は

$\mathrm{P}\left(\dfrac{\sqrt{\boxed{サ}}}{\boxed{シ}},\ 0\right)$ である。

2点Q，Rを，それぞれ，$\mathrm{Q}\left(\dfrac{1}{4},\ g\left(\dfrac{1}{4}\right)\right)$，$\mathrm{R}\left(\dfrac{1}{8},\ g\left(\dfrac{1}{8}\right)\right)$ とする。

三角形QOPの内角∠QOPの大きさを α，三角形ROQの内角∠ROQの大きさを β とする。

$$\tan\alpha = \boxed{ス},\qquad \tan\beta = \frac{1}{\boxed{セ}},\qquad \sin\beta = \frac{\sqrt{\boxed{ソタ}}}{\boxed{チツ}}$$

となる。

三角形ROQの面積は，

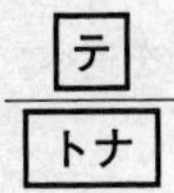

となる。

次の問題〔VI〕は，情報科学部コンピュータ科学科・ディジタルメディア学科，デザイン工学部建築学科・都市環境デザイン工学科，理工学部機械工学科機械工学専修・電気電子工学科・応用情報工学科・経営システム工学科・創生科学科のいずれかを志望する受験生のみ解答せよ。

〔VI〕

座標平面において考える。

k を実数とし，方程式

$$y = k - x^2$$

が表す放物線を C とする。また，方程式

$$x^2 + \frac{y^2}{2} = 1$$

が表す楕円(だえん)を D とする。

C および D が点Pを共有するとき，C および D は，Pを ア 対称移動した点も共有する。

ただし， ア については，以下のA群の ①～⑤ から1つを選べ。

A群

① x 軸に関して

② y 軸に関して

③ 直線 $y = x$ に関して

④ 直線 $y = -x$ に関して

⑤ 原点に関して

C と D の共有点の個数について考える。

C と D の共有点の個数がちょうど3であるのは $k =$ イ のときである。

ただし， イ については，以下のB群の ①～⑧ から1つを選べ。

B群

① $\frac{-3}{2}$　② $-\sqrt{2}$　③ -1

④ $\frac{-\sqrt{2}}{2}$　⑤ $\frac{\sqrt{2}}{2}$　⑥ 1

⑦ $\sqrt{2}$　⑧ $\frac{3}{2}$

C と D の共有点の個数がちょうど1であるのは $k=$ [ウ] のときである。

ただし，[ウ] については，上のB群の①～⑧から1つを選べ。

[ウ] $<k<$ [イ] であるとき，C と D の共有点の個数は，ちょうど [エ] である。

C と D の共有点の個数がちょうど [エ] であり，かつ，$k>$ [イ] であるならば $k=$ [オ] である。

ただし，[オ] については，上のB群の①～⑧から1つを選べ。

[イ] $<k<$ [オ] であるとき，C と D の共有点の個数は，ちょうど [カ] である。

曲線 $y=$ [オ] $-x^2$ と，D の，$x\geqq 0$ の範囲にある共有点の x 座標は [キ] である。

ただし，[キ] については，上のB群の①～⑧から1つを選べ。

曲線 $y=$ [オ] $-x^2$，および曲線 $y=\sqrt{2(1-x^2)}$ で囲まれる部分の面積を S とすると

$$S=\boxed{ク}\int_0^{\boxed{キ}}\boxed{ケ}\,dx$$

である。

ただし，[ケ] については，以下のC群の①～⑧から1つを選べ。

C群

① $\left(\sqrt{2(1-x^2)}+x^2+\boxed{オ}\right)$

② $\left(\sqrt{2(1-x^2)}+x^2-\boxed{オ}\right)$

③　$\left(\sqrt{2(1-x^2)}-x^2+\boxed{オ}\right)$

④　$\left(\sqrt{2(1-x^2)}-x^2-\boxed{オ}\right)$

⑤　$\left(-\sqrt{2(1-x^2)}+x^2+\boxed{オ}\right)$

⑥　$\left(-\sqrt{2(1-x^2)}+x^2-\boxed{オ}\right)$

⑦　$\left(-\sqrt{2(1-x^2)}-x^2+\boxed{オ}\right)$

⑧　$\left(-\sqrt{2(1-x^2)}-x^2-\boxed{オ}\right)$

不定積分$\int\sqrt{1-x^2}\,dx$を，$x=\cos t\left(0\leqq t\leqq\frac{\pi}{2}\right)$によって置換積分を行い，$t$の式で表す。

$\int\sqrt{1-x^2}\,dx$は，積分定数をKとして，

$$\int\sqrt{1-x^2}\,dx=\frac{\boxed{コ}}{\boxed{サ}}+K$$

となる。

ただし，$\boxed{コ}$については，以下のD群の①～⑧から1つを選べ。

D群

①　$\cos 2t-2t$　　②　$\cos 2t-t$　　③　$\cos 2t+t$

④　$\cos 2t+2t$　　⑤　$\sin 2t-2t$　　⑥　$\sin 2t-t$

⑦　$\sin 2t+t$　　⑧　$\sin 2t+2t$

面積Sは，

$$S=\boxed{シ}-\boxed{ス}\pi$$

である。

ただし，$\boxed{シ}$，$\boxed{ス}$については，以下のE群の①～⑧からそれぞれ1つを選べ。ここで，同じものを何回選んでもよい。

E群

① $\dfrac{\sqrt{2}}{2}$　② $\dfrac{\sqrt{2}}{3}$　③ $\dfrac{\sqrt{2}}{4}$　④ $\dfrac{\sqrt{2}}{8}$

⑤ $\dfrac{2\sqrt{2}}{3}$　⑥ $\dfrac{3\sqrt{2}}{4}$　⑦ $\dfrac{5\sqrt{2}}{6}$　⑧ $\dfrac{5\sqrt{2}}{12}$

次の問題〔Ⅶ〕は，情報科学部コンピュータ科学科・ディジタルメディア学科，デザイン工学部建築学科・都市環境デザイン工学科，理工学部機械工学科機械工学専修・電気電子工学科・応用情報工学科・経営システム工学科・創生科学科のいずれかを志望する受験生のみ解答せよ。

〔Ⅶ〕

e を自然対数の底とし，対数は自然対数とする。

(1)　n を，3以上の整数とする。

$(1+x)^n$ の展開式における x^i $(1 \leqq i \leqq n)$ の係数を a_i とすると，

$$(1+x)^n = 1 + a_1 x + a_2 x^2 + \cdots + a_n x^n \cdots\cdots ⓘ$$

である。

$$a_1 = \boxed{ア}, \quad a_2 = n \times \boxed{イ}, \quad a_n = \boxed{ウ}$$

である。

ただし，$\boxed{ア}$ ～ $\boxed{ウ}$ については，以下のA群の①～⑦からそれぞれ1つを選べ。ここで，同じものを何回選んでもよい。

A群

① 1　② n　③ $\dfrac{n-1}{2}$　④ $\dfrac{1}{n}$

⑤ $\dfrac{2}{n-1}$　⑥ 2^n　⑦ $n!$

ⅰにおいて $x=1$ とする。

$$2^n \boxed{\text{エ}} \left(n \times \boxed{\text{イ}}\right)$$

である。

ただし，$\boxed{\text{エ}}$ については，以下のB群の①～③から1つを選べ。

B群

① $>$　　② $=$　　③ $<$

$e^n > 2^n$ であるから，$e^n \boxed{\text{オ}} \left(n \times \boxed{\text{イ}}\right)$ となり，

$$\lim_{n \to \infty} \frac{n}{e^n} = \boxed{\text{カ}} \quad \cdots\cdots ⅱ$$

である。

ただし，$\boxed{\text{オ}}$ については，上のB群の①～③から，$\boxed{\text{カ}}$ については，以下のC群の⓪～②からそれぞれ1つを選べ。

C群

⓪ 0　　① 1　　② ∞

(2) 関数 $f(x)$ を

$$f(x) = -\sqrt{x}\log x \quad (x > 0)$$

とする。

$f(x)$ の導関数を $f'(x)$，第2次導関数を $f''(x)$ とする。

$$f'(x) = \boxed{\text{キ}}\, x^{\boxed{\text{ク}}} \left(\log x + \boxed{\text{ケ}}\right)$$

$$f''(x) = \boxed{\text{コ}}\, x^{\boxed{\text{サ}}} \log x$$

である。

ただし，$\boxed{\text{キ}}$ ～ $\boxed{\text{サ}}$ については，以下のD群の⓪～⑨からそれぞれ1つを選べ。ここで，同じものを何回選んでもよい。

D群

⓪ (-2)　① $\left(\dfrac{-3}{2}\right)$　② 2　③ $\left(\dfrac{-1}{2}\right)$

④ $\left(\dfrac{-1}{4}\right)$　⑤ $\dfrac{1}{4}$　⑥ $\dfrac{4}{9}$　⑦ $\dfrac{1}{2}$

⑧ $\dfrac{2}{3}$　⑨ $\dfrac{3}{2}$

$f(x)$ の最大値は [シ] である。

ただし，[シ] については，以下のE群の⓪～⑨から1つを選べ。

E群

⓪ 0　① 1　② 2　③ e^{-2}　④ $2e^{-1}$

⑤ e　⑥ $e^{-\frac{1}{2}}$　⑦ $3e^{-\frac{3}{2}}$　⑧ $\dfrac{1}{2}e^{-\frac{1}{4}}$　⑨ e^2

$f'(x)=0$ または $f''(x)=0$ をみたす実数 x のうち，小さい方を α，大きい方を β とする。曲線 $y=f(x)$ を C とする。

$0<x<\alpha$ において，$f(x)$ は [ス] である。
$\alpha<x<\beta$ において，$f(x)$ は [セ] である。
$\beta<x$ において，$f(x)$ は [ソ] である。

ただし，[ス] ～ [ソ] については，以下のF群の①～④からそれぞれ1つを選べ。ここで，同じものを何回選んでもよい。

F群

① つねに減少し，C は上に凸
② つねに減少し，C は下に凸
③ つねに増加し，C は上に凸
④ つねに増加し，C は下に凸

(3) 不定積分 $\int\sqrt{x}\log x\,dx$ は，積分定数を K とすると，

$$\int\sqrt{x}\log x\,dx = \boxed{タ}\,x^{\boxed{チ}}\left(\log x-\boxed{ツ}\right)+K$$

である。

ただし，$\boxed{\text{タ}}$ ～ $\boxed{\text{ツ}}$ については，前のＤ群の ⓪～⑨ からそれぞれ１つを選べ。ここで，同じものを何回選んでもよい。

数列 $\{b_n\}$ を

$$b_n = -\int_{e^{-2n}}^{1} \sqrt{x} \log x \, dx \quad (n = 1,\ 2,\ 3,\ \cdots)$$

で定める。

$$b_n = \boxed{\text{テ}} \left(1 - \frac{\boxed{\text{ト}}\, n + 1}{e^{\boxed{\text{ナ}}\, n}} \right)$$

であり，ⅱ を用いると，

$$\lim_{n \to \infty} b_n = \boxed{\text{ニ}}$$

となる。

ただし，$\boxed{\text{テ}}$，$\boxed{\text{ニ}}$ については，前のＤ群の ⓪～⑨ からそれぞれ１つを選べ。ここで，同じものを何回選んでもよい。

問五　右の文章から蔡琰（文姫）のどのような人物像が読み取れるか。つぎの形式にしたがって十字以上、二十字以内にまとめ、解答欄に記せ。ただし、読点や記号も一字と数える。

蔡琰は、［　　　　　　　　］人物であった。

問一　波線部a「然」、b「奈何」、c「乃」の読み方を、送り仮名も含めてそれぞれひらがなで解答欄に記せ。なお、歴史的仮名遣いでも現代仮名遣いでもよい。

問二　傍線部①「改容」の意味として最も適切なものをつぎの中から選び、解答欄の記号をマークせよ。

ア　過ちを認めてすぐに直した。
イ　宴席での酒食をすすめた。
ウ　うわべだけ従うふりをした。
エ　こらえきれず涙を流した。
オ　敬意を表わす態度になった。

問三　傍線部②「何惜疾足一騎而不済垂死之命乎」の書き下し文は「何ぞ疾足の一騎を惜しみて死に垂(なんな)んとするの命を済(すく)はざらんや」であるが、これにしたがって、解答欄の文に返り点を付けよ。なお、送り仮名を付ける必要はない。

問四　傍線部③「猶能憶識之不」の解釈として最も適切なものをつぎの中から選び、解答欄の記号をマークせよ。

ア　たまたま手に入ったのか。
イ　まだ覚えているものはあるか。
ウ　やはり見分けられないのか。
エ　いまなお懐かしく思うか。
オ　どうしていぶかしく思わないのか。

文姫曰、昔亡父賜書四千許巻、流離塗炭、罔有存者。今所誦憶、裁四百余篇耳。

（『後漢書』より）

【注】

＊陳留　郡名。

＊董祀　後漢の人。

＊蔡邕　後漢の文人・学者。字は伯喈。曹操と親しかった。

＊屯田都尉　官名。諸都尉の一つ。屯田を司る。

＊曹操　三国の魏の武帝。後漢の献帝の時、魏王に封ぜられた。

＊請之　命請いをする。

＊蓬首　乱れ髪。

＊文状　刑執行の命令書。

＊明公　名誉・地位のある人への尊称。ここでは曹操を指す。

＊虎士　虎のように勇猛な兵士。

＊墳籍　昔の書物。

〔五〕 つぎの文章を読んで、後の問いに答えよ（設問の都合で返り点・送り仮名を省いた箇所がある）。

*陳留*董祀妻者、同郡*蔡邕之女也。名琰、字文姫。祀為*屯田都尉、犯法当死。文姫詣*曹操請之。時公卿・名士満堂。操謂賓客曰、蔡伯喈女在外、今為諸君見之。及文姫進、*蓬首徒行、叩頭請罪、音辞清弁、旨甚酸哀。衆皆為①改容。操曰、誠実相矜、a然。*文状已去、b奈何。文姫曰、*明公厩馬万匹、*虎士成林、何②惜疾足一騎而不済垂死之命乎。操感其言、c乃追原祀罪。

操因問曰、聞夫人家先多*墳籍、③猶能憶識之不。

イ　初めて和歌に関心を持ったときから、的確な指導を受けることができたので、修行は速やかに進んだ。

ウ　和歌の学習を開始するとすぐに上達したので、他人にはいつ修行したかもわからないほどだった。

エ　生まれた時点ですでに和歌の才能を発揮できたので、優れた和歌を修行することなく詠むことができた。

オ　生まれてこのかた和歌の道を愛し続けてきたので、その本質を会得し、さらに修行を深めていった。

問四　傍線部3「自得発明」とあるが、その意味するところと最も近似する内容をもつ文章中の表現を点線部a～e中から選び、解答欄の記号をマークせよ。

問五　この文章では、和歌が上達するために必要な要素を二つ指摘している。その二つの組み合わせとして最も適切なものをつぎの中から選び、解答欄の記号をマークせよ。

ア　稽古・修行　イ　坂東・鎮西　ウ　修行・数寄　エ　重宝・肝要　オ　生得の上手・生得の堪能

問六　この文章で、後京極摂政殿と宮内卿は、どのような共通点を持つ歌人だと説明されているか。解答欄に記せ。

問七　傍線部4「勅撰」とあるが、これは勅撰和歌集のことをさす。つぎの中から勅撰和歌集に該当しないものを一つ選び、解答欄の記号をマークせよ。

ア　万葉集　イ　古今集　ウ　後撰集　エ　拾遺集　オ　金葉集

【注】 ＊なびなびと口がろに　　のびのびと軽快に。
　　＊古今の大事をもゆるし　　古今集の秘事口伝を受けることも許され。

問一　空欄 X 、 Y には、それぞれ左に示した助動詞を活用させた語が入る。その語を解答欄に記せ。
　X ……「ぬ」
　Y ……「き」

問二　傍線部1「ゆかずして長途にいたることなし」とあるが、その教えの趣旨として最も適切なものをつぎの中から選び、解答欄の記号をマークせよ。
ア　多くの回り道をしなければ、大きな目標を達成することはできない。
イ　初めに大きな決心をしなければ、修行を貫徹することはできない。
ウ　初めの一歩を踏み出してみなければ、物事の奥深さは理解できない。
エ　一気に成し遂げる気構えがなければ、何事も成就することはできない。
オ　多くの年月をかけて努力しなければ、物事を大成することはできない。

問三　傍線部2「初発心の時、便成正覚なれば、修行を待つところにあらず」とあるが、その解釈として最も適切なものをつぎの中から選び、解答欄の記号をマークせよ。
ア　初めて和歌の道を志そうとした時点で、その本質を悟ったので、わざわざ修行する必要はなかった。

●以下の問題〔四〕〔五〕は、文学部日本文学科を志望する受験者のみ解答せよ。

〔四〕つぎの文章は、室町時代の歌人正徹（しょうてつ）が過去の著名な歌人たちについて述べた一節である。これを読んで、後の問いに答えよ。

家隆は四十以後、初めて作者の名を得たり。それより前もいかほどか歌を詠みしかども、名誉せらるることは、四十以後なりしなり。頓阿は六十以後、[a]この道に名を得たるなり。かやうに昔の先達も、初心から名誉はなかりしなり。稽古・数寄、劫（こふ）積もりて、名望ありけるなり。今の時分の人、いまだ歌ならば一、二百首詠みて、やがて定家・家隆の歌を似せんと思ひ侍ること、をかしきことなり。定家も[1]「ゆかずして長途にいたることなし」と書きたり。坂東・鎮西の方へは、日をへてこそいたるべきに、[b]ただ思ひ立ち一足にいたらんとするがごとしと云々。

ただ数寄の心ふかくして、昼夜の修行おこたらず、まづ*なびなびと口がろに詠みつけ[X]ば、[c]自然と求めざるに興あるところへ行きつくべきなり。但し後京極摂政殿は、三十七にて薨（こう）じ給ひしが、生得の上手にておはしまして、殊勝の物どもあそばしき。もし八十、九十の老年までおはしましたらば、[d]いかになほ重宝どもあそばされんずらんと申し侍りし。宮内卿は二十よりうちになくなり[Y]ば、[e]いつのほどに稽古も修行もあるべきぞなれども、名誉ありしは生得の上手にてあるゆゑなり。生得の堪能にいたりては、[2]初発心（しょほっしん）の時、便成正覚（べんじやうしやうがく）なれば、修行を待つところにあらず。しからざらん輩は、ただ不断の修行をはげまして年月を送るは、終（つひ）に[3]自得発明（じとくほつみやう）の期あるべきなり。ただ数寄に越えたる重宝も肝要もなきなり。上代にも数寄の人々は*古今の大事をもゆるし、[4]勅撰にも入れられ侍り。誠の数寄だにあらば、などか発明の期なからむ。

（『正徹物語』より）

ちは作る達成感や満足感を得られないと不満の声を上げた。

イ　ディヒターは、ケーキミックスの売り上げを伸ばすため、その原料から一部を取り除き、消費者が新たに材料を加える工程を増やすよう企業に提案した。

ウ　ベティ・クロッカーは、ゼネラル・ミルズ社を経営しながらメディアにも登場し、レシピを提案したり女性の悩みに答えたりしたことで、理想的な女性像となった。

エ　アメリカを中心にインスタント食材が普及したことで、理想的な家庭のイメージが変わり、美しい料理やデザートを提供するためのスキルが不要になった。

オ　インスタント食材によって料理にかかる負担が軽減されたことで、女性の社会進出が促進され、クリエイティブな能力を発揮することができるようになった。

問七　筆者は、二〇世紀の女性がそれ以前に比べて、料理における「創造性」をどのように実現したと述べているか。三十字以上、四十字以内で説明し、解答欄に記せ。ただし、句読点や記号も一字と数える。

エ　即席商品は料理の手間を軽減して消費者を助けたが、料理する実感がなくなったという不満の声も生じたから。
オ　即席商品は忙しい女性の手助けとなったが、料理の手を抜いていると男性から批判を受けることになったから。

問四　空欄 A ・ B に入る語の組み合わせとして最も適切なものをつぎの中から選び、解答欄の記号をマークせよ。

ア　A・焼く―B・食べる　　イ　A・作る―B・食べる　　ウ　A・焼く―B・飾る
エ　A・飾る―B・焼く　　オ　A・食べる―B・飾る　　カ　A・飾る―B・作る

問五　傍線部3「商業的かつイデオロギー的意味を持つ」とあるが、ベティ・クロッカーが担った役割の説明として最も適切なものをつぎの中から選び、解答欄の記号をマークせよ。

ア　ブランドイメージを向上させるとともに、女性たちに手軽さとクリエイティビティの実現をもたらした。
イ　企業イメージを人格化して親近感を持たせるとともに、レシピを提供して女性たちの技術向上にも貢献した。
ウ　料理人の立場からマーケティングを展開したことで、消費者の強い支持を得るであろう女性像を提供した。
エ　企業と消費者を仲介しながら、手の込んだ料理を作ることで創造性を実現できるとアドバイスした。
オ　キャラクターの姿を借りて商品の販売を促進するとともに、女性たちに対して目指すべき姿を提示した。

問六　本文の内容に合致するものをつぎの中から一つ選び、解答欄の記号をマークせよ。

ア　一九六〇年代半ばに出版された料理本では、ケーキの見た目を美しくする手法に重点が置かれることとなり、女性た

問一　波線部①「革」、②「画」の漢字の意味として正しいものをつぎの中からそれぞれ選び、解答欄の記号をマークせよ。

①　ア　明らかにする　　イ　あらためる　　ウ　正す　　エ　置きかえる　　オ　強調する

②　ア　まねる　　イ　おおう　　ウ　取り組む　　エ　くぎる　　オ　借りる

問二　傍線部1「ケーキミックスは、忙しい女性に家事の時間短縮や手間の省略を可能にするだけでなく、理想的な女性であり続けるための道具でもあった」のはなぜか。その理由として最も適切なものをつぎの中から選び、解答欄の記号をマークせよ。

ア　ケーキミックスを利用することは最先端の流行であり、女性らしさをアピールするために有効だったから。

イ　経済的余裕がある女性は知識やスキルを身につける代わりに、ケーキミックスにお金をかけることができたから。

ウ　女性は社会進出により多忙化する一方で、家庭人としておいしい料理やケーキを作ることも求められていたから。

エ　景気の好転によって女性の収入が増加し、ケーキを焼くための充分な設備を整えられるようになったから。

オ　ケーキミックスを使うことで、料理や家事を楽しむ家庭的な女性に変身することができると宣伝されていたから。

問三　傍線部2「便利さは両刃の剣になりうる」のはなぜか。その理由として最も適切なものをつぎの中から選び、解答欄の記号をマークせよ。

ア　ケーキミックスを改良したことで売り上げは伸びたが、消費者は水や生卵を材料に加えねばならなくなったから。

イ　インスタント食材によって誰でも「理想の女性」になることができたが、料理の腕前が下がってしまったから。

ウ　ケーキミックスのおかげで簡単にケーキを焼けるようになったが、支出が増えて消費者に罪悪感を抱かせたから。

ひとつの「身体」を持つ人間として構築されたベティ・クロッカーは、料理のアドバイスを通して、メッセージの作り手である企業と受け手である消費者とをつなげる仲介者としての役割を果たしてきた。一人の女性であり、また料理のプロでもあるベティ・クロッカーが伝えるアドバイスは、組織である企業が訴えるよりも、消費者に愛着や信頼感をともなって受け入れられた。さらに、ラジオ料理教室や料理本は、女性たちに料理の作り方やレシピのアイデアを提供することで、おいしい料理を家族のために作る女性が「良き妻・母」であるという「理想」の女性像を提示してもいた。つまり、料理本や料理教室を含め、ベティ・クロッカーのアドバイスやその存在は、ただ単に料理の仕方や新しいレシピを伝えるためのものではなく、3商業的かつイデオロギー的意味を持つものでもあったのだ。

加工食品やインスタントミックスが多数販売されるようになると、これら商品の便利さや手軽さは、女性らしさを表現するための手段として提示されるようになった。「理想的な女性・主婦」であるベティ・クロッカー、そして食品企業や女性誌などのメディアは、ミックスのような簡易・即席商品こそが、女性たちの創造性や自分らしさを発揮させてくれるものだと訴えたのだ。箱から取り出せば誰でもすぐに作れる料理であっても、デコレーションの緻密さや色使いなど飾り付けに重点を置くことで、女性たちは「クリエイティブ」になれるという。それは、一九世紀の女性たちが自らの経験と知識に頼って料理やデコレーションをしていたのに対し、そうしたスキルや知識がなくとも、大量生産された商品を通して簡単に実現できる創造性であった。

（久野愛『視覚化する味覚』より。文章を一部省略した）

【注】＊冒頭のディヒターの言葉　アメリカの心理学者アーネスト・ディヒター（一九〇七―一九九一）は、料理の視覚的要素が女性らしさを表すと、この章の冒頭に引用された著書で述べている。

紹介された。

このように、インスタント食材がもたらした手軽さや便利さは、必ずしも主婦としての仕事を軽減するものではなく、料理が女性らしさの表象に用いられなくなったわけでもなかった。ケーキのデコレーションのように、これまでとは異なるスキルや作業が女性らしさの象徴とされ、女性に対する新たな仕事や期待が誕生したのである。

ケーキミックスを販売するゼネラル・ミルズ社は、一九六〇年代半ばに『ベティ・クロッカー・ケーキ・アンド・フロスティングミックス・クックブック』という料理本まで出版した。

（中略）

ちなみに、ゼネラル・ミルズ社の料理本のタイトルにある「ベティ・クロッカー」とは、同社の前身であるウォッシュバーン・クロスビー社が一九二一年に作り出した架空の女性キャラクターである。興味深いことに、企業も消費者もベティ・クロッカーを実在する女性であるかのように扱っていた。女性たちは、料理やレシピの悩みを記した手紙をベティ・クロッカー宛に送るなど、実在する女性だと信じていた人も少なくなかった。ゼネラル・ミルズ社は、ベティ・クロッカーの名前を単なるブランド名として利用するだけでなく、ベティ・クロッカーの名で料理本を出版したり、その名を冠したラジオやテレビ番組を提供した他（実在の女性がベティ・クロッカー役を演じた）、肖像画まで作製したのである。このような企業を人格化したマーケティングは、一九二〇年代から三〇年代にかけて他の食品会社や電機メーカーなど様々な企業で行われており、スウィフト社のマーサ・ローガン、リーバー・ブラザーズの子会社スプライ社のアント・ジェニー、ピルズベリー社のアン・ピルズベリー、ゼネラル・フーズ社のフランシス・バートンなどがその例として挙げられる。バートン以外全て架空の人物で、アント・ジェニーは、ベティ・クロッカー同様、ラジオ番組のパーソナリティや料理本の著者として人気を得た。

たという実感や達成感、満足感を得られないというのである。そこでディヒターは、乾燥卵をミックスの原料から抜き、水だけでなく生卵も消費者が加えるような商品に変更するよう提案した。卵を追加することが実際にどれほど女性たちの「達成感」に寄与したかはわからないが、その後ケーキミックスは売り上げを順調に伸ばすこととなったのである。

ただ、一九三〇年代にケーキミックスの発売を開始したダフ社は、ケーキミックスに主婦自らが卵を入れることの心理的重要性について、当時すでに認識しており、同社のケーキミックスに関する特許にもそのことが明示されていた。よって必ずしもディヒターの案が①革新的だったわけではない。ただ、おそらく三〇年代当時は、ケーキミックスの売り上げ自体が大きくなかったため、ダフ社のアイデアも顧みられることがほとんどなかった。一九五〇年代になってようやく、2便利さは両刃の剣になりうることが問題となり、ディヒターの提案が②画期的なものとして業界内で受け入れられたのではないだろうか。ディヒターの市場調査とそれから導かれた結論には、第二次世界大戦後、様々なインスタント食材や加工食品が発売される中で、戸惑いや懸念が入り混じりつつ便利さを享受する、当時の人々の心理が表れているようにも思われる。

ケーキミックスのような手軽で簡単に調理できる商品は、家事のあり方や料理を通した女性らしさの概念、そして女性らしさの体現の仕方を少なからず変えることとなった。ケーキミックスを指示通りに扱えば、理論的には誰でも同じ味のケーキを失敗なく焼けるようになった。ケーキ作りにおいて、ケーキ（スポンジ）を焼くことは、スキルや知識を必要としないプロセスとなったのだ。代わって、「　A　」ことよりも、「　B　」ことに重要性が移っていったのである。『ベター・ホームズ・アンド・ガーデンズ』誌に掲載された一九五三年の記事は、「おいしそうに見えるケーキは全てミックスから始まるのです」という文句とともに、「クリームや飾り付けでケーキを美しくすることに全力を注ぐ」ことこそ重要であると強調した。そこで紹介されたレシピの多くは、デコレーションの仕方に特化したものであった。同様に『グッド・ハウスキーピング』誌でも、デコレーションのみを扱った記事が連載され、クリームで紐状の飾りをつけたり、リボン型や星型を作ったりする方法がィヒターの言葉にもあるように、デザート、特にケーキを焼くことは女性性の象徴とされたためである。戦後は、女性の社会進出が進んだ一方で、伝統的な女性や家庭のあり方を重視する風潮が強く、女性は、家庭の外で働いているか否かによらず、妻・母としての責務を果たすことが求められた。こうした「理想的な女性」像は、当時流行ったテレビドラマなどでも、おいしい料理や食後にはデザートを供し、常に明るく優しい存在として描かれていた。つまりケーキミックスは、忙しい女性に家事の時間短縮や手間の省略を可能にするだけでなく、理想的な女性であり続けるための道具でもあったのである。

では、戦後、ケーキやカラフルなデザートと結びつけられた女性らしさはどのようにして強固な言説として作られたのだろうか。ここでは、ケーキミックス製造会社の宣伝広告や女性誌、料理本で使われたレトリックや女性のイメージの構築を主にみていきたい。

まず、女性らしいデザートやケーキは、簡単に作れることが重要だった。その最たる例がケーキミックスで、混ぜるだけでケーキを作ることが可能となった。『グッド・ハウスキーピング』誌に掲載された一九五〇年の記事は、「最近の花嫁は、旦那さんにケーキを作ってほしいと言われても買い出しに行く必要はないのです。棚に買い置きしているケーキミックスの箱を取り出すだけです」と述べ、ケーキ作りの準備さえも必要ないことを強調した。そして、ケーキの作り方を解説した最初の一文が「ケーキミックスの箱に書かれている説明を読むこと」と書かれており、続いて「箱の指示通りにオーブンの温度を設定」することとなっていた。

だが、便利すぎる商品は、女性らしさの象徴としてのケーキを作るには適していなかった。容易に作れるようになった一方、ケーキミックスを使うことは手抜きをしているという罪悪感を少なからず主婦に抱かせることとなったのだ。一九五〇年代半ばにディヒターが行ったゼネラル・ミルズ社のケーキミックスに関する市場調査によると、多くの女性たちは、水を入れるだけの同社の商品に不満を持っていた(当時のケーキミックスは乾燥卵がすでにミックスの粉に含まれていた)。ケーキ作りをしをも体現していた料理は、より簡単に誰もが作ることのできるものとなったのである。

そうした商品の一つが「ケーキミックス」である。日本のホットケーキミックスに近い商品で、パッケージに入っている粉（小麦粉や砂糖、ベーキングパウダーなどがあらかじめ混ぜられたケーキの素）に水や卵を混ぜて焼くだけでケーキを作ることができた。この商品は、一九三〇年代にピッツバーグのP・ダフ・アンド・サンズ（以下ダフ）社が地域限定で発売したことに始まる。だが当時は人気が出ず、市場が拡大するのは第二次世界大戦後になってからである。製粉会社のゼネラル・ミルズ社とピルズベリー社が、それぞれ一九四七年と一九四八年に独自のケーキミックスを発売すると、一気に人気商品となった。一九四七年のケーキミックスの売り上げが約七九〇〇万ドルだったのに対し、一九五〇年までにはそのおよそ二倍の売り上げを誇るまでになった。

ケーキミックスが人気を博した要因はいくつかあり、まず、女性の社会進出が一つの理由として挙げられる。戦後、家庭の外で働く女性の数は急増する一方、家事は女性の仕事であるという考え方は依然として根強く、多くの女性は仕事と家事の両立を迫られた。こうした中、簡単に時間をかけずに作ることができる「時短メニュー」などを扱った料理本が多く出版され、女性誌などでも取り上げられた。ケーキミックスは、こうした働く忙しい女性にとっては救世主のような存在だったのである。

また、戦後の好景気に沸くアメリカで中産階級層が拡大したこともケーキミックスが人気を得た理由の一つだと考えられる。本格的な大量消費社会の到来ともいわれる時代であり、テレビや冷蔵庫、電気洗濯機など家庭用電化製品が普及した。また、郊外化が進み、オーブンを完備した大きなキッチンがある、小綺麗な一戸建ての家で暮らす一家が理想的な家族像としてメディアで報じられた。「豊かな」社会の恩恵を享受する中産階級家庭は、経済的余裕やケーキを焼くためのオーブンを所有していることなどから、物理的な条件も揃っていたのだ。

そしてもう一つ大きな理由は、なぜそこまでしてケーキを焼く女性たちが多かったのかという疑問とも関係する。冒頭のデ

問六　空欄 X に入る言葉として最も適切なものをつぎの中から選び、解答欄の記号をマークせよ。

ア　自己満足　　イ　自己矛盾　　ウ　自己顕示　　エ　自己犠牲　　オ　自己弁護

問七　筆者は、人間にとって共感がどのような意味で重要だと考えているか。本文全体の内容を踏まえ、つぎの形式にしたがって、二十五字以上、三十五字以内でまとめ、解答欄に記せ。ただし、句読点や記号も一字と数える。

共感は、［　　　　　　　　］重要なものである。

〔三〕　つぎの文章を読んで、後の問いに答えよ。

一九世紀以降、アメリカでデインティと呼ばれる、飾り付けや色づけを重視した料理が、女性の上品さや趣向、女性らしさの象徴として語られてきた。そして、冒頭のディヒター*の言葉からもわかるように、こうした考え方は、二〇世紀半ばにおいても依然として根強く存在していたといえる。料理や家事は女性の仕事であるという性別役割分業を示唆するのみならず、視覚性がジェンダー化され、「女性らしさ」を測る要素でもあった。

料理の色や見た目が女性性の象徴であり続けた一方で、その女性らしさをいかに実現するか、つまりどのように視覚に訴える料理やデザートを作るかは、二〇世紀半ばまでに大きく変化した。簡易・即席食品や加工食品など、「忙しい」女性が短時間で失敗なく「理想の女性」であり続けるための商品が次々と登場したのだ。こうして、かつて女性らしさや女性のスキル・知識

問三　傍線部2「閉鎖的なもの、独善的なものになる」とあるが、文中で「理想的な人間像」がそのようなものになる具体的な例が書かれている連続する三段落を探し、その最初の段落番号を①～⑩の中から選び、解答欄にマークせよ。

問四　傍線部3「「自己のため」の行為」について、筆者の考えを説明したものとして最も適切なものをつぎの中から選び、解答欄の記号をマークせよ。

ア　「自己のため」の行為は、他者を視野に入れず、思い込みによるものであることが多いため、なるべく慎むべきである。
イ　「自己のため」の行為は、人間に義務感や遵法意識を与えるため、社会秩序を維持するために必要な行為である。
ウ　「自己のため」の行為は、「他者のため」の行為よりも人間にとって自然であるが、称賛されるべき行為ではない。
エ　「自己のため」の行為は、自己承認の欲望から生じるものであり、利己的であるとして否定されるべきものではない。
オ　「自己のため」の行為は、自己肯定感を得るためになされる行為であり、理想的な人間像に近づくために重要である。

問五　傍線部4「多様な他者の視点が身につき」とあるが、「多様な他者の視点」が身につくとは、どういうことか。最も適切なものをつぎの中から選び、解答欄の記号をマークせよ。

ア　あるがままの自分が他者から愛されるという経験を通して、物事を多様な観点から見られるようになるということ。
イ　他者の中にある様々な視点を理解することを通して、自分の中にある多様性を見つめられるようになるということ。
ウ　他者からの共感や承認を得た経験を通して、価値観の異なる人々の考え方も理解できるようになるということ。
エ　多くの他者への共感や同情を通して、「他者のため」という視点を最優先する感性が育まれるようになるということ。
オ　無条件に自分を承認できたという実感から、他者の多様なありかたをも認められる視点を持つようになるということ。

問一 波線部a「呵シャク」、b「レン憫」のカタカナ部分の漢字表記として正しいものをつぎの中からそれぞれ選び、解答欄の記号をマークせよ。

a ア 癪 イ 酌 ウ 灼 エ 責 オ 釈

b ア 廉 イ 憐 ウ 錬 エ 蓮 オ 煉

問二 傍線部1「理想的な人間像」について述べた文として本文の内容に合致するものをつぎの中から一つ選び、解答欄の記号をマークせよ。

ア 理想的な人間像は、親の要求や期待を介して内面化されるが、やがて親の言うことを疑問視し、それを絶対化しなくなることで、より適切なものに変化していく。

イ 理想的な人間像を維持するには、社会的な価値基準にしたがう正義感や遵法意識とともに、自分の信念を守り、周囲の承認を得ることが大切である。

ウ 理想的な人間像を守るためには、正しいと思うことをする義務感や、それができなかった時には罪悪感を抱くことが必要であり、そのことが人間を成長させる。

エ 理想的な人間像は、周囲の人間に認められ、共に生きていくために、その都度修正していく必要があり、自分の意に反して周囲に合わせようとすることもある。

オ 理想的な人間像を形成するには、多様な人間関係の中で自身が何をなすべきかというルールを学び、価値観や行動規範を身につけていくことが重要である。

ろう。他者を助けたいという思いが誠実なものである一方で、人を助けられる人間でありたいという理想があったり、助けれぱ周囲に称賛されるかもしれないという思いが頭の片隅にあったとしても、一体誰が責められるであろうか？
したがって、*ルソーが「自己愛」を道徳意識の根底においたのは、決して間違ってはいないと思う。*ヘーゲルもルソーと同様、道徳的行為における自己の欲望を否定していない。それは他者に認められたいという欲望であり、承認を介して自己の存在価値を信じたいという欲望でもある。私たちは他者に認められたいからこそ、自分の価値判断や理想を絶対化せず、他者の意見、評価を聴こうとする。そうして、自らの価値判断が正しいのか否か、絶えず検証し続けていれば、みんなが納得できるような、より普遍的な善を求める気持ちが生まれてくる。
そこに、他者の身になって考え、多様な他者を含めたより多くの人々の認める行為を重視する理由がある。そして、そのような普遍的視点の獲得は、共感のもたらしたものでもあるのだ。

（山竹伸二『共感の正体』より）

【注】
*アダム・スミス　イギリスの経済学者・倫理学者（一七二三－一七九〇）。著書に「国富論」「道徳感情論」など。
*ハンナ・アレント　アメリカの政治学者・哲学者（一九〇六－一九七五）。ドイツに生まれ、のちアメリカに亡命。著書に「全体主義の起源」「人間の条件」など。
*ルソー　フランスの啓蒙思想家（一七一二－一七七八）。著書に「社会契約論」「エミール」など。
*ヘーゲル　ドイツの哲学者（一七七〇－一八三一）。著書に「精神現象学」「法哲学綱要」など。

条件の承認が人間にとってとても大事なことを学ぶだろう。そして、他人と同じことができない人、個性が強すぎて周囲と合わない人、自分とは異なる価値観の人であっても、その存在をあるがまま認めるべきだという感性が育まれる。そこに、様々な立場の人の身になって考えようとする視線、普遍的な他者の視点が生まれるのである。

⑩また、苦しんでいる相手に共感し、同情が生じてくれば、「他者のため」という動機が立ち上がり、相手の身になって考えようとする。それが価値観の異なる相手であっても、存在の承認の感性が育まれていれば、相手も自分と同じ人間であるという意識があるため、相手の身になって考え、共感、同情が生じてくる。こうして、共感が多様な他者に及ぶようになると、4多様な他者の視点が身につき、より公正に善悪の価値判断ができるようになる。

私はこの多様な他者を考慮した視点を「普遍的視点」と呼んでいるが、それがアダム・スミス*の「公平な観察者」と重なるものであることは言うまでもない。哲学者のハンナ・アレント*もまた、自己の信念のためではなく、他者のために行動することこそ必要であり、そのためには多様な他者を想像し、より多くの人々が了解し得る判断を目指すべきだと述べている。ナチスに協力した人々だけでなく、自己の信念からナチスに反対した人々も、「他者のため」よりも「自己のため」が先立っていた。自己の信念のために行動することは大切だが、間違った信念を抱いていた場合は危険である。だからこそ、多様な他者が望み、納得できる行為を考えなければならないのだ。

とはいえ、完全に「他者のため」という動機だけで良心が生じるわけではない。他者に承認されたい、他者と共に生きたい、という「自己のため」の動機も当然あるだろうし、あってもいいと私は思う。そうでなければ、［　X　］を美徳と考えるような偏った義務論になりかねない。

利他的行為に利己的な動機があってはならない、と主張したい人の気持ちもわかるし、みんながそのように行動できれば素晴らしいことかもしれない。だが現実はそうではないし、誰もが完全に無私の気持ちで利他的行為に向かえるわけではないだや価値観を無視して、勝手な思い込みで行動してしまい、他者の救いになるどころか、迷惑や害悪をもたらす危険性もある。それを避けるためには、多様な価値観に寛容で、様々な人の身になって考え、善悪を公平に吟味する理性の力が必要になる。

④だが、そのような多様な立場の人の身になって考えるには、他者が自分とは異なる存在でありながら、同じように価値のある存在だという意識が必要になる。そのような意識をもたらすものこそが共感なのである。

⑤子供は自分の苦しみや喜びに対して、親が共感を示してくれると、自分のありのままの存在が認められ、愛されていると感じることができる。それは自己肯定感をもたらすだけでなく、人間の存在そのものを認めることの大切さを知ることでもある。人間は共感されることで、自分の存在がありのまま受け容れられた、無条件に認められた、という存在の承認を実感し、それは誰に対しても重要なことだと感じるようになる。

⑥もし親が子供に共感を示さないまま、自分の期待や要求を満たしたときにだけ認めていれば、子供は自己肯定感を持つことが難しくなり、誰かの要求を満たしたり、優れた行為をしたときだけしか認められない、と感じるようになるだろう。そうした「無条件の承認などあり得ない」という感じ方は、他人に対しても向けられる可能性がある。

⑦勉強やスポーツができたときだけほめられた子供は、勉強やスポーツのできない人を認められないかもしれない。できる人だけが認められるべきだ、と考えてしまう可能性が高くなるからだ。とすると、病気や障害でそれができない人は、認められないことになる。

⑧あるいは、その社会や集団で共有された価値観に従い、同調した場合だけ認められるとしたら、個性が強くて集団に同調できない人、他の文化や価値観で育った人は、やはり認められないことになる。仲間内だけで共感しあい、外部の人間を排除する排他的共感に陥ってしまうのである。

⑨しかし、自分の気持ちが受け容れられ、共感してもらえた人間は、あるがままの自分の存在が認められたことを実感し、無

乳幼児は母親の困惑した態度、悲しそうな態度に共感するとき、最初は自分の感情と母親の感情を混同し、まるで自分の苦しみのように感じるだけだが、自分と母親の感情を区別できるようになると（自己了解が可能になると）、母親に対する同情が生じ、慰めたい気持ち、相手を思いやる気持ちが生じるのだ。それは成長するに従い、他の同じような状況の人にも感じるようになり、やがては想像上の見知らぬ大勢の人々にさえ感じるようになる。

一方、善悪の判断基準となる行動規範や理想的人間像は、親の要求や期待を介して内面化されている。それは最初、親に愛されたい、認められたい、という動機から内面に取り込まれ、多様な人間関係や知識の習得によって、より一般性のある価値規範、理想像になっていく。「困っている子がいたら助けなさい」とか「思いやりのある人になってほしい」など、親の期待や要求から、何をすべきかというルールが身につき、どのような人間であるべきかという理想ができるのである。

①それは親や身近な人間関係の影響次第では、閉鎖的なもの、独善的なものになる可能性もある。しかし、独善的な行為は周囲から批判されてしまうため、周囲の人々に認められ、共に生きたいと思うなら、周囲の評価を真摯に受け止め、自らの行動規範、理想像を修正せざるを得なくなる。こうして、最初は親の影響で身についた行動規範や理想像も、学校で多様な人間と出会い、様々な文化、価値観を学ぶことで適切に修正され、やがて自らの意志で判断できるような内的規範、理想が形成されるのだ。

②このような善悪の価値基準、理想の人間像には、「共感」の経験の積み重ねも深く関わっている。そうでなければ、行動規範や理想に従う行動は自分の理想や信念のためにのみ守られる義務感、遵法意識にすぎなくなるだろう。また、そうした内的な規範や理想が社会全体で共有された価値観と共通するものであれば、周囲の承認（評価・称賛）を得ることが目的となるかもしれない。要するに、それは「自己のため」の行為になってしまうのだ。

③「自己のため」であっても、他者の助けになるのであればよいのだが、信念や理想、規範を絶対化してしまえば、他者の思い

〔二〕つぎの文章を読んで、後の問いに答えよ。

「良心」について先入観なく考えるには、良心を感じた経験（良心に従ったり、良心がとがめたり、良心の呵シャクに苦しんだり、といった経験）を思い起こし、そこに共通して生じている感情、思考などを考えてみる必要がある。すると、苦しんでいる人、困っている人を目にしたとき、自分にもその苦しみ、困惑が伝わってきて、「かわいそう」「助けてあげたい」などの気持ちがわいてくる。つまり「共感」が生じ、そこから「レン憫」「同情」が生まれてくるのだ。また、「助けるべきだ」「ここで放っておけば人でなしだ」という「義務感」「罪悪感」も生じている。

まず、「共感」について。これは親密な関係ほど生じやすい感情だが、見知らぬ人であっても、目の前で苦しんでいれば生じるし、幼児期から生じる感情なので、生来の自然な感情のように思える。しかし、善悪を判断する公正さに欠けるため、目の前の人を助けるために、ルールを破ったり、他の人の迷惑になる行為に及ぶ場合もある。

次に「義務感」「罪悪感」についてだが、その根底には、「善悪の価値判断」が働いていると同時に、「理想的な人間像」から逸脱することへの不安がある。

良心は善悪を判断し、「人として正しくありたい」という思いが含まれているが、この判断の基準は内面にある価値観や行動規範、人としての理想などである。それは多くの人が認める価値観や社会規範とほぼ重なるため、共感や同情に公平性、公正さをもたらしている。しかし、そうした個人の内面にある価値観や行動規範は、何らかの状況で取り込まれ、身につけたはずなので、成長にともなって変化し、良心も変わってくることになる。では、良心は成長に応じてどのように変わるのだろうか。

「共感」「同情」が幼児期のかなり早くから生じていることは、様々な科学的研究で実証されているが、これは私たちの日常的な経験から考えてもかなり納得できる。

オ 目を見はって、感心、感動する

2 辟易

ア うんざりして、閉口する

イ たやすくて、物足りない

ウ 驚いて、あきれ果てる

エ 悲しくて、うちしおれる

オ ぼんやりして、失念する

問二 つぎの各文の空欄に入る語を、後の選択肢からそれぞれ選び、解答欄の記号をマークせよ。

1 風刺や滑稽化の意図をこめ、誇張した表現で社会の出来事などを描くことを「□画化」という。

ア 儀 イ 戯 ウ 欺 エ 擬 オ 偽

2 「敵に□を送る」とは、上杉謙信と武田信玄の逸話から生まれた言葉とされている。

ア 火 イ 状 ウ 糧 エ 策 オ 塩

3 「不□戴天」とは、「ともに天をいただかず」の意から、相手を生かしておけないほど憎悪するという意味である。

ア 友 イ 倶 ウ 共 エ 伴 オ 供

国語

（文〈日本文〉学部：九〇分
その他の学部・学科：六〇分）

●法学部・文学部（哲・英文・史・心理学科）・経済学部・社会学部・経営学部・国際文化学部・人間環境学部・現代福祉学部・キャリアデザイン学部・GIS（グローバル教養学部）・スポーツ健康学部のいずれかを志望する受験者は、問題〔一〕〔二〕〔三〕に解答せよ。

●文学部日本文学科を志望する受験者は、問題〔一〕〔二〕〔三〕〔四〕〔五〕すべてに解答せよ。

〔一〕　つぎの各問いに答えよ。

問一　つぎの言葉の意味として正しいものを下の選択肢の中からそれぞれ選び、解答欄の記号をマークせよ。

1　瞠目　ア　目を見開いて、よく観察する
イ　目をつけて、取り逃がさないようにする
ウ　目を引いて、一座の関心を集める
エ　目を閉じて、沈思黙考する

問二　「老妓抄」の末尾で詠まれた「年々にわが悲しみは深くして　いよよ華やぐいのちなりけり」という歌の「いよよ華やぐいのちなりけり」とはどのようなことか二百字以内で述べなさい。（句読点を含む）

小論文

（九〇分）
（解答例省略）

「老妓抄」（新潮文庫）を読んで次の問いに答えなさい。

問一　川端康成は岡本かの子の「家霊」と「鮨」を、「一対をなす短篇と言える。一つは泥鰌屋、一つは鮨屋、共に日本的で妙な食いもの店を描いている。」とし

書きにくい味覚をよくとらえたこと、泥鰌や鮨の通を見せている*ことなどは、さして問題でない。食いものを性格や生活と交らせて描いたのが手柄である（「文学の嘘について」「文藝春秋」一九三九年二月号）

と評している。「家霊」と「鮨」のそれぞれのなかで「食いものを性格や生活と交らせて描い」ているところを、一つずつ指摘し、何が表現されているかを四〇〇字以内で論じなさい。（句読点を含む）

【注】　＊通を見せている　くわしい知識や情趣が示されているという意味。

解答編

英語

I **解答** 1－b　2－a　3－b
4．(C)－b　(G)－d　(I)－c
5－b　6．2番目：b　4番目：a　7－a　8－d
9．(1)－b　(2)－b　(3)－d

◆全　訳◆

≪猫と飼い主の関係≫

もし，ペットの猫があなたの所在を髭で探っているかどうかを考えたことがあるなら，研究に一つの答えがあるかもしれない。つまり，飼い主が家を歩き回る間，猫は彼らを追跡しているように思える。そして，猫は予期していない場所に，飼い主が現れると驚くのである。

この研究成果は，猫は飼い主が見えないときでさえも，飼い主の心的表象，つまり先を見越した計画や想像力のような，より高い心の過程への欠くことのできない橋渡し，を保持しているとの考えを支持している。

猫は周知のように理解できない動物である。先ほどの研究が，もし食べ物が消失したように見えても猫は適切な場所を探す傾向にあり，もし飼い主の声を聴いたら猫は飼い主の顔を見ることを予期するであろうことを示唆しているとしても，この能力が，いかにして現実の生活に結びつくのかは明確ではなかった。「また猫は，犬ほど飼い主に興味がないと言われていますが，私たちはこの点に関して疑問を持っていました」と日本の京都大学の高木佐保博士は言った。

調査するために，高木と同僚たちは，50匹の飼い猫が個々に部屋の中に閉じ込められ，飼い主が外から名前を呼んでいるのを繰り返し聞き，引き続き，猫がいる部屋の反対側のスピーカーを通して，知らない人の声，または飼い主の声を聞かせたときに，何が起こるかを記録した。

8人の人間の観察者がこれらの記録を見て，猫の耳と頭の動きに基づく猫の驚きのレベルをランク付けした。飼い主の声が，何らかの方法でそこに瞬間移動したことを暗に示しながら，突然部屋の中に「現れた」ときだけ，猫は混乱しているように見えた。

「この研究は，猫は飼い主の声に基づいて，飼い主の居場所を心の中で描いていることを示しています」と高木は言った。そして彼女の研究は専門誌『プロスワン』に掲載された。「それは，猫が，彼らが見ていないものを心の中で想像する能力を持っていることを示しています。猫は以前考えられていたよりも，深遠な心を持っているかもしれません」

しかしながら，猫がこの能力を持っていることは，全く驚くべきことではない。「その動きの認識は，猫の生存にとって重大です」と，生物学者で作家，BBCのテレビ番組「キャッツ」の司会者でもあるロジャー＝テイバーは言う。「猫が自分の縄張りで解釈しなければならない多くのことは，他の猫がどこにいるかを認識することです。そのことは，狩りにとっても重要です。つまり，野ネズミがどこにいるのかを心の目で見るために，もし猫が，時折聞こえるカサカサという音などを手がかりとして使うことができなかったら，草の下を動き回っている野ネズミを，猫はどのようにして捕まえることができるでしょうか。食べ物と安全の供給源として，猫の飼い主は猫の生命に非常に重要であるため，私たちがどこにいるかはとても重要なのです」

猫の行動研究の専門家で，『猫について語ろう』の著者でもあるアニタ＝ケルシーは言う。「猫は私たちと親密な関係を持っており，たいていの猫は私たちの仲間であることに居心地良く感じ，安心します。だから，私たち人間の声は，そうした結びつきや関係の一部になるのでしょう。私が分離不安症に直面している猫に対応しているとき，通常は飼い主の録音した声を家で流すことを勧めません。なぜならこれは，猫がその声を聞いても，飼い主がどこにいるのかわからないという不安を引き起こす可能性があるからです」

奇妙にも，飼い主の声が猫の鳴き声や電子音に置き替えられたときには，猫は同じ驚きの反応を示さなかった。おそらくこれは，大人の猫は，お互いの主要なコミュニケーション手段として，声を使用する傾向になく，その代わりに，多くは匂いなどの他の合図に頼っているかもしれないからだ。

「我々がこの研究で使った『ニャー』は，子猫を除いて，人間に対してのみ発せられる音声信号なのです」と高木は言った。「猫は，他の猫を鳴き声で特定できないのかもしれません」

◀解　説▶

1．下線部の前部では cats seem to … と主語は cats「猫」であるので，続く and 以下の主語である下線部(ア) they は，その cats の代名詞と考えられる。次に，その cats が驚く対象は owners「飼い主」の動きであるので，下線部(イ)は owners と考えられる。同様に，下線部(ウ)が下線部(エ)の動きを予期しているので，必然的に下線部(ウ)は cats，下線部(エ)は owners と考えられる。ゆえに，b が正しい。

2．下線部(A)「飼い主の心的表象」とは，セミコロン（；）の後の「先を見越した計画や想像力のような，より高い心の過程への欠くことのできない橋渡し」のことである。つまり，猫が保持しているのは実際に目に見えているのではない，猫の心の中に浮かぶ飼い主の姿，と考えられるので a の「猫の心の中にある，飼い主のように思えるもの」が最も近い。

b．「飼い主によって再度猫に与えられるもの」

c．「飼い主によって猫であると想像されるもの」

d．「飼い主が猫にとって最良と思うもの」

3．第1段第1文（If you've …）に「猫は飼い主を追跡しているように思え，予期していない場所に飼い主が現れると驚く」とある。すなわち一般的に猫の行動・反応は我々の想像を超えているので，b の「理解できない」が適切である。

a．「能力がない」　c．「浅い」　d．「不経済な」

4．(C)空欄前の based に注意。be based on ～「～に基づく」は頻出であるのでこの形で覚えること。b が適切である。

(G)空欄前の deal(ing) とつながる前置詞は with のみである。deal with ～「～を処理する，対応する」　d が適切である。

(I)空欄前の emit は emit *A* toward *B* で「*A* を *B* に放つ」の意であり，ここでは受動態になっている。c が適切である。

5．第6段第1文（"This study shows …）に「猫は飼い主の声に基づいて，飼い主の居場所を心の中で描いている」とある。つまり，猫は視覚からではなく声から飼い主の居場所を想像しているので，picture「～を想像する」のは b の「猫が目にしていないこと」が最も適切である。

a．「猫が聞いていないこと」　c．「猫が会ったことのない人々」
d．「猫が訪れたことがない場所」

6．空欄(E)前後に比較級の more と before があり語群に than があるので，more ～ than before の組み合わせを念頭に置く。また注意すべきは，ここでの than は関係代名詞の働きをしていることである。ゆえに，並べ替えると (a more) profound mind than was thought (before) となる。

7．「私たちと親密な関係を持つ猫が，居心地良く，安心できる」状況を考える。a の「仲間」が適切である。
b．「方針」　c．「町」　d．「仕事場」

8．下線部(H) playing の目的語は，「飼い主の録音した声」であるので，play は「～を再生する」と取ればよい。ゆえに，d の reproducing「～を再び生み出すこと，再現すること」が最も近い。
a．「～を呼ぶこと」　b．「～を調査すること」　c．「～を横取りすること」

9．(1)下記より(b)が正しい。
(ア)「京都大学の学者たちは，飼い主を呼んでいる50匹の飼い猫の個々の声を記録した」

第4段第1文（To investigate, …）に高木と同僚たちの実験の記述がある。そこで記録されたものは「50匹の飼い猫は飼い主が外から名前を呼んでいるのを繰り返し聞き，その後，スピーカーから聞こえる知らない人の声や飼い主の声を聞かせたときに，何が起こるか」であるので，合致しない。

(イ)「高木博士と同僚によりなされた実験は，心の状態を評価するために，猫の体の動きを使った」

第5段第1文（Eight human observers …）に「観察者はこれらの記録を見て，猫の耳と頭の動きに基づく猫の驚きのレベルをランク付けした」とある。「猫の耳と頭の動きに基づく」とあるので，猫の体の動きを利用したと考えられる。また，「猫の驚き」とは心の状態であり，「ランク付けした」とは評価したと考えられるので，合致する。

(2)下記より(b)が正しい。
(ア)「京都大学の実験で，飼い主が突然部屋に入って来たとき，猫は感動した」

第5段第2文（Only when their …）で「突然部屋の中に『現れた』」のは飼い主の声であり，「猫は混乱しているように見えた」とあるので，合致しない。

(イ)「猫は，たとえネズミが隠れているとしても見つける能力を持っている」

第7段第3文（It is also …）に「もし猫が，カサカサという音などを手がかりとして使うことができなかったら，草の下の野ネズミを，どのようにして捕まえることができるだろうか」とある。この文は反語であるので，猫は隠れているネズミを見つける能力があると考えられる。ゆえに，合致する。

(3)下記より(d)が正しい。

(ア)「若い猫が，お互いにコミュニケーションを取るときに，嗅覚は非常に重要である」

第9段第2文（Possibly, this is …）に「大人の猫は，お互いのコミュニケーション手段として，声を使用する傾向になく，その代わりに，匂いなどに頼っている」とある。若い猫ではないので，合致しない。

(イ)「猫の鳴き声は，大人の猫が友だちを見つけるために不可欠な合図である」

第10段第1文（"The 'meow' that …）に「『ニャー』は，子猫を除いて，人間に対してのみ発せられる音声信号である」とある。友だちを見つけるためではないので，合致しない。

II　解答

1－c　2－a　3－b　4－c　5－a　6－d
7－a　8－d　9－b

◆全　訳◆

≪「才気＝男性」の固定観念が子どもたちに与える影響≫

若い男性と女性の仕事への憧れは，ジェンダーに関する社会的固定観念によって形作られている。例えば，数学では男性が女性よりも優れているという固定観念は，この分野での女性の業績を損ない，数学指向で報酬の十分な分野への彼女らの関心を弱めている。しかしながら，能力に関する通俗的な確信は，特定の思考過程（数学的推論など）だけでなく，全体的な知的能力も特定のジェンダーに結びつけている。高度な知的能力（才気，天才，天賦の才など）は，女性よりも男性に多く存在していると一般的に想定されている。この「才気＝男性」という固定観念は，多くの一流の職業でジェンダー・ギャップを説明するために利用されてきた。

しかし，この固定観念の習得についてはほとんど知られていない。才気は男性の資質であるという考えを子どもたちが獲得するのが早ければ早いほど，その影響は彼らの憧れにもっと強く作用するかもしれない。ここで報告された3つの研究は，6歳までに，女子は男子よりも自分のジェンダーの仲間が「本当に，本当に賢い」――賢さというものを子どもにわかりやすく言及するやり方――と信じない傾向にあることを示している。その上，6歳までに，これらの研究での女子たちは，「本当に，本当に賢い」子ども向けと言われている斬新な活動から尻込みし始めたのである。これらの3つの研究は，これらの固定観念の考えが，子どもたちの興味に与える早急な影響と同様に，才気とジェンダーに関する文化的概念の早期の獲得について論じている。

女性ではなく，男性を才気と関連付けている固定観念は，女性の仕事に重大な影響を持つかもしれない。構成員が才気に大いなる価値を置く分野では，大学や上級の学位を取得する女性の割合が低いのである。しかし，大学生の年齢やそれ以上の年齢の参加者に，排他的に焦点を当てた「才気＝男性」の固定観念の調査は，重大な事実を見落としている。それは，男性と女性の推定された知的能力に関する文化的メッセージは，発達を通してずっと大きな影響を及ぼす可能性があるということだ。もし子どもたちがこれらの考えを吸収して行動するなら，多くの能力のある女子は，大学に入学するまでに特定の分野からすでにそっぽを向いてしまっていそうである。したがって，子どもたちが学校に入学し，将来の職業のための進路を形成する選択を開始する幼児期における「才気＝男性」の固定観念の獲得を調査することが重要である。

3つの研究の1つ（研究1）では，5歳，6歳，そして7歳の96人の子どもたちの，この固定観念の発達上の道のりを調査した。この研究は，3つの作業を用いて，子どもたちの「才気＝男性」の固定観念の受け入れを評価した。作業(i)では，子どもたちは「本当に，本当に賢い」人についての簡単な話を聞かされた。その人物のジェンダーに関するヒントは与えられなかった。次に子どもたちは，4人の馴染みのない大人（2人の男性，

２人の女性）のうちの誰が，その話の主人公かを推量するよう問われた。作業(ii)では，子どもたちは，同性や異なる性の大人のペアをいくつか見て，各ペアのどの大人が「本当に，本当に賢い」のかを推測した。作業(iii)では，子どもたちは，どの物体（ハンマーなど）や特性（賢いなど）が馴染みのない男性や女性の絵と最も一致するかを推測しなければならない，３つの異なったパズルを完成させた。

作業を通して，絵は，魅力と専門的な服装（知性への潜在的な手がかり）の点で対等である男性と女性を表現した。各作業で研究者は，子どもたちが知的能力と自分たちと同じジェンダーの人々を結びつける頻度を記録した。彼らはまた，男性や女性が「本当に，本当に賢い」かどうかについての子どもたちの考えを調査した。

結果は，才気に関する子どもたちの考えは，５歳から７歳の期間に急速な変化があることを示している。５歳では，男子や女子は同じ程度，才気を自分たちのジェンダーに関連付けていた。自らのジェンダーを肯定的な観点で見るという強い傾向にかかわらず，６歳と７歳の女子は，才気と自らのジェンダーを関連付ける傾向が，男子よりも顕著に低くなるようであった。だから，「才気＝男性」の固定観念は，６歳の幼い子どもたちにとって馴染みがあり，支持されているのかもしれない。女性と素敵であることを結びつける固定観念は，同様な発達上の道のりを辿るように思われる。

３つの研究の２つ目（研究２）は，より多くのサンプルで，最初の発見を確認した。子どもたちは，大人と子どもの双方のターゲットを評価した。以前のように，５歳の男子と女子にとって，自らのジェンダーの賢さの得点において重要な違いはなかったが，６歳から大きな違いが現れた。この傾向は，子どもたちが大人または子どものどちらのターゲットを評価したかによって，大きく違うということはなかった。

女子の自らのジェンダーでの知的能力の評価の低下を，何が説明できるであろうか。多くの要素が含まれているようであるが，研究２は，この落ち込みが年少（５歳）と年長（６歳と７歳）の女子の間の学校の成績の認識における違いに関連しているかどうか検査した。学校の成績は原則として知能を評価するのと密接な関係がある情報である。これらの認識は，子どもたちに，男子２人と女子２人の４人の子どもたちの誰が「学校での最高の成績を得た」と思うか，と尋ねる作業を通して測られた。賢さの得点の低下と比べて，トップの成績を持っているとして，他の女子を選ぶ可能性については，年少と年長の女子の間に大きな差はなかった。年長の男子が男子を選ぶよりも，年長の女子は，トップの成績を持っているとして，実際に女子を選ぶ傾向にあり，この年齢では，女子が男子よりも学校で良い成績を取るという現実と一致している。だから，学校の成績と才気に対する女子の認識に明確な関係はない。ゆえに，誰に才気があるかに関する女子の考えは，誰が学校で良い成績を取るのかとの認識に根ざしてはいないのである。

◀解　説▶

1.「空欄(A)を埋めるのに最も適切な語を選びなさい」

空欄を含む文から，「男性優位の固定観念を利用して，ジェンダー・ギャップが説明されてきた職業」の特徴を考える。c の「一流の」が最も適切である。残りの選択肢は全て否定的である。

a.「稀な」　b.「退屈な」　d.「薄給の」

2.「下線部(B) novel と最も意味が近い語を選びなさい」

novel は名詞「(長編) 小説」以外に，形容詞で「斬新な，今までにない」の意がある。ゆえに，a の「新しい」が最も近い。

b.「馴染みの」　c.「伝統的な」　d.「流行している」

3.「下線部(C)に最も近い意味の記述を選びなさい」

下線部(C)は「もし子どもたちがこれらの考えを吸収して行動するなら，多くの能力のある女子は，大学に入学するまでに特定の分野からすでにそっぽを向いてしまっていそうである」の意である。「これらの考え」とは，第3段第1文 (The stereotypes associating …) の「女性の仕事に重大な影響を持つかもしれない，女性ではなく男性を才気と関連付けている固定観念」のことである。女子がそうした観念に基づいて行動するなら，早い段階で「大学入学以前に特定の分野にそっぽを向く」ことになるので，当然そこに従事する女性は少なくなると予想できる。これらを含んでいる記述は，b の「もしその固定観念が，非常に能力のある女子の，人生の初期段階で才気を要求されると信じられている仕事への追求の邪魔をするなら，女性はそうした分野で少数派になる可能性がある」である。

discourage「～の邪魔をする」

他の選択肢は，下線部の内容とは合致しない。

a．「子どもたちはジェンダーに関連した偏見にさらされているかもしれないが，ほとんどの人々は大学生の年齢までに，そうした考えに抵抗し拒否するようになる，特に女性では」

「ほとんどの人々は大学生の年齢までに，そうした考えに抵抗し拒否する」の記述はないので，合致しない。bias「偏見」

c．「男子がジェンダーの固定観念からの束縛がない一方，女子は否定的な影響をより受けそうである，特に大学生の年齢ではなく子ども時代の早い段階で」

「男子がジェンダーの固定観念からの束縛がない」は記述がないので，合致しない。

d．「もしほとんどの子どもたちがジェンダーに関連した固定観念に気付き，従うとしたら，多くの知的な女子は天才性を必要とすると考えられている仕事を追い求めるであろう」

「知的な女子は天才性が必要な仕事を追い求める」が下線部(C)の内容と真逆であるので合致しない。

4．「空欄(D)を埋めるのに最も適切な語，または句を選びなさい」

第4段第3・4文（In task (i), … were provided.）の内容を確認する。「子どもたちは，性別不明の賢い人の話をされ，4人の馴染みのない大人（登場人物）の誰が」とあるので，推量する内容は，その話で「性別不明の賢い人」は何の役回りかを考える。c の「主人公」が最も適切である。

a．「読者」　b．「語り手」　d．「原作者」

5．「空欄(E)を埋めるのに最も適切な句を選びなさい」

空欄(E)を含む文の，子どもたちへの質問を通して測られる These perceptions「これらの認識」とは，その前文（Although many factors …）の「学校の成績の認識」のことである。ゆえに質問の内容は，a の「学校での最高の成績」を得たのは誰と思うか，が最も適切である。

b．「スポーツで最高の記録」　c．「最多数の人気投票」

d．「最多数の素晴らしい友達」

6．「下線部(F)に最も近い意味の記述を選びなさい」

下線部(F)は「年長の男子が男子を選ぶよりも，年長の女子は，トップの成績を持っているとして，実際に女子を選ぶ傾向にあり，この年齢では，女子が男子よりも学校で良い成績を取るという現実と一致している」の意である。年長の女子が，男子よりも女子の方が良い成績を取ると考えること，また，学校現場の実態はそうであるとの内容から，双方を含むdの「学校で年長の女子が，年長の男子よりもしばしば高得点を取るのと同じように，年長の女子は，自分たちのジェンダーを良い成績を取るものとして選ぶことが，年長の男子よりも多かった」が最も適切である。

score high「高得点を取る」

他の選択肢は，下線部の内容とは合致しない。

a.「小学校で女子が年長になればなるほど，自身のジェンダーと，知能の印として学校でのトップの成績を持つことを関連させる傾向を，ますます大きく持つようになる」

「女子が年長になるほど，自身のジェンダーと学校での成績を関連させる傾向」の記述はないので，合致しない。

b.「学校でトップの成績を持っている，と他の男子の写真を選ぶ男の子はほとんどいなかった，なぜなら彼らは，学校の成績は本当の知能のレベルと関係がないと思ったからである」

本文に「男子は，学校の成績は本当の知能のレベルと関係がないと思う」の記述はないので，合致しない。

c.「男子は典型的により高い知能のレベルを示すが，男子が自らのジェンダーを知能と結びつけるよりも，女子は自分たちのジェンダーを，もっと賢いものと考えることが多い」

「男子は典型的により高い知能のレベルを示す」の記述はないので，合致しない。

7.「本文の内容に応じて，最後の段落につながる最も有望な研究3の主題を選びなさい」

第2段最終文（These three studies …）に「3つの研究は，これらの固定観念の考えが，子どもたちの興味に与える早急な影響と同様に，才気とジェンダーに関する文化的概念の早期の獲得について論じている」とある。第4段第1・2文（One of … with three tasks.）では「研究1では，5歳から7歳の子どもたちの，『才気＝男性』の固定観念の受け入れを評価」，また第7段第1文（The second of …）には「研究2は，より多くのサンプルで，最初の発見を確認した」とある。以上より，研究2は研究1の発展であると考えられるので，「才気とジェンダーに関する文化的概念の早期の獲得」の部分に関しては，双方の研究が該当する。つまり，「これらの固定観念の考えが，子どもたちの興味に与える早急な影響」の部分がまだ論述されていないので，それに該当する選択肢を選べばよい。aの「ジェンダーの固定観念は，どのようにして子どもたちの興味に即座に影響を及ぼすことができるのか」が正解である。

他の選択肢は，上記に該当しない。

b.「ジェンダーの固定観念は，なぜ必ずしも子どもたちの職業の選択に影響しないのか」

c.「学校の成績以外の要素が，いかに男子のジェンダーに関する偏見に作用するのか」

d.「ジェンダーを問題としない5歳の子どもたちの態度を説明するために，これらの研究はどんな理由を提供できるか」

8.「次の(1)から(4)の記述に関して，本文に基づいてa～fから正しい答えを選びなさい」

下記より，dの「本文によれば(4)を除いて全て正しい」が正解である。

(1)「大人だけでなく6歳の女子も，しばしば才気に関して性差に基づいた考えを持っており，天才を女性よりもむしろ男性に関連付ける」

第1段第4文（It is typically …）に「高度な知的能力（才気，天才，天賦の才など）は，女性よりも男性に多く存在していると一般的に想定されている」とあり，第6段第4文（Thus, the “brilliance …）に「『才気＝男性』の固定観念は，6歳の幼い子どもたちに支持されている」とある。幼い子どもには当然女子も含むので，(1)は正しい。

associate *A* with *B*「*A*と*B*を関連付ける」

(2)「ジェンダーの固定観念がいつ発生するか発見することは重要である。なぜなら子どもたちは，教育の初期の段階で，それらを自分の考えに取り入れて，それに従って行動する可能性があるからである」

第3段第3・4文（If children absorb … future career paths.）に「子どもたちがこれらの考えを吸収して行動するなら，幼児期における『才気＝男性』の固定観念の獲得を調査することが重要である」とある。「これらの考え」とは「才気＝男性」の固定観念のことであるので，(2)は正しい。

emerge「出現する」　internalize「～を自分のものにする」　act upon ～「～に従って行動する」

⑶「研究によると，子どもたちは5歳では『才気＝男性』の固定観念を信じていないように思える」

第6段第2文（At 5, boys …）に「5歳では，男子や女子は同じ程度，才気を自分たちのジェンダーに関連付けていた」とある。つまり，5歳児には才気とジェンダーに関する偏見がないと考えられるので，⑶は正しい。

⑷「今日，特定のジェンダーに慣例的につながっている仕事に捕らわれることなく，子どもたちはより自由に，職業を追求することを計画している」

本文に記述がないので正しくない。

conventionally「慣例的に」

9．「次の⑴から⑷の記述に関して，本文に基づいてa～fから正しい答えを選びなさい」

下記より，bの「本文によれば⑵を除いて全て正しい」が正解である。

⑴「才気の概念は，研究での幼い参加者のために『本当に，本当に賢い』と言い表された」

第2段第3文（The three studies …）に「研究では6歳までに，女子は男子よりも自分のジェンダーの仲間が『本当に，本当に賢い』——賢さというものを子どもにわかりやすく言及するやり方——と信じない傾向」とある。

ダッシュ（—）を使って才気を子どもにわかりやすく言い換えていることを示しているので，⑴は正しい。

⑵「『才気＝男性』という固定観念と違って，女子は年齢とは関係なく，一貫して女性は男性よりも素敵であると考えていた」

第5段第3文（They also researched …）に「男性や女性が『本当に，本当に賢い』かどうかについての子どもたちの考えの調査」の記述があり，第6段第3文（Despite this strong …）に「6歳と7歳の女子は，才気と自らのジェンダーを関連付ける傾向が，男子よりも顕著に低くなる」とある。その上で第6段最終文（The stereotype associating …）に「女性と素敵であることを結びつける固定観念は，同様な発達上の道のりを辿る」とあるので，正しくない。

⑶「第1と第2の研究は研究目的を共有しており，研究の方法での違いにかかわらず，同じような結果を生み出した」

第7段第1文（The second of …）に「研究2は，より多くのサンプルで，最初の発見を確認した」とあるので，研究方法の違いはあるが，目的は共有していると考えられる。ゆえに，(3)は正しい。

(4)「ジェンダーに関連する偏見は，6 歳または 7 歳の女子に深刻に影響し，彼らが大きくなるにつれて影響が続くかもしれない」

第 6 段第 3 文（Despite this strong …）に「6 歳と 7 歳の女子は，才気と自らのジェンダーを関連付ける傾向が，男子よりも顕著に低くなるようであった」とあり，第 3 段第 2 文（However, investigations of …）に「男性と女性の推定された知的能力に関する文化的メッセージは，発達を通してずっと大きな影響を及ぼす可能性がある」とある。ここでの「推定された知的能力に関する文化的メッセージ」とは，その前の「『才気＝男性』の固定観念」である。以上より，(4)は正しい。

III　解答

1 — b　2 — b　3 — d　4 — c　5 — a　6 — d
7．(1)— b　(2)— c　(3)— d

◆全　訳◆

≪革新的な保証所得≫

2021 年の 6 月初旬のある夕方，レオと彼の家族は，何カ月も経験していなかったご馳走を楽しむことができた。それは，レストランで座っての食事である。カリフォルニア州コンプトンの，ショッピングモールのフライドチキン・チェーン店で，彼らは数皿の焼き飯に，少し割増料金を払ったが，各々 13.99 ドル以下であった。レオは彼の市での，コンプトン・プレッジと呼ばれる革新的な保証所得実験に参加しているので，家族はその食事をするだけの余裕はあった。2020 年後半から 2022 年末までの間，レオと他の 799 人は，好きなように使うために年間最大 7,200 ドルを受け取っていた。グアテマラからの移民であるレオは，年に 4 回 900 ドルの支払いを受け取った。

保証所得基金と呼ばれるコンプトン・プレッジを運営する組織は，大規模に現金支払いを分配するために必要な科学技術のインフラを構築しており，最低限の収入が，レオのような家族を，どれほど貧困から引き上げることができるかを研究するために，独立した調査グループと提携していた。その試験的プロジェクトは，個人的な寄付提供者から得た金を分配するのだが，人々にちょっとした贅沢品を買える力を与えるだけではなかった。

それがテストしていたのは，貧しい家族に金銭的なクッションを与えることは，彼らの身体的・精神的な健康，仕事の将来性，地域社会に明らかな影響を及ぼすことができるかどうかであった。そしておそらく，全ての中で最も大きな問題は，この現金援助が，進歩的なロサンゼルスでの小さな研究プロジェクトとしての地位を超え，そして，いつの日にか納税者により資金提供された全国規模のプログラムとして機能することができるか，である。

その理論は，アメリカ合衆国では勢いを増している。10年近く前には，多くのアメリカ人に付帯条件のないお金を分配し，その効果を研究するプログラムはなかった。しかし最近，ミネソタ州セントポールからニュージャージー州パターソンまで，試験的プログラムは全国の約20の都市で実施されており，コンプトンの活動は，給付を受けた人数の観点から，国内最大の都市を基盤とした実験として役立っている。ほとんどのプログラムは，妊娠している女性から元里子，ひとり親まで，対象とされる人々にさまざまな金額を分配するために，コンプトンのプログラムを含めて，慈善活動として資金提供されている。富の再分配のためのこれらの実験室には全て一つの共通点がある。彼らは，普通の社会から排除されている最も貧しい人々にお金を与え，それを彼らに好きなように使わせるのである。

全国的な保証所得のプログラムへの支持に関する調査のデータは限られているが，2020年8月のピュー研究所からの調査によれば，アメリカ人の45％が，雇用や所得に関係なく，ユニバーサル・ベーシック・インカム（UBI）と呼ばれる保証所得の形態を通じて，全ての成人市民に月額1,000ドルを与えることを支持している。2020年の大統領選挙の間にUBIの着想を社会に広めたアンドリュー=ヤンは，その提案された給付金が，ほとんどの既存の政府の福祉プログラムに取って代わることを望んでいた。しかし，アメリカ合衆国で保証所得を支持する他のほとんどの支持者は，彼の計画と一緒にされることに抵抗し，その代わりに現金での給付金が他の政府の支援の形態を補い，最もそれを必要としている個人を対象とすべきだと信じた。

保証所得基金の専務取締役であるニカ=スンシオンは，苦境にある市に財政上の援助をもたらすプログラムを作成するために，コンプトン市長としての2期目である最終任期を終えようとしていたアジャ=ブラウンに接触した。そこでは，住民の約29％が黒人で68％がヒスパニックまたはラテン系であった。コンプトンの失業率が20％を上回り，レオのように健康保険に加入していない多くの人も含めて，何千人もの住民がコロナウイルスで病気になったので，ブラウンとスンシオンは，包括的な保証所得の新規計画を作らざるを得ないと感じた。連邦政府の支援の幾つかの形態とは違って，コンプトン・プレッジは，適切な法的書類を持っていない移民や以前に投獄された個人に対しても開かれていた。保証所得基金は，2020年の8月に始まり，アマゾン・スタジオやカリフォルニア・ウェルネス財団を含む寄付者から，コンプトン・プレッジの受取人に直接に届けるための巨額な金を調達した。

保証所得基金は，受取人が医療費の一部を払うために現金の支援を使うこと，そして，その資金がまた，彼らの身体や精神の健康を向上させることを期待した。自分たちのニーズを賄うことを超えて，コンプトンの受取人の中には，資金の幾らかを誰かから受けた恩を別の人に返すために使うことを約束する者もいた。それは，プログラムの主催者が証明したいと願っていることの一部である。つまり，直接の支払いを通じて富の再分配をすることは，教育，住宅，そして栄養摂取へのアクセスを改良し，人種間の富の差を減らし，経済活動を刺激することができるであろうということである。そして，そのことが，結果として地域社会全体を引き上げるであろう。

◀解　説▶

1．下線部(A)の意味は「最低限の収入が，レオのような家族を，どれほど貧困から引き上げることができるか」である。extent「(大きさ，深刻さなどの) 範囲，程度」の意であり，to ～ extent「～の程度 (まで)」と表現される。ゆえに，the extent to which S V は「SがVする範囲 (どれほどSがVするか)」と解釈する。lift *A* out of *B*「*A* を *B* から持ち上げる」

bの「保証所得が，レオのような家族を貧困から抜け出させるのにどれほど役立つのか」が最も近い。emerge from ～「～の状態から抜け出す」

a．「レオのような貧しい家族に対して，最低限の収入がどれだけの期間分配されうるのか」

c．「レオのような貧困で苦しんでいる家族に対して，最低限の収入として再分配するために，その組織はどれほどの金を集めることができるのか」
d．「レオのような貧しい家族から，どれだけ長く保証所得を取ることができるのか」
2．空欄(B)を含む文の The theory とは「貧困家庭などへの資金援助」であることは，空欄の前段から読み取れる。第3段第2文（Less than a decade …）に「10年近く前には，その効果を研究するプログラムはなかった」，同段第3文（But recently, …）に「最近，試験的プログラムが全国の約20の都市で実施」とあるので，その活動は盛んになってきていると考えられる。ゆえに，bの「勢いを増している」が適切である。
a．「時代遅れになっている」 c．「影響力を失っている」
d．「欠陥を保持している」
3．advocate は「支持者，擁護者」の意である。ゆえに，d の supporters「支援者」が最も近い。
a．「解説者」 b．「批評家」 c．「敵対者」
4．空欄(D)を含む文の however「しかしながら」と instead「その代わりに」に注目する。どちらも，前述の内容と対照的な事柄を導く語である。第4段第2文（Andrew Yang, …）に「ヤンは UBI の着想が，既存の政府の福祉プログラムに取って代わることを望んでいた」とあるので，それに「抵抗した」とする c が適切である。resist *doing*「～に抵抗する」
a．「～をよく考えた」 b．「～するのを想像した」
d．「～を支持した」
5．inclusive は「包括的な」の意である。下線部(E)を含む文の「ブラウンとスンシオンが，包括的な保証所得の新規計画を作らざるを得ないと感じた」理由は，その文の冒頭の「理由」を示す As 以下で述べられている。そこには，「20％を上回る失業率，健康保険に加入していない多くの人，コロナウイルスで病気になった何千人もの住民」とあるので，a の「援助を必要とする広範囲の人々を含めて」が最も近い。a wide range of～「広範囲の～」
b．「普通に期待される全てのサービスを含めて」
c．「牢獄に入ったことのない市民のみを含めて」
d．「提供される全てのサービスの総費用を含めて」

6．第6段第3文（That's part of …）に「プログラムの主催者が証明したいと願っていることの一部」とあり，コロン（：）以下に「富の再分配をすること」の具体的な願いが述べられているので，それに沿う語句を探すとよい。(i)は，「教育，住宅，そして栄養摂取へのアクセス」とあるので improve「～を改善する」が適切である。(ii)は，「人種間の富の差」とあるので reduce「～を減らす」が適切である。(iii)は，「経済活動」とあるので stimulate「～を刺激する」が適切である。(iv)は，「地域社会全体」とあるので lift up として「～を引き上げる」が適切である。以上より d の組み合わせが正解である。

7．(1)下記より b が正しい。

(ア)「コンプトン市の保証所得の実験での 800 人の参加者は，1年間にわたって現金での支払いを受けた」

第1段第4文（Between late 2020 …）に「2020 年後半から 2022 年末までの間，レオと他の 799 人は，年間最大 7,200 ドルを受領」とある。1年間ではないので合致しない。

(イ)「コンプトン・プレッジは，納税者のお金によるものではなく，寄付者により資金提供されている」

第2段第2文（The pilot project, …）に「そのプロジェクトは，個人的な寄付提供者から得た金を分配」とある。納税者ではないので合致している。

(2)下記より c が正しい。

(ア)「コンプトン・プレッジの目的は，それが受取人の健康，仕事を得る機会，そして地域社会に確かに影響を与えることができるかどうかを評価することを含んでいた」

第2段第3文（It was testing …）に「それがテストしていたのは，貧しい家族に金銭的なクッションを与えることは，彼らの身体的・精神的な健康，仕事の将来性，地域社会に明らかな影響を及ぼすことができるかどうかであった」とあるので，合致する。

positively「確かに」 well-being「幸福，福利，健康」

(イ)「アメリカ合衆国の約 20 の都市で最近実施されている，全ての保証所得の試験的プログラムのうち，コンプトン・プレッジは受取人の数が最も多い」

第3段第3文（But recently, …）に「試験的プログラムは全国の約20の都市で実施され，コンプトンの活動は，給付を受けた人数の観点から，国内最大の実験」とあるので，合致する。

⑶下記よりdが正しい。

㋐「現在のアメリカ合衆国での保証所得の試験的プログラムのほとんどが，全ての成人市民にほぼ同じ額の現金を配布している」

第3段第4文（Most of the programs …）に「ほとんどのプログラムは，対象とされる人々にさまざまな金額を分配する」とあるので，合致しない。

㋑「2020年の8月に実施された調査では，アメリカ人の45％が，全ての成人市民に，彼らの経済環境に応じて金を与えることを支持しているとあった」

第4段第1文（There is limited …）に「2020年8月の調査では，アメリカ人の45％が，雇用や所得に関係なく，全ての成人市民に月額1,000ドルを与えることを支持」とあるので，合致しない。

in support of～「～を支持して」

Ⅳ 解答

1－a　2－b　3－c　4－d　5－c　6－a
7－d　8－b　9－d

◆全　訳◆

≪ソフトパワーとハードパワー≫

誰もがハードパワーに馴染みがある。我々は，軍事力や経済力がしばしば他者に自身の立場を変化させることを知っている。ハードパワーは「アメ」と「ムチ」に頼る傾向がある。しかしながら時折，明確な報酬や脅迫なしに，あなたは望む成果を手に入れることができる。世界政治において，ある国は望む成果を得るかもしれない，なぜなら他の国々が，その価値を称賛し，その実例を模倣し，繁栄と開放性のそのレベルを熱望し，それに従うことを望むからである。この意味で，脅迫的な軍事力や経済的代償によって他国に変化を強制するだけでなく，世界政治において議題を設定し，他国を魅了することも重要である。ソフトパワー――自分が望む結果を相手が望むように仕向けること――とは，つけ込んで強制して選択肢を選ばせ人を威圧するよりも，人を説得して自発的に選択肢を選ばせて仲間にするのである。

ソフトパワーは，他人の好みを形作る能力に基礎を置いている。個人のレベルでは，我々は誰もが，魅力や魅惑の力に馴染みがある。人間関係や結婚では，力は必ずしもより大きなパートナーにあるとは限らず，魅力の神秘的な化学反応の中にある。ビジネスの社会でも同様に，賢明な経営者が知っていることは，リーダーシップとは単に命令を出すだけの問題ではなく，模範を示してリードし，自分のやりたいことをするために，他の人を引き付けることも含まれるということである。命令のみで大きな組織を運営することは困難である。あなたは，他人にあなたの価値観を受け入れさせる必要もある。

政治指導者たちは長い間，魅力から生まれる力を理解してきた。もし私が自分の望むことを，あなたにしたいと思わせることができれば，私は，それをさせるためにアメとムチを使う必要はない。独裁的な国々の指導者たちは，弾圧政治を用いて命令を発することができるが，民主政治の政治家たちは，刺激と魅力の組み合わせをもっとあてにしなければならない。ソフトパワーは日常の民主政治の鍵となる部分である。好みを構築する能力は，魅力的な人格，文化，政治的価値観と制度，そして合法的または道徳的な権威を持つと見なされる政策などのような無形の貴重なものと関係する傾向にある。もし指導者が，他の人が従いたいと思う価値観を代表するなら，人々を簡単にリードできるであろう。

ソフトパワーは単に影響力と同じだけではない。結局，影響力は，脅威や報酬のハードパワーにも依存する可能性がある。さらにソフトパワーは，単なる説得力や議論によって人々を動かす能力以上のものであるが，それは重要な部分である。それはまた，魅了する能力であり，魅惑はしばしば支持につながる。簡単に言うと，態度の点から，ソフトパワーは魅惑的で喜びを与える力である。資質の観点から，ソフトパワーの資質は，支持者を引き付ける磁気を帯びた魅力を作り出す貴重なものである。特別な長所が，魅力を生み出すソフトパワーの源であるかどうかは，調査やインタビューを通じて人々に質問することで測定されうる。その魅力が，結果として，望まれる政策の成果を生み出すかどうかは，特別な事例で判断されなければならない。

ハードパワーとソフトパワーの違いを考える一つの方法は，あなたが望む成果をあなたが得られる多様な方法を考えることである。あなたは，私に好みを変えるように命令することができ，力や経済的な代償で私を脅すことで，自分の望むことをすることができる。あなたは，私に金を払うという経済的な力を用いることによって，あなたが望むことを私にさせるように仕向けることができる。私の度を越した望みは，追うには余りに非現実的だと思える方法でその問題を取り扱うことで，あなたは私の好みを制限することができる。または，あなたは，我々の関係における魅力，愛，あるいは義務の感覚に訴え，それらの共有の価値観や目的に貢献する正当性に関する我々の共有した価値観に訴えることができる。明確な脅迫ややり取りが発生することなく，もし私があなたの目的に沿って進むよう説得された場合――端的に言えば，もし私の態度が，注目すべきだが実態のない魅力によって決定された場合には――ソフトパワーが機能しているのである。ソフトパワーは，協力を促進するために（力や金ではなく）異なる種類の通貨を使用する――つまり，共有された価値観と，それらの価値の達成に貢献する公正さと義務への魅力である。

ハードパワーとソフトパワーは，他の人の態度に影響を与えることで目的を達成する能力の両方の側面であるため，関連している。それらの違いは，態度の本質と資質の型との双方において，程度の差である。命令する態度――他人がすることを変える能力――は，強制や誘因に依存している。協調的な態度――他人が望むことを形成する能力――は，あまりにもそれらが非現実的であるように思われるために，他の人が幾つかの好みを表現できないようにさせるやり方で，自分の文化や価値観の魅力，または政治的選択の議題を対処する能力に依存しているのである。命令する態度と協調的な態度の行動のタイプは，強制から経済的誘因，課題の解決，純粋な魅力まで及んでいる。ソフトパワーの源は，態度の範囲の協調的な終わりに関連する傾向があるが，ハードパワーの源は，通常命令する態度に関連する。

国際的な政治においては，ソフトパワーを生み出す源は，その文化において，内部の慣例や政策によりその国が示す実例において，他国との関係を取り扱う方法において，組織や国が表現する価値観から大きな部分が生じている。政府はしばしば，ソフトパワーを制御し採用することは難しいと思っているが，そのことが，その重要性を小さくしたりはしないのである。

◀解　説▶

1．「下線部(1)に意味が最も近い語句を選びなさい」

下線部(1)では複数形になっているが，基本的には，(the) carrot and (the) stick で覚えればよい。「(馬の好物の) 人参とムチ」報酬と罰，つまり「アメとムチ」の意である。ゆえに，a の「賄賂または代償」が最も近い。

b．「賄賂または価値観」 c．「秩序または代償」

d．「秩序または価値観」

2．「下線部(2)に意味が最も近い語句を選びなさい」

explicit は「明確な，明白な」の意である。ゆえに，b の clear「疑いのない」が最も近い。

a．「一貫した」 c．「自覚している」 d．「月並みな」

3．「下線部(3)に意味が最も近い記述を選びなさい」

下線部(3)は「あなたは，他人にあなたの価値観を受け入れさせる必要もある」の意である。この場合の，あなたと他人の関係を逆転させると，c の「人々は，あなたの理想もまた信じるように説得されるべきである」が最も近い。

buy into ～「(説明，意見，行動など) を受け入れる」 get *A* to *do*「*A* (人) に～させる」

a．「高価な物は，人々に金を浪費させる」

b．「人々は，あなたが本当に必要とする貴重品もあなたに売らないであろう」

d．「貴重な物も，人々に良さを認めさせるのに困難である」

4．「下線部(4)に意味が最も近い記述を選びなさい」

下線部(4)は「合法的または道徳的な権威を持つと見なされる」の意である。ゆえに，d の「合法的または状況に影響を及ぼす有徳な能力を持っていると見なされている」が最も近い。

(are) seen as は see *A* as *B*「*A* を *B* と見なす」の受動態であることに注意。moral authority「道徳的な権威」

a．「違法な，または倫理上の力を持つと観察される」

b．「権力のあるグループの権利や義務の明白な外側に」

c.「明らかに筋の通ったまともな態度，または説得力のない行動」

5.「下線部(5)に意味が最も近い記述を選びなさい」

下線部(5)は「それらの価値の達成に貢献する公正さと義務」の意であるが，下線部を含む文全体を見ると，ソフトパワーが使うのは，「協力を促進するために，共有された価値観と，それらの価値の達成に貢献する公正さと義務への魅力」とある。つまり，ソフトパワーとは，皆の共通認識とその目標に向かう責任が大事と考えられるので，cの「お互いの信念と目標の実現を支えるための公正な責任」が最も近い。

justness「公正さ」 contribute to ～「～に貢献する」

a.「何かをするという中立の約束を実行することを避ける義務」

b.「妥当な功績と十分な利益を得るために支払われる値段」

d.「不当に成果を達成するためどれだけコストがかかろうと，平等な結果を尊重すること」

6.「下線部(6)に意味が最も近い記述を選びなさい」

下線部(6)は，「他の人が幾つかの好みを表現できないようにさせるやり方で」の意である。in a ～ manner で「～のやり方で」であるが，ここでは関係代名詞の that 以下を絡ませている。ゆえに，aの「人々に，他の選択肢のことを言わないようにさせることによって」が，最も近い。

make *A* *do*「*A*（人）に～させる」 fail to *do*「～し損なう，できない」 by means of ～「～(の手段) によって」 cause *A* to *do*「*A*に～させる」ここでは not to *do* となっていることに注意。mention「～のことを言う」

b.「明確に前進することを示さないやり方で」

c.「悪い態度を示すことで他人が失敗することを望んで」

d.「さらに難しい選択をすることを避けるために早い方法を使って」

7.「次の記述(I)，(II)に関して，正しい答えをa～dから選びなさい」

下記より，dの「本文によると(I)，(II)のどちらも正しくない」が正解である。

(I)「聡明なリーダーシップは，何事も心配しないで命令を出すことで最良に実施される」

第2段第4文（Similarly in …）に「賢明な経営者は，リーダーシップとは単に命令を出すだけの問題ではないことを知っている」とあるので，合致しない。

(II)「単純に認識され，簡単に見られる行動は，ソフトパワーの一部である」

第3段第4・5文（Soft power is … having moral authority.）に，ソフトパワーは「魅力的な人格，文化，政治的価値観と制度，そして合法的または道徳的な権威を持つと見なされる政策などのような無形の貴重なものと関係」するとある。すなわち，「単純に認識され，簡単に見られる行動」でないので合致しない。

8．「次の記述(I)，(II)に関して，正しい答えをa～dから選びなさい」

下記より，bの「本文によると(I)のみ正しい」が正解である。

(I)「ソフトパワーは，政府が時折使ったり対処したりするのに面倒なことがある」

第7段第2文（Governments sometimes find …）に「政府はしばしば，ソフトパワーを制御し採用することは難しいと思っている」とある。面倒なことがあるので，難しいと政府が思っていると判断できる。ゆえに合致する。

(II)「ハードパワーは，あなたの目標を達成したり，他人に影響を与えたりするために，滅多に効果的に使われない」

「ハードパワーは，滅多に効果的に使われない」などの内容は本文に言及がないので，合致しない。

9．「次の記述(I)，(II)に関して，正しい答えをa～dから選びなさい」

下記より，dの「本文によると(I)，(II)のどちらも正しくない」が正解である。

(I)「ソフトパワーは他人を納得させるための能力をそれほど含んではいない」

第4段第3文（Moreover, soft power …）に「ソフトパワーは，単なる説得力や議論によって人々を動かす能力以上のもの」とあるので，合致しない。

(II)「ハードパワーは，協調的な態度の成功した使い方に依存している」

第6段最終文（Soft power resources …）に「ソフトパワーの源は，態度の範囲の協調的な終わりに関連する」とあるので，合致しない。

❖講　評

2023年度の大問構成は，2022年度同様4題全てが読解問題であった。ⅠとⅢは日本語での設問，ⅡとⅣは英語での設問である。また全ての大問に，2～4つの短文が与えられ「本文の内容と合致するものを選択」する問題がある。短文に先に目を通し，読解をしながら重要語句に印をつけることも解答のヒントになるであろう。分量的にも多く，90分で解答するには高度な読解力と上手な時間の割り振りが要求される。

Ⅰは「猫と飼い主の関係」がテーマである。設問1のthey，themの指示内容の組み合わせは，最初のtheyが確定できるかである。Ⅱは「『才気＝男性』の固定観念が子どもたちに与える影響」がテーマである。下線部と同じ内容の文を選ぶ問題では，下線部に至る内容にも注意を払うこと。Ⅲは「革新的な保証所得」がテーマである。設問6の空所に入る語の組み合わせでは，まず確信が持てる語を決め，残りを確認すれば混乱はない。Ⅳは「ソフトパワーとハードパワー」がテーマである。co-optiveなど馴染みのない単語もあるが，前後関係から落ち着いて類推したい。また，全ての空所補充では，前後関係をしっかり把握する力が問われる。

地理

I

解答

問1．(ア)大西洋中央海嶺　(イ)北アメリカ　(ウ)ユーラシア
問2．(エ)再生可能　（発電方法）水力発電，地熱発電
問3．レイキャビク　問4．③　問5．(キ)温　(ク)北大西洋　問6．②
問7．小氷　問8．北大西洋条約機構　問9．②　問10．①

◀解　説▶

≪アイスランドの地誌≫

問2．アイスランドの総発電量の69.1％は水力発電，30.9％は地熱発電によるもの（2019年）。

問4．正解は③。アイスランド島はほぼ北緯63度から66度の間に位置し，世界で最も北に位置する首都となっているレイキャビクは，この島の南西部の北緯64度付近に位置している。

問5．(キ)温帯。レイキャビクの気候は，1月の平均気温が0.0℃，7月の平均気温が11.2℃，年平均気温が4.7℃，年降水量が847.1mmで，ケッペンの気候区分では温帯の西岸海洋性気候（Cfc）に区分される。このように，緯度の割に冬季に温和であるのは，沖を流れる暖流の北大西洋海流と卓越風の偏西風の影響を被るためである。

(ク)暖流の北大西洋海流は，偏西風とともに西ヨーロッパの冬を緯度の割に温和なものとすることだけでなく，ノルウェー大西洋岸の北緯70度を超える地点にまで不凍港が連続することにも大きく寄与している。

問6．正解は②。大西洋北部と南極海では，海水が冷却されるだけでなく，海氷形成時に氷から塩分が排出されることで塩分濃度を高め，密度が大きくなって海底に向けて沈み込んでいる。

問8．北大西洋条約機構（NATO）は，冷戦時代に旧ソ連や東側諸国などによってつくられたワルシャワ条約機構の脅威に対抗する目的で，北米2カ国と西欧諸国によって結成された政府間軍事同盟。冷戦終結後も存続しており，バルカン半島，中東，南アジア，アフリカで軍事作戦を展開した。北米2カ国と欧州28カ国で構成されていたが，2023年4月4日にフィンランドも加盟した。本部はベルギーのブリュッセルに置かれている。

問9．正解は②。メルカトル図法は，図上の任意の二点を結ぶ直線が二点間の等角航路を示すために航海図としての利用に適し，正角円筒図法とも称される。また，地軸と投影面の軸との位置関係からみると，メルカトル図法は両者が一致し，経線が垂直線，緯線が水平線で表される正軸投影（正軸法）に区分される。このため，正軸円筒図法とも称される。

問10．正解は①。正距方位図法は，図の中心点からの距離と方位が正しく示され，全球図を描くと，中心点の対蹠点が真円の外周円で表現される。正距方位図法によって北極点中心の全球図を描くと，緯線は等間隔の同心円となり，外周円は南極点を示すことになる。

II　解答

問1．(ア)緑の革命　(イ)モノカルチャー　(ウ)米
(エ)遺伝子組み換え　(オ)ハイブリッド

問2．①　問3．D．大豆　E．コーヒー豆　F．ブラジル

問4．食生活の欧米化の進行で小麦，肉類，牛乳・乳製品等の消費が増加し，小麦や飼料となる大豆・とうもろこしの多くを安価な輸入に依存したから。

問5．スリランカ

問6．自国の産業に甚大な打撃をもたらす輸入品に対して，一時的に関税引き上げなどで輸入抑制を図る措置。

問7．先進国が途上国に対して資本・技術を提供して農産物や鉱産資源などの商品開発を行うだけでなく，それを輸入する貿易の手法。

◀解　説▶

《食料問題》

問1．(イ)特定少数の一次産品の生産・輸出に依存する経済体制を，モノカルチャー経済と呼ぶ。ガーナはカカオ豆，スリランカは茶，サウジアラビアは原油，チリは銅鉱のモノカルチャー経済となっている。

(エ)遺伝子組み換え作物とは，商業的に栽培されている作物に対して遺伝子操作を行うことで，除草剤耐性，病害虫耐性，保存性，栄養価などの向上を人工的に図った作物のこと。

(オ)ハイブリッド種子とは，異なる形質をもつ固定種の交配で，雑種強勢を利用して親よりも優れた形質をもつように開発された種子。メンデルの法則によって優れた遺伝特性の出現が一代限りであることから「Filial 1 hybrid（一代雑種）」の略であるハイブリッド種子と呼ぶ。これに対して，親から子，子から孫へと味や形といった同じ形質が代々継承されている種を固定種と呼び，在来種や伝来種はこの例である。

問2．正解は①。一人っ子政策や経済成長の影響で人口増加率が低くなっていることから，中国はBと判断する。インドとオーストラリアの判断はやや難度が高いが，移民の受け入れが盛んなことや，その影響で自然増加率が高くなっていることを背景に，人口増加率がアメリカ合衆国やインドよりも高いCがオーストラリアであると判断する。

問4．2019年の自給率は，穀類28％，食用穀物（蕎麦を含む）63％，米97％，小麦16％，豆類7％である。穀物自給率の低下は，食生活の欧米化が進行するなかで，小麦や，大豆・とうもろこしといった飼料作物の多くを輸入に依存したことを背景としている。

問6．セーフガード（緊急輸入制限）は，自国の産業に甚大な打撃をもたらす輸入品に対して，国が一時的に関税引き上げなどで輸入抑制を図る措置である。日本は2001年4月に中国からの畳表，生しいたけ，ネギの輸入急増に対抗するため，暫定的にセーフガードを発動した。

問7．産品の輸入方式は，通常の貿易取引を通して輸入を行う単純輸入と，輸入国が産品の開発に直接的・間接的に参加して開発したものを輸入する開発輸入に大別される。日本は，農林水産物や鉱産資源だけでなく，近年は衣料品，食品，家電製品をはじめとするさまざまな工業製品も，発展途上国からの開発輸入を活発化させている。

III **解答**

問1．(あ)裾礁 (い)堡礁〔バリアリーフ〕 (う)環礁

問2．地球温暖化にともなう海面上昇によって島々が水没していくこと。

問3．(1)①リン ②プランテーション ③カボチャ ④日付変更

(2)特定の一次産品の生産・輸出に強く依存すると，その産出量や国際価格の下落が生じた際にその国の経済が大打撃を被り，その持続可能性が大きく損なわれること。

(3) (A)―(c) (B)―(d) (C)―(b) (D)―(e) (E)―(a)

(4)モアイ

◀解　説▶

≪太平洋諸島の地誌≫

問1．サンゴ礁は，サンゴ礁と陸地，そしてその間にみられる地形の特色に注目して裾礁，堡礁，環礁の3形態に区分する。

(あ)裾礁は，海岸線を縁取るようにサンゴ礁が発達するもので，礁湖（ラグーン）はみられない。

(い)堡礁は，海岸からやや離れた位置に，礁湖を挟んでサンゴ礁が発達するもの。

(う)環礁は，サンゴ礁が環状に発達し，その内側に陸地が存在せず，礁湖が広がるもの。

問2．国土の平均標高が約2mのツバルやキリバスなどの南太平洋の群島国家が，地球温暖化の進行にともなう海面上昇によって国家存続の危機に直面していることを想起したい。

問3．(1) ①リン鉱石。東京とニュージーランドのほぼ中間付近の赤道近くに位置するナウルは，一周約19kmの島だけで国土が構築されている小国。伝統的に，この国の人々はココヤシなどの栽培と漁労によって生活していたが，その生活は1900年代初頭にリン鉱石の採掘が始まったことで一変した。1980年代にはリン鉱石の輸出による潤沢な外貨収入を背景に公共料金は無料，税金は非課税という，太平洋地域で最も高い生活水準を享受していた。しかし，リン鉱石の枯渇が生じたことで，この国の経済は1990年代後半に破綻状態に陥った。

(2)ナウルのリン鉱石のように，特定の一次産品の生産・輸出に強く依存するモノカルチャー経済の問題点が問われている。すなわち，モノカルチャー経済の国は，依存する一次産品の産出量や国際価格の下落が生じた際に経済が大打撃を被り，その持続可能性が大きく損なわれ，国家が経済破綻状態に陥る危険を有していることを指摘したい。

❖講　評

Ⅰ　ある大学地理学科の地誌授業における，教員と学生の会話を示した文章をもとに，アイスランドに関する基本的事項を問うた出題。地形，気候といった自然環境に関する内容が中心だが，NATOや地図投影法に関する内容も取り上げられている。

Ⅱ 食料問題に関する出題。基本的内容の出題だが，３カ国（インド，オーストラリア，中国）の人口増加率の変化を問う問２は，インドとオーストラリアの判断がやや難解であった。

Ⅲ 太平洋諸島に関する出題。教科書レベルの基本的内容が中心であるが，この地域についての学習が手薄だと，意外に苦労することになる。

数学

◀法・文(哲・英文・史・心理)・経済・社会・経営・国際文化・人間環境・現代福祉・キャリアデザイン・グローバル教養・スポーツ健康学部▶

1 解答

(1)ア．1　イ．2

(2)ウエ．80　オカ．30　キ．2

◀解　説▶

≪式の値≫

(1)　$x^2+y^2=5$　……①とする。

$x-y=1+\sqrt{2}$ の両辺を2乗すると

$$x^2-2xy+y^2=(1+\sqrt{2})^2=3+2\sqrt{2} \quad \cdots\cdots②$$

①－②より

$$2xy=5-(3+2\sqrt{2})=2-2\sqrt{2}$$

$\therefore$　$xy=1-\sqrt{2}$　(→ア，イ)

(2)　$x^6+y^6=(x^2+y^2)^3-3(xy)^2(x^2+y^2)$ であるから

$$x^6+y^6=5^3-3\cdot(1-\sqrt{2})^2\cdot 5=125-15(3-2\sqrt{2})$$

$$=80+30\sqrt{2}$$　(→ウ～キ)

2 解答

(1)ア．1　イウエ．216

(2)オ．7　カキク．216

◀解　説▶

≪確率の計算≫

4つのさいころを同時に投げたときの目の出方は 6^4 通りある。

(1)　$m=25=5^2$ により，4つの目は1，1，5，5である。1，1，5，5の並べ方は全部で

$${}_4C_2=\frac{4!}{2!2!}=6 \text{ 通り}$$

したがって，$m=25$ となる確率は

$$\frac{6}{6^4}=\frac{1}{216}\quad (\to ア〜エ)$$

(2)　$300=2^2\cdot 3\cdot 5^2$ であるから，4つの目のうち2つは5である。

$m=300$ である目の組合せは「2，6，5，5」と「3，4，5，5」の2種。

$m=600$ である目の組合せは「4，6，5，5」の1種のみ。

$m=900$ である目の組合せは「6，6，5，5」の1種のみ。

$m=1200$ となる目の出方はない。

4つの目の積は 6^4（$=1296$）以下である。

上の4種の組合せについて，それぞれ並べ方を考えて，全部で

$$\frac{4!}{2!}\cdot 3+\frac{4!}{2!2!}=12\cdot 3+6=42 \text{ 通り}$$

したがって，求める確率は

$$\frac{42}{6^4}=\frac{7}{216}\quad (\to オ〜ク)$$

3　解答

(1)アイウ．374

(2)エオ．19　カキ．10

◀解　説▶

≪群数列≫

数列 $\{a_n\}$ の一般項は

$$a_n=2+3(n-1)=3n-1 \quad \cdots\cdots①$$

第 l 群の末項までの項数は

$$\sum_{k=1}^{l}(2k-1)=2\cdot\frac{l(l+1)}{2}-l=l^2 \quad \cdots\cdots②$$

(1)　第11群末項までの項数は，②により　　$11^2=121$

よって，第12群の4番目の項は，数列 $\{a_n\}$ の第125項である。

したがって，求める値は a_{125} であり，①により

$$a_{125}=3\cdot 125-1=374\quad (\to ア〜ウ)$$

(2)　$a_n>1000$ を解くと

$$3n-1>1000 \qquad \therefore\ n>\frac{1001}{3}=333.6\cdots$$

つまり，初めて1000より大きくなる項は，第334項である。

第 334 項が第 l 群にあるとすれば

$$(l-1)^2<334\leqq l^2$$

が成り立つ。$18^2=324<334<361=19^2$ より，この不等式を満たす l の値は 19 である。したがって，第 19 群にあることがわかる。（→エオ）

第 18 群までの項数は $18^2=324$ であるから，第 334 項は第 19 群の 10 番目の項であることがわかる。（→カキ）

4 解答

(1)アイ．48　ウ．5　エオ．96　カキ．25

(2)ク．9　ケ．5　コサシ．196　スセ．25

◀解　説▶

≪2次関数の最大値・最小値≫

(1)　$a=\dfrac{6}{5}$ のとき

$$f(x)=x^2-2x+\frac{121}{25}=(x-1)^2+\frac{96}{25}\quad\left(0\leqq x\leqq\frac{17}{5}\right)$$

よって，$f(x)$ は $x=\dfrac{17}{5}$ のとき最大値をとり，$x=1$ のとき最小値をとる。

$$M=f\left(\frac{17}{5}\right)=\left(\frac{17}{5}-1\right)^2+\frac{96}{25}=\frac{144+96}{25}$$

$$=\frac{48}{5}\quad（→ア〜ウ）$$

$$m=f(1)=\frac{96}{25}\quad（→エ〜キ）$$

(2)　$f(x)=\{x-(7-5a)\}^2+(a+1)^2-(7-5a)^2$　……①

放物線 $y=f(x)$ の軸の方程式は $x=7-5a$ である。

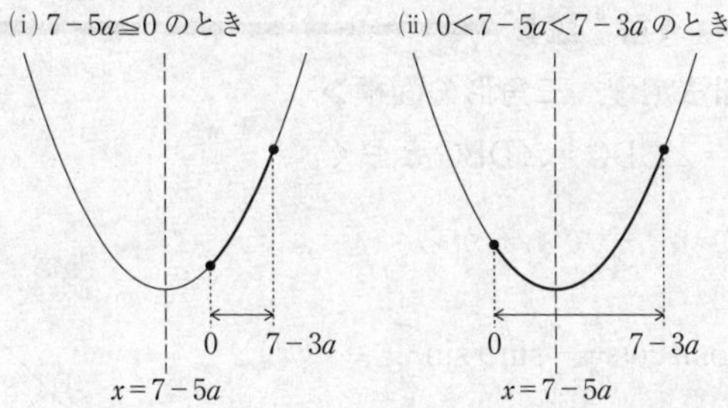

(i) $7-5a\leqq 0$ のとき，$\dfrac{7}{5}\leqq a\leqq 2$ であり，前図より

$$M=f(7-3a),\ \ m=f(0)$$

(ii) $0<7-5a<7-3a$ のとき，$1\leqq a<\dfrac{7}{5}$ であるが

$$(7-3a)-(7-5a)=2a$$
$$2a-(7-5a)=7(a-1)>0$$

であるから，$x=0$ と $x=7-3a$ では $x=7-3a$ の方が軸から遠い位置にある。したがって

$$M=f(7-3a),\ \ m=f(7-5a)$$

(i)，(ii)により　　$M=f(7-3a)$

①により

$$M=f(7-3a)=\{(7-3a)-(7-5a)\}^2+(a+1)^2-(7-5a)^2$$
$$=-20a^2+72a-48=-20\left(a-\frac{9}{5}\right)^2+\frac{84}{5}$$

$1\leqq a\leqq 2$ なので，$a=\dfrac{9}{5}$ で M は最大値 $\dfrac{84}{5}$ をとる。（→ク，ケ）

このとき $\dfrac{7}{5}\leqq a=\dfrac{9}{5}\leqq 2$ だから，最小値 m は(i)の場合で，$f(0)$ となる。したがって

$$m=f(0)=\left(\frac{9}{5}+1\right)^2=\frac{196}{25}\quad(\text{→コ〜セ})$$

5 解答

(1)ア．2　イウ．10

(2)エ．7　オ．4　カキ．21　クケ．50

◀解　説▶

≪三角関数の加法定理，三角形の面積≫

$\alpha=\angle\mathrm{ABD}$，$\beta=\angle\mathrm{BDC}=\angle\mathrm{DBC}$ とおく。

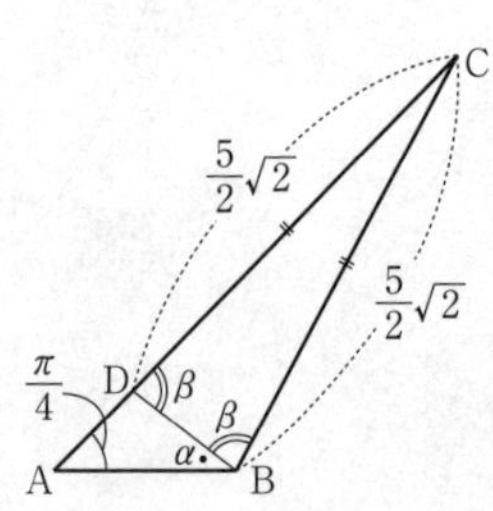

(1)　$\beta=\angle\mathrm{BDC}=\alpha+\dfrac{\pi}{4}$ であるから

$$\cos\beta=\cos\alpha\cos\frac{\pi}{4}-\sin\alpha\sin\frac{\pi}{4}\quad\cdots\cdots①$$

$\cos\alpha=\dfrac{4}{5}$，$\sin\alpha>0$ より

$$\sin\alpha=\sqrt{1-\left(\frac{4}{5}\right)^2}=\frac{3}{5}$$

よって，①により

$$\cos\angle\mathrm{BDC}=\cos\beta=\frac{4}{5}\cdot\frac{\sqrt{2}}{2}-\frac{3}{5}\cdot\frac{\sqrt{2}}{2}=\frac{\sqrt{2}}{10}\quad(\to ア〜ウ)$$

(2)　三角形BCDにおいて

$$\sin\angle\mathrm{BCD}=\sin(\pi-2\beta)=2\sin\beta\cos\beta\quad\cdots\cdots②$$

(1)より $\cos\beta=\dfrac{\sqrt{2}}{10}$ であり，$\sin\beta>0$ であるから

$$\sin\beta=\sqrt{1-\left(\frac{\sqrt{2}}{10}\right)^2}=\frac{7\sqrt{2}}{10}$$

よって，②より　$\sin\angle\mathrm{BCD}=2\cdot\dfrac{7\sqrt{2}}{10}\cdot\dfrac{\sqrt{2}}{10}=\dfrac{7}{25}$

したがって，三角形BCDの面積は

$$\frac{1}{2}\cdot\left(\frac{5}{2}\sqrt{2}\right)^2\cdot\frac{7}{25}=\frac{7}{4}\quad(\to エ，オ)$$

また

$$\mathrm{BD}=2\mathrm{CD}\cos\beta=2\cdot\frac{5}{2}\sqrt{2}\cdot\frac{\sqrt{2}}{10}=1$$

であり，三角形ABDにおいて正弦定理を用いると

$$\frac{\mathrm{BD}}{\sin\angle\mathrm{BAC}}=\frac{\mathrm{AD}}{\sin\alpha}$$

$$\mathrm{AD}=\left(1\div\frac{\sqrt{2}}{2}\right)\cdot\frac{3}{5}=\frac{3}{5}\sqrt{2}$$

したがって，三角形ABDの面積は

$$(三角形\mathrm{BCD}の面積)\cdot\frac{\mathrm{AD}}{\mathrm{CD}}=\frac{7}{4}\cdot\left(\frac{3}{5}\sqrt{2}\div\frac{5}{2}\sqrt{2}\right)=\frac{7}{4}\cdot\frac{6}{25}$$

$$=\frac{21}{50}\quad(\to カ〜ケ)$$

6 解答

(1)ア．1　イ．2　ウ．5　エオ．16　カ．1　キ．2　ク．3　ケコ．16

(2)サ．3　シ．2　スセ．27　ソタ．16　チツテト．2187　ナニ．64

◀解　説▶

≪極大・極小，面積≫

$$f'(x)=-3x^2+3a^2$$
$$=-3(x-a)(x+a)$$

$a>0$ であるから，$f(x)$ の増減表は右のようになる。

x	$\cdots$	$-a$	$\cdots$	a	$\cdots$
$f'(x)$	$-$	0	$+$	0	$-$
$f(x)$	↘	極小	↗	極大	↘

したがって

$$\left.\begin{array}{l} x_0=-a,\ y_0=f(-a)=-2a^3-a^4 \\ x_1=a,\ y_1=f(a)=2a^3-a^4 \end{array}\right\}\ \cdots\cdots①$$

(1)　$a=\dfrac{1}{2}$ を①に代入して

$$(x_0,\ y_0)=\left(-\frac{1}{2},\ -\frac{5}{16}\right),\ (x_1,\ y_1)=\left(\frac{1}{2},\ \frac{3}{16}\right)\quad(\rightarrow ア〜コ)$$

(2)　$g(a)=-a^4+2a^3$ とおくと

$$g'(a)=-4a^3+6a^2=-2a^2(2a-3)$$

よって，$a>0$ において $g(a)$ の増減表は右のようになるので，y_1 の値が最も大きくなるのは $a=\dfrac{3}{2}$ のときである。（→サ，シ）

a	0	$\cdots$	$\frac{3}{2}$	$\cdots$
$g'(a)$	(0)	$+$	0	$-$
$g(a)$	(0)	↗	極大	↘

このとき

$$y_1=f\left(\frac{3}{2}\right)=2\cdot\left(\frac{3}{2}\right)^3-\left(\frac{3}{2}\right)^4=\frac{27}{16}\quad(\rightarrow ス〜タ)$$

$$y_0=f\left(-\frac{3}{2}\right)=-2\cdot\left(\frac{3}{2}\right)^3-\left(\frac{3}{2}\right)^4=-\frac{189}{16}$$

$y=-x^3+\dfrac{27}{4}x-\dfrac{81}{16}$ と $y=-\dfrac{189}{16}$ の交点の x 座標を求めると

$$-x^3+\frac{27}{4}x-\frac{81}{16}=-\frac{189}{16}$$
$$4x^3-27x-27=0$$
$$(x-3)(2x+3)^2=0$$
$$x=3,\ -\frac{3}{2}$$

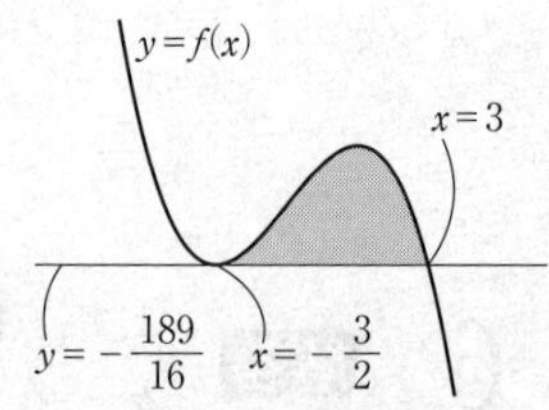

以上により，求める面積は

$$\int_{-\frac{3}{2}}^{3}\left\{-x^3+\frac{27}{4}x-\frac{81}{16}-\left(-\frac{189}{16}\right)\right\}dx$$

$$=\left[-\frac{1}{4}x^4+\frac{27}{8}x^2+\frac{27}{4}x\right]_{-\frac{3}{2}}^{3}$$

$$=-\frac{81}{4}+\frac{243}{8}+\frac{81}{4}-\left(-\frac{81}{64}+\frac{243}{32}-\frac{81}{8}\right)$$

$$=\frac{2187}{64}\quad(\to チ〜ニ)$$

別解　(2)　面積を求めるとき a のまま処理し，定積分の計算で p を定数として

$$\int(x+p)^n dx=\frac{1}{n+1}(x+p)^{n+1}+K\quad(K：積分定数)$$

を用いると，煩雑な分数計算が大幅に軽減できる。

曲線 $y=f(x)=-x^3+3a^2x-a^4$ と直線 $y=y_0=-2a^3-a^4$ の交点の x 座標は

$$-x^3+3a^2x-a^4=-2a^3-a^4$$

$$(x+a)^2(x-2a)=0$$

よって　　$x=-a,\ 2a$

したがって，面積は

$$\int_{-a}^{2a}\{(-x^3+3a^2x-a^4)-(-2a^3-a^4)\}dx$$

$$=\int_{-a}^{2a}\{-(x+a)^2(x-2a)\}dx$$

$$=\int_{-a}^{2a}\{-(x+a)^2(x+a-3a)\}dx$$

$$=-\int_{-a}^{2a}(x+a)^3dx+3a\int_{-a}^{2a}(x+a)^2dx$$

$$=-\left[\frac{1}{4}(x+a)^4\right]_{-a}^{2a}+3a\left[\frac{1}{3}(x+a)^3\right]_{-a}^{2a}$$

$$=-\frac{81}{4}a^4+27a^4$$

$$=\frac{27}{4}a^4$$

ここで $a=\dfrac{3}{2}$ を代入すれば，面積は

$$\frac{27}{4}\cdot\left(\frac{3}{2}\right)^4=\frac{2187}{64}$$

❖講　評

大問6題の出題で，それぞれ各分野の典型的なテーマであり，難易度も標準的である。

1は対称式の計算で，やや易しい。2は4個のさいころを同時に投げたときの確率だが，素因数5が2つ含まれているのがポイントである。3は群数列の問題で，設問は基本的である。1～3までを確実に完答したい。4は2次関数の最大値・最小値の問題である。xの範囲と放物線の軸の位置関係についての考察が必要で，やや難しい。5は，加法定理・正弦定理を使って$\sin\theta$，$\cos\theta$の値を求め，三角形の面積を計算する問題である。6は3次関数の極値，面積の計算問題であるが，〔別解〕のような考え方・計算方法を知っておくと，スムーズに結論にたどりつける。積分の計算をスムーズにするための方法・公式をしっかり研究しておくとよい。

60分で完答はなかなか難しいところだが，例年どおり各大問前半はごく易しい設問であるから，とりこぼさないようにしたい。

◀情報科・デザイン工・理工・生命科学部▶

I　解答　ア．3　イ．5　ウ．3　エ．2　オ．－　カ．4
キ．3　ク．2　ケ．3　コ―②　サ―⑥　シ―⑦
ス．7　セ―③　ソ―⑥　タ．7　チ―②　ツ―⑥　テ．9　ト―③
ナ―⑥

◀解　説▶

≪連立漸化式，数列の和≫

2点A(1)，B(4) を結ぶ線分ABを2：1に内分する点Cの座標はa_2，線分CBを2：1に外分する点Dの座標がb_2であるから

$$a_2=\frac{1\cdot1+2\cdot4}{2+1}=3,\ b_2=\frac{-1\cdot3+2\cdot4}{2-1}=5\quad(\toア，イ)$$

同様に考えれば，a_n，b_nに対して

$$a_{n+1}=\frac{a_n+2b_n}{2+1}=\frac{1}{3}(a_n+2b_n)\quad\cdots\cdots①\quad(\toウ，エ)$$

$$b_{n+1}=\frac{-a_{n+1}+2b_n}{2-1}=-\frac{1}{3}(a_n+2b_n)+2b_n$$

$$=\frac{1}{3}(-a_n+4b_n)\quad\cdots\cdots②\quad(\toオ，カ)$$

②－①より

$$b_{n+1}-a_{n+1}=\frac{1}{3}(-a_n+4b_n)-\frac{1}{3}(a_n+2b_n)=\frac{2}{3}(b_n-a_n)$$

よって，$c_n=-a_n+b_n$とすると

$$c_1=-a_1+b_1=3,\ c_{n+1}=\frac{2}{3}c_n$$

であるから，数列$\{c_n\}$は初項3，公比$\frac{2}{3}$の等比数列。（→キ～ケ）

したがって

$$c_n=-a_n+b_n=3\cdot\left(\frac{2}{3}\right)^{n-1}=\frac{2^{n-1}}{3^{n-2}}\quad\cdots\cdots③\quad(\toコ，サ)$$

次に，①－②×2より

$$a_{n+1}-2b_{n+1}=\frac{1}{3}(a_n+2b_n)-\frac{2}{3}(-a_n+4b_n)=a_n-2b_n$$

$$a_1-2b_1=1-2\cdot4=-7$$

よって　$a_n-2b_n=-7$ ……④ (→シ)

③×(−2)−④ より　$a_n=7-\dfrac{2^n}{3^{n-2}}$ (→ス〜ソ)

(③+④)×(−1) より　$b_n=7-\dfrac{2^{n-1}}{3^{n-2}}$ (→タ〜ツ)

さらに

$$\sum_{k=1}^{n}c_k=\frac{3}{1-\frac{2}{3}}\left\{1-\left(\frac{2}{3}\right)^n\right\}=9-\frac{2^n}{3^{n-2}}$$ (→テ〜ナ)

II 解答

ア．2　イ．5　ウエ．−1　オ．4　カキ．15　ク．4　ケ．1　コ．2　サ―②　シ―①　ス―⑥　セ―②　ソ―③　タ―③　チ―②　ツ―①　テ．1　ト．5　ナ．4　ニヌ．30　ネ．5

◀解　説▶

≪空間図形とベクトルの内積≫

$$\mathrm{CA}=\mathrm{CF}=\sqrt{1^2+1^2}=\sqrt{2},\ \mathrm{AF}=\sqrt{1^2+2^2}=\sqrt{5}$$ (→ア，イ)

よって，△AFC において余弦定理を用いて

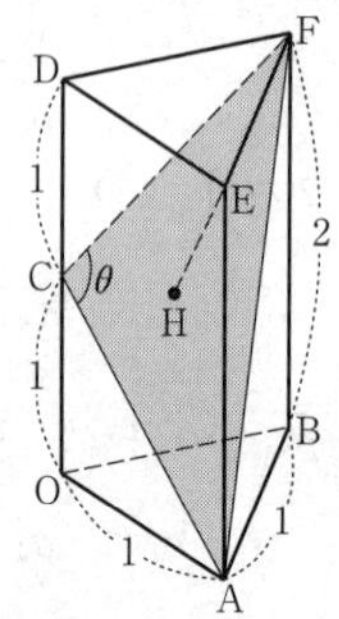

$$\cos\theta=\frac{(\sqrt{2})^2+(\sqrt{2})^2-(\sqrt{5})^2}{2\sqrt{2}\cdot\sqrt{2}}=-\frac{1}{4}$$ (→ウ〜オ)

$\sin\theta>0$ であるから

$$\sin\theta=\sqrt{1-\left(-\frac{1}{4}\right)^2}=\frac{\sqrt{15}}{4}$$

ゆえに，三角形 AFC の面積は

$$\frac{1}{2}\cdot(\sqrt{2})^2\cdot\frac{\sqrt{15}}{4}=\frac{\sqrt{15}}{4}$$ (→カ〜ク)

また，△OAB は正三角形であるから

$$\vec{a}\cdot\vec{b}=|\overrightarrow{\mathrm{OA}}||\overrightarrow{\mathrm{OB}}|\cos\frac{\pi}{3}=\frac{1}{2}$$ ……① (→ケ，コ)

OD⊥底面 OAB であるから

$$\vec{a}\cdot\vec{c}=\vec{b}\cdot\vec{c}=0$$ ……②

また

$$\overrightarrow{\mathrm{CH}}=x\overrightarrow{\mathrm{CA}}+y\overrightarrow{\mathrm{CF}}=x(\vec{a}-\vec{c})+y(\vec{b}+\vec{c}) \quad \cdots\cdots ③$$

であるが

$$\overrightarrow{\mathrm{CH}}=\overrightarrow{\mathrm{EH}}-\overrightarrow{\mathrm{EC}}=\overrightarrow{\mathrm{EH}}-(-\vec{a}-\vec{c})$$

であるから

$$\overrightarrow{\mathrm{EH}}-(-\vec{a}-\vec{c})=x(\vec{a}-\vec{c})+y(\vec{b}+\vec{c})$$

よって　$\overrightarrow{\mathrm{EH}}=(x-1)\vec{a}+y\vec{b}+(-x+y-1)\vec{c}$　(→サ〜ス)

さらに，①，②および $|\vec{a}|=|\vec{b}|=|\vec{c}|=1$ を用いると

$$\begin{aligned}\overrightarrow{\mathrm{EH}}\cdot\overrightarrow{\mathrm{CA}}&=\{(x-1)\vec{a}+y\vec{b}+(-x+y-1)\vec{c}\}\cdot(\vec{a}-\vec{c})\\&=(x-1)|\vec{a}|^2+y\vec{a}\cdot\vec{b}-(-x+y-1)|\vec{c}|^2\\&=(x-1)+\frac{1}{2}y-(-x+y-1)\\&=2x-\frac{1}{2}y \quad (\text{→セ，ソ})\end{aligned}$$

$$\begin{aligned}\overrightarrow{\mathrm{EH}}\cdot\overrightarrow{\mathrm{CF}}&=\{(x-1)\vec{a}+y\vec{b}+(-x+y-1)\vec{c}\}\cdot(\vec{b}+\vec{c})\\&=(x-1)\vec{a}\cdot\vec{b}+y|\vec{b}|^2+(-x+y-1)|\vec{c}|^2\\&=-\frac{1}{2}x+2y-\frac{3}{2} \quad (\text{→タ〜ツ})\end{aligned}$$

したがって，直線 EH と α が垂直であるならば

$$\overrightarrow{\mathrm{EH}}\cdot\overrightarrow{\mathrm{CA}}=0 \quad \text{かつ} \quad \overrightarrow{\mathrm{EH}}\cdot\overrightarrow{\mathrm{CF}}=0$$

すなわち

$$2x-\frac{1}{2}y=0 \quad \text{かつ} \quad -\frac{1}{2}x+2y-\frac{3}{2}=0$$

これらを連立させて解くと

$$x=\frac{1}{5},\ y=\frac{4}{5} \quad (\text{→テ〜ナ})$$

これらの値を③に代入して整理すると

$$\overrightarrow{\mathrm{CH}}=\frac{1}{5}\vec{a}+\frac{4}{5}\vec{b}+\frac{3}{5}\vec{c}$$

よって

$$\begin{aligned}|\overrightarrow{\mathrm{CH}}|^2&=\frac{1}{25}|\vec{a}|^2+\frac{16}{25}|\vec{b}|^2+\frac{9}{25}|\vec{c}|^2+\frac{8}{25}\vec{a}\cdot\vec{b}\\&=\frac{1+16+9}{25}+\frac{8}{25}\cdot\frac{1}{2}=\frac{6}{5}\end{aligned}$$

ゆえに　　$CH=|\overrightarrow{CH}|=\sqrt{\frac{6}{5}}=\frac{\sqrt{30}}{5}$　(→ニ～ネ)

III 解答

(1)ア―①　イ―④　ウ―③

(2)エ．1　オカ．36　キ．5　クケ．36　コサ．25　シス．36　セソタ．125　チツテ．216　トナ．13　ニヌ．18　ネノ．91

◀解　説▶

≪必要条件・十分条件，確率の計算≫

(1)　$(a-b)(b-c)=0$ であることと $a=b$ または $b=c$ が成り立つことは同値である。したがって，次のようになる。

(i)　$a=b$ または $b=c$ であることは，$a=b$ かつ $b=c$ であるための必要条件ではあるが，十分条件ではない。(→ア)

(ii)　$a=b$ または $b=c$ であるために，$a\neq b$ かつ $b\neq c$ であることは，必要条件でも十分条件でもない。(→イ)

(iii)　$(a-b)(b-c)=0$ であることは，$a=b$ または $b=c$ の少なくとも一方が成り立つための必要十分条件である。(→ウ)

(2)(i)　サイコロを2回投げ，1回目が3，2回目が5となる確率は

$$\frac{1}{6^2}=\frac{1}{36}$$　(→エ～カ)

(ii)　サイコロの目は1，2，3，4，5，6のいずれかであり，a_1-a_2-1 が素数となるのは，a_1-a_2 が5以下のときであるから

$$a_1-a_2-1=2 \quad \text{または} \quad a_1-a_2-1=3$$

のいずれかである。

$a_1-a_2-1=2$ のとき　　$(a_1,\ a_2)=(4,\ 1),\ (5,\ 2),\ (6,\ 3)$

$a_1-a_2-1=3$ のとき　　$(a_1,\ a_2)=(5,\ 1),\ (6,\ 2)$

したがって，求める確率は　　$\frac{5}{36}$　(→キ～ケ)

(iii)　サイコロを3回投げるとき，$a_1\neq a_2$ となる a_1，a_2 の組は

$${}_6P_2=30 \text{ 組}$$

さらに，$a_2\neq a_3$ となるのは，a_3 が a_2 以外の5通りの目のいずれかが出ればよいので，求める確率は

$$\frac{30\cdot 5}{6^3}=\frac{25}{36}$$ （→コ〜ス）

(iv)　サイコロを3回投げるとき

ⓐ互いに異なる目　ⓑ2種類の目　ⓒすべて同じ目

のいずれかである。

［ⓐの場合］目の組は${}_6\mathrm{C}_3=20$組あるが，最も小さい目がa_2とならなければ条件を満たす。実際，$p<q<r$のとき，6通りの並べ方のうち

$$(a_1,\ a_2,\ a_3)=(p,\ q,\ r),\ (p,\ r,\ q),\ (q,\ r,\ p),\ (r,\ q,\ p)$$

が条件を満たす。

よって，並べ方は全部で　$20\cdot 4=80$組

［ⓑの場合］目の組は${}_6\mathrm{C}_2=15$組あり，$p<q$のとき

$$(a_1,\ a_2,\ a_3)=(p,\ q,\ q),\ (p,\ q,\ p),\ (q,\ q,\ p)$$

が条件を満たす。

よって，並べ方は全部で　$15\cdot 3=45$組

［ⓒの場合］条件を満たす目の組はない。

ⓐ，ⓑ，ⓒより，求める確率は

$$\frac{80+45}{6^3}=\frac{125}{216}$$ （→セ〜テ）

(v)　$a_2\leqq a_3$（a_1は何でもよい）である目の出方を数える。

$a_2=a_3$となる（a_2，a_3）は6組，$a_2<a_3$となる（a_2，a_3）は${}_6\mathrm{C}_2=15$組あるので，$a_2\leqq a_3$（a_1は何でもよい）を満たす目の出方は全部で

$$6(6+15)=126$$組

このうち，$a_1\geqq a_2$であるものを数える。

$a_2=1$のとき，a_1，a_3は何でもよいから　6^2組

$a_2=2$のとき，a_1，a_3は2以上であればよいから　5^2組

$a_2=3$のとき，同様に，a_1，a_3の組は4^2組，$a_2=4$のとき3^2組，$a_2=5$のとき2^2組，$a_2=6$のとき$a_1=a_3=6$の1組である。

したがって，求める条件つき確率は

$$\frac{6^2+5^2+4^2+3^2+2^2+1}{126}=\frac{13}{18}$$ （→ト〜ヌ）

(vi)　$(a_1-a_2)(a_2-a_3)(a_3-a_4)=0 \Longleftrightarrow a_1=a_2$または$a_2=a_3$または$a_3=a_4$

サイコロを4回投げるとき，目の出方は6^4通り。

$a_1=a_2$ である目の組の集合を A，$a_2=a_3$ である目の組の集合を B，$a_3=a_4$ である目の組の集合を C とする。

このとき，要素の個数を数えあげると

$$n(A)=n(B)=n(C)=6^3$$

$A\cap B$ は $a_1=a_2=a_3$ の場合であるから，2種類の目の出方なので

$$n(A\cap B)=6^2$$

$n(B\cap C)$ も同様に 6^2。$n(C\cap A)$ は $a_1=a_2$ かつ $a_3=a_4$ である目の出方であるが，これも 6^2 である。

$n(A\cap B\cap C)$ は，$a_1=a_2=a_3=a_4$ であるから6である。

したがって

$$\begin{aligned} n(A\cup B\cup C)&=n(A)+n(B)+n(C)-n(A\cap B)-n(B\cap C)\\ &\qquad -n(C\cap A)+n(A\cap B\cap C)\\ &=6^3\cdot 3-6^2\cdot 3+6\\ &=546 \end{aligned}$$

ゆえに，求める確率は　$\dfrac{546}{6^4}=\dfrac{91}{216}$　（→ネノ）

Ⅳ　解答

ア．4　(1)イ―①　ウ―①　エ―④　オ―⑤

(2)カ．5　キ．1　ク―⑦　ケ―⑤　コ―④　サ―③　シ―②　ス．4

◀解　説▶

≪長方形の内部にある2円≫

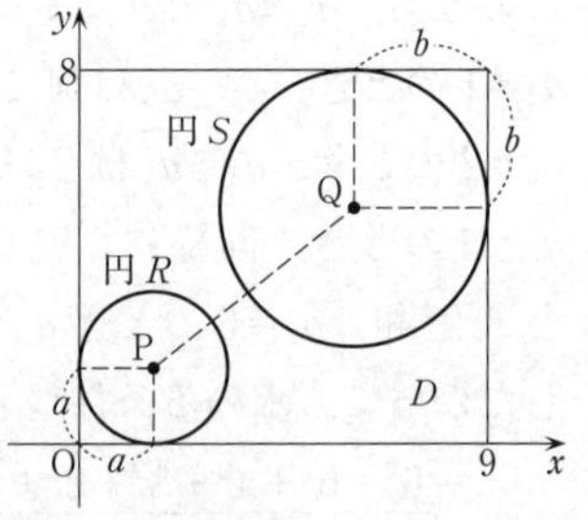

円 R は長方形の内部にあるので

$$2a\leqq 8 \qquad \therefore \quad a\leqq 4$$

よって，a の最大値は4である。（→ア）

(1)　中心Pの座標は $(a,\ a)$，中心Qの座標は $(9-b,\ 8-b)$ である。（→イ～オ）

(2)　円 R と S が外接するとき，半径の和が中心間距離に等しいので

$$\mathrm{PQ}^2=(a+b)^2=(9-b-a)^2+(8-b-a)^2$$

ここで $t=a+b$ とおくと

$$t^2=(9-t)^2+(8-t)^2$$

整理して　$t^2-34t+145=0$　$(t-5)(t-29)=0$

$t=a+b\leqq 4+4=8$ であるから，$t=29$ は不適。

よって　$t=a+b=5$　(→カ)

したがって，$b=5-a\leqq 4$ であるから　$a\geqq 1$　(→キ)

2つの円の面積の和は

$$\begin{aligned}\pi a^2+\pi b^2&=\pi a^2+\pi(5-a)^2\\&=\pi(2a^2-10a+25)\\&=2\pi\left(a-\frac{5}{2}\right)^2+\frac{25}{2}\pi\end{aligned}$$

$1\leqq a\leqq 4$ であるから，面積の和の最大値は $a=1$，4 のとき 17π，最小値は

$a=\frac{5}{2}$ のとき $\frac{25}{2}\pi$ である。(→ク，ケ)

接点Cは線分PQを $a:b$ に内分する点であるから，$a+b=5$ に注意して

$$(\text{C の } x \text{ 座標})=\frac{ba+a(9-b)}{a+b}=\frac{9}{5}a$$

$$(\text{C の } y \text{ 座標})=\frac{ba+a(8-b)}{a+b}=\frac{8}{5}a$$

よって，Cの座標は　$\left(\frac{9}{5}a,\ \frac{8}{5}a\right)$　(→コ，サ)

また，直線PQの傾きは

$$\frac{8-b-a}{9-b-a}=\frac{8-5}{9-5}=\frac{3}{4}$$

であるから，Cを通り直線PQに直交する直線の方程式は

$$y=-\frac{4}{3}\left(x-\frac{9}{5}a\right)+\frac{8}{5}a=-\frac{4}{3}x+4a\quad(\text{→シ，ス})$$

V　解答

(1)ア―④　イウ．16　エ．8　オ．8　カ．3
キ―①　ク―⑧　ケ―⑤　コ―⑦

(2)サ．2　シ．4　ス．2　セ．3　ソタ．10　チツ．10　テ．5
トナ．64

◀解　説▶

≪面積，三角関数の加法定理≫

(1)　曲線 C と x 軸の交点の x 座標は，$f(x)=0$ とおいて

$a-bx^2=0 \qquad x^2=\dfrac{a}{b}$

$x\geqq 0$ であるから　　$x=\sqrt{\dfrac{a}{b}}=\dfrac{\sqrt{ab}}{b}$　（→ア）

C が点 $\left(\dfrac{1}{4},\ \dfrac{1}{2}\right)$ を通るとき　　$\dfrac{1}{2}=a-b\left(\dfrac{1}{4}\right)^2$

整理して　　$16a=b+8$　……①　（→イ～エ）

また，C と x 軸と y 軸とで囲まれた部分の面積は

$$\int_0^{\frac{\sqrt{ab}}{b}}(a-bx^2)\,dx=\left[ax-\frac{b}{3}x^3\right]_0^{\frac{\sqrt{ab}}{b}}=a\cdot\frac{\sqrt{ab}}{b}-\frac{b}{3}\cdot\frac{a}{b}\cdot\frac{\sqrt{ab}}{b}$$

$$=\frac{2a\sqrt{ab}}{3b}$$

となるが，これが $\dfrac{\sqrt{2}}{6}$ であるから

$$\frac{2a\sqrt{ab}}{3b}=\frac{\sqrt{2}}{6} \qquad \left(\frac{2a\sqrt{ab}}{3b}\right)^2=\left(\frac{\sqrt{2}}{6}\right)^2$$

整理して　　$8a^3=b$　……②　（→オ，カ）

①，②より，b を消去すると　　$8a^3=16a-8$

$a^3-2a+1=0$

$(a-1)(a^2+a-1)=0$

$a>0$ であるから　　$a=1,\ \dfrac{-1+\sqrt{5}}{2}$　$\left(1>\dfrac{-1+\sqrt{5}}{2}\text{ である}\right)$

$a=1$ のとき

①より　　$b=8$

$a=\dfrac{-1+\sqrt{5}}{2}$ のとき

①より　　$b=16\cdot\dfrac{-1+\sqrt{5}}{2}-8=8\sqrt{5}-16$

以上より　　$(a,\ b)=(1,\ 8),\ \left(\dfrac{-1+\sqrt{5}}{2},\ 8\sqrt{5}-16\right)$　（→キ～コ）

(2)　　$g(x)=1-8x^2 \quad (x\geqq 0)$

点Pの x 座標は，(1)により

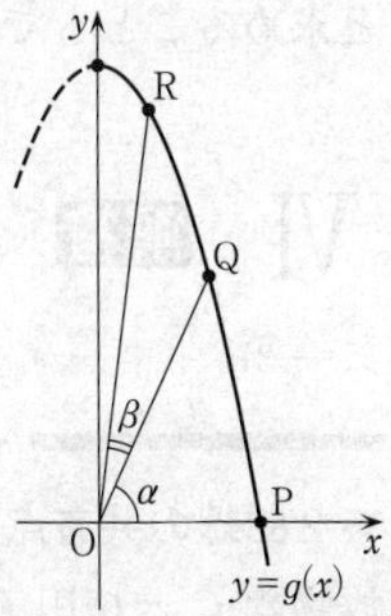

$$\frac{\sqrt{8}}{8}=\frac{\sqrt{2}}{4}$$ （→サ，シ）

また

$$\tan\alpha=g\left(\frac{1}{4}\right)\div\frac{1}{4}=4\left\{1-8\cdot\left(\frac{1}{4}\right)^2\right\}$$

$$=2$$ （→ス）

$$\tan(\alpha+\beta)=g\left(\frac{1}{8}\right)\div\frac{1}{8}=8\left\{1-8\cdot\left(\frac{1}{8}\right)^2\right\}=7$$

これらを $\tan(\alpha+\beta)=\dfrac{\tan\alpha+\tan\beta}{1-\tan\alpha\tan\beta}$ に代入すると

$$7=\frac{2+\tan\beta}{1-2\tan\beta}$$

整理して　$\tan\beta=\dfrac{1}{3}$　（→セ）

よって　$\dfrac{1}{\cos^2\beta}=1+\tan^2\beta=1+\left(\dfrac{1}{3}\right)^2=\dfrac{10}{9}$

$$\cos^2\beta=\frac{9}{10}$$

$\sin\beta>0$ であるから

$$\sin\beta=\sqrt{1-\frac{9}{10}}=\frac{\sqrt{10}}{10}$$ （→ソ～ツ）

さらに

$$\mathrm{OQ}=\sqrt{\left(\frac{1}{4}\right)^2+\left\{1-8\cdot\left(\frac{1}{4}\right)^2\right\}^2}=\frac{\sqrt{5}}{4}$$

$$\mathrm{OR}=\sqrt{\left(\frac{1}{8}\right)^2+\left\{1-8\cdot\left(\frac{1}{8}\right)^2\right\}^2}=\frac{5\sqrt{2}}{8}$$

したがって，三角形ROQの面積は

$$\frac{1}{2}\cdot\frac{\sqrt{5}}{4}\cdot\frac{5\sqrt{2}}{8}\cdot\frac{\sqrt{10}}{10}=\frac{5}{64}$$ （→テ～ナ）

参考　三角形ROQの面積は，3点 $(0,\ 0)$，$(x_1,\ y_1)$，$(x_2,\ y_2)$ を結ぶ三角形の面積公式 $\dfrac{1}{2}|x_1y_2-x_2y_1|$ を用いれば

$$\frac{1}{2}\left|\frac{1}{4}\cdot g\left(\frac{1}{8}\right)-\frac{1}{8}\cdot g\left(\frac{1}{4}\right)\right|=\frac{1}{2}\left|\frac{1}{4}\cdot\frac{7}{8}-\frac{1}{8}\cdot\frac{1}{2}\right|=\frac{5}{64}$$

と求めることもできる。

Ⅵ 解答

アー②　イー⑦　ウー②　エ．2　オー⑧　カ．4　キー⑤　ク．2　ケー⑦　コー⑤　サ．4　シー⑦　スー③

◀解　説▶

≪2曲線の共有点の個数，面積（置換積分法）≫

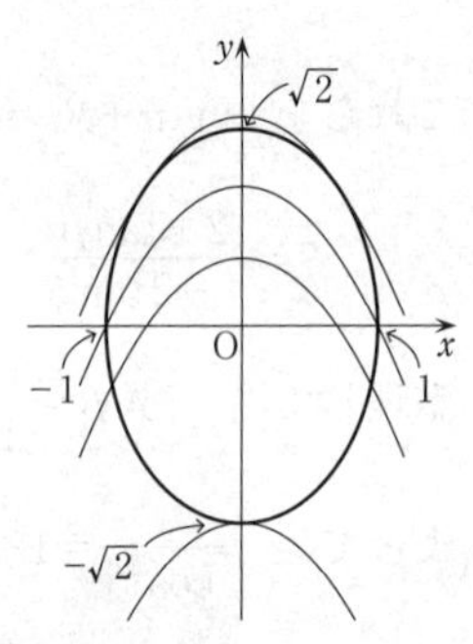

放物線 C と楕円 D は，いずれも y 軸に関して対称な図形であるから，C と D の共有点も y 軸上の交点以外は y 軸に関して対称に存在する。（→ア）

C と D の共有点の個数がちょうど3のとき，1つは y 軸上にあり，その共有点の座標は $(0,\ \sqrt{2})$ であるから，$k=\sqrt{2}$ である。（→イ）

C と D の共有点の個数がちょうど1であるとき，その共有点の座標は $(0,\ -\sqrt{2})$ であるから，$k=-\sqrt{2}$ である。（→ウ）

したがって，$-\sqrt{2}<k<\sqrt{2}$ のとき，C と D の共有点の個数はちょうど2である。（→エ）

$k>\sqrt{2}$ において共有点がちょうど2であるのは，C と D が接するときである。2つの方程式

$$y=k-x^2,\quad x^2+\frac{y^2}{2}=1$$

から x^2 を消去して整理すると，y の2次方程式

$$y^2-2y+2k-2=0 \quad \cdots\cdots①$$

が得られ，その判別式を D とおくと，$D=0$ より

$$\frac{D}{4}=1-(2k-2)=0$$

$$\therefore\quad k=\frac{3}{2}\ (>\sqrt{2})\quad (\to オ)$$

$\sqrt{2}<k<\dfrac{3}{2}$ のとき，C と D の共有点の個数は4である。（→カ）

$k=\dfrac{3}{2}$ のとき，方程式①を解くと，$(y-1)^2=0$ より　　$y=1$

$y=1$ を C（もしくは D）の式に代入すると　　$x=\pm\dfrac{\sqrt{2}}{2}$

$x\geqq 0$ であるから　　$x=\dfrac{\sqrt{2}}{2}$　（これが共有点の x 座標）　（→キ）

放物線 $y=\dfrac{3}{2}-x^2$ と楕円 D の上半分（$y\geqq 0$ の部分）$y=\sqrt{2(1-x^2)}$ で囲まれる部分の面積 S は，図形の y 軸に関する対称性から

$$S=2\int_0^{\frac{\sqrt{2}}{2}}\left(-\sqrt{2(1-x^2)}-x^2+\frac{3}{2}\right)dx\quad（→ク，ケ）$$

と表すことができる。

不定積分 $\int\sqrt{1-x^2}\,dx$ を $x=\cos t$ $\left(0\leqq t\leqq\dfrac{\pi}{2}\right)$ と置換して計算する。

$$\begin{cases}\sqrt{1-x^2}=\sqrt{1-\cos^2 t}=\sqrt{\sin^2 t}=\sin t & \left(\because\quad 0\leqq t\leqq\dfrac{\pi}{2}\right)\\ \dfrac{dx}{dt}=-\sin t\end{cases}$$

したがって，積分定数を K として

$$\int\sqrt{1-x^2}\,dx=\int\sin t\cdot(-\sin t)\,dt=\int\frac{\cos 2t-1}{2}dt$$

$$=\frac{\sin 2t-2t}{4}+K\quad（→コ，サ）$$

積分区間について

$x:0\to\dfrac{\sqrt{2}}{2}$ のとき　　$t:\dfrac{\pi}{2}\to\dfrac{\pi}{4}$

となるので

$$S=2\int_0^{\frac{\sqrt{2}}{2}}\left\{\frac{3}{2}-x^2-\sqrt{2(1-x^2)}\right\}dx$$

$$=\int_0^{\frac{\sqrt{2}}{2}}(3-2x^2)\,dx-2\sqrt{2}\int_0^{\frac{\sqrt{2}}{2}}\sqrt{1-x^2}\,dx$$

$$=\left[3x-\frac{2}{3}x^3\right]_0^{\frac{\sqrt{2}}{2}}-2\sqrt{2}\left[\frac{\sin 2t-2t}{4}\right]_{\frac{\pi}{2}}^{\frac{\pi}{4}}$$

$$=\left\{\frac{3\sqrt{2}}{2}-\frac{2}{3}\left(\frac{\sqrt{2}}{2}\right)^3\right\}-2\sqrt{2}\left\{\frac{1}{4}\left(1-\frac{\pi}{2}\right)-\frac{0-\pi}{4}\right\}$$

$$=\frac{5\sqrt{2}}{6}-\frac{\sqrt{2}}{4}\pi \quad (\to シ，ス)$$

Ⅶ　解答

(1)アー②　イー③　ウー①　エー①　オー①　カー⓪
(2)キー③　クー③　ケー②　コー⑤　サー①　シー④
スー③　セー①　ソー②
(3)ター⑧　チー⑨　ツー⑧　テー⑥　ト．3　ナ．3　ニー⑥

◀解　説▶

≪極限，関数の増減・凹凸，定積分（部分積分法）≫

(1)　二項定理により

$$a_1={}_n\mathrm{C}_1=n,\ a_2={}_n\mathrm{C}_2=\frac{n(n-1)}{2},\ a_n={}_n\mathrm{C}_n=1 \quad (\to ア〜ウ)$$

式ⓘにおいて $x=1$ とおくと

$$2^n=1+a_1+a_2+\cdots+a_n$$

$a_1,\ a_2,\ \cdots,\ a_n$ はすべて正であるから

$$2^n>a_2=\frac{n(n-1)}{2} \quad (\to エ)$$

$e^n>2^n$ であるから　$e^n>\dfrac{n(n-1)}{2}$　(→オ)

より　$\dfrac{n}{e^n}<\dfrac{2}{n-1}$

$n\to\infty$ のとき　$\dfrac{2}{n-1}\to 0$

$\dfrac{n}{e^n}>0$ であるから，はさみうちの原理により

$$\lim_{n\to\infty}\frac{n}{e^n}=0 \quad (\to カ)$$

(2)　$$f'(x)=-\frac{1}{2}x^{-\frac{1}{2}}\log x-x^{\frac{1}{2}}\cdot\frac{1}{x}=-\frac{1}{2}x^{-\frac{1}{2}}(\log x+2) \quad (\to キ〜ケ)$$

$$f''(x)=\frac{1}{4}x^{-\frac{3}{2}}(\log x+2)-\frac{1}{2}x^{-\frac{1}{2}}\cdot\frac{1}{x}=\frac{1}{4}x^{-\frac{3}{2}}\log x \quad (\to コ，サ)$$

$x>0$ のとき，$f'(x)=0$ の解は $x=e^{-2}$，$f''(x)=0$ の解は $x=1$ である。
増減表は次のようになる。

x	0	$\cdots$	e^{-2}	$\cdots$	1	$\cdots$
$f'(x)$	／	+	0	−	−	−
$f''(x)$	／	−	−	−	0	+
$f(x)$	／	↗	極大	↘	変曲点	↘

よって，$f(x)$ の最大値は

$$f(e^{-2})=-\sqrt{e^{-2}}\log e^{-2}=2e^{-1}\quad(\rightarrow シ)$$

また，$\alpha=e^{-2}$，$\beta=1$ であり

$0<x<\alpha$ において，$f(x)$ はつねに増加し，C は上に凸である。（→ス）

$\alpha<x<\beta$ において，$f(x)$ はつねに減少し，C は上に凸である。（→セ）

$\beta<x$ において，$f(x)$ はつねに減少し，C は下に凸である。（→ソ）

(3)　部分積分法を用いると，積分定数を K として

$$\begin{aligned}\int\sqrt{x}\log x dx&=\frac{2}{3}x^{\frac{3}{2}}\log x-\int\frac{2}{3}x^{\frac{3}{2}}\cdot\frac{1}{x}dx\\&=\frac{2}{3}x^{\frac{3}{2}}\log x-\frac{4}{9}x^{\frac{3}{2}}+K\\&=\frac{2}{3}x^{\frac{3}{2}}\left(\log x-\frac{2}{3}\right)+K\quad(\rightarrow タ〜ツ)\end{aligned}$$

また

$$\begin{aligned}b_n&=-\int_{e^{-2n}}^{1}\sqrt{x}\log x dx\\&=\left[-\frac{2}{3}x^{\frac{3}{2}}\left(\log x-\frac{2}{3}\right)\right]_{e^{-2n}}^{1}\\&=-\frac{2}{3}\cdot\left(-\frac{2}{3}\right)+\frac{2}{3}(e^{-2n})^{\frac{3}{2}}\left(\log e^{-2n}-\frac{2}{3}\right)\\&=\frac{4}{9}-\frac{2}{3}e^{-3n}\left(2n+\frac{2}{3}\right)\\&=\frac{4}{9}\left(1-\frac{3n+1}{e^{3n}}\right)\quad(\rightarrow テ〜ナ)\end{aligned}$$

ここで，$\displaystyle\lim_{n\to\infty}\frac{n}{e^n}=0$ を用いると，$\displaystyle\lim_{n\to\infty}\frac{3n+1}{e^{3n}}=0$ であるから

$$\lim_{n\to\infty}b_n=\frac{4}{9}\quad(\rightarrow ニ)$$

❖講 評

90分で大問5題を解く形であるが，難易度としては標準的である。ていねいな誘導があるので，それに従って考察していけばよい場合が多い。

Ⅰは連立漸化式を一般項に変形する問題であるが，変形の誘導がある。Ⅱは空間ベクトルの内積計算であるが，平面に平面外の1点から垂線を下ろすという，よくあるテーマである。Ⅲは前半は集合と論理，後半は確率の問題であるが，確率の方はていねいに数えあげればよい。Ⅳは長方形の内部にある2円が外接するという設定で，これもよく見かけるテーマである。Ⅴは正接（tan）の加法定理を利用する後半がメインである。Ⅵは，前半は放物線と楕円の共有点の個数，後半は面積計算であるが，これも誘導がある。Ⅶは，極限・増減・凹凸・定積分とボリュームがあり，計算を迅速に処理していかねばならない。

すべてマーク解答形式であるが，そのまま値をマークするものと，選択肢から選ぶものが混在しているので注意を要する。

四は、室町時代の歌論書『正徹物語』からの出題。和歌の道についての文章で、注も少なく、仏教用語などが多数出てくるので読みにくい文章だったと思われる。ただ、設問自体は比較的解きやすい。空所補充の問題は、単に語を活用させるだけではなく、文脈に応じた思考力も問うものであった。記述問題については字数制限もなく、要点もわかりやすく解答しやすい。頻出の文学史の問題も出題されたので、文学史についての知識も必要である。

五は、『後漢書』からの出題。出題箇所としては珍しいが、内容はわかりやすく読みやすい文章である。読み、返り点、選択肢の設問も基本的なものであった。やはり基礎的な知識を身につけておく必要がある。記述問題は本文全体を踏まえるもので、厳しい字数制限であったので、的確に要素を盛り込み解答する必要がある。

か〟の意味。「猶」はここでは再読文字ではなく副詞で〝依然として〟〝やはり〟の意味。「能」は「よく」と読み、〝〜できる〟の意味。「憶識」は〝記憶する〟の意味。直訳すると〝依然として之（＝四千巻の書物）を記憶できているものはあるかどうか〟の意味になる。この訳に一番近い解釈はイである。

問五　本文全体の内容を踏まえて人物像をまとめる問題。第二段落では、夫の罪を許してもらおうと曹操のもとに赴く点から行動力があるさま、曹操やその他の公卿たちの態度を改めさせる弁舌の様子から、弁舌が巧みなさまを読み取る。第三段落では四百篇もの書物を暗誦できるということから、優れた記憶力を持っていることや博識であることがうかがえる。これらの点をまとめればよい。

❖講　評

一は、語意、ことわざ、故事成語を問う出題。漢字の書き取りは出題されなかったが、二の中で書き取りが出され、三では漢字の意味を問う問題が出題された。語意や漢字などの基礎的な知識をしっかり身につける必要がある。

二は、「共感」というものを中心に、「良心」や「行動規範」の形成について述べた文章からの出題。文章は比較的読みやすく、内容もとらえやすいものである。知識問題は漢字だけであった。選択式の問題がほとんどであったが、選択肢には紛らわしいものが多く、本文と選択肢との比較、検討を緻密におこなう必要があるものもあった。記述問題は本文全体の内容を踏まえて解答するもので、内容は比較的とらえやすいものであった。設問に関しては、標準〜やや難である。

三は、戦後の女性らしさの象徴と料理との関係について述べた文章からの出題。文章は読みやすく、内容もとらえやすいものであった。設問も標準的。漢字自体の意味を問う設問があった。内容説明の問題は、しっかり文章を理解していれば選択肢の検討は比較的しやすかったと思われる。記述問題は解答内容は難しいものではなかったが、字数制限が厳しいため、言葉を取捨選択しながら解答をまとめる必要があった。

読み　陳留の董祀の妻は、同郡の蔡邕の女なり。名は琰、字は文姫。祀屯田都尉と為り、法を犯して死に当てらる。文姫曹操に詣りて之を請ふ。時に公卿・名士堂に満つ。操賓客に謂ひて曰はく、蔡伯喈の女外に在り、今諸君の為に之を見せんと。文姫進むに及ぶや、蓬首にして徒行し、叩頭して罪を請ひ、音辞は清弁にして、旨は甚だ酸哀なり。衆皆為に改容す。操曰はく、誠に実に相矜れむべし、然れども文状已に去れば、奈何せんと。文姫曰はく、明公の厩馬は万匹、虎士は林を成す、何ぞ疾足の一騎を惜しみて死に垂んとするの命を済はざらんや。操其の言に感じ、乃ち追はしめて祀の罪を原す。

操因りて問ひて曰はく、聞くならく夫人の家は先に墳籍多しと、猶ほ能く之を憶識するやいなやと。文姫曰はく、昔亡父の賜書四千巻許りなりしも、流離塗炭して、存する者有る罔し。今誦憶する所は、裁かに四百余篇なるのみと。

▲解　説▼

問一　a、「然」は順接であれば「しからば」と読み、逆接であれば「しかれども」「しかるに」と読む。前後の文脈から、ここは逆接でとらえるところ。

b、「奈何」は、疑問であれば「いかん」、反語であれば「いかんせん」と読む。ここでは、直前に「文状已去」とあるので、「どうしようもない」という意味が続くのが自然である。したがって反語で「いかんせん」と読む。

c、「乃」は押さえておきたい基本的な読みである。「すなはち」と読み、〝そこで〟の意味になる。そのほかにも「則」「即」「便」「輒」も「すなはち」と読む。

問二　傍線部①「改容」は「改容す」もしくは「容を改む」と読み、〝顔つきや態度をあらためる〟の意味。選択肢の中で態度を改めているものはオだけ。したがってオが適切。

問三　問題文に書き下し文があるので、それにしたがって返り点を付ければよい。ちなみに「垂」は副詞ではあるが、「なんなんとす」と動詞で訓読するので注意が必要。〝いまにも〟〝ほとんど〟の意味。

問四　傍線部③は「猶ほ能く之を憶識するやいなや」と訓読する。文末の「～不」は「～やいなや」と読み、〝～かどう

五

出典　范曄『後漢書』

解答

問一　a、しかれども〔しかるに〕　b、いかんせん（と）　c、すなわち〔すなはち〕

問二　オ

問三　何惜㆓疾足一騎㆒而不㆑済㆓垂㆑死之命㆒乎

問四　イ

問五　（蔡琰は、）行動力があり雄弁で、かつ記憶力にも優れる（人物であった。）（十字以上、二十字以内）

◆全　訳◆

陳留の董祀の妻は、同郡の蔡邕の娘である。名は琰、字は文姫。

（董）祀は屯田都尉となり、法を犯し死罪に当てられた。文姫は曹操のもとに行き（夫の）命乞いをした。そのとき公卿や名士などが一堂に会していた。操は賓客に言った、「蔡伯喈の娘が外にいる、今諸君のためにこの娘を見せよう」と。文姫が入ってくると同時に、乱れ髪で歩いてきて、額を地面にたたきつけて（夫の）罪の許しを請い、ことばは明晰で、（話の）主旨ははなはだ痛ましく悲しい。一同はみなこれを聞いて態度を改めた。操が言う、「実にあなたのことを気の毒だと思う、しかし刑執行の命令書はすでに出してしまったので、どうしようか、いやどうしようもない」。文姫が言う、「明公（＝曹操）の厩の馬は一万匹、勇猛な兵士は林を成す（ほどにたくさん立ち並んでおります）、どうして足の速い騎士を一騎出すことを惜しんでいまにも死にそうな命を救わないのですか（、いや救うべきです）」。操はその言葉に感じ入り、そこで、（使者に）追いかけさせて祀の罪を許した。

操はそこで（ついでに）尋ねて言う、「そなたの家は以前昔の書物がたくさんあったと聞いている、いまもなお記憶しているかどうか」。文姫が言う、「昔亡くなった父の賜りました書物は四千巻ほどありましたが、流浪して塗炭の苦しみを味わい、すべてなくしました。今暗誦することができるのは、かろうじて四百篇あまりだけです」と。

の堪能にいたりては」と傍線部後半の「修行を待つところにあらず」がしっかりと読み解けるかどうかである。つまり〈生まれつきの和歌の名人においては、修行をすることなく優れた和歌を詠めた〉ということを読み取ったうえで、「初発心の時、便成正覚なれば」と選択肢の関連づけができればよい。「初発心の時、便成正覚」とは「初め発心の時、便ち正覚を成ず」という禅語で〈初めて悟りを開こうとしたとき、その心がそのまま最高の悟りになる〉くらいの意味である。これを和歌にあてはめて解すれば、アが適切。

問四　「発明」とは〝悟り明らかにする〟の意味をもつ禅語。ポイントは「自得」の「自」をどう解釈するかである。「自」は〝自分で〟の意味と〝自然と〟の意味があり、文脈によって判断しなくてはならない。ここでは直前の「ただ不断の修行をはげまして年月を送るは、終に」という言葉に着目すると、〝自然と〟と取った方が文意が通る。したがって点線部cが最も近似していると考えられる。

問五　点線部aの二文後に「稽古・数寄、劫積もりて、名望ありけるなり」とあることに着目し、第二段落の初めの「ただ数寄の心ふかくして、昼夜の修行おこたらず、……自然と求めざるに興あるところへ行きつくべきなり」という内容を踏まえれば、「修行」と「数寄」であるとわかる。したがってウが適切。

問六　第二段落における「後京極摂政殿」と「宮内卿」の共通点をまとめる。共通点としては「生得の上手（＝生まれつきの和歌の名人）」である点と、「三十七にて薨じ給ひし」、「二十よりうちになくなり」とあるので、若くして亡くなった点である。これらを踏まえて解答を作成する。

問七　最初の勅撰和歌集はイの『古今集』であるので、それよりも以前に成立したアの『万葉集』は勅撰和歌集ではない。『万葉集』『古今集』『新古今集』で「三大歌集」などと呼ばれるが、『万葉集』だけは勅撰和歌集ではないので注意が必要である。イの『古今集』は醍醐天皇、ウの『後撰集』は村上天皇、エの『拾遺集』は花山院、オの『金葉集』は白河院の勅命で撰進した。

のに感興がある境地へ行きつくはずなのである。ただし後京極摂政殿は、三十七歳で薨去なさったが、生来の名人でいらっしゃって、特別にすぐれた歌の数々をお詠みになった。もし八十、九十歳の老年まで生きていらっしゃったならば、どれほどさらに貴重な歌をお詠みになっただろうと申しました。宮内卿は二十歳になる前に亡くなったので、いつの間に稽古も修行もしたのだろうかと思うが、名声があったのは生来の名人であるからである。生まれつきの名人にいたっては、(仏教でいう)初めて悟りを開こうと思ったときから、すでに悟りを開いているので、修行をするまでもない。そうでない輩は、ただ不断の修行に励んで年月を送ると、必ずおのずと悟りを開く時期があるはずである。ただ風流の心に勝る宝物も肝心もないのである。上代にも風流の人々は古今和歌集の秘事口伝を受けることも許され、勅撰和歌集にも入れられました。真の風流の心さえあるのならば、どうして悟りを開く時期がないだろうか(、いや、必ず悟りを開く時期が来るはずである)。

▲解　説▼

問一　接続助詞の「ば」は、未然形か已然形に接続する。未然形接続なら仮定条件、已然形接続なら確定条件となる。文脈に合わせてどちらかに活用させる。Xについては、空欄の直後に「自然と求めざるに興あるところへ行きつくべきなり」とあることから、まだ「興あるところへ」は行きついていないことになるので、仮定であると判断でき、未然形の「な」に活用させる。Yは直前に「宮内卿は二十よりうちになくなり」とあり、すでに亡くなっていることがわかるので、確定条件だと判断して已然形の「しか」に活用させる。

問二　傍線部1を直訳すると〝歩みを運ばないで長い道のりに至ることはない〟の意味になる。傍線部直後の「坂東・鎮西の方へは、日をへてこそいたるべき」が具体例であると考える。また、傍線部の前に「稽古・数寄、劫積もりて、名望ありけるなり」とあり、これは〈和歌の道は稽古と数寄が長年積もって名声がある〉ということである。このことと具体例を踏まえ、定家の教えの内容を考えると、オが最も適切。

問三　傍線部2は「初発心」や「便成正覚」などに【注】がなく戸惑うかもしれないが、ポイントは傍線部直前の「生得り付けに重点を置くこと」で実現されたのである。これも解答に組み込みたいが、字数の制限があるのでなかなか厳しい。〔解答〕では【注】にある「視覚的要素」という語を用いたが、無理に組み込む必要はないかもしれない。

四

解答

出典　正徹『正徹物語』

問一　X―な　Y―しか

問二　オ

問三　ア

問四　c

問五　ウ

問六　生まれつきの名人で若いころから優れた和歌を詠んでいたが、早世した歌人という共通点を持つ。

問七　ア

◆全　訳◆

（藤原）家隆は四十歳以後、ようやく歌人としての名声を得た。それより前もどれほどか歌を詠んだが、世に評価されることは、四十歳以後であったのだ。頓阿は六十歳以後、歌の道で名声を得たのだ。このように昔の名人も、初心者のころから世に評価されることはなかったのだ。稽古・風流の心が、長い間積もって、声望があったのである。今の時代の人は、まだ歌であれば百首、二百首（歌を）詠んで、そのまま定家・家隆の歌を真似ようと思いますことは、おかしなことである。定家も「歩みを運ばないで長い道のりに至ることはない」と書いていた。（京から）関東・九州の方へは、（長い）日を経て到着するはずなのに、すぐ思い立ち一歩で到着しようとするようなものであるとか。

ただ風流の心を深くして、昼夜の修行を怠らず、まずはのびのびと軽快に詠みつけたならば、おのずと求めてはいないプロセスとなった」とあることから、Aには「焼く」、「おいしそうに見えるケーキ」「クリームや飾り付けでケーキを美しくすることに全力を注ぐ」などの記述から、Bには「飾る」が入ると考えられる。

問五　傍線部3の段落の内容を的確に読み取る。「商業的」「意味」とは、「ベティ・クロッカー」が「仲介者」として売り上げに貢献したことを指す。「イデオロギー」とは〝人間の行動を決定する根本的な物の考え方の体系〟の意味で、ここでは「ベティ・クロッカー」が女性たちに『理想』の女性像を提示」していたということである。これらを踏まえるとオが適切。イは「女性たちの技術向上」、ウは「料理人の立場からマーケティングを展開した」、エは「手の込んだ料理を作る」がそれぞれ不適。アは「クリエイティビティの実現」が「イデオロギー」の意味をとらえていないので不適。

問六　ア、「一九六〇年代半ばに……女性たちは作る達成感や満足感を得られないと不満の声を上げた」とあるが、不満の声を上げたのは一九五〇年代であり、料理本ではなくケーキミックスに対する不満であるので合致しない。ウ、「ベティ・クロッカーは、ゼネラル・ミルズ社を経営しながら」とあるが、ベティ・クロッカーは架空の女性キャラクターで経営はしていないので、合致しない。エ、「理想的な家庭のイメージが変わり」の原因は、「アメリカを中心にインスタント食材が普及したこと」ではなく「戦後の好景気に沸くアメリカで中産階級層が拡大したこと」（第五段落）によるものであるので合致しない。オ、「女性の社会進出が促進され」た原因は、「インスタント食材によって料理にかかる負担が軽減されたこと」によるものではなく、戦後の社会の変化によるものであるので合致しない。イは傍線部2の段落とその前段落の内容に合致する。

問七　問題文に「二〇世紀の女性がそれ以前に比べて」とあることから、「一九世紀」の女性たちとの対比で解答を作成する必要があると思われる。本文の最終文に「一九世紀の女性たちが自らの経験と知識に頼って料理やデコレーションをしていたのに対し、そうしたスキルや知識がなくとも、大量生産された商品を通して簡単に実現できる創造性」とあるので、ここの記述を中心に解答をまとめる。「創造性」については、「デコレーションの緻密さや色使いなど飾

◆要　旨◆

一九世紀以降、飾り付けや色づけを重視した料理が、上品さや趣向、女性らしさの象徴として語られてきた。戦後、家庭の外で働く女性が急増する中で、「忙しい」女性が短時間で失敗なく「理想の女性」であり続けるための簡易・即席食品や加工食品が次々と登場した。手軽で簡単に調理できる商品は、女性らしさの概念に変化をもたらし、デコレーションのようなこれまでとは異なるスキルや作業が女性らしさの象徴とされた。二〇世紀の女性たちは経験と知識がなくとも、大量生産された商品を通して簡単に実現できる創造性を手に入れた。

▲解　説▼

問一　①「革」は、動詞では〝あらためる〟〝あらたまる〟の意味で「改革」、「革命」などがこの意味に当たる。

②「画」は動詞では〝えがく〟〝区別する〟〝限界とする〟〝計画する〟〝署名する〟などの意味がある。「画期的」は〝新しく時代を区切るほど、めざましいさま〟のこと。したがって〝区別する〟の意味でとるのでエが適切。

問二　傍線部1の前に「戦後は、女性の社会進出が進んだ一方で、伝統的な女性や家庭のあり方を重視する風潮が強く……妻・母としての責務を果たすことが求められた」とあることから、ウが適切。アは「女性らしさをアピールするために有効だった」、イは「ケーキミックスにお金をかけることができた」、エは「ケーキを焼くための充分な設備を整えられるようになった」、オは「変身することができると宣伝されていた」がそれぞれ不適。

問三　「両刃の剣」とは〝一方ではきわめて有用だが、他方では大きな危険をもたらすおそれのあるもの〟の意味。ここでの有用さは傍線部1で示された「時間短縮や手間の省略」のことであり、危険は傍線部2の前段落の「便利すぎる商品は」「罪悪感を少なからず主婦に抱かせ」、女性たちが「不満」を募らせたことである。その「不満」は「ケーキ作りをしたという実感や達成感、満足感を得られない」ことによるものである。これらを踏まえるとエが適切。

問四　空欄Aの後に「ことよりも」とあり、空欄B直後に「ことに重要性が移っていった」とあることから、変化が述べられていることがわかる。「ケーキ作りにおいて、ケーキ（スポンジ）を焼くことは、スキルや知識を必要としない

問六　空欄Xの直前が「そうでなければ」とあることに着目する。「『自己のため』の動機も当然あるだろうし、あっていいと私は思う」とあることから、この考えに対置する表現が置かれることになる。つまり〈自分を捨てても他者のために行動しなければならないこと〉に該当する言葉が入ると考えられる。したがってエが適切。

問七　文章全体を踏まえて人間にとっての「共感」の重要性をまとめる問題。「共感」は「善悪を判断する公正さに欠ける」。「善悪の価値判断」の基準は「価値観や行動規範、人としての理想」が公平性をもたらしている。この価値観等を形成するためには、多様な立場の人の身になって考え、多様な他者の視点を身につけなければならない。そのためには多様な他者に「共感」することで、「普遍的視点」を身につけることが必要である。字数が限られているので、的確に要点をまとめて解答を作成する必要がある。

三

出典　久野愛『視覚化する味覚――食を彩る資本主義』〈第二部　食品の色が作られる「場」　第六章　近代消費主義が彩る食卓　パッケージ化される女性像〉（岩波新書）

解答

問一　①―イ　②―エ

問二　ウ

問三　エ

問四　ウ

問五　オ

問六　イ

問七　経験と知識に頼るのではなく大量生産された商品に視覚的要素を加えることで実現した。（三十字以上、四十字以内）

様であると考えられる。⑧の段落の末文に「排他的共感に陥ってしまうのである」とあるので「閉鎖的」「独善的」の例とみて問題ない。⑨の段落は「しかし」と逆接でつながり、「普遍的な他者の視点」について述べているので、ここは違う。⑥の「『無条件の承認などあり得ない』という感じ方は、他人に対しても向けられる」というのは「独善的」の具体例として問題はない。したがって具体例は⑥、⑦、⑧段落となり、最初の段落は⑥とするのが適切。

問四　「『自己のため』の行為」について、筆者の考えが述べられているのは、傍線部3の次の段落（③の段落）および空欄Xのある段落からその二段落後までである。筆者は「『自己のため』の動機」については「あっていいと私は思う」（空欄Xの段落）と述べ、その後ルソーやヘーゲルの事例を持ち出し、結果的に「自己愛」から「普遍的な善を求める気持ちが生まれてくる」と述べている。したがってエが適切。イは「社会秩序を維持するために必要な行為」、ウは「『他者のため』の行為よりも人間にとって自然である」、オは「理想的な人間像に近づくために重要」がそれぞれ不適。アはやや紛らわしいが、選択肢の「他者を視野に入れず」が本文の「他者の思いや価値観を無視して」（③の段落）と同義であるかが疑わしく、「他者に承認されたい……という『自己のため』の動機も当然ある」という内容にも合わない。また「なるべく慎むべき」についても、筆者の考えからすると不適といえる。

問五　傍線部4の「多様な他者の視点」が身につくことの説明は、④の段落から傍線部を含む⑩の段落で述べられている。これらの内容と選択肢を検討すると、ウが最も適切。「価値観の異なる人々の考え方も理解できる」が少しひっかかるが、本文の「様々な立場の人の身になって考えようとする視点」（⑨の段落）や傍線部直前の「相手の身になって考え、共感、同情が生じてくる」を踏まえた表現と考える。ア、「あるがままの自分が他者から愛される」は〈存在の承認〉までは読み取れないので不適。イ、「自分の中にある多様性を見つめられるようになる」は本文に記述がないので不適。エ、「『他者のため』という視点を最優先する感性が育まれる」は筆者の考え方に反するので不適。オ、「無条件に自分を承認できたという実感」は、「自分を承認できた」が誤り。話題は他者から承認されることであるので不適。

変化する。その過程では、様々な立場の人の身になって考え、善悪を公平に吟味する理性が必要になり、そのためには自分とは異なる価値観の人をあるがまま認める「共感」の経験の積み重ねが必要である。「共感」が多様な他者に及ぶようになると、多様な他者の視点が身につき、多様な他者を考慮した普遍的視点を獲得できる。

▲解　説▼

問一　a、「呵責」は〝責め苦しめること、厳しくとがめること〟の意味。

b、「憐憫」は〝あわれむこと〟の意味。漢字の知識でも解けるが、熟語の意味から漢字を推察することで解答が可能な問題である。

問二　傍線部1「理想的な人間像」については、第四段落（傍線部1の次の段落）から述べられている。第四段落で筆者は「価値観や行動規範は……成長にともなって変化し、良心も変わってくる」と述べている。そして、その変化をもたらすものは第八段落（①の段落）に「独善的な行為は……自らの行動規範、理想像を修正せざるを得なくなる」とあり、「多様な人間と出会い……適切に修正され、やがて自らの意志で判断できるような内的規範、理想が形成されるのだ」とある。これらのことを踏まえ、各選択肢を検討する。オは「多様な人間関係」の中で「ルール」を身につけ、「価値観や行動規範」を作り上げることが押さえられているので、これを正解とする。イ、ウは「理想的な人間像」が変化していくことに触れていないので合致しない。アは非常に迷う選択肢ではあるが、本文では「親の言うことを疑問視し」までは読み取れないと考えられる。「絶対化しなくなる」理由については「多様な人間関係や知識の習得によって」と述べているし、「疑問視」も疑うところまでは読み取れないので合致していない。エもおおむね本文に沿っているので迷うが、選択肢後半の「自分の意に反して周囲に合わせようとすることもある」が不適切。「周囲の評価を真摯に受け止め」「やがて自らの意志で判断できるような」とあるのにそぐわない。

問三　「独善」とは、ここでは〝自分だけが正しいと信じて、客観性を考えずにふるまうこと〟の意味。最も端的な具体例として挙げられているのは⑦の段落である。そして⑧の段落が「あるいは」と並列でつながっているので、⑧も同

一

解答

問一　1—オ　2—ア
問二　1—イ　2—オ　3—イ

二

出典　山竹伸二『共感の正体——つながりを生むのか、苦しみをもたらすのか』〈Ⅲ部　共感の未来　6章　なぜ私たちは人を助けるのか？「良心」の本質を考える〉（河出書房新社）

解答

問一　a—エ　b—イ
問二　オ
問三　⑥
問四　エ
問五　ウ
問六　エ
問七　（共感は、）善悪の価値基準を形成する多様な他者を考慮した普遍的視点を得るために（重要なものである。）（二十五字以上、三十五字以内）

◆要　旨◆

良心には善悪を判断し、「人として正しくありたい」という思いが含まれている。善悪の判断基準となる行動規範や理想的な人間像は、最初は親の要求を介して内面化されるが、多様な人間関係や知識の修得によって一般性のあるものへと

//////////////////// · memo · ////////////////////

2022年度

問題と解答

■T日程（統一日程）・英語外部試験利用入試

問題編

＜T日程＞

▶試験科目・配点

学部等		教科	科目	配点
法		英語	コミュニケーション英語Ⅰ・Ⅱ・Ⅲ，英語表現Ⅰ・Ⅱ	※1
		数学・国語	「数学Ⅰ・Ⅱ・A・B」，「国語総合（古文・漢文の独立問題は出題しない）」のうちから1科目選択	100点
文	哲・英文・史・心理	英語	コミュニケーション英語Ⅰ・Ⅱ・Ⅲ，英語表現Ⅰ・Ⅱ	150点
		数学・国語	「数学Ⅰ・Ⅱ・A・B」，「国語総合（古文・漢文の独立問題は出題しない）」のうちから1科目選択	100点
	日本文	国語	国語総合（古文・漢文を出題する）	100点
		小論文	論述問題	100点
	地理	英語	コミュニケーション英語Ⅰ・Ⅱ・Ⅲ，英語表現Ⅰ・Ⅱ	150点
		地理	地理B	100点
経済・社会・経営・国際文化・人間環境・現代福祉・キャリアデザイン・スポーツ健康		英語	コミュニケーション英語Ⅰ・Ⅱ・Ⅲ，英語表現Ⅰ・Ⅱ	150点
		数学・国語	「数学Ⅰ・Ⅱ・A・B」，「国語総合（古文・漢文の独立問題は出題しない）」のうちから1科目選択	100点
情報科・理工※2		英語	コミュニケーション英語Ⅰ・Ⅱ・Ⅲ，英語表現Ⅰ・Ⅱ	150点
		数学	数学Ⅰ・Ⅱ・Ⅲ・A・B	150点
デザイン工		英語	コミュニケーション英語Ⅰ・Ⅱ・Ⅲ，英語表現Ⅰ・Ⅱ	150点
		数学	建築・都市環境デザイン工学科： 数学Ⅰ・Ⅱ・Ⅲ・A・B システムデザイン学科： 数学Ⅰ・Ⅱ・A・B	150点
生命科		英語	コミュニケーション英語Ⅰ・Ⅱ・Ⅲ，英語表現Ⅰ・Ⅱ	150点
		数学	数学Ⅰ・Ⅱ・A・B	150点

▶備　考

※1　法律・政治学科150点，国際政治学科200点。

※2　機械工学科航空操縦学専修を除く。

•「数学B」は「数列」「ベクトル」を出題範囲とする。

〔文学部日本文学科小論文について〕

• 桑原三郎編『小川未明童話集』（岩波文庫版。同書の巻頭から巻末までを出題範囲とする）を課題図書として出題する。

• 試験時に参照できるのは，試験当日に試験会場にて大学から提供される課題図書のみ。持参した課題図書，メモ・しおり等は一切参照できない。

<英語外部試験利用入試>

▶試験科目・配点

学部等	教科	科目	配点
法・文（英文）・経済（国際経済）・社会・国際文化・人間環境・現代福祉・キャリアデザイン・スポーツ健康	数学・国語	「数学Ⅰ・Ⅱ・A・B」，「国語総合（古文・漢文の独立問題は出題しない）」のうちから1科目選択	100点
グローバル教養	英語	英語外部試験のスコアを得点に換算する	150点
	数学・国語	「数学Ⅰ・Ⅱ・A・B」，「国語総合（古文・漢文の独立問題は出題しない）」のうちから1科目選択	100点
情報科・デザイン工（建築・都市環境デザイン工）・理工※	数学	数学Ⅰ・Ⅱ・Ⅲ・A・B	150点
デザイン工（システムデザイン）・生命科	数学	数学Ⅰ・Ⅱ・A・B	150点

▶備　考

※　機械工学科航空操縦学専修を除く。

•「数学B」は「数列」「ベクトル」を出題範囲とする。

• 指定された英語外部試験の基準（スコア，詳細は省略）を満たしていることを出願条件とする。

•［出願資格型］大学独自の入学試験1科目の得点のみで合否判定する。

［換算型］英語外部試験のスコアを「英語」の得点に換算（150点・140点・130点）し，大学独自の入学試験と2科目の合計得点で合否判定する。

英語

（90分）

〔Ⅰ〕 つぎの英文を読んで，問いに答えよ。

Over the last ten-plus years, we have seen various trends in exercise science. With the arrival of the new year, I thought it would be [(A)] to look back at some of the persistent themes, revelations and surprises from the past decade.

Perhaps most obviously, this has been a decade of greatest HIITs (high-intensity interval trainings), with multiple studies and subsequent media articles asserting that hard but super-short workouts (HIITs) improve fitness and health to about the same extent as much longer, more moderate exercise. Since 2010, I have learned a number of seven-minute, four-minute, one-minute, 20-second and 10-second interval routines, with each workout's declining length increasing its appeal. For many of us, <u>the exercise of choice</u>(i) may be the briefest.

At the same time, though, other studies showed that gentle exercise is also meaningful, even if it [(B)] qualifies as exercise. In one of my favorite studies from this year, researchers found that older women who regularly walked about 3 km a day, or a little more than 4,000 steps, lived longer than women who covered only about 2,000 steps, or 1.5 km. Going those extra kilometers altered how long and well women lived.

In fact, a recurring concern of exercise science over the recent decade has been whether and how exercise affects aging, and the results generally suggest that <u>it does — and widely so</u>(ii). In various recent studies, active older people's muscles, immune systems, blood cells and even skin appeared biologically younger than those of sedentary*[1] people.

Their brains also tended to look and work differently. In what may be, for me, the most inspiring area of fitness research from the past decade, scientists have found and reaffirmed the extent to which movement, of almost any kind and amount, may remake how we think and feel. In one study after another, physical activity benefitted the brains of children and the middle-aged. It lowered people's risks for dementia*[2] or, if dementia had already begun, [(ア)] memory loss. It also [(イ)] brain volume and connections between neurons*[3] and different portions of the brain.

Exercise also seems able to improve moods far more than most of us, including scientists, might have expected a decade ago. In observational studies, physically active people (iii)[(1)] to [(2)] much [(3)] [(4)] [(5)] [(6)] [(7)] or anxiety than sedentary people, no matter what types of activities they chose. Walking, jogging, gardening, weight training, swimming, biking, hiking or even rising from an office or living room chair often and walking across the room seemed to make people happier and less vulnerable to mood problems than remaining still. Moreover, in mice, exercise changed the inner workings of some of their neurons in ways that then made them less excitable and less inclined to experience patterns of activity associated with anxiety. Exercise made their cells and brains [(C)].

One of the other big themes of exercise science in recent years is that bodies in motion seem to develop interior ecosystems that differ, in fundamental ways, from those of the sedentary. For instance, people who exercise hold different types and amounts of proteins in their bloodstreams, even if they have not been working out recently, and these patterns of proteins may play a role in reducing risks such as diabetes or heart disease.

But many questions remain [(D)] regarding the cellular effects of exercise throughout the body. It's also unknown whether changes at the cellular level differ depending on factors like how much and in what fashion we exercise, our age, our health history and whether we happen to be a man, a woman or a mouse. I suspect this will be [(E)] great interest to scientists in the decade ahead.

I hope that scientists might eventually help us to better understand why, with everything we know about the benefits of exercise (iv), so few of us manage to get up and work out regularly. But there could be hope in redirecting our focus. In what may be the most charming fitness study of the 2010s, when sedentary dog owners were told by their veterinarians*4 that their pets were too heavy and in danger of health problems, they increased both their own and their pets' walking times.

Happy, healthy new year to you, your family and any four-footed workout partners you may have.

*1 sedentary：座りがちな

*2 dementia：認知症

*3 neuron：神経細胞，ニューロン

*4 veterinarian：獣医

1．空所 [(A)]，[(B)]，[(C)]，[(D)]，[(E)] に入る最も適切なものを，つぎのa～dから一つずつ選び，その記号を解答欄にマークせよ。

[(A)] a．hasty b．meaningless c．relaxing d．worthwhile

[(B)] a．barely b．extremely c．fully d．timely

[(C)] a．calmer b．excited c．immature d．older

[(D)] a．unanswered b．uncomplicated c．unexpected d．unintended

[(E)] a．at b．by c．for d．of

2．下線部(i) the exercise of choice の内容に最も近いものを，つぎのa～dから一つ選び，その記号を解答欄にマークせよ。

a．our most desirable exercise

b．our most necessary exercise

c．the routine that allows many choices

d．the routine to make a decision

3．下線部(ii) it does — and widely so の内容に最も近いものを，つぎのa～dから一つ選び，その記号を解答欄にマークせよ。

a．a newly invented exercise is effective among various generations

b．exercise has a noticeable effect on the way people grow old

c．exercise science studies the aging process from a broad perspective

d．this decade is seeing a growing concern with exercise science

4．空所 [(ア)] と [(イ)] に入る最も適切な語の組み合わせを，つぎのa～dから一つ選び，その記号を解答欄にマークせよ。

a．(ア) accelerated　(イ) decreased

b．(ア) accelerated　(イ) increased

c．(ア) slowed　(イ) decreased

d．(ア) slowed　(イ) increased

5．下線部(iii) [(1)] to [(2)] much [(3)] [(4)] [(5)] [(6)] [(7)] or anxiety than sedentary people の空所につぎのa～gを並べ，[(1)] と [(4)] に入るものの記号を，それぞれ解答欄にマークせよ。ただし，同じ記号を二度以上マークしないこと。

a．be　b．depression　c．develop　d．less

e．likely　f．proved　g．to

6．下線部(iv) <u>with everything we know about the benefits of exercise</u> の内容に最も近いものを，つぎのａ～ｄから一つ選び，その記号を解答欄にマークせよ。

ａ．although we are well aware of the good effects of exercise

ｂ．due to our knowledge related to the benefits of exercise

ｃ．to prove what we know regarding the good effects of exercise

ｄ．because they teach us the benefits of exercise revealed by their studies

7．つぎの(1)，(2)の英文について，正しいものをａ～ｄからそれぞれ一つずつ選び，その記号を解答欄にマークせよ。

(1) (Ⅰ) Doing hard exercise for a brief time is as effective as doing moderate exercise longer.

(Ⅱ) Exercise improves mental health, but it should be more than just walking or moving inside the house.

ａ．(Ⅰ)は本文の内容に合致しているが，(Ⅱ)は合致していない。

ｂ．(Ⅰ)は本文の内容に合致していないが，(Ⅱ)は合致している。

ｃ．(Ⅰ)も(Ⅱ)も，本文の内容に合致している。

ｄ．(Ⅰ)も(Ⅱ)も，本文の内容に合致していない。

(2) (Ⅰ) Only by continuing to exercise regularly, can we keep a certain type of protein that reduces the risk of some diseases.

(Ⅱ) Veterinarians warn that sedentary people tend to be fat due to the lack of proper exercise.

ａ．(Ⅰ)は本文の内容に合致しているが，(Ⅱ)は合致していない。

ｂ．(Ⅰ)は本文の内容に合致していないが，(Ⅱ)は合致している。

ｃ．(Ⅰ)も(Ⅱ)も，本文の内容に合致している。

ｄ．(Ⅰ)も(Ⅱ)も，本文の内容に合致していない。

〔II〕 Read the passage and answer the questions that follow.

Small, round, and midnight blue, you'd be forgiven for mistaking the jucara (juçara) berry for its well-known cousin, the acai (açaí) berry, or even the humble blueberry. But the jucara berry, which grows on a palm tree of the same name, is offering a lot more than antioxidants*[1] — it's helping to restore Brazil's devastated Atlantic Forest.

A thick tropical forest that stretched more than 2,500 miles along Brazil's coastline, and inland to Paraguay and Argentina, the Atlantic Forest once covered 12% of Brazil's land area. But in the 16th century, Portuguese colonizers began replacing forest [(A)] sugar cane, and later, coffee plantations. Since then, agriculture and urban expansion [(i)] and today, just 7% of the original forest remains.

The jucara palm is threatened not only by deforestation, but also by its own tastiness. The tree's palm heart — a soft core of the trunk — is nutritious and especially delicious. Most species of palms can regrow from their shoots*[2] but the jucara palm cannot, so when the palm heart is removed, the tree dies. Historically, indigenous communities used the tree [(B)] food and timber, but small-scale harvesting of this slow-growing palm didn't threaten its survival. That changed in the 1960s when commercial exploitation caused rapid decline and the tree [(ii)].

Now, a new Brazilian company, called Juçaí Corp, says it has found a solution. The company harvests the jucara palm's berries, rather than its palm hearts, so the tree can remain standing — producing fruit every year and helping the forest to flourish. Founded in 2015, Juçaí Corp works with a network of local farmers and buys jucara berries from them for its products, including smoothies*[3] and sorbets*[4], says Bruno Correa, the company's general manager. "The idea from the start was to build a range of good quality products that was not only nutritious and delicious, but also economically beneficial and environmentally sound, creating a positive cycle to preserve the tree," he says.

The Atlantic Forest is protected by law, says Rafael Bitante, a forest restoration manager at a non-governmental organization that supports reforestation initiatives. However, weak enforcement of environmental laws has led to illegal exploitation of the jucara palm, he says. That's where Juçaí Corp comes in. Through farming cooperatives, the company works on jucara projects with nearly 900 families across the southeastern region of the Atlantic Forest. Farmers plant new jucara trees, or [(iii)], while Juçaí Corp oversees project management and administration, turns the berries into pulp*[5] and separates out the seeds — which are then planted by farmers. Illegal cutting in the forest is still an issue, but harvesting berries offers a comparable income and is a "clear and straightforward" option for farmers, says Correa.

The tree's economic value [(iv)] to preserve it, Correa says, and that benefits the whole ecosystem. "The tree is important not only in terms of forest coverage and how it protects the soil but also for wildlife, especially birds," he says, adding that farmers leave a third of the berries on the tree during each harvest, to support wildlife. Seeing the value of the living tree, other family-run businesses and organic farming cooperatives have also created networks for local farmers to harvest and sell jucara berries. Bitante says the type of sustainable farming Juçaí Corp and others promote benefits the environment and the economy. "It is essential to strengthen the link between the maintenance of biodiversity and society, valuing the standing forest and guaranteeing the protection of a diverse community of wildlife in this beautiful habitat."

These jucara projects are a form of "agroforestry" — agriculture incorporating the cultivation and conservation of trees. Laury Cullen, a forest engineer at a Brazilian environmental research organization, explains that agroforestry is an approach to land management which mixes nature and agriculture, by establishing farms on the edges of forests and growing fruit-bearing trees and farm crops there. Combined with reforested "corridors," agroforestry zones can provide "stepping-stones" that help wildlife like butterflies and birds move between fragmented sections of the remaining tropical forest, says Cullen.

Juçaí Corp hopes that creating a strong market for the jucara berry can help build a better future for the farmers and, in turn, the forest. Just like the acai berry, the jucara is finding a fan base among health-conscious people. Jucara berries are high [(C)] energy-dense fatty acids and packed with antioxidants, known for promoting heart health. A 2020 study on the effect of jucara and acai consumption in healthy adults found that after four weeks, levels of antioxidants and "good" cholesterol increased. The company currently sells its products in both supermarkets and specialized health food stores in Brazil, Chile and Canada, and hopes to expand into other markets.

"People are increasingly aware [(D)] what they eat, not only from a nutritional perspective but also from an environmental one," says Correa. Since its launch, Juçaí Corp has been responsible for keeping around 31,000 jucara palm trees standing. Preserving the Atlantic Forest and its biodiversity is what drives this new business model.

*1 antioxidants：抗酸化物質

*2 shoots：木の切り株や根元から生える若い芽，ひこばえ

*3 smoothies：スムージー(果物などをミキサーにかけてつくる飲み物)

*4 sorbets：シャーベット

*5 pulp：果肉

出典追記：This palm tree nearly went extinct. Now its super-berries are helping to save it, CNN on March 30, 2021 by Rebecca Cairns

1. Fill each of the blanks (A) through (D) with the best possible answer from a to f. Mark the letter on your answer sheet. Use each choice only once.

a. for b. from c. in
d. of e. on f. with

2. Fill each of the blanks (i) through (iv) with the best possible answer from a to d. Mark the letter on your answer sheet. Use each choice only once.

a. became endangered b. have accelerated deforestation
c. motivates farmers d. nurture existing ones

3. Which of the statements from a to d best explains the ways in which Juçaí Corp and a network of local farmers collaborate on jucara projects? Mark the letter on your answer sheet.

a. Farmers not only plant new jucara palm trees but also harvest jucara berries and palm hearts, for which the company builds up a market.
b. Farmers pick one third of the berries of jucara palm trees at a time, which the company buys and sells, both locally and abroad.
c. The company buys jucara berries from farmers, processes the jucara pulp into a variety of products and sells them.
d. The company supervises the projects, while farmers harvest and market jucara berries and related products.

4. For the following statements (I) and (II), choose the correct answer from a to d. Mark the letter on your answer sheet.

(I) Twelve percent of Brazil's land area was once covered with the Atlantic Forest, but the forest began to be destroyed in the sixteenth century.

(Ⅱ) Most palms, including the jucara palm, grow rapidly and help the forest to flourish.

a. Both (Ⅰ) and (Ⅱ) are true according to the passage.

b. Only (Ⅰ) is true according to the passage.

c. Only (Ⅱ) is true according to the passage.

d. Neither (Ⅰ) nor (Ⅱ) is true according to the passage.

5. For the following statements (Ⅰ) and (Ⅱ), choose the correct answer from a to d. Mark the letter on your answer sheet.

(Ⅰ) Juçaí Corp, established by the Brazilian government in 2015, has been instrumental in restoring the Atlantic Forest.

(Ⅱ) In the long run, cutting down jucara palm trees is more profitable than harvesting jucara berries.

a. Both (Ⅰ) and (Ⅱ) are true according to the passage.

b. Only (Ⅰ) is true according to the passage.

c. Only (Ⅱ) is true according to the passage.

d. Neither (Ⅰ) nor (Ⅱ) is true according to the passage.

6. For the following statements (Ⅰ) and (Ⅱ), choose the correct answer from a to d. Mark the letter on your answer sheet.

(Ⅰ) Jucara projects, which are a form of agroforestry, can help protect wildlife.

(Ⅱ) The acai berry is more nutritious and more popular than the jucara berry.

a. Both (Ⅰ) and (Ⅱ) are true according to the passage.

b. Only (Ⅰ) is true according to the passage.

c. Only (Ⅱ) is true according to the passage.

d. Neither (Ⅰ) nor (Ⅱ) is true according to the passage.

〔Ⅲ〕 つぎの英文を読んで，問いに答えよ。

In the early 1900s, Wilhelm von Osten, a German horse trainer and mathematician, told the world that his horse could do math. For years, von Osten traveled Germany giving demonstrations of this phenomenon. He would ask his horse, Clever Hans, to solve simple mathematical equations. In response, Hans would tap his hoof[*1] for the correct answer. [(A)]

Broad public interest in Clever Hans persuaded the German Board of Education to establish a commission to investigate the validity of von Osten's claims about his horse's abilities. The commission found that Clever Hans wasn't really solving mathematical equations at all, but responding to people's reactions. Hans would tap up until the correct number, which was usually when his trainer and the crowd broke out in cheers. Then he would stop. When he couldn't see or hear the audience or his trainer, [(B)].

(i)<u>There's a lot that computer science can learn from Hans today.</u> An accelerating field of research suggests that most of the artificial intelligence (AI) we've created so far has learned enough to give a correct answer, but without truly understanding the information. Consequently, (ii)<u>most types of artificial intelligence are relatively easy to deceive.</u>

Artificial intelligence has quickly become an essential part of our society; it monitors our email for spam[*2] or harmful content, and will soon drive our cars. The possibility of deceiving systems controlled by artificial intelligence could pose even greater threats to our safety and security in the future.

Small groups of researchers — at universities, technology companies and in the U.S. military — have devised some methods and techniques to attack AI systems and conducted simulation studies to defend against them. Using those methods and techniques developed by these reseachers, an attacker could change what a driverless car sees. By just adding a small amount of noise to alter a voice input, he or she could also fool the voice recognition system on any phone and make it visit a website that could infect the phone with malware*3. Another possible attack could be merely misleading an AI security system into just [(C)] a virus [(D)] through its firewall*4 into the main network.

It is important to note that instead of taking direct control over a driverless car, a voice recognition system, or a firewall, this method merely tricks the AI system into ignoring dangers or perceiving things that aren't really there. Such attacks use techniques known as "adversarial*5 examples": images, sounds, or even text, with tiny changes that are unnoticible to humans, which AI systems perceive as something radically different from the original. Small changes made by attackers can [(E)] an AI system to draw incorrect conclusions about what it's being presented.

One well-known case of adversarial examples is the manipulation of a photograph of a typical panda. You start with an image of a panda on the left in the figure on the next page which the AI system determines with 57.7% confidence is a "panda." But then by adding a very small amount of carefully constructed dots (shown in the middle) you get the image on the right [(F)], but that the system interprets with 99.3% confidence as a "gibbon," an Asian ape with a fur color pattern somewhat similar to a panda's.

Another, more dangerous possibility of adversarial examples was found in an incident with an AI-controlled self-driving car. In an experiment, a self-driving car approached a stop sign, but instead of slowing down, it accelerated into the intersection, which could have [(G)] passengers or pedestrians traveling along a busy city street, a tragic possibility that should definitely be avoided. A later investigation revealed that four small stains were left on the face of the stop sign. These spots fooled the car's onboard AI system into misreading the word "stop" as " (H) ."

"panda"
57.7% confidence

+

=

"gibbon"
99.3% confidence

*1 hoof：ひづめ

*2 spam：スパム・メール，迷惑メール

*3 malware：マルウェア(有害な動作を行わせる意図で作成されたソフトウェア)

*4 firewall：ネットワークの内外の境界に設けられた「防火壁」の役割をするソフトウェア

*5 adversarial：敵対的な

1．空所 (A) に入る最も適切なものを，つぎのa～dから一つ選び，その記号を解答欄にマークせよ。

a．If asked how many digits are in "4321," four taps.

b．If asked the time around noon, twelve taps.

c．The numeral "9" refers to what number?　Nine taps.

d．The result of dividing eight by two?　Four taps.

2．空所 (B) に入る最も適切なものを，つぎのa～dから一つ選び，その記号を解答欄にマークせよ。

a．he would feel tapping in his heart

b．he would keep tapping and tapping

c．he would start tapping the audience

出典追記：Fooling the machine, Popular Science on March 30, 2016 by Dave Gershgorn d．he would tap out the right answer

3．下線部(i) There's a lot that computer science can learn from Hans today. で言われている，Hansの逸話からcomputer scienceが学べることとは，何か。最も適切なものをつぎのa～dから一つ選び，その記号を解答欄にマークせよ。

a．賢い振る舞いを見せたとしても，称賛してくれる人々がいないのなら意味がない，ということ。

b．最初は賢くなくても，きちんと訓練すれば，数の計算を正しく出来るようになる，ということ。

c．正しい答えを出しているからといって，問題を正しく理解しているとは限らない，ということ。

d．人々の期待に迎合し過ぎると，元々は解けていた問題さえ，正しく解けなくなる，ということ。

4．下線部(ii) most types of artificial intelligence are relatively easy to deceive の意味に最も近いものを，つぎのa～dから一つ選び，その記号を解答欄にマークせよ。

a．most types of AI are deceptively easy

b．most types of AI can easily be deceived

c．most types of AI can easily deceive us

d．most types of AI are easy and deceptive

5．空所 (C) と (D) に入る最も適切な語の組み合わせを，つぎのa～dから一つ選び，その記号を解答欄にマークせよ。

a．(C) letting　(D) travel

b．(C) letting　(D) traveling

c．(C) preventing　(D) travel

d．(C) preventing　(D) traveling

6．空所 [(E)] に入る最も適切なものを，つぎのa～dから一つ選び，その記号を解答欄にマークせよ。

a．ask　　b．force　　c．promise　　d．want

7．空所 [(F)] に入る最も適切なものを，つぎのa～dから一つ選び，その記号を解答欄にマークせよ。

a．that looks completely unrecognizable to AI

b．that looks completely unrecognizable to humans

c．that looks the same as the original to AI

d．that looks the same as the original to humans

8．空所 [(G)] に入る最も適切なものを，つぎのa～dから一つ選び，その記号を解答欄にマークせよ。

a．gotten ahead of　　b．led to a fatal accident for

c．offered a clear signal to　　d．saved the lives of

9．空所 [(H)] に入る最も適切なものを，つぎのa～eから一つ選び，その記号を解答欄にマークせよ。

a．caution, school zones ahead

b．halt for a moment

c．passengers and bikes only

d．pay close attention to passengers

e．speed limit 70 km per hour

10．つぎの(I)，(II)について，正しいものをa～dから一つ選び，その記号を解答欄にマークせよ。

(I)　人工知能システムには，ネットワーク外部からの侵入者によるシステム内部の書き換えの痕跡を探すのは難しい。

(II)　人間には見落とされる入力情報の小さな違いが人工知能システムに有害な

動作を起こさせることがある。

a．(I)は本文の内容に合致しているが，(II)は合致していない。

b．(I)は本文の内容に合致していないが，(II)は合致している。

c．(I)も(II)も，本文の内容に合致している。

d．(I)も(II)も，本文の内容に合致していない。

〔IV〕 つぎの英文を読んで，問いに答えよ。

While some psychologists have assumed universal patterns of thought, many scholars in various fields believe that Westerners (such as Europeans, Americans, and citizens of the British Commonwealth) and East Asians (such as the people of China, Korea, and Japan) have maintained very different systems of thought for thousands of years. Moreover, these scholars are in substantial agreement about the nature of these differences. For example, most who have addressed the question hold the assumption that Westerners have a strong interest in making clear and simple rules (hereafter "rules") and categorization based on such rules. Categories help them to know what rules to apply to the objects in question, and logic plays a role in problem solving. East Asians, in contrast, tend to view objects [(A)]. The world seems more complex to Asians than to Westerners, and understanding objects always requires consideration of a lot of factors that operate in no simple, predetermined way. In fact, the person who is too concerned with logic [(1)] [(2)] a [(3)] [(4)] [(5)] [(6)] immature. (i)

If the natural way of organizing the world for Westerners is to do so in terms of categories and the rules defining them, then it might be expected that Westerners' perceptions of similarity between objects would be heavily influenced by the degree to which the objects can be categorized by applying a set of rules. But if rule-based categories are less obvious to East Asians, then it might be expected that their perceptions of similarity would be based more on how much overall resemblance there is among objects.

To test this possibility, my colleagues and I conducted an experiment. Illustrations like the ones on the next page were shown to European American, Asian American, and East Asian participants. Each display consisted of a target object at the bottom and two groups of objects above it. The participants' task was just to say which group of objects the target object seemed more similar to.

Most of the East Asian participants thought the target object was more similar to the group on the left, [(B)] most of the European Americans thought the object was more similar to the group on the right. The target object bears a more overall resemblance to the group on the left. In fact, it has a greater similarity in terms of the number of common parts with this group than with the one on the right. Therefore, it's easy to see why the East Asians would have thought the object was more similar to that group, and on average they did so 60 percent of the time. But there is a simple rule that allows you to categorize the target object with all four objects of the group on the right. The rule is "has a straight (as opposed to curved) stem." The European Americans typically discovered such types of rules and, 67 percent of the time, found the target object to be more similar to the group with which it shared the characteristic dictated by the rule. Asian American judgments [(1)] [(2)] [(3)] [(4)] [(5)] [(6)] to those of the East Asians. (ii)

If East Asians are less inclined to use rules to understand the world, and less inclined to make use of rule-based categories, these tendencies might have some influence on their ability to learn categories by applying explicit rules to objects. In order to test this possibility, a research group at the University of Michigan conducted another experiment and showed the

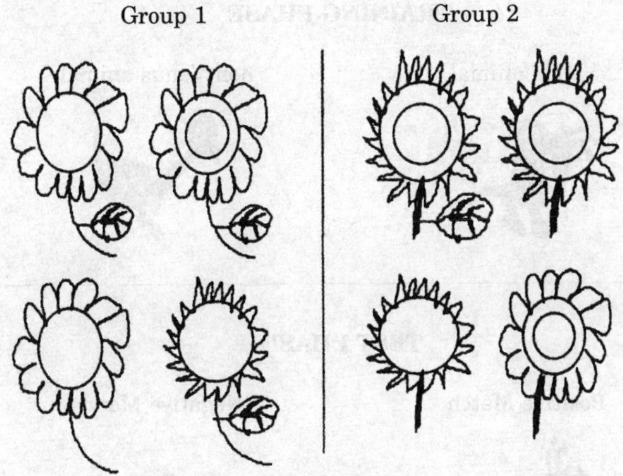

Target Object

cartoon figures in the illustration below to Asian American, European American, and East Asian participants. They were told that they would be learning how to classify animals into two categories — animals from Venus and animals not from Venus.

TRAINING PHASE

Venus animal

non-Venus animal

TEST PHASE

Positive Match

Negative Match

The participants were told that an animal was from Venus if it had any three of five features: an upward curly tail, hooves*, a long neck, a pointed-shaped mouth, and antenna-shaped ears. Otherwise, the creature was not from Venus. The animal on the left at the top meets the criteria for being from Venus because it has hooves, a pointed-shaped mouth and antenna-shaped ears; the one on the right doesn't meet the criteria because it has only an upward curly tail and a long neck, so it has to be put in the non-Venus category.

After participants had learned how to classify animals correctly in the training phase, the research group tested how much control they had over the categories by showing them new animals [(C)] . The new animals included two types that resembled previously seen ones. Some animals were "positive matches": They looked like an animal the participants had seen before during the training phase and they belonged to the same category in terms of the rules concerning their features. Other animals were "negative matches": They looked like an animal that had been seen before, but in terms of the rules, they belonged to a different category from the one seen in the training phase. The animal on the lower left is a positive match for the one on the left above: It looks like the one categorized as being from Venus and the rules also indicate that it is. The one on the lower right is a negative match: It looks like the Venus animal, but the rules say it's not. In this case, similarity in appearances [(ア)], and [(イ)] could guide the participants to the correct choice of categories.

The East Asian participants took longer to make their judgments about whether the animal was from Venus or not than either the European Americans or the Asian Americans. The three groups of participants were equally accurate for the positive matches, for which both [(D)] would produce the correct answer. But for the negative matches, which could be classified correctly only if the rules were remembered and applied correctly, the East Asians made twice as many classification errors as either the European Americans or the Asian Americans did.

*hooves：hoofの複数形

1．空所 [(A)]，[(B)]，[(C)]，[(D)] に入る最も適切なものを，つぎのa～dからそれぞれ一つずつ選び，その記号を解答欄にマークせよ。

[(A)] a．in a much simpler way
b．in their broad context
c．ignoring their related factors
d．with the same rationality

[(B)] a．nor　　b．since　　c．unless　　d．whereas

[(C)] a．but didn't allow them to examine the features of the animals
b．but collected no data on how long it would take them to

出典追記：The Geography of Thought by Richard E. Nisbett, Simon & Schuster sort them out

c. and seeing how fast and accurately they could classify them

d. and seeing how vividly they could recall the animals' belongings

(D) a. memory of correctly matched examples and correct applications of the rules defining the category

b. memory of the rules and the verbal information on the animal features for deciding the category

c. the rules for categorizing the animals and the participants' preferences for logic

d. the rules participants had prescribed for categorizing the animals and their increasing familiarity with them

2. 下線部(i) (1) (2) a (3) (4) (5) (6) immature の空所につぎの a ~ f を並べ替え，(2) と (4) に入るものの記号を，それぞれ解答欄にマークせよ。ただし，同じ記号を二度以上マークしないこと。

a. in　　b. may　　c. problem

d. considered　　e. resolving　　f. be

3. 下線部(ii) (1) (2) (3) (4) (5) (6) to those of the East Asians の空所につぎの a ~ f を並べ替え，(3) と (5) に入るものの記号を，それぞれ解答欄にマークせよ。ただし，同じ記号を二度以上マークしないこと。

a. were　　b. but　　c. similar

d. in　　e. more　　f. between

4. 空所 (ア)，(イ) に入る最も適切な組み合わせを，つぎの a ~ d から一つ選び，その記号を解答欄にマークせよ。

a．(ア) doesn't help　　(イ) only the rules learned beforehand

b．(ア) doesn't help　　(イ) only the overall grasp of shapes

c．(ア) is crucial　　(イ) only the rules learned beforehand

d．(ア) is crucial　　(イ) only the overall grasp of shapes

5．2番目の実験について述べられた以下の英文において，空所［(あ)］，［(い)］に入る最も適切な組み合わせを，つぎのa～dから一つ選び，解答欄にマークせよ。

In the TEST PHASE, the animal figure on the left belongs to the ［(あ)］ category, and the animal figure on the right belongs to the ［(い)］ category.

a．(あ) Venus　　(い) Venus

b．(あ) Venus　　(い) non-Venus

c．(あ) non-Venus　　(い) Venus

d．(あ) non-Venus　　(い) non-Venus

6．本文の内容と合致するものを，つぎのa～eから一つ選び，その記号を解答欄にマークせよ。

a．The two experiments were designed to measure the ability of Westerners to recognize the overall resemblance among objects.

b．More than half of both the European American and East Asian participants opted for the same group in the first experiment.

c．In the second experiment, East Asian participants made twice as many mistakes in negative matches as they did in positive matches.

d．Non-Venus animals in the second experiment should not have any of the features that Venus animals have.

e．Overall similarity in appearance tends to come before simple rules when East Asians classify objects into groups.

地理

(60分)

〔Ⅰ〕 つぎの文章は，ある大学地理学科の国内で行われた現地研究(現地を訪れて行う実習授業)における教員と学生の会話である。文章を読んで以下の問いに答えよ。解答は解答欄に記せ。

学生A：先生，あの海に向かって緩やかに傾いた台地状の地形(図1)はどのようにして形成されたのですか。

教員：あれは典型的な［(ア)］地形だよ。地殻変動とグローバルな海面変化(1)との組合せによって形成された地形です。内的営力(2)と環境変動のコラボだよね。

学生A：難しくてちょっとよくわからないんですが，初めて見て感動しました。たいへん珍しい地形なんですね。

教員：それがそうではなくて，日本中の沿岸部でよく見られる地形なんだよ。東京にある私たちの大学も実は同じ地形の上にあるんですよ。確かに，関東地方では，場所によって10mを超える関東［(イ)］層に覆われているのと，都市化が進んで自然の地形が見えにくくなっているのも事実ですけど。

学生B：途中の町で，建設中のビルのような構造がむき出しの建物をよく見かけましたけど(図2)，景気がよくて建設ラッシュなんでしょうか。

教員：Bさんはなかなかよいところに気がついたね。あれは，完成された建物なんだよ。このあたりの沖合で100〜200年に1回の頻度で発生する地震に(3)伴って起る［(ウ)］から避難するための施設なんだよ。［(ウ)］タワーなんて呼ばれたりします。被災地域や避難場所などを地図化した［(エ)］マップにものっていますよ。

学生C：私は農業に興味があるんですけど，［(ア)］地形の海側は崖のような急斜面になっているので農業的利用価値は低いですよね。

教員：実はあの急斜面の特性を活かして[(4)]特産品の ［(オ)］ が栽培されていて，道の駅などで売られています。加工品もあるので後で寄ってみましょう。

図1

問1 ［(ア)］ に入る地形用語を漢字4文字で解答欄に記せ。

問2　下線部(1)の「グローバルな海面変化」が起る仕組みについて説明せよ。解答欄の枠内であれば字数は問わない。　〔解答欄〕ヨコ14.6cm×タテ2.4cm

問3　下線部(2)の「内的営力」について説明せよ。解答欄の枠内であれば字数は問わない。　〔解答欄〕ヨコ14.6cm×タテ2.4cm

問4 ［(イ)］ に入る用語としてもっとも適当なものを，次の①～④の中から選び，番号で答えよ。

①　火山灰　　②　クロボク　　③　ポドゾル　　④　ローム

問5　[　(ウ)　] は，主に海底で発生する地震にともなう自然現象であり，多くの場合災害を伴う。[　(ウ)　] に適する語句を解答欄に記せ。

図2

問6　下線部(3)の地震が発生するタイプとしてもっとも適当なものを，次の①～④の中から選び，番号で答えよ。

① 海溝型　　② 海嶺型
③ 直下型　　④ ホットスポット型

問7　[　(エ)　] マップは，さまざまな自然災害に関して被害想定を可視化し，防災，減災に役立つよう作成された地図である。[　(エ)　] に適する語句を解答欄に記せ。

問8　下線部(4)の特性を考慮して，[　(オ)　] に入る農作物としてもっとも適当なものを，次の①～④の中から選び，番号で答えよ。

① ダイコン　② ビワ　③ ブドウ　④ ワサビ

問9　本現地研究が行われたおおよその地域としてもっとも適当なものを，次の①〜④の中から選び，番号で答えよ。

①　東日本日本海沿岸　　②　瀬戸内海沿岸

③　西日本太平洋沿岸　　④　南西諸島

〔Ⅱ〕　貿易と国際関係に関する以下の問いに答えよ。解答は解答欄に記せ。

問1　表1は米の輸出量(2017年)の上位10か国を示したものである。米の輸出量上位10か国の中で生産量(2017年)が上位10位よりも低い国が3か国ある。それはどこか。解答欄に3か国の国名を記せ。国名の順番は問わない。

表1　米の輸出量上位10か国(2017年)

(千トン)

	米	輸出量
1	インド	12,061
2	タイ	11,616
3	ベトナム	5,812
4	アメリカ合衆国	3,266
5	パキスタン	2,737
6	中国	1,173
7	ミャンマー	1,059
8	ウルグアイ	983
9	イタリア	738
10	ブラジル	589

資料：『世界国勢図会2020/21』

問2　小麦の生産と貿易は米の生産，貿易とその特徴が大きく異なる。具体的にどう違うかについて説明せよ。解答欄の枠内であれば字数は問わない。

〔解答欄〕ヨコ14.6cm×タテ2.4cm

問3　エネルギー資源に関する①～⑨の説明のうち，説明が誤っているものを3つ選び，番号で答えよ。

①　世界の一次エネルギー供給(2019年)において，最も供給割合が高いのは石炭である。

②　原油の分布は地域的に大きく偏っており，可採埋蔵量の5割近くが中東地域に存在する(2019年)。

③　原油の産出量(2019年)はイランが1位である。

④　原油の輸入量(2017年)は中国が1位である。

⑤　1960年，イラン，イラク，クウェート，サウジアラビア，ベネズエラの5か国は，国際石油資本(石油メジャー)に対抗して石油輸出国機構(ＯＰＥＣ)を結成した。

⑥　石油輸出国機構(ＯＰＥＣ)は第4次中東戦争を契機に原油価格と産油量の決定権を握り，価格を引き上げて第2次石油危機(オイルショック)を引き起こした。

⑦　1980年代後半から2000年にかけて，イラクのクウェート侵攻と湾岸戦争の時期を除き，石油の世界的な需給が緩和され，原油価格も比較的安定した。

⑧　21世紀に入り，西アジアの紛争，ロシアの動向，中国における石油需要の急増，アジアの新興国における需要の急増などにより，原油価格が高騰した。

⑨　石炭，石油，天然ガスの中で，石炭の確認埋蔵量が最も豊富で，可採年数が最も長い(2019年)。

問4　表2は世界の主要国における原油と天然ガスの自給率を見たものである。表2中のＡ～Ｄはイギリス，カナダ，韓国，ドイツである。Ａ～Ｄに当てはまる国名を解答欄に記せ。

表2　主要国における原油と天然ガスの自給率

原油(2017年)	(%)	天然ガス(2018年)	(%)
ロシア	194.9	A	151.8
A	173.2	ロシア	146.6
B	80.9	アメリカ合衆国	101.6
アメリカ合衆国	56.5	中国	57.2
中国	32.3	B	51.2
C	2.4	C	6.9
日本	0.1	日本	2.5
D	0.0	D	0.6

資料：『世界国勢図会2020/21』

問5　経済連携，経済協定に関する①～④の説明のうち，下線部の説明が間違っているものを1つ選び，番号で答えよ。

①　WTO協定は貿易に関連する様々な国際ルールを定めている。物品貿易に加え，サービス貿易に関する協定，貿易に関連する知的所有権や投資措置に関する協定等が作成されるとともに，紛争解決手続が強化された。

②　1993年，マーストリヒト条約が発効し，政治・経済の両面での統合が進んだ。こうして通貨統合や共通の安全保障条約をめざすヨーロッパ連合(EU)が発足した。

③　東南アジア諸国連合(ASEAN)は1967年に発足し，現在はパプアニューギニアを除く東南アジア10か国が加盟している。1992年にASEAN自由貿易地域(AFTA)が発足し，徐々に関税の撤廃を進めている。

④　環太平洋経済連携協定(TPP)は東アジアと米州をつなぐ経済的連携の枠組みで，例外品目のない自由貿易協定である。アメリカ合衆国離脱後，「環太平洋パートナーシップに関する包括的及び先進的な協定(CPTPP，TPP11)」として，2018年12月に発効した。

問6　表3は東アジア，東南アジアの主要国・地域における2018年の1人あたり貿易額(輸出)と貿易依存度(輸出)を見たものである。表3中のE，F，Gは東アジア諸国(韓国，中国，日本)，H，I，Jは東南アジア諸国(インドネシア，ベトナム，マレーシア)のいずれかである。表3中のE，F，GとH，I，Jに該当する国の組合せとして適切なものを①～⑥の中からそれぞれ1つ選び，番号で答えよ。

表3　東アジア，東南アジア主要国・地域における
1人あたり貿易額(輸出)と貿易依存度(輸出)

(2018年)

	1人あたり貿易額(輸出)　(ドル)	貿易依存度(輸出)　(%)
香港	77,206	156.9
シンガポール	71,727	114.4
台湾	14,077	54.9
E	11,837	35.2
H	7,846	69.0
F	5,801	14.8
タイ	3,610	49.6
I	2,500	97.5
G	1,752	18.4
J	650	16.7
フィリピン	633	20.4

資料：『世界国勢図会2020/21』

注：貿易依存度(輸出)はGDPに対する輸出額の割合。

E，F，Gの組合せ

	E	F	G
①	韓国	中国	日本
②	韓国	日本	中国
③	中国	韓国	日本
④	中国	日本	韓国
⑤	日本	韓国	中国
⑥	日本	中国	韓国

H，I，Jの組合せ

	H	I	J
①	インドネシア	ベトナム	マレーシア
②	インドネシア	マレーシア	ベトナム
③	ベトナム	インドネシア	マレーシア
④	ベトナム	マレーシア	インドネシア
⑤	マレーシア	インドネシア	ベトナム
⑥	マレーシア	ベトナム	インドネシア

問7　フードマイレージについて説明せよ。解答欄の枠内であれば字数は問わない。

〔解答欄〕ヨコ14.6cm×タテ2.4cm

問8　モノカルチャー経済について説明せよ。解答欄の枠内であれば字数は問わない。

〔解答欄〕ヨコ14.6cm×タテ2.4cm

〔Ⅲ〕 ヨーロッパの気候と農業に関するつぎの文章を読み，以下の問いに答えよ。解答は解答欄に記せ。

ヨーロッパの気候は，東西で大きく異なる。東部は，気温の ㈠ 較差が大きく，冬の寒さが厳しい Ⓐ 性気候である。西部は， Ⓘ 性気候で ㈡ 海流と，その影響を内陸にもたらす ㈢ 風が冬の寒さを和らげている。

また，南北をみると，アルプス山脈より南側は Ⓤ 性気候で，夏は ㈣ 帯におおわれ，降水量が少ない。そのため，乾燥に強い Ⓔ 樹が栽培されている。アルプス山脈は Ⓞ 気候であり，夏に牛や羊を ㈤ で放牧する ㈥ がみられる。

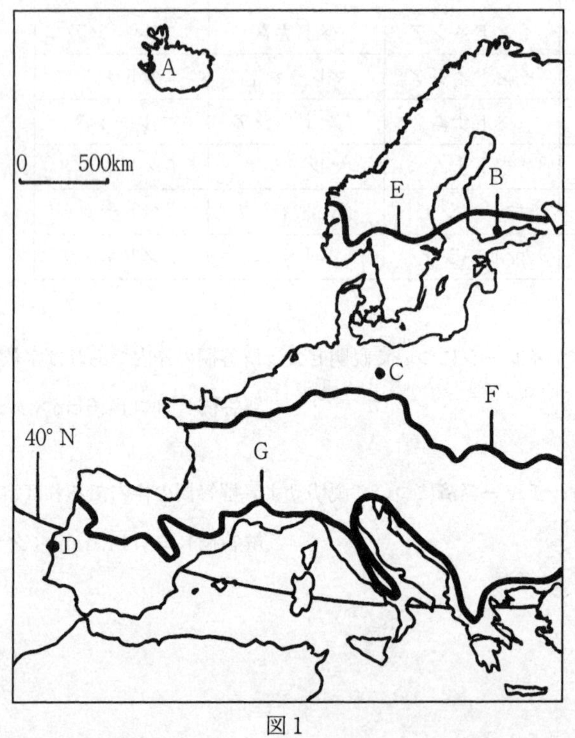

図1

資料：『図説地理資料世界の諸地域ＮＯＷ2021』

問1　文中の空欄 (ア) ～ (カ) に適する語句を解答欄に記せ。

問2　文中の空欄 ⓐ ～ ⓞ に適する語句を次の①～⑦から選び，番号で答えよ。

①　海洋　　②　高山　　③　広葉　　④　硬葉

⑤　針葉　　⑥　大陸　　⑦　地中海

問3　日本において北緯40度線が通過している都道府県名を解答欄にすべて記せ。

問４　図１の地点Ａ～Ｄに適する雨温図(1991年～2020年平年値)を以下から選択し，解答欄に番号で答えよ。ただし，気温と降水量のスケールはそれぞれ異なる。

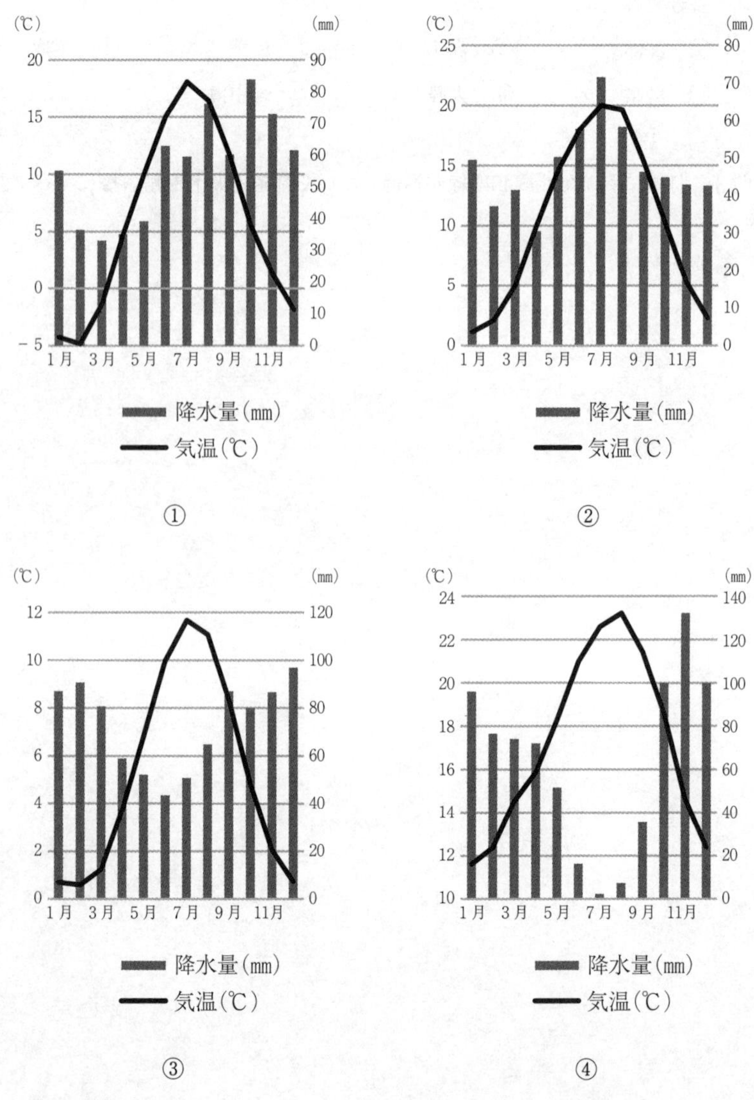

資料：気象庁ＨＰ

問５　図１の線Ｅ，Ｆ，Ｇは農作物(オリーブ・小麦・ぶどう)の栽培北限を示している。次の①～⑥は農作物の2018年の生産量である。Ｅ，Ｆ，Ｇにあてはまる農作物を以下の①～⑥から選択し，番号を農作物名称とともに解答欄に記入せよ。

①

国名	万トン	%
エジプト	156	18.3
サウジアラビア	130	15.3
イラン	120	14.1
アルジェリア	110	12.8
世界計	853	100.0

②

国名	万トン	%
スペイン	982	46.6
イタリア	188	8.9
モロッコ	156	7.4
トルコ	150	7.1
世界計	2,107	100.0

③

国名	万トン	%
中国	1,340	16.9
イタリア	851	10.8
アメリカ合衆国	689	8.7
スペイン	667	8.4
世界計	7,913	100.0

④

国名	万トン	%
インド	3,081	26.6
中国	1,122	9.7
インドネシア	726	6.3
ブラジル	675	5.8
世界計	11,574	100.0

⑤

国名	万トン	%
中国	13,144	17.9
インド	9,970	13.6
ロシア	7,214	9.8
アメリカ合衆国	5,129	7.0
世界計	73,405	100.0

⑥

国名	万トン	%
アメリカ合衆国	39,245	34.2
中国	25,717	22.4
ブラジル	8,229	7.2
アルゼンチン	4,346	3.8
世界計	114,762	100.0

資料：『データブック　オブ・ザ・ワールド　2021年版』

数学

◀法・文（哲・英文・史・心理）・経済・社会・経営・国際文化・人間環境・現代福祉・キャリアデザイン・グローバル教養・スポーツ健康学部▶

（60分）

空欄に最適な数字を解答欄から選び，マークせよ。ただし，分数の形においては既約分数とし，根号を含む形においては根号の中の自然数が最小となるようにせよ。

〔1〕 $a = \dfrac{1 + \sqrt{5}}{2}$ とおく。

(1) $a^3 = \boxed{\text{ア}} + \sqrt{\boxed{\text{イ}}}$

(2) $2a^5 + a^4 - 5a^3 - 2a^2 + 5a - 8$
$= -\boxed{\text{ウ}} + \boxed{\text{エ}}\sqrt{\boxed{\text{オ}}}$

〔2〕 1から20までの整数が書かれた20枚のカードの中から，3回続けて1枚ずつ取り出し，カードに書かれている数を取り出した順に a_1，a_2，a_3 とする。ただし，1度取り出したカードは元に戻さないとする。

(1) $a_1 < a_2 < a_3$ となる確率は $\dfrac{\boxed{\text{ア}}}{\boxed{\text{イ}}}$ である。

(2) $a_1 < a_2 < a_3$ かつ $a_2 = \dfrac{a_1 + a_3}{2}$ となる確率は $\dfrac{\boxed{\text{ウ}}}{\boxed{\text{エオ}}}$ である。

〔3〕 平面上の3点O，A，Bが，$|\overrightarrow{OA}| = 2$，$|\overrightarrow{OB}| = 3$，$|2\overrightarrow{OA} - \overrightarrow{OB}| = \sqrt{7}$ を満たすとする。

(1) $\overrightarrow{OA} \cdot \overrightarrow{OB} = \dfrac{\boxed{ア}}{\boxed{イ}}$ である。

(2) $\overrightarrow{OC} = \dfrac{1}{2}\overrightarrow{OA}$，$\overrightarrow{OD} = \dfrac{2}{3}\overrightarrow{OB}$ となるように点C，点Dをとり，線分ADと線分BCの交点をEとするとき，三角形ABEの面積は

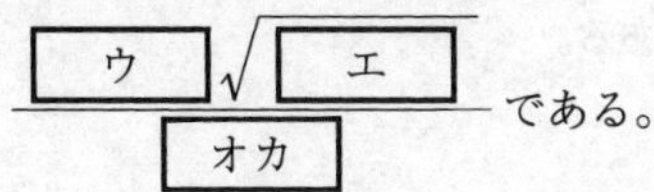

$\dfrac{\boxed{ウ}\sqrt{\boxed{エ}}}{\boxed{オカ}}$ である。

〔4〕 x，y は $xy^{-2} = 8$ を満たす正の実数とし，$M = (\log_2 x)^2(\log_8 y)$ とする。

(1) $x = 16$ のとき，$M = \dfrac{\boxed{ア}}{\boxed{イ}}$ である。

(2) $y \geqq \dfrac{1}{2}$ とする。M の最小値は $-\dfrac{\boxed{ウ}}{\boxed{エ}}$ であり，そのときの y の値は $\dfrac{\sqrt{\boxed{オ}}}{\boxed{カ}}$ である。

〔5〕　点Aは円 $x^2 + y^2 - 1 = 0$ 上にあり，点Bは円 $x^2 - 10x + y^2 - 6y + 30 = 0$ 上にあるとする。また，線分ABの長さを ℓ とおき，直線ABの傾きを m とおく。

(1)　ℓ の最小値は $\sqrt{\boxed{アイ}} - \boxed{ウ}$ である。

(2)　m の最大値は $\dfrac{\boxed{エオ}}{\boxed{カ}}$ である。

(3)　$\ell = 5\sqrt{2}$　かつ　$m = 1$ のとき，点Aの座標は

$\left(\pm \dfrac{\sqrt{\boxed{キク}}}{\boxed{ケ}},\ -\dfrac{\boxed{コ}}{\boxed{サ}} \right)$ である。

〔6〕　a と k は正の定数とする。xy 平面上の2点 $(a,\ 0)$，$(0,\ 4)$ を通る直線を ℓ とおき，放物線 $y = -x(x - k)$ を C とおく。さらに，ℓ は C に接しているものとし，その接点の座標を $(p,\ q)$ とおく。

(1)　$a = 3$ のとき，$q = \dfrac{\boxed{ア}}{\boxed{イ}}$ である。

(2)　$q = 3$ のとき，$a = \boxed{ウ}$ である。またそのとき，C の $x \geqq p$ の部分と ℓ と x 軸とで囲まれた図形の面積は $\dfrac{\boxed{エオ}}{\boxed{カキ}}$ である。

◀情報科・デザイン工・理工・生命科学部▶

（90分）

（注）　デザイン工（システムデザイン）・生命科学部は〔Ⅰ〕～〔Ⅴ〕を，情報科・デザイン工（建築・都市環境デザイン工）・理工学部は〔Ⅰ〕～〔Ⅲ〕〔Ⅵ〕〔Ⅶ〕を解答すること。

問題中の ア，イ，ウ … のそれぞれには，特に指示がないかぎり，－（マイナスの符号），または0～9までの数が1つずつ入る。当てはまるものを選び，マークシートの解答用紙の対応する欄にマークして解答しなさい。

ただし，分数の形で解答が求められているときには，符号は分子に付け，分母・分子をできる限り約分して解答しなさい。

また，根号を含む形で解答が求められているときには，根号の中に現れる自然数が最小となる形で解答しなさい。

〔例〕 $\dfrac{\boxed{ア}\sqrt{\boxed{イ}}}{\boxed{ウエ}}$ に $\dfrac{-\sqrt{3}}{14}$ と答えたいときには，以下のようにマークしなさい。

ア	●	⓪	①	②	③	④	⑤	⑥	⑦	⑧	⑨
イ	⊖	⓪	①	②	●	④	⑤	⑥	⑦	⑧	⑨
ウ	⊖	⓪	●	②	③	④	⑤	⑥	⑦	⑧	⑨
エ	⊖	⓪	①	②	③	●	⑤	⑥	⑦	⑧	⑨

※　「数学①」の選択肢には－（マイナスの符号）はありません。

〔Ｉ〕

中が見えない２つの袋A，Bがある。

袋Aには８個の玉が入っている。それぞれの玉には，８つの自然数１，２，３，４，５，６，７，８のいずれか１つが書かれている。また，それぞれの自然数が書かれた玉は，１個ずつである。

袋Bには６個の玉が入っている。それぞれの玉には，６つの自然数５，６，７，８，９，10のいずれか１つが書かれている。また，それぞれの自然数が書かれた玉は，１個ずつである。

(1)　袋Aから玉を同時に２個取り出す。

取り出した玉に書かれた２つの数の和が10である確率は$\frac{\boxed{ア}}{\boxed{イウ}}$である。

(2)　袋Aから玉を１個，袋Bから玉を１個取り出す。

取り出した玉に書かれた２つの数の和が10である確率は$\frac{\boxed{エ}}{\boxed{オカ}}$である。

取り出した玉に書かれた２つの数が等しい確率は$\frac{\boxed{キ}}{\boxed{クケ}}$である。

袋Aから取り出した玉に書かれた数が，袋Bから取り出した玉に書かれた数よりも大きい確率は$\frac{\boxed{コ}}{\boxed{サ}}$である。

取り出した玉に書かれた２つの数の最大値が７である確率は$\frac{\boxed{シ}}{\boxed{スセ}}$である。

(3)　袋Aから玉を同時に2個取り出し，袋Bから玉を1個取り出す。

袋Aから取り出した玉に書かれた2つの数の和と，袋Bから取り出した玉に書かれた数が等しい確率は $\dfrac{\boxed{ソタ}}{\boxed{チツテ}}$ である。

袋Aから取り出した玉に書かれた2つの数の和と，袋Bから取り出した玉に書かれた数が等しかったとき，取り出した3つの玉に書かれた数の中に8が含まれる確率は $\dfrac{\boxed{ト}}{\boxed{ナニ}}$ である。

〔Ⅱ〕

Oを原点とする座標平面において考える。

方程式

$$x^2 + y^2 - 2x - 6y = 0$$

が表す円を C とし，C の中心をPとする。

Pの座標はP$\left(\boxed{ア},\ \boxed{イ}\right)$である。

C 上の点Aは，第1象限にあり，Oからの距離が $2\sqrt{2}$ であるとする。

Aの座標はA$\left(\dfrac{\boxed{ウエ}}{\boxed{オ}},\ \dfrac{\boxed{カ}}{\boxed{オ}}\right)$である。

方程式

$$x^2 + y^2 - 2x + 4y = 0$$

が表す円を D とし，D の中心をQとする。

ベクトル $\overrightarrow{OA}$ と $\overrightarrow{OQ}$ の内積は

$$\overrightarrow{OA}\cdot\overrightarrow{OQ} = \boxed{キ}$$

である。

三角形OAQの内角∠AOQの大きさをαとする。

$$\cos\alpha = \frac{\sqrt{\boxed{クケ}}}{\boxed{クケ}}$$

である。

D上の点Bは，第3象限にあり，Oからの距離が3であるとする。三角形OBQの内角∠BOQの大きさをβとする。

余弦定理を用いると，

$$\cos\beta = \frac{\boxed{コ}\sqrt{\boxed{サ}}}{\boxed{シス}}$$

であり，ベクトル$\overrightarrow{OB}$と$\overrightarrow{OQ}$の内積は

$$\overrightarrow{OB}\cdot\overrightarrow{OQ} = \frac{\boxed{セ}}{\boxed{ソ}}$$

である。

$$\sin\beta = \frac{\sqrt{\boxed{タチ}}}{\boxed{ツテ}}$$

である。

ベクトル$\overrightarrow{OA}$と$\overrightarrow{OB}$の内積は

$$\overrightarrow{OA}\cdot\overrightarrow{OB} = \frac{\boxed{ト}}{\boxed{ナ}}\left(1-\sqrt{\boxed{ニヌ}}\right)$$

である。

〔Ⅲ〕

ある数が，3進法で表された数であることを示すために，数字の列の右下に $_{(3)}$ をつける。ある数が，10進法で表された数であるときは，数字の列の右下には何もつけない。

たとえば，10進法で表された23は，

$$23 = 18 + 3 + 2 = 2 \times 3^2 + 1 \times 3^1 + 2 \times 3^0$$

であるから，3進法で表すと $212_{(3)}$ となる。

数列 $\{a_n\}$ が，次の2つの条件により定められている。

- 初項 $a_1 = 1_{(3)}$ である。
- $n = 2, 3, \cdots$ とする。n を3で割った余りが2のとき，a_n を3進法で表した数字の列は，a_{n-1} を3進法で表した数字の列の右側に0を付け加えた列になっている。また，n を3で割った余りが0または1のとき，a_n を3進法で表した数字の列は，a_{n-1} を3進法で表した数字の列の右側に1を付け加えた列になっている。

数列 $\{a_n\}$ の最初の6項を，それぞれ3進法で表すと，

$a_1 = 1_{(3)}$，$a_2 = 10_{(3)}$，$a_3 = 101_{(3)}$，$a_4 = 101$ ア $_{(3)}$，
$a_5 = 101$ ア イ $_{(3)}$，$a_6 = 101$ ア イ ウ $_{(3)}$

である。

a_3 を10進法で表すと，$a_3 =$ エオ である。

数列 $\{b_n\}$ を，$b_n = a_{3n+3} - a_{3n}$ で定める。

b_1 を3進法で表すと，$b_1 =$ カ キ $_{(3)}$ である。

ただし，カ，キ については，以下のA群の ⓪～⑦ からそれぞれ1つを選べ。ここで，同じものを何回選んでもよい。

A群

⓪　000　①　001　②　010　③　011

④　100　⑤　101　⑥　110　⑦　111

c_1 を3と互いに素な正の整数，d_1 を正の整数として $b_1 = c_1 \times 3^{d_1}$ と表すと，

$$c_1 = \boxed{\text{クケ}}, \quad d_1 = \boxed{\text{コ}}$$

である。

$$b_n = \boxed{\text{サシ}} \times \left(3^{\boxed{\text{ス}}\,n}\right)$$

である。

ただし，$\boxed{\text{サシ}}$ と3は互いに素であるとする。

n を2以上の整数とするとき，

$$a_{3n} = a_3 + b_1 + \cdots + b_{n-1} = \frac{5}{\boxed{\text{セソ}}} \times \left(3^{\boxed{\text{タ}}\,n} - 1\right)$$

である。

$a_{3n} > 3^{40}$ を満たす2以上の整数 n のうちで，最も小さいものを求めよう。

そのために，2以上の整数 N が

$$\frac{5}{\boxed{\text{セソ}}} \times \left(3^{\boxed{\text{タ}}\,N}\right) > 3^{40} \quad \cdots\cdots\cdots\cdots \text{ⓘ}$$

を満たすとき，$a_{3N} > 3^{40}$ が成り立つことを，背理法を用いて示す。

N がⓘを満たすとする。$a_{3N} > 3^{40}$ が成り立たないと仮定すると，

$$3^{40} \geqq \frac{5}{\boxed{\text{セソ}}} \times \left(3^{\boxed{\text{タ}}\,N} - 1\right) \quad \cdots\cdots\cdots\cdots \text{ⓘⓘ}$$

となる。ⓘおよびⓘⓘより

$$5 \times \left(3^{\boxed{タ}N}\right) > \boxed{セソ} \times 3^{40} \geqq 5 \times \left(3^{\boxed{タ}N} - 1\right)$$

となる。$\boxed{セソ} \times 3^{40}$ は3の倍数であるから

$$\boxed{セソ} \times 3^{40} = 5 \times \left(3^{\boxed{タ}N}\right) - \boxed{チ} \quad \cdots\cdots\text{(iii)}$$

となる。(iii) の右辺は 3^{40} で割り切れないから矛盾である。

したがって，N が (i) を満たすとき，$a_{3N} > 3^{40}$ が成り立つ。

(i) を満たす2以上の整数のうちで最小のものを A とすると，

$$3^{40} \geqq \frac{5}{\boxed{セソ}} \times \left\{3^{\boxed{タ}(A-1)}\right\} > a_{3(A-1)}$$

となる。

整数 m に対して $m \leqq \log_3 \dfrac{\boxed{セソ}}{5} < m + 1$ が成り立つとすると，$m = \boxed{ツ}$

である。

$a_{3n} > 3^{40}$ を満たす2以上の整数 n のうちで，最も小さいものは $\boxed{テト}$ である。

次の問題〔Ⅳ〕は，デザイン工学部システムデザイン学科，生命科学部生命機能学科・環境応用化学科・応用植物科学科のいずれかを志望する受験生のみ解答せよ。

〔Ⅳ〕

関数 $f(x)$ を，

$$f(x) = x^3 - 5x^2 - 8x + 12$$

とし，座標平面上の曲線 $y = f(x)$ を C とする。

$f(x)$ の導関数を $f'(x)$ とする。

$f'(x) = 0$ となる x の値は，

$$x = \boxed{ア},\ \boxed{イ}$$

である。

ただし，$\boxed{ア} < \boxed{イ}$ とし，$\boxed{ア}$，$\boxed{イ}$ については，以下のA群の ㊀～⑨ からそれぞれ1つを選べ。

A群

㊀　-1　　⓪　0　　①　1　　②　$-\dfrac{2}{3}$

③　$\dfrac{2}{3}$　　④　4　　⑤　$-\dfrac{5}{3}$　　⑥　$\dfrac{5}{3}$

⑦　$\dfrac{16}{3}$　　⑧　$\dfrac{64}{9}$　　⑨　9

$f\left(\boxed{ア}\right)$ は $f(x)$ の $\boxed{ウ}$ 。

$f\left(\boxed{イ}\right)$ は $f(x)$ の $\boxed{エ}$ 。

ただし，$\boxed{ウ}$，$\boxed{エ}$ については，以下のB群の ①～⑤ からそれぞれ1つを選べ。ここで，同じものを何回選んでもよい。

B群

①　極大値であり，最大値でもある

②　極大値であるが，最大値ではない

③　極小値であり，最小値でもある

④　極小値であるが，最小値ではない

⑤　極値ではない

t を実数とする。C の，点 $(t,\ f(t))$ における接線を ℓ とする。

ℓ の方程式は，

$$y = f'(t)\,x - \boxed{オ}\,t^3 + \boxed{カ}\,t^2 + \boxed{キ}$$

である。

ただし，$\boxed{オ}$ ～ $\boxed{キ}$ については，以下のC群の①～⑨からそれぞれ1つを選べ。ここで，同じものを何回選んでもよい。

C群

①　$\frac{1}{2}$　　②　2　　③　3　　④　4　　⑤　5

⑥　9　　⑦　10　　⑧　11　　⑨　12

k を実数とする。点P$(-1,\ k)$ を通る C の接線について考える。

ℓ がPを通るとき，

$$k = -\boxed{ク}\left(t^3 - t^2 - \boxed{ケ}\,t - \boxed{コ}\right)$$

が成り立つ。

ただし，$\boxed{ク}$ ～ $\boxed{コ}$ については，上のC群の①～⑨からそれぞれ1つを選べ。ここで，同じものを何回選んでもよい。

t の関数 $g(t)$ を，

$$g(t) = -\boxed{ク}\left(t^3 - t^2 - \boxed{ケ}\,t - \boxed{コ}\right)$$

とする。

$g(t)$ は，$t = \boxed{サ}$ において極大値をとり，$t = \boxed{シ}$ において極小値をとる。

ただし，$\boxed{サ}$，$\boxed{シ}$ については，前ページのA群の㊀～⑨からそれぞれ1つを選べ。ここで，同じものを何回選んでもよい。

Pを通る C の接線がちょうど2本あるような実数 k が2個存在する。2個の k のうち，整数であるものを a とする。

$\mathrm{P}(-1,\ a)$ を通る C の2本の接線が，C と接する点をそれぞれ $\mathrm{Q}(q,\ f(q))$，$\mathrm{R}(r,\ f(r))$ とする。ただし，$q < r$ とする。

$r =$ [ス] である。

C の，Rにおける接線を m とする。

C と m で囲まれた部分の面積は $\dfrac{[\text{セソ}]}{[\text{タ}]}$ である。

次の問題〔V〕は，デザイン工学部システムデザイン学科，生命科学部生命機能学科・環境応用化学科・応用植物科学科のいずれかを志望する受験生のみ解答せよ。

〔V〕

a，b を実数とする。

4次方程式

$$x^4 + ax^3 + bx^2 + ax + 1 = 0 \quad \cdots\cdots\cdots\cdots \text{ⅰ}$$

の解について考える。

0はⅰの解ではない。ⅰの両辺を x^2 で割ると，

$$x^2 + ax + b + \frac{a}{x} + \frac{1}{x^2} = 0$$

である。

$x + \dfrac{1}{x} = t$ とおく。x がⅰの解であるとき，t は，2次方程式

$$t^2 + at + b - [\text{ア}] = 0 \quad \cdots\cdots\cdots\cdots \text{ⅱ}$$

の解である。

(1)　$a=-3$，$b=-2$ のとき，ⅱ の解は，$t=$ **イウ** ，**エ** である。

ただし，**イウ** ＜ **エ** とする。

$x+\dfrac{1}{x}=$ **イウ** を満たす x は **オ** である。

$x+\dfrac{1}{x}=$ **エ** を満たす x は **カ** である。

ただし，**オ** ，**カ** については，以下のA群の ①〜④ からそれぞれ1つを選べ。ここで，同じものを何回選んでもよい。

A群

①　ちょうど2つあり，どちらも虚数

②　ちょうど2つあり，どちらも実数

③　ちょうど1つあり，虚数

④　ちょうど1つあり，実数

(2)　X を実数 $(X\neq 0)$ とする。$X+\dfrac{1}{X}$ がとる値の範囲について考える。

$X+\dfrac{1}{X}=T$ とおくと，$X^2-TX+1=0$ であるから，T がとる値の範囲は，

$T\leqq$ **キク** ，　**ケ** $\leqq T$

である。

(3)　T を実数とする。

- $T>$ **ケ** のとき，X の方程式 $X+\dfrac{1}{X}=T$ は **コ** 。
- $T<$ **キク** のとき，X の方程式 $X+\dfrac{1}{X}=T$ は **サ** 。
- **キク** $<T<$ **ケ** のとき，X の方程式 $X+\dfrac{1}{X}=T$ は **シ** 。

ただし，**コ** 〜 **シ** については，以下のB群の ①〜⑥ からそれぞれ1つを選べ。ここで，同じものを何回選んでもよい。

B 群

① 重解をもち，かつ解は正である

② 重解をもち，かつ解は負である

③ 異なる２つの実数解をもち，かつ解はともに正の数である

④ 異なる２つの実数解をもち，かつ解はともに負の数である

⑤ 異なる２つの実数解をもち，かつ解は正の数と負の数である

⑥ 異なる２つの虚数解をもつ

(4)　4 次方程式 ⓘ が解をちょうど３つもち，解のうちの１つが正の実数であり，かつ残りの２つはどちらも実部が $\frac{1}{2}$ である虚数であるとする。

ⓘ の実数解は [ス] である。

i を虚数単位とし，u を実数とする。ⓘ の虚数解を $\frac{1}{2} + ui$ とおく。

$u^2 = \frac{[セ]}{[ソ]}$ である。

$a = -$ [タ]，$b =$ [チ] である。

次の問題〔Ⅵ〕は，情報科学部コンピュータ科学科・ディジタルメディア学科，デザイン工学部建築学科・都市環境デザイン工学科，理工学部機械工学科機械工学専修・電気電子工学科・応用情報工学科・経営システム工学科・創生科学科のいずれかを志望する受験生のみ解答せよ。

〔Ⅵ〕

座標平面上の曲線

$$y = \sqrt{x^2 + 1} \quad \cdots\cdots\cdots\cdots\cdots\cdots ⅰ$$

を C とする。

C 上の点の座標を $(x,\ y)$ とすると，

$$x^2 - y^2 = -1 \quad \cdots\cdots\cdots\cdots\cdots\cdots ⅱ$$

が成り立つ。C は，ⅱ が表す双曲線の，$y > 0$ を満たす部分である。

直線 $y = \dfrac{1}{2}x + 1$ を ℓ とする。

C と ℓ は，共有点をちょうど2つもつ。C と ℓ の2つの共有点の x 座標を p，q とする。ただし，$p < q$ とする。

$$p = \boxed{ア}, \quad q = \frac{\boxed{イ}}{\boxed{ウ}}$$

である。

$$t = \sqrt{x^2 + 1} + x \quad \cdots\cdots\cdots\cdots\cdots\cdots ⅲ$$

とおく。

$$\lim_{x \to +\infty} t = \boxed{エ}, \quad \lim_{x \to -\infty} t = \boxed{オ}$$

である。

ただし，[エ]，[オ]については，以下のA群の㊀〜⑨からそれぞれ1つを選べ。ここで，同じものを何回選んでもよい。

A群

㊀ -1	⓪ 0	① 1	② 2
③ -2	④ $\sqrt{2}$	⑤ $\frac{1}{2}$	⑥ $-\frac{1}{2}$
⑦ $\frac{\sqrt{2}}{2}$	⑧ ∞	⑨ $-\infty$	

C と ℓ で囲まれた部分の面積を S とすると

$$S = \int_p^q \left(\frac{1}{2}x + 1 - \sqrt{x^2+1}\right) dx = \int_p^q \left(\frac{1}{2}x + 1\right) dx - \int_p^q \sqrt{x^2+1}\, dx$$

である。定積分 $\int_p^q \sqrt{x^2+1}\, dx$ を I とおく。ⅲによって変数を t に置き換えて，I の値を求めることを考える。

$(x,\ y)$ が C 上の点であるとき，ⅰが成り立つ。ⅰおよびⅲより $x = t - y$ である。$x = t - y$ をⅱに代入する。

$$y = \frac{t^2 + \boxed{カ}}{\boxed{キ}\, t}$$

である。また，

$$x = \frac{t^2 - \boxed{ク}}{\boxed{ケ}\, t} \quad \cdots\cdots\cdots\cdots ⅳ$$

である。

次に，ⅳの両辺を t で微分すると，

$$\frac{dx}{dt} = \frac{t^2 + \boxed{コ}}{\boxed{サ}\, t^{\boxed{シ}}}$$

となる。

ⅲ による置換積分を行うと

$$I = \int_p^q \sqrt{x^2+1}\,dx = \int_{\boxed{セ}}^{\boxed{ス}} \left(\frac{t^2 + \boxed{カ}}{\boxed{キ}\,t} \times \frac{t^2 + \boxed{コ}}{\boxed{サ}\,t^{\boxed{シ}}} \right) dt$$

である。

$$S = \int_p^q \left(\frac{1}{2}x + 1 \right) dx - I = \frac{\boxed{ソ}}{\boxed{タ}} - \log\sqrt{\boxed{チ}}$$

である。ここで，対数は自然対数である。

次の問題〔Ⅶ〕は，情報科学部コンピュータ科学科・ディジタルメディア学科，デザイン工学部建築学科・都市環境デザイン工学科，理工学部機械工学科機械工学専修・電気電子工学科・応用情報工学科・経営システム工学科・創生科学科のいずれかを志望する受験生のみ解答せよ。

〔Ⅶ〕

座標平面上に曲線 C がある。C 上の点 $(x,\ y)$ は，$0 \leqq \theta \leqq \frac{\pi}{4}$ を満たす媒介変数 θ によって

$$\begin{cases} x = \sin 2\theta \\ y = \sin 3\theta \end{cases} \quad \cdots\cdots\cdots\cdots ⅰ$$

と表される。

θ が $0 \leqq \theta \leqq \frac{\pi}{4}$ の範囲を動くとき，x がとる値の範囲は $\boxed{ア} \leqq x \leqq \boxed{イ}$ である。

ただし，$\boxed{ア}$，$\boxed{イ}$ については，以下のA群の ⓪～⑨ からそれぞれ1つを選べ。

A群

⓪　0　①　1　②　$\frac{1}{2}$　③　$\frac{\sqrt{3}}{3}$　④　$\frac{\sqrt{2}}{2}$

⑤　$\frac{\sqrt{3}}{2}$　⑥　$\frac{2\sqrt{3}}{3}$　⑦　$\sqrt{2}$　⑧　$\sqrt{3}$　⑨　$2\sqrt{3}$

$0 < \theta < \frac{\pi}{4}$ において，

$$\frac{dx}{d\theta} = \boxed{\text{ウ}} \cos 2\theta, \quad \frac{dy}{d\theta} = \boxed{\text{エ}} \cos 3\theta$$

である。

媒介変数表示 ⓘ が定める x の関数 y を，$y = f(x)$ とする。

$f(x)$ の導関数を $f'(x)$ とする。$\frac{dy}{dx} = f'(x) = 0$ となる x の値は，$x = \boxed{\text{オ}}$

である。

ただし，$\boxed{\text{オ}}$ については，上のA群の ⓪〜⑨ から1つを選べ。

$0 < \theta < \frac{\pi}{4}$ において，$f\left(\boxed{\text{オ}}\right) = \boxed{\text{カ}}$ は $f(x)$ の $\boxed{\text{キ}}$。

ただし，$\boxed{\text{カ}}$ については上のA群の ⓪〜⑨ から，$\boxed{\text{キ}}$ については以下のB群の ①〜④ から，それぞれ1つを選べ。

B群

①　最大値である　②　極大値であるが最大値ではない

③　最小値である　④　極小値であるが最小値ではない

媒介変数表示 ⓘ が定める x の関数 $y = f(x)$ の第2次導関数を $f''(x)$ とする。$f''(x)$ を

$$f''(x) = \frac{d\theta}{dx} \cdot \left(\frac{d}{d\theta}\frac{dy}{dx}\right)$$

により求める。逆関数の微分法により

$$\frac{d\theta}{dx} = \frac{1}{\frac{dx}{d\theta}} = \frac{1}{\boxed{\text{ウ}} \cos 2\theta}$$

が成り立つ。$f''(x)$ は θ を用いて

$$f''(x) = \frac{\boxed{ク}\cos 3\theta \sin 2\theta - \boxed{ケ}\sin 3\theta \cos 2\theta}{4\cos^3 2\theta}$$

と表される。

θ の関数 $g(\theta)$ を，

$$g(\theta) = \boxed{ク}\cos 3\theta \sin 2\theta - \boxed{ケ}\sin 3\theta \cos 2\theta$$

とし，$g(\theta)$ の導関数を $g'(\theta)$ とする。

θ が $0 < \theta < \dfrac{\pi}{4}$ を満たすときの，$g'(\theta)$ および $g(\theta)$ の符号について考える。

$g'(\theta)$ は $\boxed{コ}$ とる。$g(\theta)$ は $\boxed{サ}$ とる。

ただし，$\boxed{コ}$，$\boxed{サ}$ については，以下のC群の①～③からそれぞれ1つを選べ。ここで，同じものを何回選んでもよい。

C群

①　つねに正の値を　　②　つねに負の値を　　③　正の値も負の値も

θ が $0 < \theta < \dfrac{\pi}{4}$ の範囲を動くとき，$f''(x)$ は $\boxed{シ}$ とり，曲線 C は $\boxed{ス}$ 。

ただし，$\boxed{シ}$ については上のC群の①～③から1つを，$\boxed{ス}$ については以下のD群の①～③から1つを選べ。

D群

①　上に凸である　　②　下に凸である　　③　変曲点を1個もつ

定積分 $\displaystyle\int_{\boxed{ア}}^{\boxed{イ}} f(x)\,dx$ の値を I とおく。

$y = f(x)$ および $x = \sin 2\theta$ を用いて積分の変数を θ に変えて計算すると，

$$I = \frac{\boxed{セ}}{5}\left(\boxed{ソ} - \sqrt{\boxed{タ}}\right)$$

である。

問二　傍線部①「何得此絹」の解釈として最も適切なものをつぎの中から選び、解答欄の記号をマークせよ。

ア　この絹はどういった技法で作っているのですか。

イ　この絹をどちらから手にいれられましたか。

ウ　この絹の値段は一匹あたりどれほどになりますか。

エ　この絹はなんのために支給されたのですか。

オ　この絹をどうやって旅費に替えたらよいでしょうか。

問三　傍線部②「卿孰与父清」の解釈として最も適切なものをつぎの中から選び、解答欄の記号をマークせよ。

ア　そなたはそなたの父のように清濁あわせ呑む大らかさを持っておるか。

イ　そなたの父は人民を感化する清貧な生き方について何か教えたのか。

ウ　そなたのその清らかな性格はそなたの父から受け継いだものなのか。

エ　そなたの父の時代よりも今の方が清純な者は世の中に増えているのか。

オ　そなたとそなたの父とでは清廉の度あいはどちらが上であろうか。

問四　傍線部③「臣父清恐人知、臣清恐人不知」とあるが、どういうことか。解答欄に記せ。

風*化大(イニ)行(ナハル)。入(スルニ)朝、武*帝謂(ヒテ)曰(ハク)、②卿孰与父清。対(ヘテ)曰(ハク)、③臣父清恐人知、臣清恐人不知。是(レ)臣(ガ)不(ルコト)レ及(バ)遠(キ)也(ト)。

(『蒙求』より)

【注】
*胡威　晋の人。
*淮南寿春　地名。淮南郡寿春県。
*質　胡質。三国時代の魏の人。
*刺史　州の長官。
*定省　帰省する。
*大人　父に対する尊称。
*帳下都督　役職名。配下にあって兵卒を監督する者。
*風化　上に立つ者が道徳で人民を感化すること。
*武帝　晋の武帝。司馬炎。

問一　波線部a「字」b「自」c「賜」の読み方を、送り仮名も含めてそれぞれひらがなで解答欄に記せ。なお、解答は歴史的仮名遣いでも現代仮名遣いでもよい。

問五　二重線部2「御志」とあるが、どのような内容をさしているか。解答欄に記せ。

問六　『平治物語』と異なる時代に成立した作品をつぎの中から一つ選び、解答欄の記号をマークせよ。

ア　新古今和歌集　イ　方丈記　ウ　今昔物語集　エ　十六夜日記　オ　古今著聞集

〔五〕　つぎの文章を読んで、後の問いに答えよ（設問の都合で返り点・送り仮名を省いた箇所がある）。

＊胡威字ᵃ伯武、＊淮南寿春ノ人ナリ。父＊質ハ以テ二忠清ヲ一称セラル。仕ヘレ魏ニ為ル二荊州ノ＊刺史一ト。威自リ二京都一＊定省スルニ、家貧ニシテ無ク二車馬僮僕一、自ᵇ駆ツテレ驢ヲ単行ス。既ニ至リ、見テレ父ヲ而帰ルトキ、父賜ᶜ絹一匹。威曰ハク、＊大人（たいじん）清高ナリ、①何得此絹。答ヘテ曰ハク、是レ吾ガ俸禄之余リナリト。威受ケテレ之ヲ辞シ帰リ、卒ニ取リテ与フ二質ガ＊帳下ノ都督一ニ。後為ル二徐州ノ刺史一ト。勤メ二於政術一ヲ、

ア　いったい誰が大将の職を望むでしょうか。
イ　誰もが大将の職を望むようになるでしょう。
ウ　いったい誰に望みをかけたらよいでしょうか。
エ　誰もあなたに期待を寄せなくなるでしょう。
オ　誰もが信頼に期待を寄せることになるでしょう。

b　「いかでか不便に思し召されで候ふべき」

ア　信頼の死をお悲しみになる必要などないのです。
イ　信頼が殺されても、悲しむことはありますまい。
ウ　信頼の謀逆に不安な思いをなさるでしょう。
エ　信頼を失えば、不都合をお感じになるでしょう。
オ　信頼の破滅を気の毒にお思いになるでしょう。

問三　空欄 X に入る語として最も適切なものをつぎの中から選び、解答欄の記号をマークせよ。

ア　御あらがはれ　　イ　御嫌はれ　　ウ　御慎まれ　　エ　御乱れ　　オ　御許され

問四　二重線部1「信頼が大将を望み申す」とあるが、この信頼の望みを信西はどのように評価していると考えられるか。それを端的に表している二文字を文章中より抜き出し、解答欄に記せ。

【注】＊信西　藤原通憲の法名。後白河院の側近。

＊上皇　後白河院をさす。

＊信頼　藤原信頼。後白河院の側近。このとき大納言であった。

＊大将　近衛大将。大納言が大将を兼任すると、大臣昇格への道が開けた。

＊清花　清華家。大臣・大将を経て太政大臣に就任できる家柄。

＊寛治の聖主　堀河天皇。白河院の子。

＊旧院　鳥羽院をさす。

＊諸大夫　四位・五位までしか昇進できない家柄の廷臣。

＊上書　書状の包み紙に書く文字。

＊三公　太政大臣・左大臣・右大臣。

＊執柄　摂政・関白。

＊先途　その家柄で昇進できる最高の官職。

問一　波線部①「聞こし召す」②「仰せられ」③「思し召し」④「あそばされ」⑤「思し召し」のうち、自敬表現に該当するものを一つ選び、解答欄の記号をマークせよ。

問二　傍線部a・bの解釈として最も適切なものをつぎの中からそれぞれ選び、解答欄の記号をマークせよ。

a　「誰か望みをかけ候はざらん」

●以下の問題〔四〕〔五〕は、文学部日本文学科を志望する受験者のみ解答せよ。

〔四〕 つぎの文章を読んで、後の問いに答えよ。

ある時、信西に向って、上皇仰せなりけるは、「信頼が大将を望み申すはいかに。必ずしも重代清花の家にあらざれども、時によってなさるる事もありけるとぞ伝へ聞こし召す。」と仰せられければ、信西、すはこの世の中、いまはさてぞと嘆かしくて申しけるは、「信頼などが大将になりなば、誰か望みをかけ候はざらん。君の御政は、司召をもって先とす。叙位除目にひがごと出で来ぬれば、かみ天の聞きに背き、しも人のそしりを受けて、世の乱るるはしなり。その例、漢家・本朝に繁多なり。さればにや、阿古丸大納言宗通卿を、白河院、大将になさんと思し召したりしかども、寛治の聖主 X なかりき。故中御門藤中納言家成卿を、旧院、大納言になさばやと仰せられしかども、諸大夫の大納言になる事は絶えて久しく候ふ。中納言にいたり候ふだに、過分に候ふものをと、諸卿いさめ申されしかば、思し召し止まりぬ。せめての御志にや、年の始めの勅書の上書に、中御門新大納言殿へとぞあそばされたりける。これを拝見して、まことになされ参らせたるにもなほ過ぎたる面目かな、御志のほどかたじけなしとて、老の涙をのごひかねけるとぞ承り候ふ。いにしへは大納言なほもって君も執し思し召し、臣もゆるかせにせじとこそいさめ申ししか。いはんや近衛の大将をや。三公には列すれども、大将をば経ざる臣のみあり。執柄の息、英才の輩も、この職を先途とす。信頼などが身をもって大将をけがさば、いよいよおごりを極めて謀逆の臣となり、天のために滅ぼされ候はん事、いかでか不便に思し召されで候ふべき。」といさめ申しけれども、げにもと思し召したる御気色もなし。

（古活字本『平治物語』より）

人類学者が、[　　　　　　　　　　]

問五　つぎの中から、本文の内容と合致するものを一つ選び、解答欄の記号をマークせよ。

ア　一般社会で言われる「他者理解」や「異文化理解」は、非文明社会では成立しない。
イ　巷で言われている「他者理解」や「異文化理解」の対象には、妖術や精霊は含まれていない。
ウ　実現困難な「他者理解」や「異文化理解」も、人類学の手法で乗り越えられる。
エ　人類学の探究に限らず、「他者理解」や「異文化理解」は本質的に実現困難である。
オ　人類学は、安易な「他者理解」や「異文化理解」を打破し続けてきた。

号をマークせよ。

ア　妖術や精霊の存在を安易に肯定しないが、それらを信じる者たちの考えも尊重する立場で行う議論。
イ　妖術や精霊の存在を認める一方で、近代合理主義的な視点も維持し「異文化理解」を問おうとする議論。
ウ　妖術や精霊が存在するという立場を尊重し、それらを信じない立場との差異を分析する議論。
エ　妖術や精霊の存在を信じる者の世界を理解しようとすることから、「他者理解」の困難さを考える議論。
オ　「私たち」の世界の中にも、妖術や精霊の存在を信じる「彼ら」の世界を共存させる方法を模索する議論。

問三　二重傍線部A「グレーバーの考え方」と二重傍線部B「存在論的な主張」について、両者の差異の説明として最も適切なものをつぎの中から選び、解答欄の記号をマークせよ。

ア　調査者が、Aでは「彼ら」と同じかもしれないという視点に立つが、Bでは「彼ら」を近代合理主義に基づき分析する。
イ　調査者が、Aでは「彼ら」の信じるものを一度疑うべきだと考えるが、Bでは「彼ら」の信じるものを尊重する。
ウ　調査者が、Aでは「彼ら」と違う世界を生きていると考えず、Bでは「彼ら」が異文化に属する存在として考える。
エ　調査者が、Aでは「彼ら」の価値観を尊重しながらも疑っているが、Bでは「彼ら」と同じ視線に立つことを目指す。
オ　調査者が、Aでは「彼ら」のいる幻想世界に歩み寄ろうとするが、Bでは「彼ら」のいる現実世界のみ研究対象とする。

問四　傍線部3「これまでの人類学的な説明とは少し違った見方」とあるが、人類学者はどのようにして、この見方をするようになるのか。以下の形式にしたがって、三十五字以上、四十五字以内でまとめ、解答欄に記せ。ただし、句読点や記号も一字と数える。

じっさいには存在しない」、「いや、彼らにとっては存在している」のいずれをとるのでもなく、フィールドの人びとが感じているのに近いような仕方で、「かもしれない」と感じはじめることではないだろうか。もちろん、こんなふうに感じはじめたからといって、調査者がフィールドの人びとに完全に同化できるわけではない。ただ、つねに更新されていく自分と世界との関係性のなかで、少し前の自分との差異にとまどいながら、いくつもの相矛盾する「そんなはずはない」「そうかもしれない」「そうにちがいない」……を抱えて生きているという意味では、人類学者も、フィールドの人びとも、たぶんそう変わらないのだ。

（石井美保「現実と異世界——「かもしれない」領域のフィールドワーク」より）

【注】　＊フィールド　　調査者が研究対象とする地域・社会。

問一　傍線部1「人類学者の説明がまっとうに見えれば見えるほど、妖術や精霊の存在は背景に遠ざかってしまうかのようだ」とあるが、この説明として最も適切なものをつぎの中から選び、解答欄の記号をマークせよ。

ア　近代人が妖術と精霊の存否を明らかにしても、それらを信じる人々を理解したことにはならないということ。

イ　妖術と精霊に近代人が理解しやすい社会的意味を見いだしても、それら自体を把握したことにはならないということ。

ウ　妖術と精霊の存在意義を近代人の視点から考えても、結局それらは存在しないという結論に終始するということ。

エ　妖術と精霊は存在しないという近代人の既成概念に基づくと、それらの社会的役割はわからないということ。

オ　近代人の分析による妖術と精霊に関する存在論的主張では、それらの本当の効力は明らかにできないということ。

問二　傍線部2「興味深い議論」とあるが、この「議論」のあり方の説明として最も適切なものをつぎの中から選び、解答欄の記が彼らとともに学んだ彼らの思考の習慣と、私たち自身の社会のそれとのあいだを仲介するのです。そうしているとき、私たちが探究しているのは結局、何か神秘的な「未開の哲学」なのではなく、私たち自身の思考と言語のさらなる潜在力なのです」。

リーンハートは、フィールドの人びとと暮らしをともにすることをとおして、それ以前の自分を完全に見失うことなしに、自分にとってそれまでになかった思考がひきだされるという可能性について述べている。ここでリーンハートは、フィールドワークをとおした人類学者の変容について語っているのだが、じつはこうしたことは、人が生きていくなかで多かれ少なかれ、つねに生じていることだとはいえないだろうか。つまり、人類学者が調査地での暮らしや出会いをとおして変わっていくのと同様に、フィールドの人びともまた、日々の出会いと実践をとおして変化していく。彼らもまた、自分と世界の、これまでとは異なるあり方への気づきと可能性にひらかれている。

このように考えるとき、精霊や妖術といった事柄についても、3<u>これまでの人類学的な説明とは少し違った見方が可能になる</u>。フィールドの人びとはおそらく、精霊や妖術が所与のものとして存在しているような、別個の「現実世界」を生きているわけではないだろう。かといって人びとは、精霊や妖術の存在を信じこむことで、社会においてそれらの機能がうまく遂行されるような行動を知らぬ間に選択してしまっているわけでもない。精霊や妖術は、人びとの日常に驚きととまどい、恐れや疑いをもたらしながら、隣人とのやりとりや儀礼への参加といったもろもろの実践をとおしてくり返し立ち現れ、人びととの生活に作用を及ぼす。そしてまたそれらは、自分の生きる世界についての人びととの経験を更新し、ふだんとは異なる思考や行為をひきだしていく。フィールドの人びとにとっても、精霊や妖術は驚きと不可解さとまだ見ぬ可能性に満ちた、いわば、「かもしれない」の領域に属するものなのだ。

だとすればそのとき、フィールドに暮らす人類学者が、「彼らの経験を彼らの仕方で自分自身に表現すること」とは、どんなことを意味するのだろうか。それは、精霊や妖術のように、現地の人びとにとっても不可解な事柄について、「そんなものはの世界」って何？　という問いに。

一方、こんなふうに「私たち」と「彼ら」の存在論的な差異を強調する考え方に疑問を投げかけている人類学者もいる。たとえば、マダガスカルで調査をしたデヴィッド・グレーバーは、精霊や妖術、呪術といったものは、私たちにとってよくわからないものであるのと同様に、それが「存在する」とされる社会の人びとにとってもよくわからないものなんだ、という。それは実在するのか？　実在するとして、どのようなものなのか？　確固たるリアリティとしては、当の社会の人びともとらえることができない。だからときに、疑いを抱く。疑いながら、それでもその「何か」の力に翻弄されたり、それを用いようとしたりする。人びとにとって、妖術や精霊や呪術は所与の存在や信じるべき対象であるというよりも、人びととの行為や関係性のなかで実践的に働き、使われ、忘れさられ、また生みだされるものなのだ。

A グレーバーの考え方は、「人びとはそれを信じている」という信念を基準にした説明からは遠ざかっている。なおかつ、「彼らにとってそれは存在するのだ」という、B 存在論的な主張とも違う。どちらかというと、人びとにとっての妖術や精霊の役割や社会的な意味に注目した、機能主義的な説明に近いようにみえる。ただし、研究者によって見いだされた抽象的な「機能」を議論の中心に据えるのではなくて、人びとの行為と実践に注目している点が重要だ。ひょっとすると、ここから別の方向に進む道筋がみえてくるかもしれない。たぶん、「彼ら」と「私たち」の区別が少しだけゆらぐような方向が。

今から半世紀ほども前、まだ人類学の調査対象となる人びとが「未開人」と呼ばれていたころに、フィールドにおける人類学者の実践と変容について語った人がいる。南スーダン研究者のゴドフリー・リーンハートだ。ＢＢＣのラジオ番組のなかで、彼は次のように語っている。

「私たちが未開人とともに暮らし、彼らの言語を話し、彼らの経験を彼らの仕方で自分自身に表現することを学ぶとき、私たちは自分自身であることをやめることなく、できるかぎり彼らに近い考え方をするようになります。〔中略〕私たちは、自分いう議論だ。それは、妖術や精霊を、人びとの世界観や認識のあり方――「彼らはこの世界を、精霊がいるものとして認識している」――という観点から説明しようとするのではなくて、人びとの生きている世界と、そこにおける妖術や精霊の存在そのもの――「彼らはまさに、精霊がいる世界に生きている」――を中心に据えて考えようとする。こうした議論は、人類学における認識論から存在論への転換（「存在論的転回」）を主張するものだ。

この議論のユニークな点は、妖術や精霊を、「そんなものはじっさいに存在するわけがない（たとえ社会的な有用性はもっているにせよ）」と決めつける近代合理主義的な人類学者の態度を批判する一方で、そうしたものが「私たち近代人にとってもリアルに存在しうる」という見方からも距離をおく点だ。妖術や精霊は、フィールドの人びとである「彼ら」にとっては実在するものだ。それは認めなくてはならない。でも、だからこそ、私たちはそれを、私たちの理性的なことばで説明したり、あるいは自分にとっても現実的なものでありうると思いこんだりしてはならない。それは、「彼ら」にとっての現実である妖術や精霊を、何か別のもの、「私たち」にとっての現実に変換してしまうことを意味するのだから。

こうした主張は、巷で喧伝されている「他者理解」や「異文化理解」の難しさと限界を自覚的に示しているだけでなく、安易な「理解」のあり方に警鐘を鳴らすものだ。「他者理解」の不可能性のうえに立った、他者のリアリティの尊重だといえるだろう。ただし、この主張にも問題点がないわけではない。こうした存在論的な主張の前提とされ、その議論によって強化されているのは、「彼ら」と「私たち」との超えようのない差異だ。また、「彼ら」にとって妖術や精霊は存在するのだと言ってしまうとき、「彼ら」にとっての世界なるものが何かしらあることが想定されている。それは私たちによって想定された、私たちには共有することのできない、精霊や妖術込みの「彼らの現実世界」なのだ。だが、こうした想定ははたしてどこまで妥当なのだろうか。

ここで私たちは、そもそも自分にとっての「他者」や「異文化」って何？　というはじめの問いにふたたび引き戻される。ただし、人類学的な探究をとおして理解されるべき他者や異文化ではなく、どのような探究をもってしてもわかりえない「他者」や「別

〔三〕　つぎは、「他者理解」「異文化理解」という問題について考察した文章の一節である。これを読んで、後の問いに答えよ。

妖術や精霊といったものを私たちはどのように理解できるのか、という問いは、「近代的な合理性の外側にあるようにみえるもの」を、近代人はどのように理解できるのか、というふうに言い換えることもできる。この問いに対して、人類学はこれまでにいくつかの理解の仕方を編みだしてきた。なかでも、妖術や精霊は当の社会において、社会統合に役立ったり、社会的な緊張を和らげたり、あるいは社会変化に対する人びとの不安や葛藤を表現するといった機能を果たしているのだという理解の仕方が主流のひとつを占めてきた。こうした説明では、当の妖術や精霊がほんとうに存在するのかどうか、という問題に踏み込むことなしに、社会におけるそれらの意味や役割を説明することができる。妖術や精霊がじっさいにはありえない現象だとしても、社会における有用さのために想像上の存在が生みだされ、信じられつづけているというわけだ。

でも、こうした機能主義的な説明によって、私たちは妖術や精霊といったものを「理解する」ことができたのだろうか？　必ずしもできていない、ともいえる。批判的にみるならば、次のように問いなおすことができるだろう。こうした説明では、妖術や精霊について述べられているようでいて、ある社会のなかでそれらが果たしている機能や、それらが表現しているものといった別の事柄が説明されてしまっている。しかも、そうした意味や機能とは、フィールド*の人びとにとって納得できるものというより、その説明を受けとる近代人にとって納得のいく論理にすぎないようにみえる。機能主義的な説明がまったく的外れなわけではないだろうが、1人類学者の説明がまっとうに見えれば見えるほど、妖術や精霊の存在は背景に遠ざかってしまうかのようだ。それでいいのだろうか？

こうした問題について、二一世紀以降、2興味深い議論が登場している。これまでの人類学にあったように、妖術や精霊といったものの意味や機能を近代合理的な論理によって説明してしまう態度を批判して、妖術や精霊そのものに目を向けよう、と

問四　本文の叙述の特徴としてあてはまらないものをつぎの中から一つ選び、解答欄の記号をマークせよ。

ア　ところどころに比喩表現を用いて、読み手が内容をイメージしやすくなるように工夫している。

イ　芭蕉と同時代の人々の言葉や考え、後世の評者の解釈などを適宜参照しながら、論述を進めている。

ウ　「〜だろうか」「〜なかったろうか」など、断定的なもの言いを極力避け、結論を読者に委ねている。

エ　芭蕉の句に関する通説を紹介しつつ、それらへの疑義や批判から生まれる独自の解釈を加えている。

オ　難解な言葉や言い回しを使うことを避け、なるべく平易な言葉で自身の考えを叙述している。

問五　つぎのア〜オの中から、筆者の考えや思いと合致しているものを一つ選び、解答欄の記号をマークせよ。

ア　筆者は「古池や」の句と「夏草や」の句のそれぞれに、芭蕉が新たな句風を開いたものとして高い評価を与えている。

イ　筆者は、芭蕉の句が従来誤解を受けてきたことに疑問を感じ、芭蕉自身の言葉からその真意を探ろうとしている。

ウ　筆者は、正岡子規が「古池や」の句を詠まれた内容そのままに受け取ればよいとしたことに物足りなさを感じている。

エ　筆者は「古池や」の句も「夏草や」の句も目の前に広がる実景を詠んだことから、両者を同じ型の句と捉えている。

オ　筆者は、芭蕉が『おくのほそ道』において「古池や」の句の境地をさらに批判的に超越しようとしたと考えている。

問六　筆者は、蕉風開眼以後の芭蕉の句の新しさをどのような点に見いだしているか。本文全体の内容を踏まえ、三十五字以上、四十五字以内でまとめ、解答欄に記せ。ただし、句読点や記号も一字と数える。

ア　世襲　　イ　来襲　　ウ　奇襲　　エ　急襲　　オ　強襲

問二　傍線部「其角が上五は「山吹や」がいいのでは、とすすめたが、芭蕉は「古池や」にした」とあるが、その説明として最も適切なものをつぎの中から選び、解答欄の記号をマークせよ。

ア　其角は「蛙」といえば「山吹」を合わせる従来の和歌の伝統をあえて守ることを主張したが、芭蕉はそれを否定した。
イ　伝統を笑い飛ばそうという其角に対して、芭蕉は写実的な情景を詠み込むことで、俳諧を一歩前へ進めようとした。
ウ　其角は伝統を打ち壊すことで俳諧に新風を吹き込むことを提言したが、芭蕉は俳諧の伝統には関心がなかった。
エ　芭蕉は「蛙の声」と「山吹」という従来の決まり切った取り合わせへの痛烈な批判を込めて、其角の提言を却下した。
オ　芭蕉は其角の発想に飽き足りないものを感じ、従来の自分自身の考えをも乗り越えるために、其角の進言を退けた。

問三　【C】の「夏草や兵どもが夢の跡」の句について、筆者は「夢」に注目することで、どのようなことを明らかにしているか。最も適切なものをつぎの中から選び、解答欄の記号をマークせよ。

ア　「夢」を奥州藤原氏の栄華とし、「兵ども」が示すものを明らかにすることで、この句の重層的な味わいが深まること。
イ　「夢」の二つの意味に注目することで、義経主従がいだいた夢のはかなさがより味わい深く感じられるようになること。
ウ　「夢」を奥州藤原氏の理想を指すとすることで、その実現のために戦った「兵ども」の哀れさがより一層強調されること。
エ　「夢」の一語は、義経主従の夢に奥州藤原氏の夢が重層的に紛れ込んだものと解釈することが妥当であるということ。
オ　「夢」が「兵ども」のものであると解釈すれば、「兵ども」が義経主従を指すことが自明となり、句の味わいを増すこと。

「兵どもが夢の跡」は、一つの思い出に別の思い出が紛れこむように義経主従の「兵ども」が「（戦の）跡」に藤原氏の「（栄華の）夢」が侵入した形なのだろう。これがこの句の味わいを重層的なものにしている。

芭蕉は『笈の小文』*で試みたようにその一句一句に心の世界を託すばかりではなく、今度のみちのくの旅では半年に及ぶ旅全体、『おくのほそ道』という紀行文全体を心の世界へと昇華させようとしていた。芭蕉にとってのみちのくとは三年前、貞享三年の春の日に突然心に浮かんだ古池の幻が姿を変えたものだった。

（「第五章　ゆかしきは『おくのほそ道』」より）

＊句合せ　　俳諧の句を並べてその優劣を定めるもの。

＊其角　　江戸前期の俳人（一六六一～一七〇七）。芭蕉の高弟の一人。

＊かはづなく…　　歌意は、「蛙の鳴く井出の山吹が散ってしまった。花盛りの時に出あいたかったのに」。詠み人知らず。

＊俳諧　　和歌・連歌から派生した詩歌の形式。滑稽を旨とした。

＊高舘　　源義経の居館。

＊静御前　　源義経の愛妾（生没年未詳）。

＊『笈の小文』　　貞享四（一六八七）年十月、芭蕉が江戸から上方を巡った七か月間の旅の紀行文。

問一　二重傍線部X、Yについて、つぎの各問いに答えよ。

X　「一毫」と同じ意味を持つ言葉をつぎの中から一つ選び、解答欄の記号をマークせよ。

ア　一葉　　イ　一瞥（いちべつ）　　ウ　一撃　　エ　一毛　　オ　一顧

Y　「因襲」の「襲」と同じ意味で用いられている「襲」を含む熟語をつぎの中から一つ選び、解答欄の記号をマークせよ。

　のうつるまで泪(なみだ)を落(お)とし侍(はべ)りぬ。

として、この句をすえた。

この句の「夢」には二つの意味が二枚の薄衣のように重なり合っている。一つは「兵ども」が夢のようにはかなく消えてしまったという意味の「夢」。この「夢」は「つゆと消え果る」というときの「つゆ」と同じく「はかなく」という意味である。「夢」のもう一つの意味は「兵ども」が夢見たもの。実現しようとして戦い、ついにはそのために命を落とした「夢」である。

第一の意味での「夢」に関してはここでは問題がない。奥州藤原氏も義経主従もどちらも夢のように消え去ったからである。ところが、第二の意味での「夢」は、そう簡単にはゆかない。この「夢」を見たのが誰か、奥州藤原氏とするか義経主従とするかでこの句の印象がかなり違ってしまうからである。ということは、逆にこの「兵ども」が奥州藤原氏か義経主従か、そのどちらであるかを決める手がかりになる。

私の結論から先に明かすと、「兵ども」とは芭蕉が今たたずむ高舘(たかだち)*で討ち死にした義経主従だが、「夢の跡」とは奥州藤原氏の栄華の夢の跡である。これは三つの説の中の③に近い。

もしこの句に「夢」という言葉がなく、もし「兵どもが跡」であれば私もこれを義経主従とするのに躊躇(ちゅうちょ)しない。しかし、「夢の跡」となるとそうはいかない。「夢」の一語が義経にはそぐわないという気がしてならないからである。

たしかに戦の上手ではあったが、源平争乱の戦後構想をもたなかった義経に果してどんな夢があっただろうか。義経は静御*前を見捨てて逃亡を続けた。しいていえば戦に勝つこと、自分が生き延びることだけが義経の夢だったのではなかろうか。それが芭蕉がここで「夢の跡」といったものだったかどうか。

それよりも都を遠く離れたこのみちのくに黄金王国を築こうとして敗れた藤原氏の方こそ「夢」にふさわしい。義経主従の戦の「夢の跡」とするより、理想の国の「夢の跡」と解した方がこの句の世界は格段に深まるだろう。

年）春のことだった。

古来、古池の句は蕉風開眼の句とたたえられてきた。蕉風開眼とは芭蕉が旧風を脱してみずからの句風に目覚めたことをいう。

（「第四章　蕉風開眼とは何か」より）

【C】

夏草や兵(つわもの)どもが夢の跡　芭蕉

平泉で詠んだこの句もまた古池の句と型を同じくする句である。ここには音こそ詠まれてないものの「夏草や」は目の前に広がる実景。これに対して「兵どもが夢の跡」は芭蕉の心の中の景である。「夏草や」が「蛙飛こむ水のおと」に当たり、「兵どもが夢の跡」は「古池や」に当たる。

『「おくのほそ道」解釈事典』によると、この「兵ども」をめぐって三つの説があるらしい。

①義経の臣下のみを指す

②義経の臣下とその他藤原氏の人々も含めて指すとする

③表の意としては義経主従の戦死にかかわっているが、芭蕉の胸中にはその間自然と藤原三代の栄華が夢のごとくに亡びてしまったはかなさを思う気持ちがあったはずであるとする

ここで「兵ども」が誰であるかを解き明かす鍵は「兵どもが夢の跡」の「夢」だろう。芭蕉はここでまず

三代栄耀(えようい)一睡(っすい)の中(うち)にして、大門(だいもん)の跡は一里こなたに有(あり)。秀衡(ひでひら)が跡は田野(でんや)に成(なり)て、金鶏山(きんけいざん)のみ形を残す。

と藤原氏の栄華の跡をつづったあと

偖(さて)も義臣すぐつて此城(このしろ)にこもり、功名一時の叢(くさむら)となる。「国破れて山河あり、城春にして草青みたり」と、笠打敷(かさうちしき)て、時

たろうか。

そこで芭蕉は和歌のように「かはづなくゐでの山吹」とも歌わないが、其角のように「山吹や蛙飛こむ水のおと」としようとも思わない。因襲にとらわれるのでもなく、因襲を真向こうから批判するのでもない。そのどちらも超越した不思議な新しい空間に「古池や」という言葉はある。

古池の句は、和歌やそれ以前の俳諧に対する芭蕉の創造的批判の句なのだ。

私が『俳句の宇宙』で書いたのは古池の句のいったいどこに俳諧があるのか、平たくいえば、何がおもしろくて芭蕉は古池の句を詠んだのかということである。

（「第二章　切字「や」について」より）

【B】

古 池 や 蛙 飛 こ む 水 の お と　芭 蕉

ある春の日、芭蕉は蛙が水に飛びこむ音を聞いて古池を思い浮かべた。すなわち、古池の句の「蛙飛こむ水のおと」は蛙が水に飛びこむ現実の音であるが、「古池」はどこかにある現実の池ではなく芭蕉の心の中に現れた想像の古池である。

とすると、この句は「古池に蛙が飛びこんで水の音がした」という意味ではなく、「蛙が飛びこむ水の音を聞いて心の中に古池の幻が浮かんだ」という句になる。

さて、このとき、芭蕉は座禅を組む人が肩に警策（きょうさく）を受けてはっと眠気が覚めるように、蛙が飛びこむ水の音を聞いて心の世界を呼び覚まされた。いいかえると、一つの音が心の世界を開いたということになる。

この心の世界が開けたこと、これこそが「蕉風開眼」といわれるものの実体ではなかったろうか。それは貞享三年（一六八六加ふべきものあらず」といさぎよく書いているが、それだけではなさそうだ。

この句は貞享三年（一六八六年）の春、深川の芭蕉庵で催された蛙の句合せ*に出された句らしい。弟子の各務支考（かがみしこう）の『葛の松原』をよむと、芭蕉はカエルが水に飛びこむ音をききながら、まず「蛙飛こむ水のおと」を作った、すると、その席にいた其角（きかく）*が上五は「山吹や」がいいのでは、とすすめたが、芭蕉は「古池や」にした——という。山吹か古池か、その席で議論があったことも書いてある。

其角が山吹をすすめたのは

*かはづなくゐでの山吹ちりにけり花のさかりにあはまし物を

などの『古今集』の歌などを思い浮かべたからだろう。

山吹といえば蛙の声、蛙の声といえば山吹をもってくる和歌の凝りかたまった伝統に対して、山吹に蛙の声ではなく、蛙が水に飛びこむとぼけた音をぶつけて大笑いしようとしたのだろう。あの蛙、『古今集』の歌のように鳴きはしないで飛びこんだ、と。

このとき、其角は和歌の言葉の因襲Yを批判する立場に立っている。

確かに、上五に山吹をもってくれば、それに続く「蛙飛こむ水のおと」は、山吹には蛙の声という決まりきった古臭い取り合わせへの痛烈な批判になる。これが、この時点で其角が考えていた俳諧*というものだったに違いない。ほかの弟子たちもこれに近い考えだったろう。

それに対して、芭蕉が其角の進言をいれず、古池をもってきたのは、其角たちが考えていた当時の俳諧というものを、やはり一歩、前へ進めようとしたからではないか。一六八六年春の芭蕉には、すでに、因襲へのあらわな批判もひとつの因襲と映っていたのかもしれない。芭蕉は其角や以前の自分自身の俳諧に対する考え方を批判しようとしたのではなかっ

〔二〕　つぎの【A】【B】【C】の文章は、すべて長谷川櫂著『古池に蛙は飛びこんだか』の一節である。これらを読んで、後の問いに答えよ。

【A】

古池の句について私は前に一度書いたことがある。平成元年（一九八九年）に本になった『俳句の宇宙』は古池の句で始まる。芭蕉は俳句のいわば神様であり、古池の句は蕉風開眼の句であるから、俳句について書く以上、まず古池の句について自分の考えを述べておこうと思ったからである。

すでに十七年も前のこと。三十二歳だった私が古池の句をどう読んだか、そして、四十九歳の今の私がこの句についてどう考えているか。どこが同じで、どこが変わったか。それを確認するために『俳句の宇宙』の冒頭部分をここで読み返しておきたい。以下はその引用。

　時間が経つにつれて、わからなくなってしまう句がある。

　　古池や蛙（かわず）飛（とび）こむ水のおと

　この句を初めて聞いたとき、芭蕉という人は、いったい、何が面白くてこんな句をよんだのだろうと不思議に思った。古池にカエルが飛びこんで水の音がした——なるほど、一通りの意味はわかる。「自然に閑寂な境地をうち開いている」（山本健吉）といわれれば、そうか、とも思う。しかし、芭蕉は何か別のことを言いたかったのではないか。通常の解釈では、芭蕉自身の言葉を借りれば「俳意たしか」でないように思う。

　［正岡］子規は「古池の句の弁」という文章の中で、この句について「古池に蛙の飛び込む音を聞きたりといふ外、X一毫（いちごう）も

オ　中でも特に

2　等閑に付す

ア　物事に動じない
イ　物事を公平に見る
ウ　物事の本質をとらえる
エ　物事をゆっくり行う
オ　物事をいいかげんに放っておく

問二　つぎの各文の空欄に入る言葉を、後の選択肢からそれぞれ選び、解答欄の記号をマークせよ。

1　個々の事例から一般に通じる法則を導き出すことを□するという。

ア　抽出　　イ　演繹（えんえき）　　ウ　敷衍（ふえん）　　エ　帰納　　オ　還元

2　「李下（りか）に□を正さず」とは、疑いを招くようなことは避けよ、という意味である。

ア　曲　　イ　師　　ウ　王　　エ　冠　　オ　剣

3　「阿諛（あゆ）追従」の「阿」には□という意味がある。

ア　おもねる　　イ　たゆたう　　ウ　しのぐ　　エ　へりくだる　　オ　あざなう

国語

（文〈日本文〉学部：九〇分）
（その他の学部・学科：六〇分）

●法学部・文学部（哲・英文・史・心理学科）・経済学部・社会学部・経営学部・国際文化学部・人間環境学部・現代福祉学部・キャリアデザイン学部・GIS（グローバル教養学部）・スポーツ健康学部のいずれかを志望する受験者は、問題〔一〕〔二〕〔三〕に解答せよ。

●文学部日本文学科を志望する受験者は、問題〔一〕〔二〕〔三〕〔四〕〔五〕すべてに解答せよ。

〔一〕 つぎの各問いに答えよ。

問一 つぎの言葉の意味として正しいものを下の選択肢の中からそれぞれ選び、解答欄の記号をマークせよ。

1 すべからく

ア 必ずしもそうではなく
イ 残らずすべて
ウ 当然のこととして
エ 否応なく

【注】　＊眼目　大事なところ。中心である要点。

問二　「なくなった人形」に「おみよはその晩、不思議な夢を見たのであります。」とある。夢はおみよの心にどのような変化をもたらしたか。二〇〇字以内で述べなさい。（句読点を含む）

小論文

（九〇分）
（解答例省略）

『小川未明童話集』（岩波文庫）を読んで次の問に答えなさい。

問一　「赤いろうそくと人魚」は「人魚塚伝説」や「因果応報の説話」や「捨て子の物語」などの「むかしばなし」や「おとぎばなし」が踏まえられている。その前提にたって木村小夜氏は

未明童話はそうした〈型〉を利用しつつ、そこに心情的ヒューマニズムや詩的感覚ではとらえきれない具体的な人間像を、あるいは近代へと向かう社会の様態を流し込んでおり、結果として、〈型〉を逸脱したところに物語の眼目が発見されることになる。（「小川未明「赤い蝋燭と人魚」とその周辺」「福井県立大学論集」二〇〇七・七）

と論じている。それは具体的には「赤いろうそくと人魚」のどんなところにどのように現れていると考えられるか。四〇〇字以内で述べなさい。（句読点を含む）

解答編

英語

I

解答　1．(A)－d　(B)－a　(C)－a　(D)－a　(E)－d
2－a　3－b　4－d　5．(1)－f　(4)－e
6－a　7．(1)－a　(2)－d

◆全　訳◆

≪過去10年間の運動科学の成果≫

過去10年以上にわたって，我々は運動科学でのさまざまな流行を見てきた。新しい年を迎えるにあたり，過去10年間の持続性のあるテーマ，意外な新事実，そして驚きのいくつかを振り返ることには価値があると思った。

おそらく最も明らかなのは，これは最も素晴らしいHIITs（高強度インターバルトレーニング）の10年間であったということで，きついが超短時間のトレーニング（HIITs）は，ずっと長い，より適度な運動とほぼ同じ程度までフィットネスと健康を増進すると主張する多様な研究と，その後のメディアの記事があった。2010年以降，私は7分，4分，1分，20秒，10秒のインターバルをおいた数多くの手順を習得したが，各トレーニング時間が短くなると，その魅力は増加した。我々の多くにとって，最適な運動は，最も短時間のものかもしれない。

しかし同時に，穏やかな運動も，たとえそれがかろうじて運動と見なしうるようなものだとしても，意味があるということを他の研究は示した。私の好きな今年の研究の1つで，研究者が発見したのは，1日に約3キロメートルまたは4000歩少しを定期的に歩く年配の女性は，わずか約2000歩または1.5キロメートルを歩く女性よりも長生きするということだ。それらの余分な距離を歩くことは，女性がどれほど長く，そして健康に生きるかを変えたのである。

実際，最近の10年間にわたり頻発している運動科学の懸念は，運動が加齢現象に影響を与えるのかどうか，そしてどのように影響を与えるのかであり，その結果は一般的にその通りであり，また広範囲でそうなのだということを示唆している。多くの最近の研究においては，活動的な年配者の筋肉，免疫機構，血球，そして皮膚でさえもが，座りがちな人々よりも生物学的に若いようであった。

彼らの頭脳も，異なったように見え，機能する傾向があった。私にとって，過去 10 年間のフィットネス研究で最も刺激的な分野と思えるものにおいて，ほぼすべての種類と量の活動について，我々がどう考え，感じるかを，活動が再構築するかもしれない程度を，科学者は発見し再確認した。次々と研究は行われ，身体活動は子供と中年の脳に恩恵をもたらした。それは，認知症に対するリスクを低下させ，または，もし認知症が既に始まっていたら，記憶の喪失を遅らせた。それはまた，脳の容量や神経細胞間の結びつき，脳の異なる領域間の結びつきを増加させた。

運動はまた，科学者を含む我々のほとんどが 10 年前に予想していたよりもはるかに気分を高めることができるようである。観察的研究では，身体的に活発な人々は，どのような種類の活動を選んだとしても，座りがちな人々よりもうつ病や不安症になる可能性がはるかに低いとわかった。ウォーキング，ジョギング，ガーデニング，ウェイトトレーニング，水泳，サイクリング，ハイキング，さらにはオフィスや居間の椅子からしばしば立ち上がり，部屋の中を歩くことでさえも，じっとしているよりも人を幸せにし，気分の問題を起こしにくくするようであった。さらに，マウスでは，結果として彼らを興奮しにくくさせ，不安と関連する活動パターンを経験する傾向を弱める方法で，運動が一部の神経細胞の内部構造を変化させた。運動は彼らの細胞と脳を，より冷静にしたのだ。

近年の運動科学の他の大きなテーマの 1 つは，動いている身体は，基本的な点で，座りがちな人々とは異なる内部の生態系を発達させているように思えるということである。例えば，運動する人々は，たとえ，最近トレーニングしていなくても，血流中に異なったタイプや量のタンパク質をもっている。そして，タンパク質のこれらのパターンは，糖尿病や心臓病のようなリスクを軽減する役割を果たすかもしれない。

しかし，身体全体の細胞への運動の影響については，多くの疑問に答えが出ていないままである。また，我々がどれくらい，どんな方法で運動するのか，年齢や健康歴，男か女かマウスか，のような要素によって細胞レベルでの変化が異なるかどうかも不明である。このことは，今後10年間において科学者の大きな関心事になるだろうと思う。

私は科学者達が，運動の恩恵について我々が知っているあらゆることにもかかわらず，なんとか起床して規則的にトレーニングする人がなぜそんなに少ないのかを，我々がよりよく理解することを最終的に助けてくれることを期待している。しかし，我々の焦点を変えることには希望がある可能性がある。2010年代の最も魅力的なフィットネス研究と思われるものでは，座りがちな犬の飼い主は，獣医からペットが重すぎて健康上の問題の危険があると言われたとき，彼らは自分とペットの散歩時間を増やしたのである。

あなたと，あなたの家族，そして飼っているかもしれない4つ足のトレーニングのパートナーに，幸福で健康な新年を。

◀解　説▶

1．(A)第1段第2文（With the arrival …）の冒頭に「新年に際して」とあり，「過去10年間のいくつかを振り返る」ことに言及しているので，その意義を示すd「価値がある」が最も適切である。look back at ～ は「～を振り返る」の意。a「迅速な」　b「無意味な」　c「ほっとする」

(B)空欄を含む文では，第2段第1文（Perhaps …）のHIITsと対照的に「穏やかな運動にも意味がある」とあり，「たとえそれが」と続く。qualify as exercise は「運動として相応しい，見なしうる」の意なので，a「かろうじて」が最も適切である。b「極端に」　c「十分に」　d「タイミングのよい」

(C)第6段第4文（Moreover, …）より，運動によってマウスは興奮しにくくなり，不安を経験しにくくなったとわかる。空欄を含む文の their はマウスのことであるので，exercise「運動」がマウスの細胞や脳に与えた影響を考えるとa「より冷静な」が最も適切である。b「興奮した」　c「未成熟な」　d「より年老いた」

(D)空欄を含む文の次の文（It's also …）の冒頭に also unknown ～「～もまた不明だ」と述べられている。ゆえに，空欄には同様の内容を意味する語句を選ぶ。a「未解答の」が最も適切である。b「単純な」　c「予期しない」　d「故意でない」

(E)空欄の前にはthis will beとあるので，形容詞を続けたいがinterestと名詞がきている。ここでは，「〈of＋抽象名詞〉＝形容詞」の公式を使う。dが適切である。

2．下線部は「最適の運動」の意である。a「我々の最も望ましい運動」が最も近い。of choiceは「選り抜きの，最適の」。この用法を知らなくても，第2段第2文（Since 2010, …）から，トレーニング時間は短い方がよいとわかるため，「私達によい運動」の意味だと推測できる。この「よい」は「必要」ではなく「好ましい，望ましい」と言い換えられる。briefは「短時間の」の意。b「我々の最も必要な運動」 c「多くの選択を許す手順」 d「決定するための手順」

3．下線部のitはexercise「運動」であり，doesはaffects aging「加齢現象に影響を与える」の意である。また「それは広範囲におよんでいる」と付加されている。ゆえに，b「運動は，人々の年の取り方に注目すべき影響を与える」が最も近い。

a「新たに考案された運動は，色々な年代に効果的である」

c「運動科学は，広い観点から老化プロセスを研究している」

d「この10年間は，運動科学について増大する懸念を目撃している」

4．第5段第4文（It lowered …）に「それは，認知症に対するリスクを低下させた」とある。「それ」は前文のphysical activity「身体活動」のことである。認知症のリスクを減らすのであれば，発症後もmemory loss「記憶の喪失」を緩和すると推測される。また，「脳の容量やニューロン間の結合」に関しては増加させると推測される。ゆえに，d「(ア)～を遅らせた　(イ)～を増加させた」が適切である。

5．下線部の前のphysically active people「身体的に活発な人々」が主語なので，(1)には動詞がくる。その後にtoがあるので，prove to *do*「(人・物が) ～とわかる，判明する」になると判断できる。選択肢からbe likely to *do*「～しそうである」のイディオムは予測がつくので，(2)はbeとなる。また選択肢のlessから，muchは比較級の強調であると推察できる。最後はdevelop depressionとしてanxietyと並べればよい。ゆえに，(physically active people) <u>proved</u> (to) be (much) less <u>likely</u> to develop depression (or anxiety than sedentary people) となる。

6．下線部のwithは逆接で「～にもかかわらず」の意味である。通例，

allをともないwith all〜の形となるが，allの代わりにeverythingがあると考えられる。a「我々は，運動のよい効果について十分に知ってはいるが」が最も近い。下線部の「運動の恩恵について我々はあらゆることを知っている」と次の「起床して定期的にトレーニングする人はほとんどいない」が逆接，あるいは譲歩の関係になっていることから解答を絞ることもできる。

b「運動の恩恵に関連する我々の知識のおかげで」

c「運動のよい効果に関して我々が知っていることを証明するために」

d「彼らは我々に，彼らの研究で明らかにされた運動の恩恵を教えるから」

7．⑴下記よりaが正しい。

(I)「短時間にきつい運動をすることは，適度な運動を長めにするのと同様に効果的である」

第2段第1文（Perhaps …）に「きついが超短時間のトレーニングは，ずっと長い，より適度な運動とほぼ同じ程度までフィットネスと健康を増進する」とあるので合致する。

(II)「運動は心の健康を増進させるが，単に歩くことや，家の中を移動すること以上のものであるべきだ」

第6段第3文（Walking, jogging, …）に「ウォーキング…居間の椅子からしばしば立ち上がり，部屋の中を歩くことですらも，じっとしているよりも人を幸せにし，気分の問題を起こしにくくする」とある。歩くことや部屋の中の移動だけでも心の健康に寄与していると考えられるので合致しない。

⑵下記よりdが正しい。

(I)「定期的に運動を続けることによってのみ，我々はいくつかの病気のリスクを減らす，ある種のタンパク質をもち続けることができる」

第7段第2文（For instance, …）に「運動する人々は，最近トレーニングしていない場合でも，血流中に異なったタイプや量のタンパク質をもつ」とあり，そういったタンパク質は病気のリスクを減らすとあるので合致しない。

(II)「獣医は，座りがちな人々は適切な運動が欠如しているために太る傾向にあると警告する」

第 9 段第 3 文（In what …）より，獣医が座りがちな犬の飼い主に「ペットの犬が重すぎて健康上の問題の危険がある」と警告したとわかるが，選択肢の内容とは異なる。このようなことは述べられていないので，合致しない。

Ⅱ　解答

1．(A)－f　(B)－a　(C)－c　(D)－d

2．(i)－b　(ii)－a　(iii)－d　(iv)－c

3－c　4－b　5－d　6－b

◆全　訳◆

≪ジュサラベリーでブラジルの大西洋岸森林の復活へ≫

小さく，丸く，濃い藍色，あなたはジュサラベリーをそのよく知られた仲間であるアサイーベリー，または，ありふれたブルーベリーと間違っても許されるであろう。しかし，ジュサラベリーは同じ名前のヤシの木で育つのであるが，抗酸化物質以上のものを提供しており，――それはブラジルの荒廃した大西洋岸森林を回復するのに役立っている。

大西洋岸森林は，ブラジルの海岸線に沿って 2,500 マイル以上と，パラグアイとアルゼンチンへの内陸に広がる豊かな熱帯林で，かつてはブラジルの国土面積の 12％を占めていた。しかし 16 世紀に，ポルトガルの植民地開拓者が，森林をサトウキビ畑に，その後コーヒー農園に置き替え始めた。それ以来，農業と都市の拡大が森林破壊を加速させ，現在，元の森林のわずか 7％しか残っていない。

ジュサラヤシは，森林伐採だけでなく，それ自体の美味しさによっても脅かされている。その木のヤシの芯は，幹の柔らかい芯であるが，栄養があり特に美味しい。ヤシのほとんどの種は，ひこばえから再成長することができるが，ジュサラヤシはできない。それでヤシの芯が取り除かれると，その木は死ぬのである。歴史的に，先住民の共同体はその木を食料や木材として使用したが，この成長の遅いヤシの小規模な収穫がその生存を脅かすことはなかった。それが変化したのは，商業的な利用が急速な減少を引き起こし，その木が危険にさらされた 1960 年代であった。

現在，ジュサイ株式会社と呼ばれるブラジルの新しい会社は，解決策を見つけたと言っている。その会社はヤシの芯よりむしろ，ジュサラヤシの果実を収穫するので，木は毎年果実を生み出し，森林が栄えるのに寄与しながら，立ったままでいることができるのである。2015年に創立されたジュサイ株式会社は，地元の農家のネットワークと連携し，スムージーやシャーベットを含む自社製品のために，彼らからジュサラベリーを買うのだと，本部長のブルーノ＝コレアは言う。「当初からのアイデアは，滋養があって美味しいだけでなく，経済的にも利益をもたらし，環境的にも健全で，さらには木を保護するための前向きな循環を創造する，さまざまな高品質の製品を作り出すことでした」と彼は言う。

大西洋岸森林は法律によって保護されていると，森林再生構想を支援する非政府組織の森林回復マネージャーであるラファエル＝ビタンテは言う。しかしながら，環境保護に関する法律の軟弱な施行はジュサラヤシの不法な搾取につながったと彼は言う。そこで，ジュサイ株式会社が登場するのである。農業協同組合を通じて，会社は大西洋岸森林南東地域の各地で，約900家族と共にジュサラプロジェクトに取り組んでいる。農家が新しいジュサラの木を植える，または既存の木を育てる一方で，ジュサイ株式会社はプロジェクトの管理や運営を監督し，果実を果肉にして，種を分離させる――種は次に，農家によって植えられるのである。森林での不法な伐採は依然として問題であるが，果実を収穫することは同等の収入を提供し，そして農家にとって「明確でわかりやすい」選択肢なのだ，とコレアは言う。

ジュサラヤシの経済的価値は，それを保護するように農家を動機づけ，そして，そのことが生態系全体に利益をもたらす，とコレアは言う。「ジュサラヤシは森林被覆とそれがいかに土壌を保護するかという点だけでなく，野生生物，特に鳥にとっても重要です」と彼は言い，野生生物を育むために，農家はそれぞれの収穫期間に，木の果実の3分の1を残すのだと付け加えた。生きている木の価値を目にして，他の家族経営の会社と有機農業協同組合も，地元の農家がジュサラベリーを収穫し販売するためのネットワークを構築した。ジュサイ株式会社や他企業が奨励している持続可能な農業の形態は，環境と経済のためになるとビタンテは言う。「立木の森林を高く評価し，この美しい生息地にすむ野生生物の多様な共同体の保護を保証しながら，生物多様性の維持と社会のつながりを強化することは必要不可欠です」

これらのジュサラプロジェクトは「森林農業」の1つの形であり，それは木の栽培と保全を組み入れた農業である。ブラジルの環境研究組織の森林技術者であるローリー＝カレンは，森林農業とは土地管理への1つの取り組み方であり，森林の縁に農場を設立し，そこで果実を生み出す木と農作物を育てることによって，自然と農業を混ぜ合わせるものだと説明する。再生された森林の「廊下」と組み合わさって，森林農業の地帯は，蝶や鳥のような野生生物が，残存する熱帯林のバラバラになった区域の間を移動するのに役立つ「飛び石」を提供することができる，とカレンは言う。

ジュサイ株式会社は，強力なジュサラベリー市場を形成することは，農家に対して，そしてその結果森林に対して，よりよい未来をつくることに役立つ可能性があると期待している。アサイーベリーのように，ジュサラは健康に関心がある人々の間でファン層を見出している。ジュサラベリーはエネルギー密度の高い脂肪酸が豊富で，心臓の健康を促進することで知られる抗酸化物質が詰め込まれている。健康な成人における，ジュサラとアサイーの摂取の影響に関する2020年の研究では，4週間後，抗酸化物質と「善玉」コレステロールのレベルが上昇することがわかった。その会社は現在，ブラジル，チリ，カナダのスーパーマーケットと健康食品専門店の両方で自社製品を販売しており，他の市場への拡大を望んでいる。

「栄養の観点からだけでなく，環境の観点からも，自分達が何を食べているのかを人々はますます自覚しています」とコレアは言う。その事業の開始以来，ジュサイ株式会社は約31,000本のジュサラヤシの木を生かしたままでおくことに責任を負い続けている。大西洋岸森林とその生物多様性を保護することが，この新しいビジネスモデルの原動力である。

◀解　説▶

1．「(A)から(D)までの空欄に，a～fの中から最も適切な答えを選びなさい。解答用紙の文字をマークしなさい。各選択肢は1度だけ使えます」

(A)空欄前のreplacingに注意。replace *A* with *B*で「(人などが) *A*を*B*に置き替える」である。ゆえに，fが適切である。

(B)空欄前のusedに注意。use *A* for *B*で「(人などが) *A*を*B*のために使う」である。aが適切である。

(C)highは「(量，程度，割合などが) 高い，多い」で「～の含有量が多い」と表す場合にはinを使う。ゆえに，cが適切である。

(D)空欄前のawareに注意。be aware of～で「～を知っている，自覚している」の意である。ゆえに，dが適切である。

2．「(i)から(iv)までの空欄に，a〜dの中から最も適切な答えを選びなさい。解答用紙の文字をマークしなさい。各選択肢は1度だけ使えます」

(i)空欄の前文（But in …）では，「ポルトガルの植民地開拓者が，森林をサトウキビ畑やコーヒー農園に置き替えた」とある。また，空欄の前の agriculture and urban expansion「農業と都市の拡大」によって，さらに森林が破壊されたと推測できる。ゆえに，b「森林破壊を加速させた」が適切である。

(ii)第3段第4文（Historically, …）に「先住民の小規模な収穫では，ジュサラヤシの生存を脅かすことはなかった」とあるが，空欄を含む文では「商業的利用が急速な（木の）減少を引き起こした」とあるので，その木はa「絶滅の危機にさらされた」が適切である。

(iii)第5段第4文（Through farming …）に「会社は約900の農家と共に，ジュサラプロジェクトに取り組んでいる」とあり，空欄を含む文はその具体的な説明である。空欄の前に「新しい木を植える」とあり，or「または」でつながっているので，d「既存の木を育てる」が適切である。なお，選択肢の ones は jucara trees のことである。

(iv)第5段最終文（Illegal cutting …）に「果実の収穫は収入になり，農家にわかりやすい選択肢」とある。ゆえに，空欄前の「その木の経済的価値」が，c「(木を保護するように）農家を動機づける」が適切である。

3．「ジュサイ株式会社と地元の農家のネットワークが，ジュサラプロジェクトで協力している方法を最もよく説明しているのは，aからdの記述のどれか。解答用紙の文字をマークしなさい」

ジュサイ株式会社と地元の農家のネットワークに関しては，第4段第3文（Founded in …）に「会社は地元の農家のネットワークと連携し，スムージーやシャーベットを含む自社製品のために農家からジュサラベリーを買う」とあり，第5段第5文（Farmers plant …）には「ジュサイ株式会社は，果実を果肉にして，種を取り出す」とある。種を取った果肉を加工して，製品を作っていると考えられるので，c「会社は農家からジュサラベリーを買い，ジュサラの果肉を多くの製品に加工し，それらを売る」が適切である。

a「農家は，新しいジュサラヤシの木を植えるだけでなく，ジュサラベリーとヤシの芯を収穫し，会社はそれに向けての市場をつくる」は，「ヤシの芯を収穫」が誤り。

b「農家は，一度にジュサラヤシの木の果実の3分の1を摘み取り，会社はそれを買い，地元と海外双方に売る」は，3分の1は残す方であるので不適。

d「会社はそのプロジェクトを管理し，農家はジュサラベリーとその関連ある生産物を収穫し，市場に出す」は，「関連ある生産物を収穫」には本文で言及がなく，また，市場に出すのは会社であるので不適。

4．「次の(I)と(II)の記述について，aからdのうち正しい答えを選びなさい。解答用紙の文字をマークしなさい」

下記よりb「本文によると，(I)のみが正しい」が適切である。

(I)第2段第1文（A thick …）に「大西洋岸森林は，かつてはブラジルの国土面積の12%を占めていた」，同段第2文（But in …）に「16世紀に，植民地開拓者が森林をサトウキビ畑，コーヒー農園に置き替え始め」，続く文（Since then, …）に「それ以来，森林破壊が加速」とある。ゆえに，「ブラジルの国土の12%は，かつて大西洋岸森林に覆われていたが，その森林は16世紀に破壊され始めた」は正しい。

(II)第3段第4文（Historically, …）に「この成長の遅いヤシ」との記述があり，この「ヤシ」は，前文（Most species …）で言及されたジュサラヤシを指す。ゆえに，ジュサラヤシの成長は遅い。「ジュサラヤシを含めたほとんどのヤシの木は，急速に成長し，森が繁茂するのに役立つ」は正しくない。

5．「次の(I)と(II)の記述について，aからdのうち正しい答えを選びなさい。解答用紙の文字をマークしなさい」

下記よりd「本文によると，(I)と(II)のどちらも正しくない」が適切である。

(I)第4段第3文（Founded in …）に「2015年に創立されたジュサイ株式会社」とあるが「ブラジル政府」の記述はない。ゆえに，「2015年にブラジル政府により創設されたジュサイ株式会社は，大西洋岸森林を回復させるのに役立っている」は正しくない。

(II)本文では，ジュサラヤシの伐採を止めて，ジュサラベリーを収穫する方がよいと主張している。第6段第4文（Bitante says …）ではジュサラベリーを収穫し，売るやり方を「持続可能な」農業だと述べている。「長い目で見ると，ジュサラヤシの木を伐採することは，ジュサラベリーを収穫するよりも利益をもたらす」は正しくない。

6．「次の(I)と(II)の記述について，aからdのうち正しい答えを選びなさい。解答用紙の文字をマークしなさい」

下記よりb「本文によると，(I)のみが正しい」が適切である。

(I)第7段第1文（These jucara…）に「これらのジュサラプロジェクトは『森林農業』の1つの形」とある。また，第6段最終文（"It is…）に「野生生物の多様な共同体の保護を保証する」とあり，これはジュサラプロジェクトの理念と考えられる。ゆえに，「森林農業の一形態であるジュサラプロジェクトは，野生生物を守るのに役立つ」は正しい。

(II)第8段第2文（Just like…）に「ジュサラはアサイーベリーのように，健康に関心がある人々の間にファン層を見出している」とあるが，ジュサラベリーとアサイーベリーの栄養価や人気を比較している箇所は本文にない。「アサイーベリーは，ジュサラベリーよりも滋養があり人気が高い」は正しくない。

III　解答

1－d　2－b　3－c　4－b　5－a　6－b
7－d　8－b　9－e　10－b

◆全　訳◆

≪人工知能（AI）の問題と危険性≫

1900年代初頭，ドイツの馬の調教師であり，数学者でもあるヴィルヘルム＝フォン＝オステンは，彼の馬は計算ができると世界に伝えた。何年もの間，フォン＝オステンはこの現象の実演をしながらドイツを旅した。彼は彼の馬，賢馬ハンスに簡単な数学の等式を解くように求めたものだった。それに応じて，ハンスは正しい答えのためにひづめでトントン叩いた。8を2で割った結果は？　ひづめで4回トントン叩いたのである。

賢馬ハンスへの大衆の関心は広かったので，ドイツの教育委員会は，彼の馬の能力についてフォン＝オステンが主張することの正当性を調査するための委員会を設置する気になった。委員会は，実際には賢馬ハンスはまったく数学の等式を解いていないが，人々の反応に答えていることを発見した。ハンスは，正しい数までトントン叩いたのであるが，それは通常，彼の調教師や群衆からの喝采が沸き起こったときであった。そうして彼は止めるのだった。観衆や彼の調教師が見えなかったり，声が聞こえなかったりしたときには，彼はトントン叩き続けたのだ。

今日，コンピューター・サイエンスがハンスから学べることは沢山ある。ある加速する研究分野が示唆しているのは，これまでに我々が作成したほとんどの人工知能（AI）は，正しい答えを出すのに十分なことを学習したが，情報を真に理解しないままに学習したということである。その結果，ほとんどの型の人工知能は比較的騙しやすいのである。

人工知能は，すぐに我々の社会の必要不可欠な部分になった。それは，迷惑メールや有害なコンテンツに対してメールを監視し，やがて車を運転するだろう。人工知能に制御されたシステムを騙すことの可能性は，将来の我々の安全と安心に，さらに大きな脅威をもたらすかもしれない。

大学，テクノロジー企業や米軍での，研究者達の小さなグループは，AIシステムを攻撃するいくつかの方法と技術を考案し，それらを防ぐためのシミュレーション研究を行った。これらの研究者達によって開発されたそれらの方法と技術を使えば，攻撃者は自動運転車が見るものを変更することができるだろう。入力音声を変えるための少量の雑音を加えることで，攻撃者はまた，あらゆる電話の音声認識システムを騙し，その電話をマルウェアに感染させるウェブサイトに誘導することもできるであろう。もう1つの考えられる攻撃は，AIセキュリティ・システムをちょっと騙すことで，ウイルスにファイアウォールを通過させて，メインネットワークに侵入させるだけのことかもしれない。

自動運転車，音声認識システム，またはファイアウォールに関して直接制御する代わりに，この方法ではAIシステムを単に騙して危険を無視させたり，実際にはそこにないものを知覚させたりすることに注目することは重要である。そのような攻撃は「敵対的サンプル」として知られる技術を使用する。つまり，人間には気づかない小さな変化をともなった，画像，音声，あるいはテキストのことで，AIシステムは，それを原物とは根本的に違うものとして認識するのである。攻撃者によって仕込まれた小さな変化は，AIシステムに提示されているものに関して誤った結論を引き出すように強いることができるのである。

敵対的サンプルのよく知られたある事例は，典型的なパンダの写真の巧みな操作である。あなたは，AIシステムが57.7%の信頼度で「パンダ」であると特定する，次ページの図の左側にあるパンダの画像からスタートする。しかし次に，非常に少量の注意深く作図された点（真ん中に示されている）を付加することで，人間には原物と同じに見えるが，システムは99.3%の信頼度で，パンダと多少似ている毛皮の色の柄をもったアジアの類人猿「テナガザル」と解釈する，右側の画像をあなたは得るのである。

他の，敵対的サンプルのより危険な可能性は，AI制御の自動運転車での事故に見られた。実験で，自動運転車は一時停止の標識に近づいたが，スピードを緩める代わりに，交差点に加速して入った。それは，混み合った街の通りを移動している旅客や通行人にとって致命的な事故につながったかもしれない。絶対に避けられなければならない悲惨な可能性である。後の調査で，4つの小さな汚れが一時停止標識の表面に残されていたのが明らかになった。これらのしみが，車に搭載されたAIシステムに，「止まれ」という言葉を「制限時速70km」と読み違えるように騙したのであった。

◀解　説▶

1．第1段第3文（He would …）に，解くことを求められているのはmathematical equations「数学の等式」とある。選択肢で該当するのは，割り算のd「8を2で割った結果は？　4回叩く」のみである。

a「もし『4321』は何桁かと尋ねられれば，4回叩く」

b「もし正午頃の時間を尋ねられれば，12回叩く」

c「数字の『9』はいくつのことか？　9回叩く」

2．第2段第3文（Hans would …）に「ハンスは，…彼の調教師や群衆から喝采が起こるまでトントン叩いた」とある。空欄を含む文は「観衆や調教師の顔や声がわからなかったとき」とある。その場合には，ひづめで叩くのを止めるタイミングがわからないので，b「彼はトントン叩き続けたのだ」が最も適切である。

a「彼は心の中で叩くのを感じたのだ」

c「彼は観客を叩き始めたのだ」

d「彼は正解を叩き出した」

3．下線部は「今日，コンピューター・サイエンスがハンスから学べることは沢山ある」の意である。ハンスの実態は，第2段第2文（The commission …）に「賢馬ハンスは人々の反応に答えているだけで，数学の等式はまったく解いていない」とある。答えが正しくても，実際に数学の等式を理解して答えを出しているのではないということなので，cが最も適切である。

4．下線部は「ほとんどの型の人工知能は，比較的騙しやすい」の意である。be easy to *do*「～しやすい」は，主語の性質を表す構文で，ここでは主語が不定詞の目的語になっている。it を使って書き換えると，it is relatively easy to deceive most types of artificial intelligence である。ゆえに，b「ほとんどの型の AI は簡単に騙されうる」が最も近い。

a「ほとんどの型の AI は，見かけによらず簡単である」

c「ほとんどの型の AI は，簡単に我々を騙すことができる」

d「ほとんどの型の AI は，簡単で見かけ倒しである」

5．空欄を含む文は「メインネットワークへの侵入」について述べているので，virus「ウイルス」の侵入を prevent「～を妨げる」は文意に合わない。また，let は使役動詞で，let *A* *do*「*A* に～させる」とするので，a が最も適切である。なお，mislead *A* into *doing*「*A* を騙して～させる」も記憶しておこう。

6．空欄を含む文の大意は，「攻撃者が仕込んだ小さな変化が，AI に誤った結論を引き出させる」だと考えられる。「強制して行わせる」の意味が最も適切であるから，それに該当するのは b である。force *A* to *do*「*A* に～することを強いる」で覚えておこう。

7．空欄を含む文は，第7段第1文（One well-known …）の「パンダの写真を用いた敵対的サンプル」の事例である。「敵対的サンプル」とは第6段第2文（Such attacks …）に「人間には気づかない小さな変化を加えた画像などで，AI は根本的に別のものとして認識する」とある。それを念頭に置くと，空欄を含む文では，システムは加工された写真の「パンダ」を「テナガザル」と解釈しているが，d「人間には，原物と同じに見える」が最も適切である。

a「AI には，完全に見分けがつかなく見える」

b「人間には，完全に見分けがつかなく見える」

c「AI には，原物と同じに見える」

8．第8段第2文（In an experiment, …）に「自動運転の車は一時停止の標識に近づいたが，交差点に加速して入った」とある。もし実験でなく交差点に多くの人がいたらと考えると，b「〜にとって致命的な事故につながった」が最も適切である。a「〜の前に出た」 c「〜に明確なサインを送った」 d「〜の命を助けた」

9．第8段第2文（In an experiment, …）に「自動運転の車は一時停止の標識に近づいたが，交差点に加速して入った」とある。「止まれ」という言葉を「加速」の意味に読み違えたと考えられるので，空欄には加速に類する表現が入る。加速に合致するのは，e「制限時速70km」である。misread *A* as *B*「*A*を*B*と読み違える」も確認しよう。bのhaltは「停まる」の意味。

10．下記より，bが正しい。

(I)本文に言及がないので，合致しない。

(II)第8段第1文（Another, more …）に「AI制御の自動運転車の事故で，敵対的サンプルのより危険な可能性が見つけられた」とある。大事故につながる原因は，同段第3文（A later …），および最終文（These spots …）から「一時停止標識の表面の小さなしみが，AIシステムに誤作動を起こさせた」ことである。この「小さなしみ」は，第6段第2文（Such attacks …）の「敵対的サンプル」の説明にある「人間には気づかない小さな変化」に相当する。ゆえに，合致する。

IV 解答

1．(A)—b　(B)—d　(C)—c　(D)—a

2．(2)—e　(4)—b　3．(3)—f　(5)—e

4—a　5—b　6—e

◆全　訳◆

≪世界の多様な思考体系≫

何人かの心理学者が思考の普遍的なパターンを当然のこととした一方で，さまざまな分野の多くの学者は，西洋人（欧州人，アメリカ人，そしてイギリス連邦の市民など）と東アジア人（中国や，韓国，そして日本の人々など）は，何千年にもわたって非常に異なった思考体系を維持してきていると信じている。さらに，これらの学者達はこれらの相違の本質について実質的な同意をしている。例えば，その疑問に取り組んだほとんどの人々は，西洋人は明確で単純なルール（以後「ルール」と記す）を作ることや，そうしたルールに基づいた分類に大きな関心があると想定している。カテゴリーは問題になっている対象に何のルールが適用されるべきかを彼らが知るのに役立つ。そして論理は問題解決に役割を果たす。対照的に，東アジア人は広範囲におよぶ状況に照らして対象を見る傾向がある。世界は，西洋人よりもアジア人にとって，より複雑であるように思えるし，対象を理解するには，単純で事前に決定された方法では機能しない多くの要因を常に考慮する必要がある。実際，問題を解決する際にあまりに論理を気にする人は，大人げないと思われるかもしれない。

もし，西洋人にとって世界を系統立てる自然な方法が，カテゴリーとそれらを定義するルールの観点からそうすることであれば，対象物間の類似性への西洋人の認識は，対象物が一連のルールを適用することによって分類される度合いに大きく影響されるであろうことが予期されるかもしれない。しかし，もしルールに基づいたカテゴリーが東アジア人にあまり明白でなければ，彼らの類似性の認識は対象物間に全体的な類似性がどれほどあるかにより基づくであろうことが予期されるかもしれない。

この可能性を調べるために，私は同僚と実験を行った。ヨーロッパ系アメリカ人，アジア系アメリカ人，そして東アジア人の参加者に次のページのようなイラストが見せられた。各々の表示は下部のターゲット・オブジェクト（下の絵）と，その上にあるオブジェクトの2つのグループで構成されていた。参加者の仕事は単に，ターゲット・オブジェクトがどちらのグループのオブジェクトにより似ていると思えるかを言うことであった。

ほとんどの東アジア人の参加者は，ターゲット・オブジェクトは左側のグループに，より似ていると考えた。だが一方，ほとんどのヨーロッパ系アメリカ人は，そのオブジェクトが右側のグループに，より似ていると考えた。ターゲット・オブジェクトは，左側のグループに全体として似ているのである。実際，それは共通部分の数の点で，右側のグループよりもこのグループにより類似している。それゆえに，東アジア人がそのオブジェクトを左側のグループに似ていると考えた理由を理解するのはたやすい。そして平均して，彼らは60％の確率でそうしたのである。しかし，ターゲット・オブジェクトは右側のグループの4つすべてのオブジェクトと一致すると分類させる，簡単なルールがある。そのルールは「まっすぐな（曲がっているのとは対照的な）茎をもつ」ことである。ヨーロッパ系アメリカ人は，典型的にそのような形式のルールを発見し，67%の確率で，ターゲット・オブジェクトが，ルールによって規定された特徴を共有するグループにより似ていることを見つけた。アジア系アメリカ人の判断はその中間だが，東アジア人の判断により近かった。

もし東アジア人が，世界を理解するのにルールを使うことに消極的で，ルールに基づいたカテゴリーを利用するのに消極的であれば，これらの傾向は，明確なルールを対象に適用することでカテゴリーを判断する彼らの能力にちょっとした影響を与えるかもしれない。この可能性を検査するために，ミシガン大学の研究グループは別の実験を行い，アジア系アメリカ人，ヨーロッパ系アメリカ人，東アジア人の参加者に，下のイラストの漫画の絵を見せた。彼らは動物を2つのカテゴリーに分類する方法を学ぶのだと言われた。つまり，金星からの動物と金星以外からの動物に，である。

参加者が言われたのは，もし動物が5つの特徴：上向きの曲がった尻尾，ひづめ，長い首，先の尖った口，そしてアンテナの形をした耳，のうちどれか3つをもっていれば，それは金星から来たということだった。もしそうでなければ，その生物は金星から来たのではない。上段の左側の動物は金星から来たとする基準に見合う。ひづめ，先の尖った口，そしてアンテナの形をした耳をもっているからである。右側の動物は基準に見合わない。上向きの曲がった尻尾と長い首しかもっていないからである。それは，金星以外のカテゴリーに入れられなければならないのである。

参加者が，練習段階で動物を正確に分類する方法を学んだ後で，研究グループは彼らに新しい動物を見せて，いかに速く，かつ正確にそれらを分類できるかを見ることで，彼らがカテゴリーをどれほど把握しているかを検査した。新しい動物は，以前に見られたことがある動物と似ている2つのタイプを含んでいた。ある動物は「肯定的な一致」で，参加者が練習段階の間に見たことがある動物に似ており，その特徴に関するルールの点でも同じカテゴリーに属していた。他の動物は，「消極的な一致」であり，以前に見られたことのある動物に似ていたが，ルールの観点からは，練習段階で見られた動物とは異なったカテゴリーに属したのである。下段の左側の動物は左上の動物に対して，肯定的な一致である。つまり金星から来たものとして分類された動物に似ており，ルールもそうであることを示している。右下の動物は消極的な一致である。それは金星の動物のように見えるが，ルールはそうではないと言う。この場合には，外見上の類似性は役に立たない。そして，あらかじめ学んだルールのみが，カテゴリーについての正しい選択に参加者を誘導することができるのだ。

東アジア人の参加者は，ヨーロッパ系アメリカ人やアジア系アメリカ人よりも，その動物が金星から来たのかそうでないかについて判断するのに時間がかかった。参加者の3つのグループは，肯定的な一致について同等に正確であった。これについては正確に合致した実例の記憶と，カテゴリーを定義するルールの正しい適用の両方が正確な答えを生み出したのである。しかし，消極的な一致に関してはルールが思い出され，正しく適用されたときにのみ正確に分類できるのであるが，東アジア人はヨーロッパ系アメリカ人やアジア系アメリカ人よりも2倍，多くの分類分けの間違いをした。

◀解　説▶

1．(A)第1段第3文（For example, …）に「西洋人の関心は，明確で単純なルール」とある。空欄を含む文では，東アジア人は in contrast「(それと）対照的に」対象を見るとあるので，見方は「不明確で複雑」となる。第1段第6文（The world …）の「アジア人は，多くの要因を常に考慮する」から，b「それらの広範囲におよぶ状況に照らして」が，最も適切である。a「もっと簡単な方法で」 c「それらに関連のある要因を無視しながら」 d「同じ合理性でもって」

(B)空欄の前後で，「東アジア人は左側のグループ」，「ヨーロッパ系アメリカ人は右側のグループ」を選んだとあるので，異なる両者をつなぐ語彙は，d「〜だが一方…」が最も適切である。

(C)空欄を含む文では，検査の目的「どれだけカテゴリーを把握しているかの確認」と，その手段「彼らに新しい動物を見せて」が述べられている。カテゴリー把握に関する検査なので，追加の手段を示すc「そして，彼らがいかに速く，かつ正確にそれらを分類できるかを見ることで」が，最も適切である。

a「しかし，彼らに動物の特徴を調べることをさせなかった」

b「しかし，彼らがそれらを分類するのにどれほど時間がかかるかのデータを集めなかった」

d「そして，彼らがいかに鮮やかに動物の性質を思い出すことができるかを見ることで」

(D)空欄の前に for which があることに注意。先行詞は the positive matches「肯定的な一致」で，何がそれについての「正確な答えを生み出した」のかを考える。a「正確に合致した実例の記憶とカテゴリーを定義するルールの正しい適用」が最も適切である。

b「ルールの記憶とカテゴリーを決定するための動物の特徴に関する口頭での情報」

c「動物を分類するためのルールと参加者の論理に対する好み」

d「参加者が動物を分類するために定めたルールと，動物に対して募る彼らの親近感」

2．下線部にある冠詞 a に注目する。選択肢から名詞は problem のみであり，resolving とつながり resolving a problem となるのは推測できる。ここまでが主部で，述部は助動詞 may に be considered（to be）「～だと考えられている」を続ければよい。resolving の前には空欄が1つなので，in *doing*「～するときに」で処理する。ゆえに，(the person who is too concerned with logic) in resolving (a) problem may be considered (immature) となる。

3．下線部に to があるので，be similar to～「～と似ている」で，more は similar を修飾していると推測できる。しかし，動詞は were のみなので，その間にいくつかの語句があると考える。残りの語句から in between「中間に，間に挟まれて」のイディオムが作れる。これによって，アジア系アメリカ人の判断が，第4段第1文（Most of …）にあるような東アジア人とヨーロッパ系アメリカ人の判断の中間であることを表すと考えられる。ゆえに，(Asian American judgments) were in between but more similar (to those of the East Asians.) となる。

4．空欄を含む文の前文（It looks …）では「それは金星の動物のように見えるが，ルールはそうではないと言っている」とある。つまり，外見から判断するとカテゴリーを誤り，ルールで判断すると正解できるので，a「(ア)役に立たない　(イ)あらかじめ学んだルールのみが」が，最も適切である。

b「(ア)役に立たない　(イ)形の全体的な把握のみが」

c「(ア)極めて重要である　(イ)あらかじめ学んだルールのみが」

d「(ア)極めて重要である　(イ)形の全体的な把握のみが」

5．「検査段階では，左側の動物の絵は(あ)のカテゴリーに属し，右側の動物の絵は(い)のカテゴリーに属する」

左側の動物に関しては，第7段第11行目コロン以下（It looks like the one …）に「金星から来たと分類された動物に似ており，ルールもそうであると示す」，右側の動物に関しては，同段第13行目コロン以下（It looks like the Venus …）に「金星の動物のように見えるが，ルールはそうではないと示す」とあるので，b「(あ)金星　(い)金星以外」が最も適切である。

6．第4段（Most of …）の実験結果から，東アジア人はグループ分けに際して，ルールよりも全体的な類似性を重視する傾向にあると判断できる。ゆえに，e「東アジア人が対象をグループに分類する際には，外見上の全体的な類似性が単純なルールに先駆ける傾向がある」が合致する。

a「2つの実験は，対象の間の全体的な類似性を認識する西洋人の能力を測るように設計された」　東洋人と西洋人の思考パターンの違いを検証するために実験は行われたので合致しない。

b「ヨーロッパ系アメリカ人と東アジア人双方の半分以上の参加者は，最初の実験で同じグループを選んだ」　違うグループを選んだため不適。

c「2回目の実験では，東アジア人の参加者は，消極的な一致において，肯定的な一致よりも2倍多くのミスをした」　2倍のミスだったのは，消極的な一致でのヨーロッパ系アメリカ人，アジア系アメリカ人と比べてのことである。

d「2回目の実験での金星以外の動物は，金星の動物がもつ特徴をまったくもつべきでない」　2つまではもっていてよい。

❖講　評

2022年度の構成は2021年度と異なり，4題すべてが読解問題であった。分量も多く，90分での解答には高度な読解力と上手な時間の割り振りが求められる。

Ⅰの読解は「運動科学の成果」がテーマである。下線部の内容に近い英文の選択や2つの空欄へ入る語句の組み合わせでは，精緻な読解力が要求される。

Ⅱの読解は，「荒廃したブラジルの森林の復活」がテーマであり，この大問のみ，設問もすべて英語である。

Ⅲの読解は，「人工知能（AI）の危険性」がテーマである。具体的な事例が多く取り組みやすい。空所補充が単語ではなく文章のものもあり，前後関係をしっかりと把握する力が問われる。

Ⅳの読解は，「世界の多様な思考体系」がテーマである。4ページにもおよぶ英文量に圧倒されるかもしれない。target object などの見慣れない語句もあるが，イラストを参考にすればよいので，落ち着いて取り組みたい。語句の並べ替え問題は2問あるが，in *doing* や in between のイディオムを知らないと手こずるかもしれない。基礎力が大切である。

地理

I

解答

問1．海岸段丘

問2．グローバルに気候が寒冷化する氷河期には，氷河が成長して海水量が減少し，海面が大きく低下する。逆に，グローバルに気候が温暖化する間氷期には，氷河が衰退して海水量が増加し，海面が大きく上昇する。

問3．火山活動，地震，断層作用，褶曲作用など地球内部に起源をもつエネルギーによって地球表面に対して作用し，起伏を増大させる諸現象のこと。

問4．④　問5．津波　問6．①　問7．ハザード　問8．②

問9．③

◀解　説▶

≪海岸段丘の形成・特色と自然災害≫

問1．海岸段丘は，海岸線が侵食され形成された海食崖と，波の侵食で海底が削られてできた海食台が，断続的に隆起して離水し陸地となり，海岸線に並列する階段状の段丘崖と段丘面を創り出すことで誕生する。このため，海岸段丘は，地震が多発する隆起地帯において顕著に発達している。

問2．グローバルな海面変化は，大規模な気候変動にともなう氷河の盛衰に連動して海水量が増減することで誘発される。

問4．④のロームが適当。関東地方の周縁部に位置する富士山，箱根山，浅間山などの諸火山の第四紀更新世の火山活動にともなって，関東平野に降下した火山砕屑物を起源とする赤色の地層群を，関東ローム層と呼ぶ。関東ローム層は，関東地方の台地・丘陵を覆っている。

問6．①の海溝型が適当。津波が発生するのは，海洋プレートが沈み込む境界で発生する海溝型（プレート境界型）地震である。海洋プレートが沈み込む海溝付近で引きずられる大陸プレートにひずみが蓄積し，限界を超えると，津波を伴うことの多い海溝型地震が発生する。

問8．②のビワが適当。急傾斜の段丘崖は，農耕地としての利用に適していない。よって，①のダイコンや④のワサビの栽培がさかんであるとは考えられない。また，日本における③のブドウの栽培は，山梨県や長野県などの内陸盆地が中心で，段丘崖での栽培がさかんであるとは考えられない。これらの点から，②のビワが正解と考察したい。ビワは耐寒性に優れないため，日本における栽培は都道府県別生産量が首位となっている長崎県を筆頭に，温暖な九州，四国，紀伊半島，伊豆半島，房総半島などが中心となっている。

問9．③の西日本太平洋沿岸が適当。問1と問8も参考にして考察すると，①の東日本日本海沿岸はビワの栽培がさかんな温暖地域ではないので不適当。②の瀬戸内海沿岸地域は，リアス海岸に代表される沈水海岸地形の発達が顕著な沈降地帯で，海岸段丘の発達が顕著な隆起地帯ではないので不適当。④の南西諸島では，ビワの栽培が行われていないわけではないが，傷みやすいビワを東京などの大消費市場へ出荷する際の優位性に劣っているため，九州，四国，紀伊半島，伊豆半島，房総半島などのように特産品となるレベルでの産地とはなっていないので不適当。

II 解答

問1．アメリカ合衆国，ウルグアイ，イタリア

問2．米は食料需要の旺盛なモンスーンアジアに生産が偏在するため自給的色彩が濃く，貿易量は生産量に比べて少ない。一方，小麦は農耕可能な地域のうち熱帯気候地域を除く諸地域で生産されるが，特に新大陸諸国で企業的生産がさかんなため，貿易量は米に比べて多い。

問3．①，③，⑥

問4．A．カナダ　B．イギリス　C．ドイツ　D．韓国

問5．③

問6．E，F，Gの組合せ：②　H，I，Jの組合せ：⑥

問7．食料の輸送距離（km）と輸送重量（t）の積で示される値のことで，食料の輸送にともなって排出されるCO_2など大気汚染物質の量を定数的に把握することを可能化するために考案された概念である。

問8．特定の一次産品の生産・輸出に強く依存する国家経済体制のことで，国際価格や生産量の変動により国の経済が左右されやすい。ガーナのカカオ，スリランカの茶，ザンビアの銅，サウジアラビアの原油などがその代表的事例である。

◀解　説▶

≪貿易と国際関係≫

問1．生産量に比べて輸出量が多い国は，米が主食でない国である。ブラジルの主食は米と豆なので生産量が多く，世界9位の生産国である（『世界国勢図会 2020/21』）。

問2．生産に関しては，米の生産量の 90％以上がモンスーンアジアに集中する一方で，小麦の生産は農耕可能な地域のうち熱帯気候地域を除く諸地域で行われていること，さらに新大陸諸国での大規模機械化経営による企業的生産がさかんなことを指摘するのがポイント。貿易に関しては，このような生産の状況を背景として，米は自給的色彩が濃く貿易が低調である一方，小麦は重要な国際貿易品のひとつとなっていて，貿易がさかんであることを指摘するのがポイント。

問3．①，③，⑥が誤り。①の世界の一次エネルギー供給（2019 年）は，石油が 30％強，石炭が 30％弱，天然ガスが 20％強となっている。③の原油の産出量（2019 年）は，1位がサウジアラビア，2位がロシア，3位がアメリカ合衆国である。⑥について，1973 年の第4次中東戦争を契機とする原油価格の高騰は，第1次石油危機と称される。なお第2次石油危機は，1979 年のイラン革命を契機とする原油価格の高騰を指す。

問5．③が誤り。2022 年現在の東南アジア諸国連合（ASEAN）加盟国は，2002 年に独立した東ティモールを除く東南アジアの 10 カ国（インドネシア，シンガポール，マレーシア，タイ，フィリピン，ブルネイ，ベトナム，ラオス，ミャンマー，カンボジア）。パプアニューギニアの国土が位置するニューギニア島は，インドネシア領となっている西半部が東南アジア，パプアニューギニアの国土となっている東半部がオセアニア（メラネシア）に地域区分される。

問6．「1人あたり貿易額（輸出）」は「輸出総額÷総人口」で算出されるため，総人口の多寡によっても変動する。また，「貿易依存度（輸出）」は，一般に市場規模の小さい小国で高くなる。以上2点に留意して考察するのがポイント。

問8．ガーナのカカオ，スリランカの茶，ザンビアの銅，サウジアラビアの原油といった，モノカルチャー経済の具体例を示しながら，また，モノカルチャー経済の欠点についても指摘したうえで答案作成に取り組むと，記述説明しやすくなる。

III　解答　問1．(ア)年　(イ)北大西洋　(ウ)偏西　(エ)亜熱帯高圧
(オ)アルプ（アルムも可）　(カ)移牧

問2．ⓐ―⑥　ⓘ―①　ⓤ―⑦　ⓔ―④　ⓞ―②

問3．秋田県，岩手県

問4．A―③　B―①　C―②　D―④

問5．E．⑤・小麦　F．③・ぶどう　G．②・オリーブ

◀解　説▶

≪ヨーロッパの気候と農業≫

問1．(オ)・(カ)移牧は，イベリア半島，アルプス山脈一帯，イタリア半島，バルカン半島，北アフリカといった地中海式農業地域などで行われている家畜飼育手法。アルプス山脈では，乾季となる夏は低地で良質な牧草を得ることが難しいため，融雪水の存在を背景に良質な牧草の生育する高地の草地（アルプ）で家畜を放牧する。対して，雨季となり山地に積雪が生じる冬は，低地で家畜を飼育する。

問2．ⓔ地中海性気候地域に多く分布するオリーブ，コルクガシといった，耐乾性に優れる小さくて硬い葉をもつ常緑広葉樹を硬葉樹と呼ぶ。

問4．問題文の最後に示されている「気温と降水量のスケールはそれぞれ異なる」という記述を見落とさないように注意したい。以下のように考えよう。④は最寒月・最暖月の気温が最も高いうえ，典型的な冬雨型の降水パターンを示していることから，4地点のなかで最も低緯度に位置している南ヨーロッパのD地点の雨温図。③は最暖月の気温が最も低く12℃に達していないことから，4地点のなかで最も高緯度に位置しているA地点の雨温図。②は最寒月・最暖月の気温が①よりも高いことから，残ったB・C両地点のなかで，より低緯度に位置しているC地点の雨温図。

問5．Eは冷涼でやや乾燥した気候が適する小麦の栽培限界であり，3位にロシアが入っている⑤が当てはまる。Gは十分な日照と降水量が必要なオリーブの栽培限界であり，地中海沿岸の国々が上位に入っている②が当てはまる。残るFがぶどうであり，地中海沿岸と中国，アメリカ合衆国が主産地なので，③が当てはまる。なお，①はナツメヤシ，④はバナナ，⑥はトウモロコシの生産上位国のデータである。

❖講　評

Ⅰ　ある大学地理学科の国内で行われた現地研究における教員と学生の会話を示した文章をもとにした，海岸段丘の形成・特色と自然災害に関する基本的内容の出題。取り上げられた地域の段丘崖でビワが栽培されていることを判断する問８と，現地研究が行われた地域を判断する問９は，やや難解であった。

Ⅱ　貿易と国際関係に関する出題。出題内容は基本的だが，第一次産業，第二次産業，国際機構，貿易と，多岐にわたる領域からの出題であるので，対策が不十分な領域があると苦戦するかもしれない。

Ⅲ　ヨーロッパの気候と農業に関する基本的内容の出題。論述問題が見られないので，最も取り組みやすい大問であっただろう。

数学

◀法・文（哲・英文・史・心理）・経済・社会・経営・国際文化・人間環境・現代福祉・キャリアデザイン・グローバル教養・スポーツ健康学部▶

1　解答　ア．2　イ．5　ウ．4　エ．3　オ．5

◀解　説▶

≪無理数の計算，整式の除法≫

(1)　$a^3=\left(\frac{1+\sqrt{5}}{2}\right)^3=\frac{1+3\sqrt{5}+15+5\sqrt{5}}{8}=2+\sqrt{5}$　（→ア，イ）

(2)　$2a-1=\sqrt{5}$ より

$(2a-1)^2=(\sqrt{5})^2$　　$4a^2-4a+1=5$

整理して　　$a^2-a-1=0$　……①

$2a^5+a^4-5a^3-2a^2+5a-8$ を a^2-a-1 で割ると，商が $2a^3+3a^2+1$，余りが $6a-7$ であるから

$$2a^5+a^4-5a^3-2a^2+5a-8=(a^2-a-1)(2a^3+3a^2+1)+6a-7 \quad \cdots\cdots②$$

$a=\frac{1+\sqrt{5}}{2}$ を②の右辺に代入すると，①より

$6\cdot\frac{1+\sqrt{5}}{2}-7=-4+3\sqrt{5}$　（→ウ～オ）

2　解答　ア．1　イ．6　ウ．1　エオ．76

◀解　説▶

≪カード3枚を取り出すときの確率≫

(1)　a_1，a_2，a_3 の並び方は全部で ${}_{20}\mathrm{P}_3$ 通り。小さい順に並ぶとき，その並び方は ${}_{20}\mathrm{C}_3$ 通りあるから，求める確率は

$$\frac{{}_{20}\mathrm{C}_3}{{}_{20}\mathrm{P}_3}=\frac{20\cdot19\cdot18}{3\cdot2\cdot1}\div(20\cdot19\cdot18)=\frac{1}{6}\quad(\to ア，イ)$$

(2)　a_1 と a_3 の偶奇が一致しているとき，a_2 が整数になる。また，a_2 は a_1 と a_3 の相加平均であるから，a_1，a_3 の決まり方を考えればよい。

偶数と奇数のカードはそれぞれ 10 枚あるので，求める確率は

$$\frac{{}_{10}\mathrm{C}_2+{}_{10}\mathrm{C}_2}{{}_{20}\mathrm{P}_3}=\left(\frac{10\cdot9}{2\cdot1}+\frac{10\cdot9}{2\cdot1}\right)\div(20\cdot19\cdot18)=\frac{1}{76}\quad(\to ウ〜オ)$$

3　解答　ア．9　イ．2　ウ．3　エ．7　オカ．16

◀解　説▶

≪平面ベクトルの内積，交点の位置ベクトル≫

(1)　$|2\overrightarrow{\mathrm{OA}}-\overrightarrow{\mathrm{OB}}|^2=(\sqrt{7})^2$ より

$$4|\overrightarrow{\mathrm{OA}}|^2-4\overrightarrow{\mathrm{OA}}\cdot\overrightarrow{\mathrm{OB}}+|\overrightarrow{\mathrm{OB}}|^2=7$$

$|\overrightarrow{\mathrm{OA}}|=2$，$|\overrightarrow{\mathrm{OB}}|=3$ より　　$4\cdot2^2-4\overrightarrow{\mathrm{OA}}\cdot\overrightarrow{\mathrm{OB}}+3^2=7$

したがって　　$\overrightarrow{\mathrm{OA}}\cdot\overrightarrow{\mathrm{OB}}=\dfrac{9}{2}$　(→ア，イ)

(2)　　$\mathrm{AE}:\mathrm{ED}=s:(1-s)$

　　　$\mathrm{CE}:\mathrm{EB}=t:(1-t)$

とおく。△OAD において

$$\overrightarrow{\mathrm{OE}}=s\overrightarrow{\mathrm{OD}}+(1-s)\overrightarrow{\mathrm{OA}}$$

$$=(1-s)\overrightarrow{\mathrm{OA}}+\frac{2}{3}s\overrightarrow{\mathrm{OB}}\quad\cdots\cdots①$$

△OBC において

$$\overrightarrow{\mathrm{OE}}=t\overrightarrow{\mathrm{OB}}+(1-t)\overrightarrow{\mathrm{OC}}=\frac{1-t}{2}\overrightarrow{\mathrm{OA}}+t\overrightarrow{\mathrm{OB}}\quad\cdots\cdots②$$

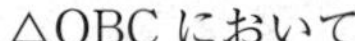

$\overrightarrow{\mathrm{OA}}\neq\vec{0}$，$\overrightarrow{\mathrm{OB}}\neq\vec{0}$，$\overrightarrow{\mathrm{OA}}\not\parallel\overrightarrow{\mathrm{OB}}$ なので，①，②より

$$1-s=\frac{1-t}{2},\quad\frac{2}{3}s=t\qquad\therefore\quad s=\frac{3}{4},\quad t=\frac{1}{2}$$

よって　　$\mathrm{AE}:\mathrm{ED}=3:1$

したがって，面積について

$$\triangle\mathrm{ABE}=\frac{3}{4}\cdot\triangle\mathrm{ABD}=\frac{3}{4}\cdot\frac{1}{3}\cdot\triangle\mathrm{OAB}=\frac{1}{4}\cdot\triangle\mathrm{OAB}\quad\cdots\cdots③$$

ここで $\theta=\angle\mathrm{AOB}$ とすると，(1)より

$$\cos\theta=\frac{\overrightarrow{\mathrm{OA}}\cdot\overrightarrow{\mathrm{OB}}}{|\overrightarrow{\mathrm{OA}}||\overrightarrow{\mathrm{OB}}|}=\frac{9}{2}\div(2\cdot3)=\frac{3}{4}$$

$\sin\theta>0$ であるから

$$\sin\theta=\sqrt{1-\cos^2\theta}=\sqrt{1-\left(\frac{3}{4}\right)^2}=\frac{\sqrt{7}}{4}$$

よって，△OABの面積は　$\frac{1}{2}\cdot2\cdot3\cdot\frac{\sqrt{7}}{4}=\frac{3\sqrt{7}}{4}$　……④

③，④より，△ABEの面積は

$$\frac{1}{4}\cdot\frac{3\sqrt{7}}{4}=\frac{3\sqrt{7}}{16}\quad(\toウ〜カ)$$

4 解答　ア．8　イ．3　ウ．2　エ．3　オ．2　カ．2

◀解　説▶

≪対数の計算，3次関数の最小値≫

(1)　$x=16$ のとき　$16y^{-2}=8$　$\therefore\ y^2=2$

$y>0$ より　$y=\sqrt{2}$

したがって

$$M=(\log_2 16)^2\log_8\sqrt{2}=4^2\cdot\frac{\log_2\sqrt{2}}{\log_2 8}=16\cdot\frac{0.5}{3}=\frac{8}{3}\quad(\toア，イ)$$

(2)　$p=\log_2 x$，$q=\log_2 y$ とおく。

$y\geqq\frac{1}{2}$ より　$q=\log_2 y\geqq\log_2\frac{1}{2}=-1$　……①

$\log_2 xy^{-2}=\log_2 8$ より　$\log_2 x-2\log_2 y=3$　$\therefore\ p=3+2q$　……②

M を q を用いて表すと，②より

$$M=p^2\cdot\frac{q}{3}=\frac{1}{3}(2q+3)^2q=\frac{1}{3}(4q^3+12q^2+9q)\quad\cdots\cdots③$$

$$\frac{dM}{dq}=\frac{1}{3}(12q^2+24q+9)$$
$$=(2q+3)(2q+1)$$

①に注意して M の増減を調べると，右の表のようになる。

q	-1	$\cdots$	$-\frac{1}{2}$	$\cdots$
$\frac{dM}{dq}$		$-$	0	$+$
M		↘		↗

よって，M は $q=-\frac{1}{2}$ のとき最小値をとる。

$q=-\frac{1}{2}$ のとき，$\log_2 y=-\frac{1}{2}$ より

$$y=2^{-\frac{1}{2}}=\frac{1}{\sqrt{2}}=\frac{\sqrt{2}}{2}\quad (\to オ，カ)$$

このとき M の値は，③より

$$M=\frac{1}{3}\left\{2\cdot\left(-\frac{1}{2}\right)+3\right\}^2\cdot\left(-\frac{1}{2}\right)=-\frac{2}{3}\quad (\to ウ，エ)$$

5 解答

アイ．34　ウ．3　エオ．15　カ．8　キク．15
ケ．4　コ．1　サ．4

◀解　説▶

≪2円上の点を結ぶ線分の長さや傾きに関する問題≫

(1)　円 $x^2-10x+y^2-6y+30=0$ は，変形すると

$$(x-5)^2+(y-3)^2=4$$

この円の中心 $(5,\ 3)$ を C とすると

$$\mathrm{OC}=\sqrt{5^2+3^2}=\sqrt{34}$$

線分 OC の 2 円との交点がそれぞれ A，B であるとき，線分 AB は最も短くなる。よって，l の最小値は

$$\sqrt{34}-3\quad (\to ア〜ウ)$$

(2)　A を固定したとき，直線 AB の傾きが最大（や最小）となるのは，B が円との接点となるときである。逆に，B を固定しても同じことが言えるので，直線 AB が右図のような共通接線のとき，傾き m は最大となる。

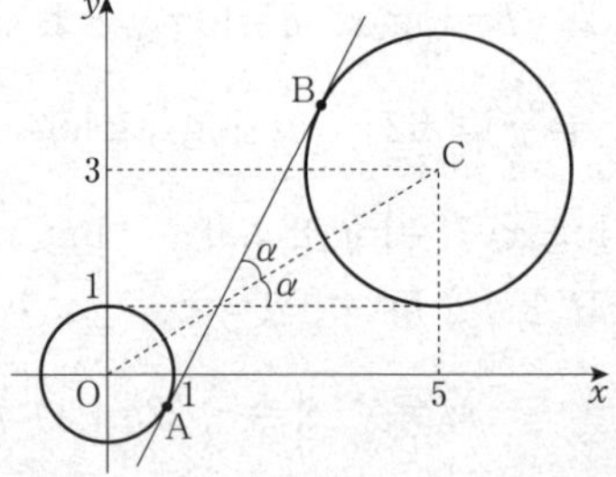

直線 OC の x 軸とのなす角を α とすると，m が最大となるときの直線 AB の x 軸とのなす角は 2α である。

$\tan\alpha=\frac{3}{5}$ であるから，2 倍角の公式より

$$\tan 2\alpha=\frac{2\cdot\frac{3}{5}}{1-\left(\frac{3}{5}\right)^2}=\frac{15}{8}\quad(\to エ\sim カ)$$

(3)　Aの座標を $(a,\ b)$ とおくと，右図のように考えて，Bの座標は $(a+5,\ b+5)$ と表せる。A，Bはそれぞれ円周上の点であるから

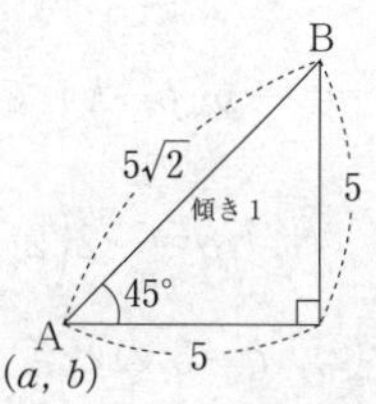

$$\begin{cases} a^2+b^2=1 & \cdots\cdots① \\ \{(a+5)-5\}^2+\{(b+5)-3\}^2=4 & \cdots\cdots② \end{cases}$$

①，②を辺々減じて

$$-4b-4=-3\qquad\therefore\quad b=-\frac{1}{4}$$

$b=-\frac{1}{4}$ を①に代入すると　$a^2+\left(-\frac{1}{4}\right)^2=1\qquad\therefore\quad a=\pm\frac{\sqrt{15}}{4}$

ゆえに，Aの座標は　$\left(\pm\frac{\sqrt{15}}{4},\ -\frac{1}{4}\right)$　(→キ〜サ)

6 解答　ア．4　イ．3　ウ．8　エオ．99　カキ．16

◀解　説▶

≪放物線と接線の関係，面積≫

直線 l の方程式は

$$y=-\frac{4}{a}x+4\quad\cdots\cdots①$$

C において $y'=-2x+k$ であるから，接線 l の方程式は，p，k を用いて

$$y=(-2p+k)(x-p)-p(p-k)=(-2p+k)x+p^2\quad\cdots\cdots②$$

①，②は同じ直線を表しているから

$$-\frac{4}{a}=-2p+k,\ 4=p^2\quad\cdots\cdots③$$

(1)　$a=3$ のとき，③より

$$-\frac{4}{3}=-2p+k,\ 4=p^2$$

第2式より　$p=\pm2$

$p=-2$ のとき，$k=-\dfrac{4}{3}+2\cdot(-2)=-\dfrac{16}{3}$ となり不適。

$p=2$ のとき，$k=-\dfrac{4}{3}+2\cdot 2=\dfrac{8}{3}$ で適する。

$q=-p(p-k)$ であるから，$p=2$，$k=\dfrac{8}{3}$ のとき

$$q=-2\left(2-\frac{8}{3}\right)=\frac{4}{3}\quad (\to ア，イ)$$

(2) $q=3$ のとき　　$3=-p(p-k)$ ……④

③の第２式より　　$p=\pm 2$

$p=-2$ のとき，④より $k=-\dfrac{7}{2}$ となり不適。

$p=2$ のとき，④より　　$k=\dfrac{7}{2}$

よって，③の第１式より　　$a=8$ （→ウ）

このとき

$$l : y=-\frac{1}{2}x+4$$

$$C : y=-x\left(x-\frac{7}{2}\right)$$

右図のように接点をＡとし，Ａから x 軸に垂線 AH をひく。また接線の x 切片をＢとすると，求める面積は直角三角形 ABH の面積から，放物線の下の部分を除いた面積であるから

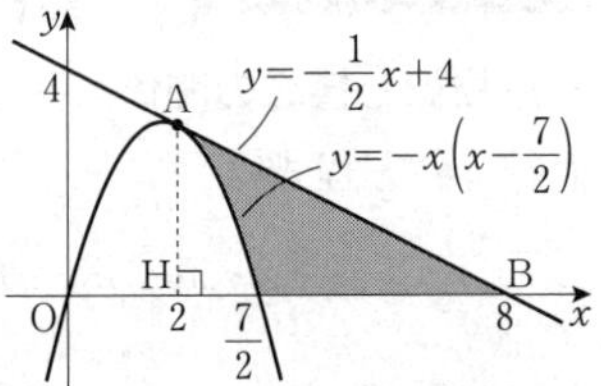

$$\frac{1}{2}\cdot 6\cdot 3-\int_2^{\frac{7}{2}}\left\{-x\left(x-\frac{7}{2}\right)\right\}dx$$

$$=9+\left[\frac{1}{3}x^3-\frac{7}{4}x^2\right]_2^{\frac{7}{2}}$$

$$=9+\left(\frac{343}{24}-\frac{343}{16}\right)-\left(\frac{8}{3}-7\right)$$

$$=\frac{99}{16}\quad (\to エ\sim キ)$$

❖講　評

大問6題で，1題ずつに2，3の設問があり，それぞれ1問目は基本的なものであるから，すべて完答したい。

各題後半は少し考える問題であるが，いずれもよく見かける問題であり，計算処理によって差が出るであろう。大問4以降は図をうまく利用して考えていくことも大切である。

◀情報科・デザイン工・理工・生命科学部▶

I **解答**　ア．3　イウ．28　エ．5　オカ．48　キ．1
クケ．12　コ．1　サ．8　シ．3　スセ．16
ソタ．17　チツテ．168　ト．5　ナニ．17

◀解　説▶

≪2つの袋から玉を取り出すときのいろいろな確率≫

(1)　袋Aからの玉の取り出し方は全部で $_8C_2$ 通りある。このうち和が10となるのは，2と8，3と7，4と6の3組であるから，求める確率は

$$\frac{3}{_8C_2}=\frac{3}{28}\quad (\text{→ア～ウ})$$

(2)　玉の取り出し方は全部で8·6通りある。和が10となるのは

$(A,\ B)=(1,\ 9),\ (2,\ 8),\ (3,\ 7),\ (4,\ 6),\ (5,\ 5)$

の5通りあるので，求める確率は

$$\frac{5}{8\cdot6}=\frac{5}{48}\quad (\text{→エ～カ})$$

数字が一致するのは

$(A,\ B)=(5,\ 5),\ (6,\ 6),\ (7,\ 7),\ (8,\ 8)$

の4通り。よって，数字が等しい確率は

$$\frac{4}{8\cdot6}=\frac{1}{12}\quad (\text{→キ～ケ})$$

袋Aから取り出した玉の数字が袋Bから取り出した玉の数字より大きいのは

$(A,\ B)=(6,\ 5),\ (7,\ 5),\ (8,\ 5),\ (7,\ 6),\ (8,\ 6),\ (8,\ 7)$

の6通りあるから，その確率は

$$\frac{6}{8\cdot6}=\frac{1}{8}\quad (\text{→コ，サ})$$

2つの数字の最大値が7となるのは

$(A,\ B)=(7,\ 5),\ (7,\ 6),\ (7,\ 7),\ (1,\ 7),\ (2,\ 7),\ (3,\ 7),$
$(4,\ 7),\ (5,\ 7),\ (6,\ 7)$

の9通りあるから，その確率は

$$\frac{9}{8\cdot6}=\frac{3}{16}\quad (\text{→シ～セ})$$

(3)　玉の取り出し方は全部で　${}_8C_2 \cdot {}_6C_1 = 28 \cdot 6$ 通り

袋Aから取り出した玉に書かれた数字の和が，袋Bから取り出した玉に書かれた数字と同じになるものは

(B, A)＝(5, 1と4), (5, 2と3), (6, 1と5),
(6, 2と4), (7, 1と6), (7, 2と5),
(7, 3と4), (8, 1と7), (8, 2と6),
(8, 3と5), (9, 1と8), (9, 2と7),
(9, 3と6), (9, 4と5), (10, 2と8),
(10, 3と7), (10, 4と6)

の17通り。

よって，求める確率は　$\dfrac{17}{28 \cdot 6} = \dfrac{17}{168}$　(→ソ～テ)

また，この17通りのうち，数字8を含むものはアンダーラインをひいた5通りであるから，その条件付き確率は

$\dfrac{5}{17}$　(→ト～ニ)

II　解答

ア．1　イ．3　ウエ．14　オ．5　カ．2　キ．2　クケ．10　コ．3　サ．5　シス．10　セ．9　ソ．2　タチ．55　ツテ．10　ト．9　ナ．5　ニヌ．11

◀解　説▶

≪平面ベクトルの内積の計算≫

円 C は　$(x-1)^2+(y-3)^2=10$

よって，Pの座標は　(1, 3)　(→ア，イ)

Aの座標を (a_1, a_2) とすると，Aは円 C 上の点であるから

$a_1{}^2+a_2{}^2-2a_1-6a_2=0$　……①

$\mathrm{OA}=2\sqrt{2}$ であるから　$a_1{}^2+a_2{}^2=(2\sqrt{2})^2$　……②

②を①に代入して整理すると　$a_1=4-3a_2$　……③

③を②に代入して整理すると　$(a_2-2)(5a_2-2)=0$

$a_2=2$ のとき，③より $a_1=-2$ となり不適。

$a_2=\dfrac{2}{5}$ のとき，③より　$a_1=\dfrac{14}{5}$

よって，Aの座標は　$\left(\frac{14}{5},\ \frac{2}{5}\right)$　(→ウ～カ)

円 D は　$(x-1)^2+(y+2)^2=5$

よって，Qの座標は $(1,\ -2)$ である。

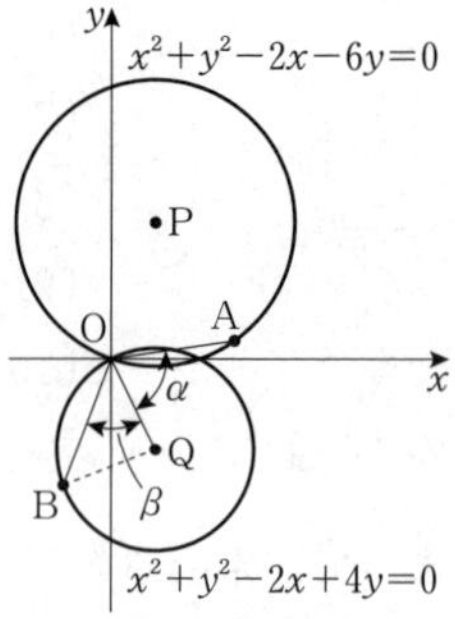

$\overrightarrow{\mathrm{OA}}$ と $\overrightarrow{\mathrm{OQ}}$ の内積は

$$\overrightarrow{\mathrm{OA}}\cdot\overrightarrow{\mathrm{OQ}}=\left(\frac{14}{5},\ \frac{2}{5}\right)\cdot(1,\ -2)=\frac{14}{5}-\frac{4}{5}$$

$$=2 \quad (\to キ)$$

よって

$$\cos\alpha=\frac{\overrightarrow{\mathrm{OA}}\cdot\overrightarrow{\mathrm{OQ}}}{|\overrightarrow{\mathrm{OA}}||\overrightarrow{\mathrm{OQ}}|}=\frac{2}{2\sqrt{2}\cdot\sqrt{5}}=\frac{\sqrt{10}}{10}$$

(→クケ)

y
$x^2+y^2-2x-6y=0$
P
O
A
x
α
Q
B
β
$x^2+y^2-2x+4y=0$

原点Oは円 D 上の点であり，△OBQ は3辺の長さが $\sqrt{5}$，$\sqrt{5}$，3の二等辺三角形となる。よって，余弦定理により

$$\cos\beta=\frac{(\sqrt{5})^2+3^2-(\sqrt{5})^2}{2\cdot\sqrt{5}\cdot 3}=\frac{3\sqrt{5}}{10} \quad (\to コ～ス) \quad \cdots\cdots ①$$

$\overrightarrow{\mathrm{OB}}$ と $\overrightarrow{\mathrm{OQ}}$ の内積は

$$\overrightarrow{\mathrm{OB}}\cdot\overrightarrow{\mathrm{OQ}}=3\cdot\sqrt{5}\cdot\frac{3\sqrt{5}}{10}=\frac{9}{2} \quad (\to セ,\ ソ)$$

また，$\sin\beta>0$ であるから，①より

$$\sin\beta=\sqrt{1-\left(\frac{3\sqrt{5}}{10}\right)^2}=\frac{\sqrt{55}}{10} \quad (\to タ～テ)$$

同様にして $\cos\alpha=\frac{\sqrt{10}}{10}$ より　$\sin\alpha=\frac{3\sqrt{10}}{10}$

したがって，加法定理により

$$\cos(\alpha+\beta)=\frac{\sqrt{10}}{10}\cdot\frac{3\sqrt{5}}{10}-\frac{3\sqrt{10}}{10}\cdot\frac{\sqrt{55}}{10}$$

$$=\frac{15\sqrt{2}-15\sqrt{22}}{100}=\frac{3\sqrt{2}(1-\sqrt{11})}{20}$$

よって $\overrightarrow{\mathrm{OA}}$ と $\overrightarrow{\mathrm{OB}}$ の内積は

$$\overrightarrow{\mathrm{OA}}\cdot\overrightarrow{\mathrm{OB}}=2\sqrt{2}\cdot 3\cdot\frac{3\sqrt{2}(1-\sqrt{11})}{20}=\frac{9}{5}(1-\sqrt{11}) \quad (\to ト～ヌ)$$

〔注〕 Aを求める要領でBの座標を求めると$\left(\dfrac{9-6\sqrt{11}}{10},\ \dfrac{-18-3\sqrt{11}}{10}\right)$となる。

III 解答 ア．1　イ．0　ウ．1　エオ．10　カ－⑤　キ－⓪
クケ．10　コ．3　サシ．10　ス．3　セソ．13
タ．3　チ．3　ツ．0　テト．14

◀解　説▶

≪3進法，数列の和≫

※ a_n は $\begin{cases} n\text{を3で割ると1余るとき} & a_{n-1}\text{の右側に1をつけた数} \\ n\text{を3で割ると2余るとき} & a_{n-1}\text{の右側に0をつけた数} \\ n\text{が3で割り切れるとき} & a_{n-1}\text{の右側に1をつけた数} \end{cases}$

であるから，$a_1=1_{(3)}$ のとき，$a_2=1\underset{\sim}{0}_{(3)}$，$a_3=10\underset{\sim}{1}_{(3)}$，$a_4=101\underset{\sim}{1}_{(3)}$，$a_5=1011\underset{\sim}{0}_{(3)}$，$a_6=10110\underset{\sim}{1}_{(3)}$ となる。（→ア～ウ）

このとき　$a_3=101_{(3)}=3^2+1=10$　（→エオ）

※のルールにより，一番右側（1の位）には，$n=1,\ 2,\ 3,\ \cdots$ に対し，「1，0，1」の3つの値を基本とする周期性があることがわかる。

$$b_1=a_6-a_3=101101_{(3)}-101_{(3)}=101000_{(3)}\quad (\to カ，キ)$$

$$b_1=101000_{(3)}=3^5+3^3=(3^2+1)\cdot 3^3=10\cdot 3^3\quad (\to ク～コ)$$

a_{3n} と a_{3n+3} では3桁違い，周期性も考慮すると

$$a_{3n}=\underline{101}\,\underline{101}\cdots\underline{101}_{(3)}\quad (n\text{組の「101」})$$

$$a_{3n+3}=\underline{101}\,\underline{101}\cdots\underline{101}\,\underline{101}_{(3)}\quad (n+1\text{組の「101」})$$

となるので，b_n は $3n+3$ 桁で，右から $3n$ 桁はすべて0となる。

$$b_n=101\underline{000}\,\underline{000}\cdots\underline{000}_{(3)}\quad (n\text{組の「000」})$$

よって，b_n を10進法に直せば

$$b_n=3^{3n+2}+3^{3n}=(3^2+1)\cdot 3^{3n}=10\cdot 3^{3n}\quad (\to サ～ス)$$

したがって，$b_n=a_{3(n+1)}-a_{3n}$ だから，$n\geqq 2$ として，階差数列の考え方により

$$a_{3n}=a_3+\sum_{k=1}^{n-1}b_k=10+\sum_{k=1}^{n-1}(270\cdot 27^{k-1})$$

$$=10+\frac{270(27^{n-1}-1)}{27-1}=\frac{260+10\cdot 27^n-270}{26}$$

$$=\frac{5}{13}(3^{3n}-1)$$　(→セ～タ)

次に $a_{3n}>3^{40}$ を満たす2以上の最小の整数 n を求める。すなわち

$$\frac{5}{13}(3^{3n}-1)>3^{40}$$

を満たす最小の n を求めるのだが

$$5(3^{3n}-1)>13\cdot 3^{40}$$

よって　$5\cdot 3^{3n}>13\cdot 3^{40}+5>13\cdot 3^{40}$

もし，ある自然数 N がⓘを満たすとき $a_{3N}\leqq 3^{40}$ であると仮定すると

$$\frac{5}{13}(3^{3N}-1)\leqq 3^{40}$$　(……ⓘⓘ)

より　$5(3^{3N}-1)\leqq 13\cdot 3^{40}$

したがって，ⓘと合わせて

$$5\cdot 3^{3N}-5\leqq 13\cdot 3^{40}<5\cdot 3^{3N}$$

が成り立つが，$13\cdot 3^{40}$ は3の倍数であるから

$$13\cdot 3^{40}=5\cdot 3^{3N}-3$$　(……ⓘⓘⓘ)　(→チ)

となる。ⓘⓘⓘの左辺は 3^{40} で割り切れるが，ⓘⓘⓘの右辺は 3^{40} で割り切れないから矛盾である。

よって，$a_{3N}>3^{40}$ である。

したがって，N がⓘを満たすとき，$a_{3N}>3^{40}$ が成り立つ。

以上により，ⓘを満たす2以上の最小の整数を A とすると

$$\frac{5}{13}\cdot 3^{3A}>3^{40}$$

より

$$3^{40}\geqq\frac{5}{13}\cdot 3^{3(A-1)}>a_{3(A-1)}$$　……①

となる。ここで

$$0=\log_3\frac{5}{5}<\log_3\frac{13}{5}<\log_3\frac{15}{5}=1$$　……②

であるから，$m=0$ である。(→ツ)

①において，左側の不等号部分で，両辺に底が3の対数をとって

$$\log_3 3^{40}\geqq\log_3\frac{5}{13}+\log_3 3^{3(A-1)}$$

$$40+\log_3\frac{13}{5}\geqq 3(A-1)$$

$$3A\leqq \log_3\frac{13}{5}+43$$

②より，この不等式を満たす A は $A\leqq 14$ である。

一方，$\frac{5}{13}\cdot 3^{3A}>3^{40}$ から同様にして　$3A>40+\log_3\frac{13}{5}$

より　$A\geqq 14$

よって　$A=14$

したがって，$a_{3n}>3^{40}$ を満たす最小の整数 n は14である。（→テト）

Ⅳ　解答

アー②　イー④　ウー②　エー④　オー②　カー⑤
キー⑨　クー②　ケー⑤　コー⑦　サー⑥　シー㊀

ス．3　セソ．64　タ．3

◀解　説▶

≪3次関数の増減，接線，曲線と接線で囲まれた部分の面積≫

$$f'(x)=3x^2-10x-8=(3x+2)(x-4)$$

$f'(x)=0$ のとき　$x=-\frac{2}{3}$，4　（→ア，イ）

$f(x)$ の増減は右の表のようになり，$\lim_{x\to-\infty}f(x)=-\infty$，$\lim_{x\to\infty}f(x)=\infty$ なので，$f\left(-\frac{2}{3}\right)$ は $f(x)$ の極大値であるが最大値ではなく，$f(4)$ は $f(x)$ の極小値であるが最小値ではない。（→ウ，エ）

x	$\cdots$	$-\frac{2}{3}$	$\cdots$	4	$\cdots$
$f'(x)$	+	0	−	0	+
$f(x)$	↗		↘		↗

C の $x=t$ における接線 l の方程式は

$$\begin{aligned}y&=f'(t)(x-t)+f(t)\\&=f'(t)x-t(3t^2-10t-8)+(t^3-5t^2-8t+12)\\&=f'(t)x-2t^3+5t^2+12\quad(\to\text{オ〜キ})\\&=(3t^2-10t-8)x-2t^3+5t^2+12\quad\cdots\cdots①\end{aligned}$$

l が点P$(-1,\ k)$ を通るので

$$\begin{aligned}k&=(3t^2-10t-8)\cdot(-1)-2t^3+5t^2+12\\&=-2(t^3-t^2-5t-10)\quad(\to\text{ク〜コ})\quad\cdots\cdots②\end{aligned}$$

$g(t)=-2(t^3-t^2-5t-10)$ とおくと

$$g'(t)=\frac{d}{dt}g(t)=-2(3t^2-2t-5)=-2(3t-5)(t+1)$$

よって，$g(t)$ の増減は右の表のようになり，$t=\frac{5}{3}$ において極大値をとり，$t=-1$ において極小値をとる。（→サ，シ）

t	$\cdots$	-1	$\cdots$	$\frac{5}{3}$	$\cdots$
$g'(t)$	$-$	0	$+$	0	$-$
$g(t)$	↘		↗		↘

P を通る接線がちょうど 2 本となる実数 k の値は次の 2 つである。

$$g(-1)=-2(-1-1+5-10)=14$$

$$g\left(\frac{5}{3}\right)=-2\left(\frac{125}{27}-\frac{25}{9}-\frac{25}{3}-10\right)=\frac{890}{27}$$

よって，$a=14$ であり，このとき②に $k=a=14$ を代入すると

$$14=-2(t^3-t^2-5t-10)$$

$$(t+1)^2(t-3)=0$$

$t=-1$（重解），3　（これが q，r の値）

したがって，$r=3$ である。（→ス）

このときの接線 m の方程式は，①に $r=t=3$ を代入して整理すれば

$$y=-11x+3$$

ゆえに C と m で囲まれた部分の面積は

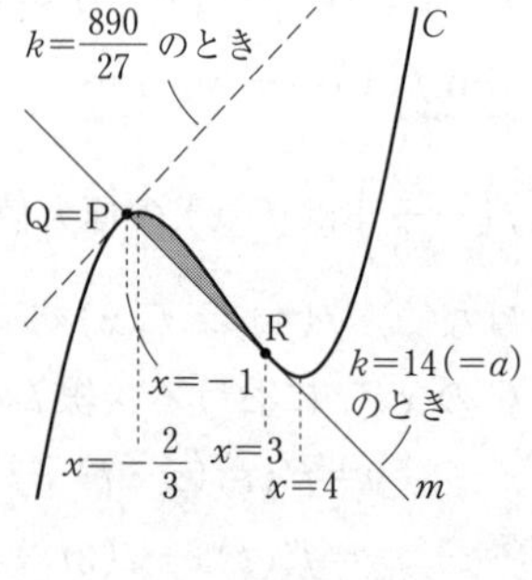

$$\int_{-1}^{3}\{(x^3-5x^2-8x+12)-(-11x+3)\}dx$$

$$=\left[\frac{1}{4}x^4-\frac{5}{3}x^3+\frac{3}{2}x^2+9x\right]_{-1}^{3}$$

$$=\frac{81-1}{4}-\frac{5(27+1)}{3}+\frac{3(9-1)}{2}+9(3+1)$$

$$=\frac{64}{3}$$　（→セ～タ）

V 

解答　ア．2　イウ．-1　エ．4　オ－①　カ－②
キク．-2　ケ．2　コ－③　サ－④　シ－⑥　ス．1

セ．3　ソ．4　タ．3　チ．4

◀解　説▶

≪高次方程式≫

$x+\dfrac{1}{x}=t$ とおくと，$\left(x+\dfrac{1}{x}\right)^2=t^2$ より　$x^2+\dfrac{1}{x^2}=t^2-2$

これを用いて，ⓘの両辺を x^2 で割った式を書き換えると

$(t^2-2)+at+b=0$　すなわち　$t^2+at+b-2=0$　(→ア)

(1)　$a=-3$，$b=-2$ のとき，t の2次方程式は

$t^2-3t-4=0$

$(t-4)(t+1)=0$　　$\therefore$　$t=-1,\ 4$　(→イ〜エ)

$(t=)x+\dfrac{1}{x}=-1$ のとき　$x^2+x+1=0$　……①

①の判別式を D_1 とおくと　$D_1=1^2-4\cdot1\cdot1<0$

よって，①を満たす x は，異なる2つの虚数解である。(→オ)

$(t=)x+\dfrac{1}{x}=4$ のとき　$x^2-4x+1=0$　……②

②の判別式を D_2 とおくと　$\dfrac{D_2}{4}=(-2)^2-1\cdot1>0$

よって，②を満たす x は，異なる2つの実数解である。(→カ)

(2)　$X+\dfrac{1}{X}=T$ とおいたとき方程式 $X^2-TX+1=0$ が実数解をもてばよいので，この方程式の判別式を D_3 として，$D_3\geqq0$ より

$D_3=T^2-4\cdot1\cdot1\geqq0$

$(T+2)(T-2)\geqq0$

$\therefore$　$T\leqq-2,\ 2\leqq T$　(→キ〜ケ)

(3)　(2)の方程式の解を α，β とすると，解と係数の関係により

$\alpha+\beta=T,\ \alpha\beta=1$

(2)より，$T>2$ のとき方程式は異なる2つの実数解をもち

$\alpha+\beta>0,\ \alpha\beta>0$

であるから，2つとも正の実数であることがわかる。(→コ)

同様に，$T<-2$ のとき $\alpha+\beta<0$，$\alpha\beta>0$ であるから，方程式は異なる2つの負の実数解をもつ。(→サ)

また，$-2<T<2$ のとき $D_3<0$ であるから，異なる2つの虚数解をもつ。（→シ）

(4)　(3)の結果により，実数解が1つになるためには $t=\pm 2$ であることが必要である。

(a) $t=-2$ のとき，$x^2+2x+1=0$ を解くと $x=-1$ で不適。（負の解ゆえ）

(b) $t=2$ のとき，$x^2-2x+1=0$ を解くと $x=1$ となり，適する。

このとき，方程式ⅱに $t=2$ を代入すると

$$2^2+2a+b-2=0 \quad \text{より} \quad 2a+b=-2 \qquad \therefore \quad b=-2a-2 \quad \cdots\cdots③$$

よって，方程式ⅱは

$$t^2+at+b-2=t^2+at-2a-4=(t-2)\{t+(a+2)\}=0$$

となるので，もう1つの解は　$t=-a-2$

このとき $x^2+(a+2)x+1=0$ は虚数解 $\dfrac{1}{2}\pm ui$ をもつので，解と係数の関係により

$$\begin{cases}\left(\dfrac{1}{2}+ui\right)+\left(\dfrac{1}{2}-ui\right)=-(a+2)\\[2mm]\left(\dfrac{1}{2}+ui\right)\left(\dfrac{1}{2}-ui\right)=1\end{cases}$$

これを解くと　$a=-3,\ u^2=\dfrac{3}{4}$

また，$a=-3$ を③に代入して $b=4$ を得る。

以上により，実数解は1，$u^2=\dfrac{3}{4}$，$a=-3$，$b=4$ である。（→ス～チ）

Ⅵ　解答

ア．0　イ．4　ウ．3　エ－⑧　オ－⓪　カ．1
キ．2　ク．1　ケ．2　コ．1　サ．2　シ．2
ス．3　セ．1　ソ．2　タ．3　チ．3

◀解　説▶

≪置換積分法による面積の計算≫

$$C : x^2-y^2=-1,\ y>0$$

$$l : y=\frac{1}{2}x+1$$

C と l の共有点の x 座標を求めると

$$x^2-\left(\frac{1}{2}x+1\right)^2=-1 \qquad \frac{3}{4}x^2-x=0 \qquad \therefore \quad x=0,\ \frac{4}{3}$$

よって　$p=0,\ q=\frac{4}{3}$　(→ア〜ウ)

$$\lim_{x\to+\infty}(\sqrt{x^2+1}+x)=\infty \quad (\text{→エ})$$

$$\lim_{x\to-\infty}(\sqrt{x^2+1}+x)=\lim_{s\to\infty}\{\sqrt{(-s)^2+1}+(-s)\}=\lim_{s\to\infty}\frac{s^2+1-s^2}{\sqrt{s^2+1}+s}$$

$$=0 \quad (\text{→オ})$$

C と l で囲まれた部分の面積 S は

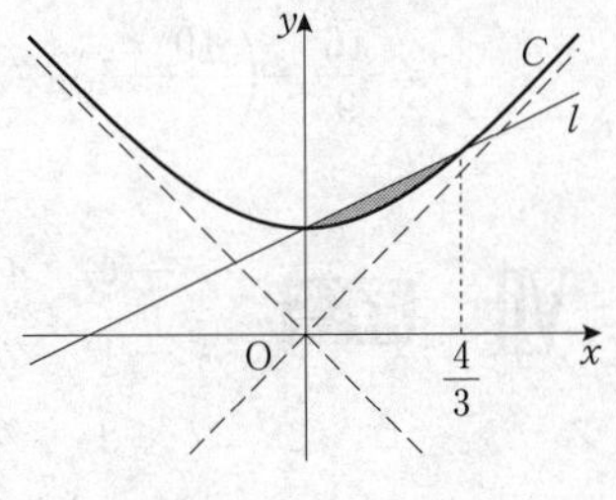

$$S=\int_0^{\frac{4}{3}}\left(\frac{1}{2}x+1\right)dx-\int_0^{\frac{4}{3}}\sqrt{x^2+1}\,dx$$

と表せる。前半の定積分は

$$\int_0^{\frac{4}{3}}\left(\frac{1}{2}x+1\right)dx=\left[\frac{1}{4}x^2+x\right]_0^{\frac{4}{3}}$$

$$=\frac{1}{4}\cdot\left(\frac{4}{3}\right)^2+\frac{4}{3}$$

$$=\frac{16}{9}$$

後半の定積分 I はⅲの置換を用いて計算する。$t=\sqrt{x^2+1}+x$ とおくと

$$x=t-\sqrt{x^2+1}=t-y$$

であるから，ⅱに代入して　$(t-y)^2-y^2=-1$

$t\neq0$ だから，整理して　$y=\frac{t^2+1}{2t}$　(→カ，キ)

よって　$x=t-\frac{t^2+1}{2t}=\frac{t^2-1}{2t}=\frac{t}{2}-\frac{1}{2t}$　(→ク，ケ)

ゆえに　$\frac{dx}{dt}=\frac{1}{2}+\frac{1}{2t^2}=\frac{t^2+1}{2t^2}$　(→コ〜シ)

またⅲにより，x の値と t の値の関係は右のようになるから

x	$0 \to \frac{4}{3}$
t	$1 \to 3$

$$I=\int_0^{\frac{4}{3}}\sqrt{x^2+1}\,dx$$

$$=\int_1^3\left(\frac{t^2+1}{2t}\times\frac{t^2+1}{2t^2}\right)dt \quad (\text{→ス，セ})$$

$$=\int_1^3\left(\frac{t}{4}+\frac{1}{2t}+\frac{1}{4t^3}\right)dt$$

$$=\left[\frac{t^2}{8}+\frac{1}{2}\log|t|-\frac{1}{8}t^{-2}\right]_1^3$$

$$=\left(\frac{9}{8}+\frac{1}{2}\log3-\frac{1}{72}\right)-\left(\frac{1}{8}+0-\frac{1}{8}\right)$$

$$=\frac{10}{9}+\log\sqrt{3}$$

以上により，面積 S は

$$S=\frac{16}{9}-\left(\frac{10}{9}+\log\sqrt{3}\right)=\frac{2}{3}-\log\sqrt{3}$$　（→ソ～チ）

Ⅶ 解答

ア―⓪　イ―①　ウ．2　エ．3　オ―⑤　カ―①
キ―①　ク．6　ケ．9　コ―③　サ―②　シ―②
ス―①　セ．2　ソ．3　タ．2

◀解　説▶

≪媒介変数表示された関数の増減，定積分の計算≫

$0\leqq\theta\leqq\frac{\pi}{4}$ のとき，$0\leqq2\theta\leqq\frac{\pi}{2}$ であるから　　$0\leqq x\leqq1$　（→ア，イ）

$x=\sin2\theta$，$y=\sin3\theta$ より　　$\frac{dx}{d\theta}=2\cos2\theta$，$\frac{dy}{d\theta}=3\cos3\theta$　（→ウ，エ）

$\frac{dy}{dx}$ を θ を用いて表すと　　$\frac{dy}{dx}=\frac{dy}{d\theta}\div\frac{dx}{d\theta}=\frac{3\cos3\theta}{2\cos2\theta}$

$\frac{dy}{dx}=0$ のとき　　$\cos3\theta=0$

$0<3\theta<\frac{3}{4}\pi$ のとき　　$3\theta=\frac{\pi}{2}$　　$\therefore\ \theta=\frac{\pi}{6}$

$\theta=\frac{\pi}{6}$ のとき　　$x=\sin\frac{2\pi}{6}=\frac{\sqrt{3}}{2}$　（→オ）

また，このとき　　$y=\sin\frac{3\pi}{6}=1$　（→カ）

$y=\sin3\theta\leqq1$ であるから，この y の値は，$f(x)$ の最大値である。（→キ）
次に，$y=f(x)$ の第2次導関数の符号を調べて，曲線 C の凹凸を調べる。
合成関数，逆関数の微分法の考え方を用いると

$$f''(x)=\frac{d}{dx}\left(\frac{dy}{dx}\right)=\left\{\frac{d}{d\theta}\left(\frac{dy}{dx}\right)\right\}\frac{d\theta}{dx}$$

$$\frac{d\theta}{dx}=1\div\frac{dx}{d\theta}=\frac{1}{2\cos 2\theta}$$

$$\frac{d}{d\theta}\left(\frac{dy}{dx}\right)=\frac{d}{d\theta}\left(\frac{3\cos 3\theta}{2\cos 2\theta}\right)$$

$$=\frac{3}{2}\cdot\frac{-3\sin 3\theta\cos 2\theta-\cos 3\theta\cdot(-2\sin 2\theta)}{\cos^2 2\theta}$$

よって

$$f''(x)=\frac{1}{2\cos 2\theta}\cdot\frac{3(2\cos 3\theta\sin 2\theta-3\sin 3\theta\cos 2\theta)}{2\cos^2 2\theta}$$

$$=\frac{6\cos 3\theta\sin 2\theta-9\sin 3\theta\cos 2\theta}{4\cos^3 2\theta}\quad(\to ク,\ ケ)$$

$0<\theta<\frac{\pi}{4}$ のとき，$4\cos^3 2\theta>0$ である。

$$g(\theta)=6\cos 3\theta\sin 2\theta-9\sin 3\theta\cos 2\theta$$

とおくと

$$g'(\theta)=6(-3\sin 3\theta\sin 2\theta+2\cos 3\theta\cos 2\theta)-9(3\cos 3\theta\cos 2\theta-2\sin 3\theta\sin 2\theta)$$

$$=-15\cos 3\theta\cos 2\theta$$

$0<\theta<\frac{\pi}{4}$ のとき　　$\cos 2\theta>0$

$0<3\theta<\frac{3}{4}\pi$ であるから，$0<3\theta<\frac{\pi}{2}$ のとき $\cos 3\theta>0$，$\frac{\pi}{2}<3\theta<\frac{3}{4}\pi$ のとき $\cos 3\theta<0$ である。

よって，$g'(\theta)$ は正の値も負の値もとる。（→コ）

実際に $g(\theta)$ の増減は右のようになる。

θ	0	$\cdots$	$\frac{\pi}{6}$	$\cdots$	$\frac{\pi}{4}$
$g'(\theta)$		$-$	0	$+$	
$g(\theta)$		↘		↗	

$$g(0)=0$$

$$g\left(\frac{\pi}{4}\right)=-3\sqrt{2}<0$$

であるから，$g(\theta)$ はつねに負の値をとる。

（→サ）

以上により，$f''(x)$ はつねに負の値をとるので，C は上に凸である。

（→シ，ス）

定積分 I を θ に置換して計算すると

x	$0 \to 1$
θ	$0 \to \frac{\pi}{4}$

$$I=\int_0^1 f(x)dx$$

$$=\int_0^{\frac{\pi}{4}} \sin 3\theta \cdot 2\cos 2\theta d\theta$$

$$=\int_0^{\frac{\pi}{4}} (\sin 5\theta+\sin\theta)d\theta$$

$$=\left[-\frac{1}{5}\cos 5\theta-\cos\theta\right]_0^{\frac{\pi}{4}}$$

$$=-\frac{1}{5}\cdot\left(-\frac{\sqrt{2}}{2}\right)-\frac{\sqrt{2}}{2}-\left(-\frac{1}{5}-1\right)$$

$$=\frac{2}{5}(3-\sqrt{2}) \quad (\to セ〜タ)$$

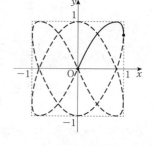

曲線 C の概形は右図の実線のようになる。

y
1
-1
O
1
x
-1

❖講　評

2022年度は，ほぼ2020年度と同様の形に戻った。3題の共通問題と，学部・学科により指定された2題の，計5題を解くことになっている。

難易度は標準であるが，しっかりと思考し計算しなければならない。文章が長いものが多いが，問題文自体が丁寧な誘導になっているので，順番に解決していけばよい。どの分野からもまんべんなく出題されており，不得意分野をなくしておくことが大切。Ⅵ，Ⅶは微分の計算，定積分の計算もそれなりにあるので，しっかり計算力をつけておかねばなるまい。

三は、「他者理解」、「異文化理解」についての評論からの出題。内容はやや難しいが、文章自体は読みやすいものであった。選択式の問題には一部紛らわしいものもあった。しっかりと本文の内容を読み取り、選択肢を丁寧に検討する必要がある。記述問題は段落の内容を押さえて的確にまとめる必要があった。

四は、鎌倉時代の軍記物語『平治物語』からの出題。丁寧に注もついており、人物関係も複雑ではないので、本文は比較的読みやすい文章であった。内容面では、信西の上皇に対する進言の内容を的確に読み取る必要がある。選択式の設問は基本的なものであったが、口語訳の問題では古語の意味や文法だけでなく、内容を踏まえて解釈する必要があった。記述式の内容説明問題は字数制限もなく、解答しづらいものではなかったが、傍線部の前の内容を十分に理解している必要があった。頻出の文学史の問題も出題されたので、文学史についての知識も必要である。

五は、『蒙求』からの出題。内容はわかりやすく、読みやすい文章である。読み、選択式の設問も基本的なものであるので、基礎知識をしっかり身につけておく必要がある。記述問題も傍線部の解釈が主なので、解答しやすいものである。

c、「賜」は目的語が「絹一匹」なので〝与える〟の意味になる。したがって「たまふ〔たまう〕」と読む。

問二　「何」は「なにをか」、「なんぞ」、「いづれ」などさまざまな読み方があるので、文脈から判断していく。「何」の下に述語の「得」があるので、「得」は〝手に入れる〟の意味となり、「此絹」は目的語になる。「何」を除いた傍線部①の意味は〝この絹を手に入れる〟となる。選択肢のうち、この意味を適切に解釈しているのはイだけであり、「何」を「いづれより」と読んで〝どこで〟の意味で捉えても問題はない。したがってイが適切。

問三　「B孰与A」は、「BはAに孰与れぞ」と書き下し、〝BとAではどちらがよいか〟という選択疑問になる。傍線部②を書き下し文にすると、「卿は父の清なるに孰与れぞ」となり、直訳すると〝あなたとあなたの父の清廉ではどちらが上であるか〟という意味になる。したがってオが適切。

問四　傍線部③を直訳すると〝私の父の清廉は人に知られることを恐れるが、私の清廉は人に知られないことを恐れる（＝人に知ってほしいと思っている）〟となる。これは直後に「是臣不及遠也〈＝私は父には遠く及ばないのである〉」と述べていることからも、父の清廉の方が高い次元であるということを述べていることがわかる。解答の方向は、傍線部③の訳をまとめた後に、父の方が高い次元の清廉であると述べればよい。

❖講　評

一は、語意、故事成語を問う出題。漢字の書き取りは出題されなかったものの、漢字の意味を問う問題は出題された。やはり基礎的な知識をしっかり身につけることが必要である。

二は、一冊の本の異なる三箇所を並べた形の出題。古典の引用もあるが、文章の内容は比較的わかりやすく理解しやすいものである。語意の問題や同じ意味で用いられている漢字を含む熟語を問う問題もあり、漢文の知識も必要とした。選択肢は比較的検討しやすいものであった。記述問題は、本文全体の内容を踏まえて検討する必要があるため、解答に盛り込む要素を確認して解答をまとめる必要があった。

自分だけで驢馬に乗って行った。父のもとに至り、父に会って帰京しようとしたときに、父は絹一匹を与えた。威が（その絹が不正によって手に入れたのではないかと、疑念をもって確認のために念を押して）言うには、父上は清廉高尚でございます（が、念のためにうかがいます）、この絹はどこから手に入れたのですか、と。（父は）答えて、これは私の俸給の余りである、と。威は（このことを聞いて安心して）受け取り別れのあいさつをして立ち去り、（しかし、思い直して）最後には質の部下の都督に（この絹を）与えた。（胡威は）のちに徐州の長官となった。政道に励み、人民を感化してその地方を教化した。（ある日）参内したときに、武帝が（威に）言うには、そなたとそなたの父とでは清廉の度合いはどちらが上であろうか、と。（威が）答えて言うには、私の父の清廉は人に知られまいかと気遣いますが、私の清廉は人が知ってくれないかと気遣います。この点は私が父に比べ遥かに及ばないのでございます、と。

読み　胡威字は伯武、淮南寿春の人なり。父質は忠清を以て称せらる。魏に仕へ荊州の刺史と為る。威京都より定省するに、家貧にして車馬僮僕無く、自ら驢を駆つて単行す。既に至り、父を見て帰るとき、父絹一匹を賜ふ。威曰はく、大人清高なり、何れより此の絹を得たると。答へて曰はく、是れ吾が俸禄の余りなりと。威之を受けて辞し帰り、卒に取りて質が帳下の都督に与ふ。後徐州の刺史と為る。政術を勤め、風化大いに行なはる。入朝するに、武帝謂ひて曰はく、卿は父の清なるに孰与れぞと。対へて曰はく、臣の父の清は人の知らんことを恐れ、臣の清は人の知らざらんことを恐る。是れ臣が及ばざること遠きなりと。

▲解　説▼

問一　a、「字」は漢文では重要な読みの一つで、「あざな」と読む。意味は〝成人した男性に本名のほかにつける別名〟で、他人が敬って呼ぶときに用いるものである。

b、「自」は「みづから〔みずから〕」、「おのづから〔おのずから〕」、「より」などさまざまな読み方がある。ここでは上に「無車馬僮僕〈＝車馬や下僕もいないまま〉」とあるので、「自」は〝自分で〟の意味になる。したがって「みづから〔みずから〕」と読む。

を越えて任官しようとしたことを、堀河天皇や諸卿が止めたというエピソードを出し、上皇を諫めるのである。したがって、信西は司召については身分相応にするべきだと考えていることがわかる。これを踏まえれば〝身分不相応、分に過ぎている〟という意味の語句が解答になると考えられる。したがって「過分」が端的な評価である。

問五　「御志」は二重傍線部2の二行前にも「せめての御志にや」とあり、この直後に「年の始めの勅書の上書に、中御門新大納言殿へとぞあそばされたりける」とあるので、この部分が二重傍線部2の「御志」の内容であると考える。この行動に、このようなことをした理由である「故中御門藤中納言家成卿を、旧院、大納言になさばや……思し召し止まりぬ」という部分を付け加えて説明すればよい。

問六　『平治物語』は鎌倉時代に成立した軍記物語である。選択肢のなかで鎌倉時代の成立ではない作品はウ『今昔物語集』である。『今昔物語集』は平安時代に成立したとされる説話集である。

五

出典　李瀚『蒙求』〈一三九　胡威推縑〉

解答

問一　a、あざな　b、みづから〔みずから〕　c、たまふ〔たまう〕

問二　イ

問三　オ

問四　父の清廉は人に知られまいと気遣うが、自分の清廉は人に知ってほしいと思うので、父の方がより高次の清廉であるということ。

◆全　訳◆

胡威は字を伯武といい、淮南郡寿春県の人である。父の質は誠実清廉で世間から称賛されていた。魏に仕えて荊州の長官となった。威は（都で勉学に励んでいて）都から帰省しようとしたが、家が貧しくて車馬やお供する下僕もいないまま、

解説

問一　それぞれの敬語の種類と敬意の方向を確認する。①は「聞く」の尊敬語で〝お聞きになる〟の意味。上皇の発言で、「聞く」主体は上皇。したがって上皇から上皇への敬意で自敬表現となる。これが正解。②は「言ふ」の尊敬語「仰す」に尊敬の助動詞「らる」が付いた二重尊敬（最高敬語）となる。地の文であるので、作者から上皇への敬意。③は「思ふ」の尊敬語で、信西の発言内であるので信西から白河院への敬意。④は「す」の尊敬語でここでは「お書きになる」の意味。信西から旧院への敬意。⑤は③と同様に「思ふ」の尊敬語で、ここは作者から上皇への敬意。

問二　傍線部aを直訳すると〝誰が望みをかけませんでしょうか、いや誰もが望みをかけるに決まっています〟となる。ここで望みをかけるのは、大将という職についてである。したがってイが適切。

傍線部bを直訳すると〝どうして気の毒にお思いにならないでいられましょうか、いや、気の毒にお思いになるでしょう〟となる。そして傍線部bの直前に「信頼などが身をもって……天のために滅ぼされ候はん事」とあることから、上皇が気の毒に思うであろう内容は〈信頼が天によって身を滅ぼすこと〉だと考えられる。したがってオが適切。

問三　空欄Xの直前が「ども」という逆接の接続助詞でつながっていることに着目する。空欄Xの直前の解釈は〝白河院は、（宗通卿を）大将にしようとお思いになったが〟となり、「寛治の聖主」の判断は、それを許さなかったということになる。その後の鳥羽院のエピソードでも〈鳥羽院が家成卿を大納言に任官しようとしたが、諸卿が諫めて思いとどまった〉ことが書かれているので、この二つのエピソードは同内容であると考えてよい。したがってオが適切。

問四　信西の上皇に対する発言全体が「いさめ申しけれ」（波線部⑤の前）となっていることに着目する。したがって信西は〈信頼の望みを受け入れて大将にしてはいけない〉と上皇に進言しているのである。このことを踏まえて信西の発言のなかから解答箇所を見つける。考え方として、上皇が信頼を大将にしてもよいと考える根拠は「必ずしも重代清花の家にあらざれども、時によってなさるる事もありける」と伝え聞いていることである。これに対して信西は、司召は重要であり、叙位や除目に誤りがあると世の中が乱れると考えている。だから、白河院や鳥羽院が本来の身分

問五　鳥羽院が大納言に任官することのできなかった家成へ、勅書の上書きに「新大納言殿へ」と書いたこと。

問六　ウ

◆全　訳◆

あるとき、信西に向かって、上皇がおっしゃったのは、「信頼が大将（を兼任すること）を望み申し上げていることはどうだろうか。必ずしも先祖代々清華の家の出身ではないが、ときには（そうした者を大将に）任じることもあったと伝えお聞きしている」とおっしゃったので、信西は、ああこの世の中は、今に滅びるだろうと嘆かわしく思って申し上げたのは、「信頼などが大将になったならば、誰が（大将の職に）望みをかけませんでしょうか（、いや誰もが大将の職を望むでしょう）。君の御為政は、官位の任命を第一とします。叙位や除目に間違いが起こってしまうと、上は天に背き、下は人民から非難されて、天下の乱れる発端です。その例は、中国と我が国に数多くあります。だからでしょうか、阿古丸大納言宗通卿を、白河院は、大将にしようとお思いになっていましたが、堀河天皇はお許しになりませんでした。故中御門藤中納言家成卿を、鳥羽院は、大納言にしたいとおっしゃったが、諸大夫が大納言になることはずっとなかったことでございます。中納言になりますことでさえ、分に過ぎた扱いですのにと、諸卿が諫め申し上げなさったので、（鳥羽院も）お思いとどまりになりました。せめてもの思いやりのお心でしょうか、年始の勅書の添え書きに、中御門新大納言殿へとお書きになりました。これを（家成が）拝見して、本当に（大臣・大将に）任命され申し上げたよりもいっそう過分の名誉であるよ、お心づかいのほどがありがたいと言って、老いの涙をぬぐい切れなかったとお聞きしています。昔は大納言任官のごときにまで天皇が後押しを思い立たれ、臣下もゆるがせにしてはいけないと諫め申し上げたのです。まして近衛大将であればなおさらです。三公に列しても、大将を経ない臣のみの者もいます。摂政・関白の子息、優れた才能の者も、この官職をもって第一とします。信頼などの身で大将の職につこうものならば、いよいよ奢りを極めて謀逆の臣となり、天のために滅ぼされますことを、どうして気の毒なことにお思いにならないでおられましょうか（、いや気の毒にお思いになるでしょう）」と（上皇を）諫め申し上げたが、（上皇は）まったくそのとおりだとお思いになっているご様子もない。

ているので、「彼らの経験」の部分は「精霊や妖術」に置き換えなければならない。「精霊や妖術」については第十三段落に「不可解な事柄」と言い換えられているので、この部分を使うとよい。「どのようにして」という設問であるので〈フィールドの人びとと共生する〉という具体的手法は必要な要素であろう。

問五　人類学における認識論から存在論への転換の主張は、第五段落で「『他者理解』や『異文化理解』の難しさと限界を自覚的に示している」と述べたうえで、「『他者理解』の不可能性のうえに立った、他者のリアリティの尊重だ」と考えている。そして、第六段落にあるように、この主張の問題点を考えると、「そもそも自分にとっての『他者』や『異文化』って何？」という根本的な問いに引き戻されるのである。その問いは「どのような探究をもってしてもわかりえない『他者』や『別の世界』って何？」とあるように、人類学に限らず「他者理解」や「異文化理解」は本質的に困難であることを示しているので、エが合致するといえる。ア「非文明社会では成立しない」とは本文では述べられていない。イ「妖術や精霊は含まれていない」は第十三段落の内容と矛盾する。ウ「人類学の手法で乗り越えられる」は、人類学の「『他者理解』の不可能性」の考え方に矛盾する。オは紛らわしいが、第五段落で「安易な『理解』のあり方に警鐘を鳴らす」と述べるにとどまり、第八段落で「別の方向に進む道筋がみえてくるかもしれない」と予感にとどまるので、「打破し続けてきた」というところまでは読み取れない。

四

出典　『平治物語』〈上〉

解答

問一　①

問二　a－イ　b－オ

問三　オ

問四　過分

の前の部分で「妖術や精霊について述べられているようでいて」「別の事柄が説明され」「その説明を受けとる近代人にとって納得のいく論理にすぎない」と筆者は述べている。これを踏まえると「機能主義的な説明」は、妖術や精霊といったものを理解するものではないということになる。したがってイが適切。

問二　傍線部2「興味深い議論」の内容は第三段落から第六段落に述べられている。第四段落で「妖術や精霊は、フィールドの人びとである『彼ら』にとっては実在するものだ。それは認めなくてはならない。でも、だからこそ、私たちはそれを、私たちの理性的なことばで説明したり、あるいは自分にとっても現実的なものでありうると思いこんだりしてはならない」と述べていることからアが適切。イ「近代合理主義的な視点も維持し」、ウ「差異を分析する」、エ「『他者理解』の困難さを考える」、オ「『彼ら』の世界を共存させる方法を模索する」がそれぞれ不適。

問三　「存在論的な主張」の前提は〈彼ら」と「私たち」との差異〉であり、二つ前の段落に「『彼ら』にとって妖術や精霊は存在するのだと言ってしまうとき、『彼ら』にとっての世界なるものが何かしらあることが想定されている。それは私たちによって想定された、私たちには共有することのできない、精霊や妖術込みの『彼らの現実世界』なのだ」とあることからも、「彼ら」の世界を「私たち」の世界とは異なるものとして位置づけている。グレーバーはその「差異を強調する考え方に疑問を投げかけ」、「精霊や妖術、呪術といったものは、私たちにとってよくわからないものであるのと同様に、それが『存在する』とされる社会の人びとにとってもよくわからないもの」と位置づけるのである。これを踏まえるとウが適切。

問四　傍線部3を含む文の文頭に「このように考えるとき」とあるので、第九段落から第十一段落の内容を踏まえる。具体的には第十段落のリーンハートのラジオ番組内の語りの中で示されており、それは第十一段落の「フィールドの人びとと暮らしをともにすることをとおして……自分にとってそれまでになかった思考がひきだされる」ということであり、「フィールドワークをとおした人類学者の変容について語っている」のである。これらを踏まえ、第十段落、第十一段落を中心にまとめる。ただし、ここでは傍線部3の直前に「精霊や妖術といった事柄について」と限定されでまとめればよい。字数に余裕がある場合には〈旧風を脱した〉ことも述べられるとよい。

三

出典　石井美保「現実と異世界――『かもしれない』領域のフィールドワーク」（松村圭一郎、中川理、石井美保編『文化人類学の思考法』世界思想社）

解答

問一　イ

問二　ア

問三　ウ

問四　（人類学者が、）フィールドの人びとと共生し、不可解な事柄を彼らの感覚で共有し、新しい思考をひきだすこと。（三十五字以上、四十五字以内）

問五　エ

◆要　旨◆

近代的な合理性の外側にある妖術や精霊に対して、人類学はいくつかの理解の仕方を編みだしてきた。そのなかの、それらは社会における有用さのために信じられているという機能主義的な説明は、本当に妖術や精霊の存在を理解したことにはならない。二一世紀以降の、妖術や精霊そのものに目を向ける存在論的な主張は、私たちには共有できない「彼ら」の世界を想定し「彼ら」との差異を強調するにとどまる。グレーバーは「彼ら」の行為と実践に注目し、妖術や精霊は人びとの行為や関係性のなかで生みだされると考えた。リーンハートは、人類学者がフィールドの人びとと生活し、「彼ら」の経験を「彼ら」の仕方で共有することで、それまでになかった思考がひきだされることを指摘し、人類学者もフィールドの人びとも変容していく可能性を示唆した。

◀解　説▶

問一　傍線部1の「人類学者の説明」とは、直前にある「機能主義的な説明」のことである。「機能主義的な説明」はそこの句の印象がかなり違ってしまうから」だと述べている。これについて筆者は次の段落で「『兵ども』とは芭蕉が今たたずむ高舘で討ち死にした義経主従だが、『夢の跡』とは奥州藤原氏の栄華の夢の跡である」と結論づけ、その四段落後で「『兵どもが夢の跡』は……これがこの句の味わいを重層的なものにしている」と述べている。したがってアが適切。

問四　本文中で「〜だろうか」「〜なかったろうか」という表現は使われてはいるが、それは芭蕉や義経の思いに対しての推量的な表現であり、読者に対するものではない。この文章全体を通して「〜である」を用いて、断定的に述べられている。特に文章【C】の「私の結論から先に明かすと……栄華の夢の跡である」と結論を断定的に述べているところからも判断できる。したがってウがあてはまらない。

問五　文章【A】の二重傍線部Xを含む一文で「〔正岡〕子規は……それだけではなさそうだ」と述べたうえで、『葛の松原』に書かれてあることにしたがって、筆者が「古池や」の句を解釈している。したがってウが合致する。アの選択肢が紛らわしいが、「『古池や』の句と『夏草や』の句のそれぞれに、芭蕉が新たな句風を開いた」が合致しない。筆者は「古池や」の句については「蕉風開眼の句」と捉えているが、「夏草や」の句は「古池の句と型を同じくする句」と述べているだけであり、「夏草や」の句で新たな句風を開いたかどうかは読み取れない。したがって最適とはいえない。イ「芭蕉の句が従来誤解を受けてきた」、「芭蕉自身の言葉からその真意を探ろうとしている」が合致しない。エ「実景を詠んだこと」だけを根拠に「両者を同じ型の句」と捉えているわけではなく、「心の中の景」を詠んでいる点を含めてである。オ「『古池や』の句の境地をさらに批判的に超越しようとした」という部分が読み取れない。

問六　本文全体の内容を踏まえるものであるので、話題の中心となる「古池や」の句と「夏草や」の句の共通点を見いだす。二つの句の共通点は、「目の前に広がる実景」（＝蛙が飛び込む音、夏草）を詠みながら「心の中の景」（＝古池、兵どもの夢の跡）をともに一句の中に詠み込む点であり、筆者はこの点に蕉風開眼の句の新しさを見いだしている。したがって解答は〈目の前の実景とその実景によって心の中に浮かんだ世界を、一句の中に詠み込む点〉という方向

【B】古池の句の「蛙飛こむ水のおと」は現実の音であるが、「古池」は芭蕉の心の中に現れた景色である。すなわち、一つの音が心の世界を開いたのであり、これこそが蕉風開眼の実体である。蕉風開眼とは芭蕉が旧風を脱してみずからの句風に目覚めたことをいう。

【C】平泉で詠んだ「夏草や」の句も古池の句と型を同じくする句である。「兵ども」をめぐっては三つの説があるが、私の結論は、「兵どもが夢の跡」には義経主従の「兵ども」が「(戦の)跡」に藤原氏の「(栄華の)夢」が侵入し、この句の味わいを重層的なものにしていると考えるのである。

▲解　説▼

問一　二重傍線部X「一毫」は〝ほんの少し、ごくわずか〟の意味。エ「一毛」は〝一本の毛〟の意味だが、転じて〝きわめてわずかなこと〟の意味。

二重傍線部Y「因襲」は〝昔からのしきたりや習わしにしたがうこと〟の意味。「襲」は〝つぐ、うけつぐ〟の意味。ア「世襲」は〝その家の財産・地位・職業などを子孫が代々受け継いでいくこと〟の意味。したがってアが同じ意味となる。

問二　其角が「山吹や」をすすめた理由は「和歌の凝りかたまった伝統に対して、山吹に蛙の声ではなく、蛙が水に飛びこむとぼけた音をぶつけて大笑いしようとした」からであり、これは「山吹には蛙の声という決まりきった古臭い取り合わせへの痛烈な批判」であった。それに対して芭蕉が「古池をもってきたのは、其角たちが考えていた当時の俳諧というものを、やはり一歩、前へ進めようとしたから」だと考えている。「因襲にとらわれるのでもなく、因襲を真向こうから批判するのでもない。そのどちらも超越した不思議な新しい空間に『古池や』という言葉はある」という筆者の考えを踏まえればオが適切。アがやや紛らわしいが、「一歩、前へ進めようとした」という部分が不足している。

問三　筆者が「夢」に注目する理由は、文章【C】の「第一の意味での……」の段落で「この『夢』を見たのが誰か……

国語

一

解答

問一　1―ウ　2―オ

問二　1―エ　2―エ　3―ア

二

出典　長谷川櫂『古池に蛙は飛びこんだか』【A】〈第二章　切字「や」について〉【B】〈第四章　蕉風開眼とは何か〉【C】〈第五章　ゆかしきは『おくのほそ道』〉（中公文庫）

解答

問一　X―エ　Y―ア

問二　オ

問三　ア

問四　ウ

問五　ウ

問六　旧風を脱し、目の前の音や実景と、それによって心の中に浮かんだ世界とを一句の中に詠み込む点。（三十五字以上、四十五字以内）

◆要　旨◆

【A】芭蕉の古池の句は蕉風開眼の句である。芭蕉が「蛙飛こむ水のおと」に「古池や」と詠んだのは、当時の俳諧を一歩前に進めようとしたからだ。因襲にとらわれるのでもなく真っ向から批判するのでもなく、そのどちらも超越した新しい空間に「古池や」という言葉はある。古池の句は、和歌やそれ以前の俳諧に対する芭蕉の創造的批判の句である。

//////////////////// · memo · ////////////////////

////////////////////// · memo · //////////////////////

//////////////////// · memo · ////////////////////

/////////////////// · memo · ///////////////////

教学社 刊行一覧

2025年版　大学赤本シリーズ

374大学556点
全都道府県を網羅

国公立大学（都道府県順）

全国の書店で取り扱っています。店頭にない場合は，お取り寄せができます。

1 北海道大学（文系－前期日程）
2 北海道大学（理系－前期日程） 医
3 北海道大学（後期日程）
4 旭川医科大学（医学部〈医学科〉） 医
5 小樽商科大学
6 帯広畜産大学
7 北海道教育大学
8 室蘭工業大学／北見工業大学
9 釧路公立大学
10 公立千歳科学技術大学
11 公立はこだて未来大学 総推
12 札幌医科大学（医学部） 医
13 弘前大学 医
14 岩手大学
15 岩手県立大学・盛岡短期大学部・宮古短期大学部
16 東北大学（文系－前期日程）
17 東北大学（理系－前期日程） 医
18 東北大学（後期日程）
19 宮城教育大学
20 宮城大学
21 秋田大学 医
22 秋田県立大学
23 国際教養大学 総推
24 山形大学 医
25 福島大学
26 会津大学
27 福島県立医科大学（医・保健科学部） 医
28 茨城大学（文系）
29 茨城大学（理系）
30 筑波大学（推薦入試） 医 総推
31 筑波大学（文系－前期日程）
32 筑波大学（理系－前期日程） 医
33 筑波大学（後期日程）
34 宇都宮大学
35 群馬大学 医
36 群馬県立女子大学
37 高崎経済大学
38 前橋工科大学
39 埼玉大学（文系）
40 埼玉大学（理系）
41 千葉大学（文系－前期日程）
42 千葉大学（理系－前期日程） 医
43 千葉大学（後期日程） 医
44 東京大学（文科） DL
45 東京大学（理科） DL 医
46 お茶の水女子大学
47 電気通信大学
48 東京外国語大学 DL
49 東京海洋大学
50 東京科学大学（旧 東京工業大学）
51 東京科学大学（旧 東京医科歯科大学） 医
52 東京学芸大学
53 東京藝術大学
54 東京農工大学
55 一橋大学（前期日程）
56 一橋大学（後期日程）
57 東京都立大学（文系）
58 東京都立大学（理系）
59 横浜国立大学（文系）
60 横浜国立大学（理系）
61 横浜市立大学（国際教養・国際商・理・データサイエンス・医〈看護〉学部）
62 横浜市立大学（医学部〈医学科〉） 医
63 新潟大学（人文・教育〈文系〉・法・経済科・医〈看護〉・創生学部）
64 新潟大学（教育〈理系〉・理・医〈看護を除く〉・歯・工・農学部） 医
65 新潟県立大学
66 富山大学（文系）
67 富山大学（理系） 医
68 富山県立大学
69 金沢大学（文系）
70 金沢大学（理系） 医
71 福井大学（教育・医〈看護〉・工・国際地域学部）
72 福井大学（医学部〈医学科〉） 医
73 福井県立大学
74 山梨大学（教育・医〈看護〉・工・生命環境学部）
75 山梨大学（医学部〈医学科〉） 医
76 都留文科大学
77 信州大学（文系－前期日程）
78 信州大学（理系－前期日程） 医
79 信州大学（後期日程）
80 公立諏訪東京理科大学 総推
81 岐阜大学（前期日程） 医
82 岐阜大学（後期日程）
83 岐阜薬科大学
84 静岡大学（前期日程）
85 静岡大学（後期日程）
86 浜松医科大学（医学部〈医学科〉） 医
87 静岡県立大学
88 静岡文化芸術大学
89 名古屋大学（文系）
90 名古屋大学（理系） 医
91 愛知教育大学
92 名古屋工業大学
93 愛知県立大学
94 名古屋市立大学（経済・人文社会・芸術工・看護・総合生命理・データサイエンス学部）
95 名古屋市立大学（医学部〈医学科〉） 医
96 名古屋市立大学（薬学部）
97 三重大学（人文・教育・医〈看護〉学部）
98 三重大学（医〈医〉・工・生物資源学部） 医
99 滋賀大学
100 滋賀医科大学（医学部〈医学科〉） 医
101 滋賀県立大学
102 京都大学（文系）
103 京都大学（理系） 医
104 京都教育大学
105 京都工芸繊維大学
106 京都府立大学
107 京都府立医科大学（医学部〈医学科〉） 医
108 大阪大学（文系） DL
109 大阪大学（理系） 医
110 大阪教育大学
111 大阪公立大学（現代システム科学域〈文系〉・文・法・経済・商・看護・生活科〈居住環境・人間福祉〉学部－前期日程）
112 大阪公立大学（現代システム科学域〈理系〉・理・工・農・獣医・医・生活科〈食栄養〉学部－前期日程） 医
113 大阪公立大学（中期日程）
114 大阪公立大学（後期日程）
115 神戸大学（文系－前期日程）
116 神戸大学（理系－前期日程） 医
117 神戸大学（後期日程）
118 神戸市外国語大学 DL
119 兵庫県立大学（国際商経・社会情報科・看護学部）
120 兵庫県立大学（工・理・環境人間学部）
121 奈良教育大学／奈良県立大学
122 奈良女子大学
123 奈良県立医科大学（医学部〈医学科〉） 医
124 和歌山大学
125 和歌山県立医科大学（医・薬学部） 医
126 鳥取大学 医
127 公立鳥取環境大学
128 島根大学 医
129 岡山大学（文系）
130 岡山大学（理系） 医
131 岡山県立大学
132 広島大学（文系－前期日程）
133 広島大学（理系－前期日程） 医
134 広島大学（後期日程）
135 尾道市立大学 総推
136 県立広島大学
137 広島市立大学
138 福山市立大学 総推
139 山口大学（人文・教育〈文系〉・経済・医〈看護〉・国際総合科学部）
140 山口大学（教育〈理系〉・理・医〈看護を除く〉・工・農・共同獣医学部） 医
141 山陽小野田市立山口東京理科大学 総推
142 下関市立大学／山口県立大学
143 周南公立大学 新 総推
144 徳島大学 医
145 香川大学 医
146 愛媛大学 医
147 高知大学 医
148 高知工科大学
149 九州大学（文系－前期日程）
150 九州大学（理系－前期日程） 医
151 九州大学（後期日程）
152 九州工業大学
153 福岡教育大学
154 北九州市立大学
155 九州歯科大学
156 福岡県立大学／福岡女子大学
157 佐賀大学 医
158 長崎大学（多文化社会・教育〈文系〉・経済・医〈保健〉・環境科〈文系〉学部）
159 長崎大学（教育〈理系〉・医〈医〉・歯・薬・情報データ科・工・環境科〈理系〉・水産学部） 医
160 長崎県立大学 総推
161 熊本大学（文・教育・法・医〈看護〉学部・情報融合学環〈文系型〉）
162 熊本大学（理・医〈看護を除く〉・薬・工学部・情報融合学環〈理系型〉） 医
163 熊本県立大学
164 大分大学（教育・経済・医〈看護〉・理工・福祉健康科学部）
165 大分大学（医学部〈医・先進医療科学科〉） 医
166 宮崎大学（教育・医〈看護〉・工・農・地域資源創成学部）
167 宮崎大学（医学部〈医学科〉） 医
168 鹿児島大学（文系）
169 鹿児島大学（理系） 医
170 琉球大学 医

2025年版　大学赤本シリーズ

国公立大学 その他

171 〔国公立大〕医学部医学科 総合型選抜・学校推薦型選抜※ 医 総推
172 看護・医療系大学〈国公立 東日本〉※
173 看護・医療系大学〈国公立 中日本〉※
174 看護・医療系大学〈国公立 西日本〉※
175 海上保安大学校／気象大学校
176 航空保安大学校
177 国立看護大学校
178 防衛大学校 総推
179 防衛医科大学校(医学科) 医
180 防衛医科大学校(看護学科)

※No.171～174の収載大学は赤本ウェブサイト(http://akahon.net/)でご確認ください。

私立大学①

北海道の大学(50音順)

201 札幌大学
202 札幌学院大学
203 北星学園大学
204 北海学園大学
205 北海道医療大学
206 北海道科学大学
207 北海道武蔵女子大学・短期大学
208 酪農学園大学(獣医学群〈獣医学類〉)

東北の大学(50音順)

209 岩手医科大学(医・歯・薬学部) 医
210 仙台大学 総推
211 東北医科薬科大学(医・薬学部) 医
212 東北学院大学
213 東北工業大学
214 東北福祉大学
215 宮城学院女子大学 総推

関東の大学(50音順)

あ行(関東の大学)

216 青山学院大学(法・国際政治経済学部－個別学部日程)
217 青山学院大学(経済学部－個別学部日程)
218 青山学院大学(経営学部－個別学部日程)
219 青山学院大学(文・教育人間科学部－個別学部日程)
220 青山学院大学(総合文化政策・社会情報・地球社会共生・コミュニティ人間科学部－個別学部日程)
221 青山学院大学(理工学部－個別学部日程)
222 青山学院大学(全学部日程)
223 麻布大学(獣医、生命・環境科学部)
224 亜細亜大学
226 桜美林大学
227 大妻女子大学・短期大学部

か行(関東の大学)

228 学習院大学(法学部－コア試験)
229 学習院大学(経済学部－コア試験)
230 学習院大学(文学部－コア試験)
231 学習院大学(国際社会科学部－コア試験)
232 学習院大学(理学部－コア試験)
233 学習院女子大学
234 神奈川大学(給費生試験)
235 神奈川大学(一般入試)
236 神奈川工科大学
237 鎌倉女子大学・短期大学部
238 川村学園女子大学
239 神田外語大学
240 関東学院大学
241 北里大学(理学部)
242 北里大学(医学部) 医
243 北里大学(薬学部)
244 北里大学(看護・医療衛生学部)
245 北里大学(未来工・獣医・海洋生命科学部)
246 共立女子大学・短期大学
247 杏林大学(医学部) 医
248 杏林大学(保健学部)
249 群馬医療福祉大学・短期大学部
250 群馬パース大学 総推
251 慶應義塾大学(法学部)
252 慶應義塾大学(経済学部)
253 慶應義塾大学(商学部)
254 慶應義塾大学(文学部) 総推
255 慶應義塾大学(総合政策学部)
256 慶應義塾大学(環境情報学部)
257 慶應義塾大学(理工学部)
258 慶應義塾大学(医学部) 医
259 慶應義塾大学(薬学部)
260 慶應義塾大学(看護医療学部)
261 工学院大学
262 國學院大學
263 国際医療福祉大学 医
264 国際基督教大学
265 国士舘大学
266 駒澤大学(一般選抜T方式・S方式)
267 駒澤大学(全学部統一日程選抜)

さ行(関東の大学)

268 埼玉医科大学(医学部) 医
269 相模女子大学・短期大学部
270 産業能率大学
271 自治医科大学(医学部) 医
272 自治医科大学(看護学部)／東京慈恵会医科大学(医学部〈看護学科〉)
273 実践女子大学 総推
274 芝浦工業大学(前期日程)
275 芝浦工業大学(全学統一日程・後期日程)
276 十文字学園女子大学
277 淑徳大学
278 順天堂大学(医学部) 医
279 順天堂大学(スポーツ健康科・医療看護・保健看護・国際教養・保健医療・医療科・健康データサイエンス・薬学部) 総推
280 上智大学(神・文・総合人間科学部)
281 上智大学(法・経済学部)
282 上智大学(外国語・総合グローバル学部)
283 上智大学(理工学部)
284 上智大学(TEAPスコア利用方式)
285 湘南工科大学
286 昭和大学(医学部) 医
287 昭和大学(歯・薬・保健医療学部)
288 昭和女子大学
289 昭和薬科大学
290 女子栄養大学・短期大学部 総推
291 白百合女子大学
292 成蹊大学(法学部－A方式)
293 成蹊大学(経済・経営学部－A方式)
294 成蹊大学(文学部－A方式)
295 成蹊大学(理工学部－A方式)
296 成蹊大学(E方式・G方式・P方式)
297 成城大学(経済・社会イノベーション学部－A方式)
298 成城大学(文芸・法学部－A方式)
299 成城大学(S方式〈全学部統一選抜〉)
300 聖心女子大学
301 清泉女子大学
303 聖マリアンナ医科大学 医
304 聖路加国際大学(看護学部)
305 専修大学(スカラシップ・全国入試)
306 専修大学(前期入試〈学部個別入試〉)
307 専修大学(前期入試〈全学部入試・スカラシップ入試〉)

た行(関東の大学)

308 大正大学
309 大東文化大学
310 高崎健康福祉大学
311 拓殖大学
312 玉川大学
313 多摩美術大学
314 千葉工業大学
315 中央大学(法学部－学部別選抜)
316 中央大学(経済学部－学部別選抜)
317 中央大学(商学部－学部別選抜)
318 中央大学(文学部－学部別選抜)
319 中央大学(総合政策学部－学部別選抜)
320 中央大学(国際経営・国際情報学部－学部別選抜)
321 中央大学(理工学部－学部別選抜)
322 中央大学(5学部共通選抜)
323 中央学院大学
324 津田塾大学
325 帝京大学(薬・経済・法・文・外国語・教育・理工・医療技術・福岡医療技術学部)
326 帝京大学(医学部) 医
327 帝京科学大学 総推
328 帝京平成大学 総推
329 東海大学(医〈医〉学部を除く－一般選抜)
330 東海大学(文系・理系学部統一選抜)
331 東海大学(医学部〈医学科〉) 医
332 東京医科大学(医学部〈医学科〉) 医
333 東京家政大学・短期大学部 総推
334 東京経済大学
335 東京工科大学
336 東京工芸大学
337 東京国際大学
338 東京歯科大学
339 東京慈恵会医科大学(医学部〈医学科〉) 医
340 東京情報大学
341 東京女子大学
342 東京女子医科大学(医学部) 医
343 東京電機大学
344 東京都市大学
345 東京農業大学
346 東京薬科大学(薬学部) 総推
347 東京薬科大学(生命科学部) 総推
348 東京理科大学(理学部〈第一部〉－B方式)
349 東京理科大学(創域理工学部－B方式・S方式)
350 東京理科大学(工学部－B方式)
351 東京理科大学(先進工学部－B方式)
352 東京理科大学(薬学部－B方式)
353 東京理科大学(経営学部－B方式)
354 東京理科大学(C方式、グローバル方式、理学部〈第二部〉－B方式)
355 東邦大学(医学部) 医
356 東邦大学(薬学部)

2025年版　大学赤本シリーズ

私立大学②

357 東邦大学(理・看護・健康科学部)
358 東洋大学(文・経済・経営・法・社会・国際・国際観光学部)
359 東洋大学(情報連携・福祉社会デザイン・健康スポーツ科・理工・総合情報・生命科・食環境科学部)
360 東洋大学(英語〈3日程×3カ年〉)
361 東洋大学(国語〈3日程×3カ年〉)
362 東洋大学(日本史・世界史〈2日程×3カ年〉)
363 東洋英和女学院大学
364 常磐大学・短期大学 総推
365 獨協大学
366 獨協医科大学(医学部) 医

な行(関東の大学)

367 二松学舎大学
368 日本大学(法学部)
369 日本大学(経済学部)
370 日本大学(商学部)
371 日本大学(文理学部〈文系〉)
372 日本大学(文理学部〈理系〉)
373 日本大学(芸術学部〈専門試験併用型〉)
374 日本大学(国際関係学部)
375 日本大学(危機管理・スポーツ科学部)
376 日本大学(理工学部)
377 日本大学(生産工・工学部)
378 日本大学(生物資源科学部)
379 日本大学(医学部) 医
380 日本大学(歯・松戸歯学部)
381 日本大学(薬学部)
382 日本大学(N全学統一方式－医・芸術〈専門試験併用型〉学部を除く)
383 日本医科大学 医
384 日本工業大学
385 日本歯科大学
386 日本社会事業大学 総推
387 日本獣医生命科学大学
388 日本女子大学
389 日本体育大学

は行(関東の大学)

390 白鷗大学(学業特待選抜・一般選抜)
391 フェリス女学院大学
392 文教大学
393 法政大学(法〈Ⅰ日程〉・文〈Ⅱ日程〉・経営〈Ⅱ日程〉学部－A方式)
394 法政大学(法〈Ⅱ日程〉・国際文化・キャリアデザイン学部－A方式)
395 法政大学(文〈Ⅰ日程〉・経営〈Ⅰ日程〉・人間環境・グローバル教養学部－A方式)
396 法政大学(経済〈Ⅰ日程〉・社会〈Ⅰ日程〉・現代福祉学部－A方式)
397 法政大学(経済〈Ⅱ日程〉・社会〈Ⅱ日程〉・スポーツ健康学部－A方式)
398 法政大学(情報科・デザイン工・理工・生命科学部－A方式)
399 法政大学(T日程〈統一日程〉・英語外部試験利用入試)
400 星薬科大学 総推

ま行(関東の大学)

401 武蔵大学
402 武蔵野大学
403 武蔵野美術大学
404 明海大学
405 明治大学(法学部－学部別入試)
406 明治大学(政治経済学部－学部別入試)
407 明治大学(商学部－学部別入試)
408 明治大学(経営学部－学部別入試)
409 明治大学(文学部－学部別入試)
410 明治大学(国際日本学部－学部別入試)
411 明治大学(情報コミュニケーション学部－学部別入試)
412 明治大学(理工学部－学部別入試)
413 明治大学(総合数理学部－学部別入試)
414 明治大学(農学部－学部別入試)
415 明治大学(全学部統一入試)
416 明治学院大学(A日程)
417 明治学院大学(全学部日程)
418 明治薬科大学 総推
419 明星大学
420 目白大学・短期大学部

ら・わ行(関東の大学)

421 立教大学(文系学部－一般入試〈大学独自の英語を課さない日程〉)
422 立教大学(国語〈3日程×3カ年〉)
423 立教大学(日本史・世界史〈2日程×3カ年〉)
424 立教大学(文学部－一般入試〈大学独自の英語を課す日程〉)
425 立教大学(理学部－一般入試)
426 立正大学
427 早稲田大学(法学部)
428 早稲田大学(政治経済学部)
429 早稲田大学(商学部)
430 早稲田大学(社会科学部)
431 早稲田大学(文学部)
432 早稲田大学(文化構想学部)
433 早稲田大学(教育学部〈文科系〉)
434 早稲田大学(教育学部〈理科系〉)
435 早稲田大学(人間科・スポーツ科学部)
436 早稲田大学(国際教養学部)
437 早稲田大学(基幹理工・創造理工・先進理工学部)
438 和洋女子大学 総推

中部の大学(50音順)

439 愛知大学
440 愛知医科大学(医学部) 医
441 愛知学院大学・短期大学部
442 愛知工業大学 総推
443 愛知淑徳大学
444 朝日大学 総推
445 金沢医科大学(医学部) 医
446 金沢工業大学
447 岐阜聖徳学園大学 総推
448 金城学院大学
449 至学館大学 総推
450 静岡理工科大学
451 椙山女学園大学
452 大同大学
453 中京大学
454 中部大学
455 名古屋外国語大学 総推
456 名古屋学院大学 総推
457 名古屋学芸大学 総推
458 名古屋女子大学 総推
459 南山大学(外国語〈英米〉・法・総合政策・国際教養学部)
460 南山大学(人文・外国語〈英米を除く〉・経済・経営・理工学部)
461 新潟国際情報大学
462 日本福祉大学
463 福井工業大学
464 藤田医科大学(医学部) 医
465 藤田医科大学(医療科・保健衛生学部)
466 名城大学(法・経営・経済・外国語・人間・都市情報学部)
467 名城大学(情報工・理工・農・薬学部)
468 山梨学院大学

近畿の大学(50音順)

469 追手門学院大学 総推
470 大阪医科薬科大学(医学部) 医
471 大阪医科薬科大学(薬学部) 総推
472 大阪学院大学 総推
473 大阪経済大学 総推
474 大阪経済法科大学 総推
475 大阪工業大学 総推
476 大阪国際大学・短期大学部 総推
477 大阪産業大学 総推
478 大阪歯科大学(歯学部)
479 大阪商業大学 総推
480 大阪成蹊大学・短期大学 総推
481 大谷大学 総推
482 大手前大学・短期大学 総推
483 関西大学(文系)
484 関西大学(理系)
485 関西大学(英語〈3日程×3カ年〉)
486 関西大学(国語〈3日程×3カ年〉)
487 関西大学(日本史・世界史・文系数学〈3日程×3カ年〉)
488 関西医科大学(医学部) 医
489 関西医療大学 総推
490 関西外国語大学・短期大学部 総推
491 関西学院大学(文・法・商・人間福祉・総合政策学部－学部個別日程)
492 関西学院大学(神・社会・経済・国際・教育学部－学部個別日程)
493 関西学院大学(全学部日程〈文系型〉)
494 関西学院大学(全学部日程〈理系型〉)
495 関西学院大学(共通テスト併用日程〈数学〉・英数日程)
496 関西学院大学(英語〈3日程×3カ年〉) 新
497 関西学院大学(国語〈3日程×3カ年〉) 新
498 関西学院大学(日本史・世界史・文系数学〈3日程×3カ年〉) 新
499 畿央大学 総推
500 京都外国語大学・短期大学 総推
502 京都産業大学(公募推薦入試) 総推
503 京都産業大学(一般選抜入試〈前期日程〉)
504 京都女子大学 総推
505 京都先端科学大学 総推
506 京都橘大学 総推
507 京都ノートルダム女子大学 総推
508 京都薬科大学 総推
509 近畿大学・短期大学部(医学部を除く－推薦入試) 総推
510 近畿大学・短期大学部(医学部を除く－一般入試前期)
511 近畿大学(英語〈医学部を除く3日程×3カ年〉)
512 近畿大学(理系数学〈医学部を除く3日程×3カ年〉)
513 近畿大学(国語〈医学部を除く3日程×3カ年〉)
514 近畿大学(医学部－推薦入試・一般入試前期) 医 総推
515 近畿大学・短期大学部(一般入試後期) 医
516 皇學館大学 総推
517 甲南大学 総推
518 甲南女子大学(学校推薦型選抜) 新 総推
519 神戸学院大学 総推
520 神戸国際大学 総推
521 神戸女学院大学 総推
522 神戸女子大学・短期大学 総推
523 神戸薬科大学 総推
524 四天王寺大学・短期大学部 総推
525 摂南大学(公募制推薦入試) 総推
526 摂南大学(一般選抜前期日程)
527 帝塚山学院大学 総推
528 同志社大学(法、グローバル・コミュニケーション学部－学部個別日程)

2025年版　大学赤本シリーズ

私立大学③

529 同志社大学(文・経済学部−学部個別日程)
530 同志社大学(神・商・心理・グローバル地域文化学部−学部個別日程)
531 同志社大学(社会学部−学部個別日程)
532 同志社大学(政策・文化情報〈文系型〉・スポーツ健康科〈文系型〉学部−学部個別日程)
533 同志社大学(理工・生命医科・文化情報〈理系型〉・スポーツ健康科〈理系型〉学部−学部個別日程)
534 同志社大学(全学部日程)
535 同志社女子大学 総推
536 奈良大学 総推
537 奈良学園大学 総推
538 阪南大学 総推
539 姫路獨協大学 総推
540 兵庫医科大学(医学部) 医
541 兵庫医科大学(薬・看護・リハビリテーション学部) 総推
542 佛教大学 総推
543 武庫川女子大学 総推
544 桃山学院大学 総推
545 大和大学・大和大学白鳳短期大学部 総推
546 立命館大学(文系−全学統一方式・学部個別配点方式)／立命館アジア太平洋大学(前期方式・英語重視方式)
547 立命館大学(理系−全学統一方式・学部個別配点方式・理系型3教科方式・薬学方式)
548 立命館大学(英語〈全学統一方式3日程×3カ年〉)
549 立命館大学(国語〈全学統一方式3日程×3カ年〉)
550 立命館大学(文系選択科目〈全学統一方式2日程×3カ年〉)
551 立命館大学(IR方式〈英語資格試験利用型〉・共通テスト併用方式)／立命館アジア太平洋大学(共通テスト併用方式)
552 立命館大学(後期分割方式・「経営学部で学ぶ感性+共通テスト」方式)／立命館アジア太平洋大学(後期方式)
553 龍谷大学(公募推薦入試) 総推
554 龍谷大学(一般選抜入試)

中国の大学(50音順)

555 岡山商科大学 総推
556 岡山理科大学 総推
557 川崎医科大学 医
558 吉備国際大学 総推
559 就実大学 総推
560 広島経済大学
561 広島国際大学 総推
562 広島修道大学
563 広島文教大学 総推
564 福山大学／福山平成大学
565 安田女子大学 総推

四国の大学(50音順)

567 松山大学

九州の大学(50音順)

568 九州医療科学大学
569 九州産業大学
570 熊本学園大学
571 久留米大学(文・人間健康・法・経済・商学部)
572 久留米大学(医学部〈医学科〉) 医
573 産業医科大学(医学部) 医
574 西南学院大学(商・経済・法・人間科学部−A日程)
575 西南学院大学(神・外国語・国際文化学部−A日程／全学部−F日程)
576 福岡大学(医学部医学科を除く−学校推薦型選抜・一般選抜系統別日程) 総推
577 福岡大学(医学部医学科を除く−一般選抜前期日程)
578 福岡大学(医学部〈医学科〉−学校推薦型選抜・一般選抜系統別日程) 医 総推
579 福岡工業大学
580 令和健康科学大学 総推

医 医学部医学科を含む
総推 総合型選抜または学校推薦型選抜を含む
DL リスニング音声配信　新 2024年 新刊・復刊

掲載している入試の種類や試験科目，収載年数などはそれぞれ異なります。詳細については，それぞれの本の目次や赤本ウェブサイトでご確認ください。

赤本｜ 検索

難関校過去問シリーズ

出題形式別・分野別に収録した
「入試問題事典」

20大学 73点

定価**2,310～2,640**円(本体2,100～2,400円)

先輩合格者はこう使った!
「難関校過去問シリーズの使い方」

61年，全部載せ!
要約演習で，総合力を鍛える

東大の英語
要約問題 UNLIMITED

国公立大学

東大の英語25カ年[第12版] 改
東大の英語リスニング20カ年[第9版] DL 改
東大の英語 要約問題 UNLIMITED
東大の文系数学25カ年[第12版] 改
東大の理系数学25カ年[第12版] 改
東大の現代文25カ年[第12版] 改
東大の古典25カ年[第12版] 改
東大の日本史25カ年[第9版] 改
東大の世界史25カ年[第9版] 改
東大の地理25カ年[第9版] 改
東大の物理25カ年[第9版] 改
東大の化学25カ年[第9版] 改
東大の生物25カ年[第9版] 改
東工大の英語20カ年[第8版] 改
東工大の数学20カ年[第9版] 改
東工大の物理20カ年[第5版] 改
東工大の化学20カ年[第5版] 改
一橋大の英語20カ年[第9版] 改
一橋大の数学20カ年[第9版] 改
一橋大の国語20カ年[第6版] 改
一橋大の日本史20カ年[第6版] 改
一橋大の世界史20カ年[第6版] 改
筑波大の英語15カ年 新
筑波大の数学15カ年 新
京大の英語25カ年[第12版]
京大の文系数学25カ年[第12版]
京大の理系数学25カ年[第12版]
京大の現代文25カ年[第2版]
京大の古典25カ年[第2版]
京大の日本史20カ年[第3版]
京大の世界史20カ年[第3版]
京大の物理25カ年[第9版]
京大の化学25カ年[第9版]
北大の英語15カ年[第8版]
北大の理系数学15カ年[第8版]
北大の物理15カ年[第2版]
北大の化学15カ年[第2版]
東北大の英語15カ年[第8版]
東北大の理系数学15カ年[第8版]
東北大の物理15カ年[第2版]
東北大の化学15カ年[第2版]
名古屋大の英語15カ年[第8版]
名古屋大の理系数学15カ年[第8版]
名古屋大の物理15カ年[第2版]
名古屋大の化学15カ年[第2版]
阪大の英語20カ年[第9版]
阪大の文系数学20カ年[第3版]
阪大の理系数学20カ年[第9版]
阪大の国語15カ年[第3版]
阪大の物理20カ年[第8版]
阪大の化学20カ年[第6版]
九大の英語15カ年[第8版]
九大の理系数学15カ年[第7版]
九大の物理15カ年[第2版]
九大の化学15カ年[第2版]
神戸大の英語15カ年[第9版]
神戸大の数学15カ年[第5版]
神戸大の国語15カ年[第3版]

私立大学

早稲田の英語[第11版] 改
早稲田の国語[第9版] 改
早稲田の日本史[第9版] 改
早稲田の世界史[第2版] 改
慶應の英語[第11版] 改
慶應の小論文[第3版] 改
明治大の英語[第9版] 改
明治大の国語[第2版] 改
明治大の日本史[第2版] 改
中央大の英語[第9版] 改
法政大の英語[第9版] 改
同志社大の英語[第10版]
立命館大の英語[第10版]
関西大の英語[第10版]
関西学院大の英語[第10版]

DL リスニング音声配信
新 2024年 新刊
改 2024年 改訂

いつも受験生のそばに―赤本

大学入試シリーズ＋α
入試対策も共通テスト対策も赤本で

入試対策
赤本プラス

赤本プラスとは，**過去問演習の効果を最大にする**ためのシリーズです。「赤本」であぶり出された弱点を，赤本プラスで克服しましょう。

大学入試 すぐわかる英文法 DL
大学入試 ひと目でわかる英文読解
大学入試 絶対できる英語リスニング DL
大学入試 すぐ書ける自由英作文
大学入試 ぐんぐん読める 英語長文〔BASIC〕DL
大学入試 ぐんぐん読める 英語長文〔STANDARD〕DL
大学入試 ぐんぐん読める 英語長文〔ADVANCED〕DL
大学入試 正しく書ける英作文
大学入試 最短でマスターする 数学Ⅰ・Ⅱ・Ⅲ・A・B・C
大学入試 突破力を鍛える最難関の数学
大学入試 知らなきゃ解けない 古文常識・和歌
大学入試 ちゃんと身につく物理
大学入試 もっと身につく 物理問題集（①力学・波動）
大学入試 もっと身につく 物理問題集（②熱力学・電磁気・原子）

入試対策
英検®赤本シリーズ

英検®（実用英語技能検定）の対策書。
過去問集と参考書で万全の対策ができます。

▶**過去問集（2024年度版）**
英検®準1級過去問集 DL
英検®2級過去問集 DL
英検®準2級過去問集 DL
英検®3級過去問集 DL

▶**参考書**
竹岡の英検®準1級マスター DL
竹岡の英検®2級マスター CD DL
竹岡の英検®準2級マスター CD DL
竹岡の英検®3級マスター CD DL

CD リスニングCDつき　DL 音声無料配信
新 2024年新刊・改訂

入試対策
赤本プレミアム

赤本の教学社だからこそ作れた、過去問ベストセレクション

東大数学プレミアム
東大現代文プレミアム
京大数学プレミアム〔改訂版〕
京大古典プレミアム

入試対策
赤本メディカルシリーズ

過去問を徹底的に研究し，独自の出題傾向をもつメディカル系の入試に役立つ内容を精選した実戦的なシリーズ。

〔国公立大〕医学部の英語〔3訂版〕
私立医大の英語〔長文読解編〕〔3訂版〕
私立医大の英語〔文法・語法編〕〔改訂版〕
医学部の実戦小論文〔3訂版〕
医歯薬系の英単語〔4訂版〕
医系小論文 最頻出論点20〔4訂版〕
医学部の面接〔4訂版〕

入試対策
体系シリーズ

国公立大二次・難関私大突破へ，自学自習に適したハイレベル問題集。

体系英語長文　体系世界史
体系英作文　体系物理〔第7版〕
体系現代文

入試対策
単行本

▶**英語**
Q&A即決英語勉強法
TEAP攻略問題集 CD
東大の英単語〔新装版〕
早慶上智の英単語〔改訂版〕

▶**国語・小論文**
著者に注目! 現代文問題集
ブレない小論文の書き方 樋口式ワークノート

▶**レシピ集**
奥薗壽子の赤本合格レシピ

入試対策　共通テスト対策
赤本手帳

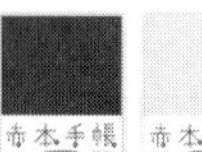

赤本手帳（2025年度受験用）プラムレッド
赤本手帳（2025年度受験用）インディゴブルー
赤本手帳（2025年度受験用）ナチュラルホワイト

入試対策
風呂で覚えるシリーズ

水をはじく特殊な紙を使用。いつでもどこでも読めるから，ちょっとした時間を有効に使える！

風呂で覚える英単語〔4訂新装版〕
風呂で覚える英熟語〔改訂新装版〕
風呂で覚える古文単語〔改訂新装版〕
風呂で覚える古文文法〔改訂新装版〕
風呂で覚える漢文〔改訂新装版〕
風呂で覚える日本史〔年代〕〔改訂新装版〕
風呂で覚える世界史〔年代〕〔改訂新装版〕
風呂で覚える倫理〔改訂版〕
風呂で覚える百人一首〔改訂版〕

共通テスト対策
満点のコツシリーズ

共通テストで満点を狙うための実戦的参考書。
重要度の増したリスニング対策は
「カリスマ講師」竹岡広信が一回読みにも
対応できるコツを伝授！

共通テスト英語〔リスニング〕満点のコツ〔改訂版〕新 DL
共通テスト古文 満点のコツ〔改訂版〕新
共通テスト漢文 満点のコツ〔改訂版〕新

入試対策　共通テスト対策
赤本ポケットシリーズ

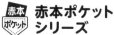

▶**共通テスト対策**
共通テスト日本史〔文化史〕

▶**系統別進路ガイド**
デザイン系学科をめざすあなたへ

2025年版　大学赤本シリーズ　No. 399

法政大学（T日程〈統一日程〉・英語外部試験利用入試）

2024年6月10日　第1刷発行
ISBN978-4-325-26458-3
定価は裏表紙に表示しています

編　集　教学社編集部
発行者　上原 寿明
発行所　教学社
〒606-0031
京都市左京区岩倉南桑原町56
電話　075-721-6500
振替　01020-1-15695
印　刷　太洋社

- 乱丁・落丁等につきましてはお取替えいたします。
- 本書に関する最新の情報（訂正を含む）は，赤本ウェブサイトhttp://akahon.net/の書籍の詳細ページでご確認いただけます。
- 本書は当社編集部の責任のもと独自に作成したものです。本書の内容についてのお問い合わせは，赤本ウェブサイトの「お問い合わせ」より，必要事項をご記入の上ご連絡ください。電話でのお問い合わせは受け付けておりません。なお，受験指導など，本書掲載内容以外の事柄に関しては，お答えしかねます。また，ご質問の内容によってはお時間をいただく場合がありますので，あらかじめご了承ください。
-
- 本シリーズ掲載の入試問題等について，万一，掲載許可手続等に遺漏や不備があると思われるものがございましたら，当社編集部までお知らせください。